国家社科基金项目资助

赵小兵◎著

俄汉互参式意义重构的译学研究

中国社会科学出版社

图书在版编目（CIP）数据

俄汉互参式意义重构的译学研究/赵小兵著 . —北京：中国社会科学
出版社，2018.12
ISBN 978 - 7 - 5203 - 3397 - 9

Ⅰ. ①俄… Ⅱ. ①赵… Ⅲ. ①俄语—翻译—研究 Ⅳ. ①H355.9

中国版本图书馆 CIP 数据核字（2018）第 251874 号

出 版 人	赵剑英
责任编辑	刘　艳
责任校对	陈　晨
责任印制	戴　宽

出　　版	中国社会科学出版社
社　　址	北京鼓楼西大街甲 158 号
邮　　编	100720
网　　址	http://www.csspw.cn
发 行 部	010 - 84083685
门 市 部	010 - 84029450
经　　销	新华书店及其他书店

印　　刷	北京明恒达印务有限公司
装　　订	廊坊市广阳区广增装订厂
版　　次	2018 年 12 月第 1 版
印　　次	2018 年 12 月第 1 次印刷

开　　本	710×1000　1/16
印　　张	35.25
插　　页	2
字　　数	513 千字
定　　价	138.00 元

目　　录

第一章 绪论

第一节 双语互参意义重构译学
研究之必要

古今中外，翻译研究一直是伴随着翻译实践的，几乎与翻译实践一样古老，它也同任何一门新兴学科一样方兴未艾。可以举出大量翻译研究源于翻译实践的例子，我国古代如众多的佛经译序，近代如严复的《〈天演论〉译例言》，傅雷的《〈高老头〉重译本序》，钱锺书的《林纾的翻译》等（罗新璋，1984），直至当代为了学科建设的比较系统的翻译研究，如辜正坤的《中西诗歌鉴赏与翻译理论》、许渊冲的《文学与翻译》和《翻译的艺术》，许钧的《翻译论》，郑海凌的《文学翻译学》，马祖毅的《中国翻译简史》，陈福康的《中国译学理论史稿》等，以及中国传统文化观念下的翻译研究（吴志杰，2009），走向融合与超越的辩证研究（贾正传，2008）等，不可胜数，无一不是与翻译实践相关的。中国译论蔚为壮观，各种翻译研究专著和论文，加上各种编著如朱志瑜、朱晓晨的《中国佛籍译论选集评注》，罗新璋主编的《翻译论集》，刘靖之主编的同名文集（《翻译论集》），《翻译通讯》编辑部主编的《翻译研究论文集》，张柏然、许钧主编的《译学论集》和《面向 21 世纪的译学研究》，杨自俭、刘学云主编的《翻译新论》，奠定了中国译学研究的基础，研究资源广博深厚。这些翻译研究代表了 21 世纪初中国翻译研究的成果，自董秋斯倡议建立中国翻译学以来，自罗新璋在《翻译论集》中发表《我国自成体系的翻译理论》一文以来，中国传统译论的继承与现代转化问题探究就从未间断过［沈苏儒，1991；张柏然、姜秋霞，1997（2）：7 - 16；孙致礼，1997（2）：10 - 12；刘重德，2000（7）：34 -37；杨自俭，2004（1）：111 - 113；王宏印，2003；张思洁，2006］。立足于中国传统文化和传统译论，具有国际学术视野，借鉴国外翻译理论和相关科学的成果而进行系统化、专门化的翻译研究，翻译理论与实践相结合的翻译之道研究（曹明伦，2008，2012；王东风，2009），以及中西译论的对比研究［谭载喜，1999（6）：25 -28；2000（1）；2000（2）：14 -18；刘宓庆，2005］，已成为目前我国翻译研究的明显趋势。

国外翻译史上的众多译论，如西塞罗的翻译论，昆体良的翻译竞赛论，路德等人的圣经翻译论，泰特勒的翻译三原则，直至近现代纷繁多样的翻译研究，异彩纷呈，令人目不暇接。但"现代意义上的翻译研究应该是最近几十年才有的事情，可以第二次世界大战（简称'二战'）为分割线，在'二战'之前的可以划归传统翻译研究，而'二战'之后的可以统称当代翻译研究。"（刘敬国、何刚强，2014：186）"二战"以后，翻译研究逐渐走上了专门化、系统化的研究路子，逐渐摆脱了传统译论评点式的言说范围，形成了翻译研究的不同流派。从翻译学语言学派到翻译研究的文化转向，到翻译研究的多元化发展。进入 21 世纪以后，翻译研究领域又陆续涌现了一些新的流派和理论体系，如后现代主义、后结构主义、后殖民主义等。

如今，翻译研究呈现出跨学科和多元化研究趋势。例如，曼迪（Jeremy Munday）对"翻译研究"下的定义："翻译研究是一门与翻译理论和现象相联系的新学科，其本质是多语言性和跨学科性的，涵盖语言、语言学、交际学、哲学以及一系列文化研究内容。"（Munday，2001：1）不仅翻译的本体论研究，而且语境、伦理、权力、冲突等与翻译有关的因素也进入了翻译研究视野。例如，当今国际上著名的翻译理论家蒙娜·贝克教授的翻译学论著《翻译与冲突》，被我国学者潘文国评为"此书的出版具有划时代性，它标志着国际上翻译研究又上了一个新台阶，是翻译的'文化转向'以后的一个新的里程碑"。（潘文国，2011：5）值得注意的是，在 20 世纪 90 年代以后出现了一个新的研究领域——语料库翻译研究。"语料库翻译研究无疑具有自身的优势，如对翻译共性（the universals of translation）的研究。随着信息技术的进步，语料库翻译研究必将表现出强大的发展潜力，它对翻译研究的贡献也将会越来越大。"（刘敬国、何刚强，2014：193）

不同流派、不同视角的翻译研究之间观点的碰撞与交流（例如，苏联时期的翻译语言学派与文艺学派之争），极大地促进了人们对翻译的认识，促使翻译研究逐渐走向系统全面的研究之路。但诚如张柏然早在20世纪90年代末指出的，译学研究如"作（译）者研究系列""（作）译品研究系列""读者研究系列"，属于对存在者的认识论上的探讨，缺乏真正意义上的针对翻译活动和阅读活动本身的翻译本体论探索（张柏然，1997：55－63）。21世纪后，从译者主体视角的翻译研究越来越多，例如，人们对译者的主观性和变译本质（黄忠廉，2002）已经有了相当认识。

中国译论和国外翻译研究于我们颇有借鉴意义，但在具体的外汉双语之间，系统深入探讨翻译学理的论著不多，且多涉及英汉比较与翻译研究（杨自俭，2010），翻译研究与俄汉双语发生关联的寥寥无几，颇有翻译之道与翻译实践脱节之嫌。当然，国内外语界每个外语系都开设有翻译理论与实践课程，但外语学界、俄语学界真正在具体外汉语互参基础上进行比较系统的翻译研究，密切联系翻译实践来探索翻译学理的研究并不多，俄汉语互参翻译研究是很新的课题。实际上，关于双语互参于翻译研究的重要性，哈蒂姆、梅森（1990）早有言及："对译者来说，每一个问题都牵涉两种语言系统，仅对某一语言中某一词项（语项）的分布进行陈述，这根本不会有什么特殊价值……"（哈蒂姆、梅森，2005：36）与此同时强调了语境意义和语言活动发生于其中的情景的社会语境，这样翻译学不仅与对比语言学密切相关，而且与语义学、语用学、语篇理论、语境理论密切相关。国外几乎没有汉语与外国语之间的翻译研究，难以想象一个外国学者以其本国语与汉语互参比较进行翻译研究，这项工作理应由中国学者自己来做（许渊冲，2006）。俄语翻译学科建设面临着俄汉双语双文化互参译学研究的急迫性和必要性。

　　翻译研究中的语言（双语）①、意义、译者是最核心的关键词，意义、语言与译者以及它们之间的关系，这是最根本的翻译问题，尤其需要结合具体外语和汉语作深入研究。外语学者应该重视相关双语的研究，不论是外译汉，还是汉译外，这也是外语界培养外语人才和翻译人才容易忽视的问题。而这个问题的探讨，恰恰是解决翻译理论与实践脱节问题的必由之路。目前我国已有学者指出外语专业（包括近年来新设立的翻译专业）的学生偏重外语、忽视汉语的现象，培养出来的人才已经出现汉语水平跛脚现象，认为一味强调译者需要通晓外语及其文化与历史已经不合时宜，兼顾译者的汉外语两方面的修养方为上策（吴志杰，2009：38）。翻译从根本上讲，只有借助语言的帮助才行，而且是相关的双语（译入语和译出语），"双语是翻译的基础"（Алимов，2013：12）。翻译是一种相当复杂的现象，一种双语交际行为，需要考虑所有变化因素，包括接受者和社会情景，翻译本身就是有力促进所接触的语言和文化相互渗透的因素（Черняховская，1976：248）。古代西塞罗说，为后代们存留下语篇依据的"不是词量（количество），而是词重（вес）"，词重指的是含义或意义，法国翻译家多雷（1509—1546）认为，译者应该保持五个基本翻译原则，其中之一、二、三个原则便是"译者完善地理解被译语篇的内容和被译语篇作者的意图；译者完善地掌握译出语，同样完美地通晓译入语；避免逐字翻译的趋向，因为这会歪曲原文的内容，扼杀其形式之美"。（Алимов，2013：17）语篇的意义涉及语法、

————————

　　① 翻译不仅是语言或解释问题，而且是文化问题，不仅语言存在不可译，而且因地缘、政治信仰和意识形态差异导致文化冲突和文化的"不透明性"，产生民族文化不相容性的翻译问题。然而，语言仍在翻译中占有特权地位，语言仍是翻译的根本。提摩塞·布列南在《语言的切换：北/南的东/西》一文中如是说："我不想把一切翻译都包容在文化翻译的名下，甚至可以说，这样做会剥夺语言的特权。把孟加拉语、他加禄语或帕特瓦语翻译成可读的英语，这些平凡的小事仍在激励人们接受非西方的文学。我所引证的冷战文化的死胡同与帝国的距离和非人性化逻辑之间的关系，并不是要回避翻译中语言的相异意图模式的流失问题。这毕竟是使翻译成为耐人寻味的、不可能的任务，但又要求人们去努力尝试的东西，如果没有别的方法向语言致以敬意的话。"（陈永国，2005：306）

语义和语用方面，不论是文学翻译，还是非文学翻译，不论是哪个层次的单位，都是通过另一种语言的翻译来解释其意义。双语互参意义重构译学研究，这是目前现实的、必然的翻译研究课题。

第二节 翻译"意义"观回顾

如何认识翻译中的意义问题，这是译学研究的基本问题之一，翻译可以说是跨语言交际中的意义重构。但翻译的"意义"观如何？何谓翻译中的"意义"，或者何谓翻译中被重构的"意义"？这是困扰每一个译学研究者的意义理论问题，也是想要解决翻译中的意义问题的学者们不可回避的问题。国内外学者已经做了大量富有启示意义的研究，但译学界还远未完全解决这个问题，值得深入探究。

国外研究

美国的奈达在《译意》（1982）中明白提出"翻译即译意"思想，这是对翻译实质的概括，强调了意义传译在翻译中的关键作用。"翻译即译意"，这句名言将翻译的根本任务明确地摆在我们的面前（许钧，2003：140）。译意并不表明形式是不重要的，奈达认为，"形式也表达意义；改变形式可能也就改变了意义"。（郭建中，2000：66）奈达的翻译理论自 20 世纪 80 年代传入我国以来，对我国的翻译研究影响甚巨，原因就在于它的可行性和明晰性。许钧说：奈达的翻译意义研究"对翻译实践具有直接的理论指导意义，且有很强的可操作性。"（许钧，2003：166）

但是，翻译中的意义问题实在太复杂了，随着人们对于翻译问题研究的深入，关于翻译中的"意义"的认识就更加深入辩证，除了与译者直接相关外，还与译出语和译入语相关，因为语言不仅是表意的工具，而且具有创造意义的功能。翻译中的"意义"，或涉及相关双语互参互构问题。奈达讲到了形式对等（后改为形式对应）和动态对等（功能对等）①，但似乎从未提及相关双语参与意义重构的问题。"形式对等是提供某种程度深刻见解的一种手段，借此窥视某一源语语篇的词汇形式、语法形式或结构性形式。"（哈蒂姆、梅森，2005：9）在奈达那里，为了译意，要么改变形式，要么保留形式对应。他所谓的"形式对应"，就是指在目的语中保留源语的形式结构，不管这种形式结构符合不符合目的语表达形式的规范。针对这一点，申丹在《论翻译中的形式对等》一文中指出，所谓形式对等，是用目的语中的对应形式结构来替代源语中的形式结构（1997）。申丹的这一辩证在很大程度上解决了翻译中内容与形式的矛盾，这样一来，译文在内容和形式上就能达到更大程度的统一（郭建中，2000：75）。实际上，译入语中的对应形式结构替代译出语中的形式结构，就暗含了译入语的形式结构在一定程度上参与意义重构的意味，确切地说，译出语和译入语都将参与到译文本的意义重构中。因为译文本中语言形式结构的选择，并不是任意的，而是与译出语有所对应，即在考虑译出语的形式结构情况下选择合适的译入语形式结构。这样，势必会偏离翻译等值的理想，但这就是翻译实践。

　　20 世纪 80 年代以来，法国的翻译释意派区分了潜在的意义和现实化的意义（2003），释意强调的是释意篇章，不仅与言语交际、语境有关，更与译者有关。20 世纪的"语言学革新"即在于承认，"意义"不仅是某种以语言表达或反映的东西，而且是被语言创造出来的，这也为译学研究提供了新的认识方法论。许钧说："该学派对意义的阐述非常明确，其最大的贡献便是区分了潜在的意义和现实化的意义。"（许钧，2003：170）释意派的弟子安帕罗·于诺多·阿尔比在《翻译的"忠实"概念》一书中，发展了释意派理论中对意义的

---

　　① 什维策尔说，奈达表述的动态等值概念是基于对于（由语言表达与交际行为参与者间的关系所决定的）内容的语用成分的考虑，因此什维策尔赞同诺伯特建议的翻译对等两分法，即语义对等（理解为传译原文内容并遵守译入语规范）和语用对等（理解为考虑话语的语用成分）。达到翻译的语用对等，就要放弃完全语义对等（交际不变）。考虑语用因素，可能从异域接受者角度进行文本增删，以及发生各种意思改变（Комиссаров，2002：73 – 74）。

认识，澄清了七个与翻译有密切关系的概念，并就翻译中经常遇到的这几个概念与意义的异同作了剖析（许钧，2003：170）：①含义（signification）、现实化含义（signification actualisee）与意义；②信息（information）与意义；③效果（effect）与意义；④意图与意义；⑤风格（style）与意义；⑥内涵（connotation）与意义；⑦不言之意（implicite）与意义。阿尔比认为，意义是"诸如风格、内涵、信息等因素共同作用下的一种综合"。不同类型语篇的翻译，某种因素所起的作用有所不同，在诗歌中风格与内涵的因素会占上风，而在科技文章中则是信息因素起重要作用。这就是说，意义是个更广泛的概念，"意义是一个综合的概念"。因此，可以说翻译中的"意义"除了基本的词汇意义、语法意义外，还涉及风格意义、蕴含意义、修辞意义、联想—伴随意义等，它们与语体、语言修辞和表达效果有关。翻译与译者的知识、技能[①]密切相关，所以翻译中的"意义"，即跨语言、跨语境中实现的"意义"，翻译作为一种意义重构活动，是译者把"潜在的意义"变成了"现实化的意义"。

英国贝尔在 1991 年出版的《翻译与翻译过程：理论与实践》（贝尔，2005）一书中，借鉴语言学成果对"意义"的研究，很值得我们学习。他将意义分为"语义意义"和"交际值"两大类并将二者合并成"语义表征"概念。贝尔还区分了三个主要的意义类型：认知意义、互动意义和话语意义。贝尔区分出的"交际值"、认知意义、互动意义、话语意义，即可涵盖译者影响意义的维度。但在贝尔论翻译的"意义"的大半部书中，好像未见对这层意义的进一步揭示。贝尔在语言学的基础上探讨翻译中的"意义"，涉及语义学、语用学、语篇语用学、话语语言学、社会语言学等领域，他的视野宽广而富有洞察力。许钧说："贝尔对意义的分析与归类有个明显的特点，

---

① 罗杰·贝尔认为，译者需要获取五类不同的知识：目的语知识；有关语篇类型的知识；源语知识；学科领域知识；对比知识。译者应具有双语能力、专门知识、交际能力（它至少包括知识和技能的四个方面：语法能力、社会语言能力、话语能力和策略能力）。译者必须具备双语能力和双文化的交际能力，旨在创建、理解并运用语篇，借此进入对语境敏感（或情景化了）的话语（贝尔，2005：50–61）。

即摆脱以往的纯理论分类……既有宏观的把握，又有微观的佐证，具有系统性，而且与翻译实践结合得相当紧密。"（许钧，2003：169）

英国哈蒂姆、梅森的著作《话语与译者》（1990）也可以为翻译领域的更深入研究指明方向："相对来说，跨文化交际和对比话语语言学方面的研究依然处于初创阶段。但是，正是这一事实才为未来带来了一种乐观气息。对翻译过程进行富有成效的分析之路现在已经畅通。"（哈蒂姆、梅森，2005：9）许余龙在《对比语言学》（2005）一书中介绍哈蒂姆（Hatim）的对比篇章语言学翻译理论："如果说 Catford 的语言学翻译理论主要是以句以下的语言成分对比为其主要理论依据的话，那么 Hatim（1997）的 *Communication Across Cultures: Translation Theory and Contrastive Text Linguistics*（《跨文化交际：翻译理论与对比篇章语言学》）则试图将翻译理论、对比语言学和话语分析三者结合起来讨论翻译，从对比篇章语言学的角度提出了一个宏观的翻译研究的理论框架。"（许余龙，2005：328 - 329）哈蒂姆、梅森把翻译工作视为发生于社会语境的一种交际过程，强调了翻译作为交际话语的观念，翻译潜在着两种动机：源语语篇产出者的动机和译者的动机（哈蒂姆、梅森，2005：4）。他们从对比篇章语言学角度的翻译研究，于本研究颇有启发意义。

俄罗斯科米萨罗夫早就指出："翻译的普通语言学分析表明，翻译应视为一种特殊的言语交往形式，在这种交往形式下发生两种语言系统的相关作用（соотнесённое функционирование）。语言学的任务在于描写这种相关作用过程中语言之间、语言单元之间发生的各种关系，以及描写该过程的语言学前提、特色和条件。"（Комиссаров，1980：6）把翻译视为一种特殊的跨语言交际形式情况下，构成翻译的内部语言学机制的两个语言系统发生相关作用，而语义方面居于主导地位，不同语言语篇的言意等同（смысловое отождествление）作为其交际等效的基础（Комиссаров，1980：51）。因此，翻译研究的任务之一即是描写译出语和译入语之间的各种关系，以揭示双语相关作用对意义重构的影响，亦即揭示翻译过程中双语互参互动的规律。

双语互参式译学研究可谓遥接着国外学者的思路，翻译和翻译研究应立足于双语双文化比较，并且要有语篇视野。译意（意义重构）与译者的再创造和语言（双语，语篇）创造意义密切相关。

国内研究

我国早期翻译就重视达"意"，如佛典翻译之"贵其实""勿失厥义""案本而传"强调的是"得圣意"而径达。当代翻译研究，正如前述，研究者或借鉴国外的研究方法，条分缕析而避免传统随感式的研究，或对古代译论进行现代化改造，或借助相关学科的成果进行跨学科译学研究，或基于翻译实践进行译理探索。辜正坤的《互构语言文化学原理》（2004）从文字学、文化学和哲学层面上提出问题，揭示人类语言与文化在互构互生过程中隐含的文本意义生成秩序的基本规律。许钧的《翻译论》（2003）的核心章节《翻译意义论》，从文化学、符号学、语言哲学等视角对翻译行为的意义问题进行全面的探索，确立了翻译的意义价值观。自 20 世纪 80 年代以来，我国译学界出现了"发挥译语优势"，翻译标准"多元互补论"，"在差异和对立中创造和谐"等新译论，彰显译者主体的作用，翻译变异成为译学界的共识。

近年来，韩子满的《文学翻译中的杂合研究》（2005），吴南松的《"第三类语言"面面观》（2008），韩江红的《严复话语系统与近代中国文化转型研究》（2006）等书则进一步表明，翻译中存在语言文化的互参互构意义问题。还有在不同范式下的翻译探索（王寅，2005；卢玉卿，2009；卢玉卿、温秀颖，2009；李晓红，2011）。笔者（2011）从译者和语境角度，揭示了翻译中的意义筹划与突显规律，但仍须作进一步的理论探索和实践验证。可见，国内对翻译中的意义问题研究取得了一定的成果，但或失之片面，或缺乏深入的理论阐明，各种理论解释尚不一致，远未建立起系统深入的、理论联系实际的翻译意义观。

综上，译意是翻译中的基本思想，但译者如何译意，如何进行意义重构，须进行一番理论探索和实践验证。本书拟从语言（双语互参）、语篇和译者角度探索意义重构问题（翻译首先是语言现象，而译者是决定性的翻译主体），对翻译中的双语互参（俄汉互参）式意义重构作一番深入考察，并以文学翻译为例，对译者影响意义维度作一番深入思考，以期建立起一种比较系统深入的翻译意义观。

第三节　该研究的主要目标、内容、方法、理论价值和意义

主要目标

该书为翻译学的实证性基础理论研究。尝试建立一种比较系统深入的翻译意义观，揭示出意义重构的多个维度。翻译中的意义是与词汇、语句、语序、语篇等语言单位密切相关的语义意义，以及在跨语境中实现的意义，译入语亦参与了译文本的意义重构。我们将按不同层级分别以大量翻译实例来证明以下论题：双语互参式"意义"构成翻译中的"意义"的一个维度；从译者的翻译行为角度，揭示出翻译中的"意义"的又一个维度——译者筹划与突显之意；而作家风格艺术美、诗律节奏美与意象意境美，构成翻译中的审美意义维度。

主要内容

第一章　《绪论》双语互参式意义重构译学研究之必要，翻译"意义"观回顾，本书研究的目标、内容、方法、价值和意义，俄汉互参式意义重构研究引论。

第二章至第五章　研究对象具体，双语互参式意义重构研究几乎涉及语言各个层面的翻译现象。从词汇的翻译探讨入手，进而深入句式和语篇层面的研究。在词汇层面，主要对俄汉语名词、代词、动词进行比较，并做双语互参译学问题解析。在句式层面，主要对汉语存在句、是字句、被动句、包孕句、次品（末品）补语等句子结构与俄语相应类似句子结构进行辩证互比，并做双语互参译学问题解析。在语篇层面，针对俄汉语句际关系结构接应、语序、语篇衔接连贯进行互比，并做双语互参译学问题解析。本书译例看似只体现为不同语言单位层次，但均与语篇有关，是从语篇中挑选出来的。俄汉双语互

参意义研究不仅限于语法层面，还涉及翻译现象的语义、修辞和文化问题等。

第六章 文学翻译中的意义重构问题：意义筹划与突显论，意义突显与风格艺术美，双语互参式审美意义重构，双语互参法探索俄语诗歌汉译。

末章 翻译定义的演进与翻译观念的更新，主要观点及创新点、论余剩语。

研究方法

既有大量微观具体的双语互参考察和翻译解析论证[①]，又有宏观抽象的翻译哲学思考；既由实践上升到理论，又由理论反观实践，从而使译学研究达到理论与实践的高度统一。以俄汉互参考察方式，深入研究翻译中的意义重构问题，把双语互参考察与翻译解析论证有机结合起来。互参考察不仅限于语法范畴，而且有语义、修辞和文化范畴。双语互参成为一种有力的方法工具。但不追求语言对比的系统性与完整性，而是着重论述语言差异（同与异——同中有异，异中有同）可能给翻译带来的启示。既须揭示翻译双语互参意义重构的规

---

① A. B. 费奥多罗夫（1906—1997）对法语、德语、英语和俄语语言手段的词汇特点、语法构造和修辞用法进行比较，且进行翻译实践分析，以查明一定的规律，由此奠定了俄罗斯语言学翻译理论的基础。他也是世界上语言学翻译理论系统化研究的奠基人之一。1953 年第一版《翻译理论导言》，后来修改版冠以《翻译总论基础》书名分别于 1958 年、1968 年、1983 年、2002 年进行了第二、三、四、五次重版。费氏在世时出过前四版，第五版时他已去世，所以第五版几乎没有改动。费氏理论最重要的原理便是用以确定对应的功能原则。但应注意，费氏理论中具有标准规定性（нормативность）的地方，就是用于研究对等翻译主要目标实现途径（用另一种语言的词汇、语法和语体手段再现原作形式和内容统一体）的分析合成法（Алимов，2013：21）。科米萨罗夫也曾指出，语言学家们批评费氏分析的规定性，指出其分析的目的不是研究实际的翻译过程，而是描写译者为了达到对等翻译的"正确"行为。费氏理论的一定薄弱部分是在研究文学翻译时，他一方面大肆强调其主观创造性质，但另一方面看到理论的最终目的是与这种主观主义作斗争。科氏说，费氏没能克服翻译理论研究标准规定的传统路子，当然他对翻译活动的语言学基础的重视，开启了客观描写这一现象的可能性（费氏本人不止一次指出过这一点）（Комиссаров，2002：26；29）。本研究将基于大量的翻译语料通过双语互参揭示翻译规律，并努力地做辩证解析，以避免对应规律和标准规定性的局限性，使人们看到多种翻译的可能性。

律，又要跳出一一对应藩篱，而探索多种翻译的途径和思路，以确立正确的辩证的翻译观①。

运用语言学（语法学）、语篇理论、意义理论、哲学解释学等理论原理进行跨学科译学研究，将理论演绎与翻译实例分析相结合，并结合对作家作品的研究和翻译实证研究，以确保论证的科学性和实际效果。实证研究以俄译汉为例，并努力给出合理的解释，极个别的章节有所涉及汉译俄。

理论价值

俄汉双语互参意义重构研究为我国翻译学研究提供了新视角。将"双语互参"和"意义重构"组合在一起，这是对翻译本质认识的一次深化，立论本身就具有较高的学术价值。

将语法理论、语篇理论、意义理论、哲学解释学等领域的研究成果运用到俄汉双语互参式意义重构问题研究以及文学翻译研究，建立起一个相对完整的研究体系，使得该成果具有一定的学术价值和原创性。一种比较系统深入的翻译意义观的建立，旨在解决翻译理论联系实践的问题，这是非常有价值的学术问题。

现实意义

目前世界各国各民族在经济、政治、军事、文化、贸易等领域越来越明显地出现国际化、全球化、一体化趋势。中国改革开放取得了举世瞩目的成就，中国文化走向世界，外国文化引进来，呈现出互融、互惠、互利、互相协作的局面。在这样的时代背景下，翻译起着越来越重要的作用，学习外语和输出汉语越来越重要。翻译学成为一门学问，俄汉互参式意义重构译学研究具有重要意义。

大量的中俄名译和笔者自译的例证可以广泛应用于翻译教学。以

---

① 双语互参规律的发现，双语之间这样那样近似的对应，绝不意味着必须总是采用同样的译法。至于文学作品以及部分科学文献和社会—政治文献的翻译，那就是艺术，尤其不能忍受各种标准解答方案（Комиссаров，2002：29）。

往俄汉语翻译教学，通常只关注两种语言结构（语法）的不同，因此较多地在翻译技巧上下功夫。而该成果在理论和实践的结合上为我们提供新的论据，这将对促进翻译教学、帮助人们具体认知两种语言文化的差异提供方法论支撑。

第四节　俄汉互参式意义重构研究引论

本书将从语言（双语互参）和译者角度来揭示翻译中的意义重构规律。一般而言，译意是翻译的基本思想，翻译即是在不同语言文化之间发生的意义重构行为。汉语是中华民族的语言，既是世界上历史最悠久的语言之一，又是世界上使用人数最多的语言之一。汉语和俄语同为联合国的正式工作语言，分别是中国各民族和俄罗斯各民族的族际语，俄汉（汉俄）翻译——不论口译，还是笔译——为俄中友好交往提供了方便，俄汉（汉俄）翻译研究的意义不言而喻。

俄汉互参式意义重构的译学研究，"互参"具有共同参与、相互作用、互融互构之意，"互参式"乃是带有、含有双语互参之意。为了揭示俄汉互参式意义重构的诸多规律，我们可以从双语（双文化）互比同异入手，来探讨俄汉翻译问题，以观翻译之意义重构。这里仅以译音、译意为例作个引论，以开启后面章节的内容。

翻译有两种基本方法，译意和译音。语言学家吕叔湘说："译意的词，因为利用原语言（这里指译入语）里固有的词或词根去凑合，应归入合义复词，而且也不能算是严格的外来语。译音的词，浑然一体，不可分离，属于衍声的一类。"（吕叔湘，1982：13）

译意产生的所谓"合义复词"，便是双语互参而成的同义词或近义词，语言外壳（能指）发生了变换。"译即易"，原词解码后重构，建立起新的能指和所指，译词有来自源语里的词义（所指），并按译入语的构词方法，"凑合"而成"合义复词"。以仿造词为例：sky-scraper — небо - скреб（摩天大楼），distinguishable — различимый（可区别的），superpower— сверхдержава（超级大国），mass culture—массовая культура（大众文化），green revolution— зелёная революция

（绿色革命）。按照语音、形位仿造词语，过去和现在都丰富了许多语言的词汇系统。仿造词语可能既有音译，也有意译，形位（前缀、词根、后缀、词尾）译自源语，语音来自源语，但须符合译入语规范仿造出新词。新的构词中或有译入语的音位、形位的参与，而新词的所指来源于源语，但又可能不止于源语。

译音或音译词，亦即唐玄奘所谓的"五不翻"（音译）所产生的译词，带着源语的音义（能指＋所指）而体现为译入语的音义（能指＋所指），即使两个能指同音，所指也可能不同，新的音义是双语参与构成的。例如字母音译：Berlin — Берлин，internet — интернет，oasis — оазис，student — студент。这是字母对应或字母转写引入新词。又如语音音译，这是语音对应引入新词，如 gallery— галерея，appeal— апелляция，rehabilitation— реабилитация。不论字母音译还是语音音译，可以说这是对外语的"不翻"之用，是用译入语去消化吸收，而成为字母转写和语音转写的借词（Алимов，2013：38）。借词势必要进入译入语而被接受，才能生根具有生命力，即使是音译借词，也是被译入语改造过的。音译与意译经常一并使用，并非截然分开，仿造词即是。而音译可能不全，或发生音变（变形），或出现省译。"省译是中国自东汉佛经翻译以来的一种翻译方法。如 Buddhisattva 本应译为'菩提萨陀'，但常用'菩萨'这样的省译。"（杨成虎，2012：33）

汉语和俄语分属于不同语言系统，音译时，双语互参体现得很明显，而欧洲语系语言之间的音译，基本上只是拼音或字母转写而已。例如，法语的 Fantômas 译成俄语 Фантомас，音译（字母转写）达到了高度的一致，连字母都能对应上，这是外汉音译无法做到的。汉语音译，或有音变，或有省译，是用汉字系统的语素（字）去拼音转写。像印欧语系中的字母对转，汉语做不到，有时缺少某些音，就更不能一一对应了，例如俄语有发音 шон，м 的，汉语中没有发音 shong 和 m 的字。М 音必须添加一个元音才能拼成一个汉字，如拼成"姆"（mu），莱蒙托夫的著名诗体故事《Мцыри》（童僧）音译成姆采里（余振、顾蕴璞，1997：267）。因此，俄汉翻译比欧洲语言之间的翻译产生的差异恐怕要大得多，音译即可见一斑，更何况译意了。英语的 university 和俄语的 университет，汉译为"大学"，这与古代的"小学"形成关联，从而进入汉语文化系统而被接受。

语言互相影响，而这种影响的结果可能就是移植或迁移（перенос）、借用（заимствование）和并合（конвергенция）。语言之间的影响在博杜恩·德·库尔德内那里被理解为语言在接触过程中的并合重组（конвергентная перестройка）（Алимов，2013：16）。翻译或许在某种意义上就是双语的并合重组，双语互参在翻译中无处不在，语言干扰（интерференция）无处不在。20 世纪 50 年代以前，在俄罗斯语言学中只把干扰视为双语条件下已经掌握的技能对随后新获得的技能的负面影响，但如今，干扰不仅作为负面影响，而且作为正面影响，可能在特长、技能、知识甚至记忆等领域都留下影响痕迹，在翻译和翻译研究领域也不例外。科米萨罗夫在《翻译理论中的干扰问题》一文中写道，在翻译理论中应该把翻译中的所有干扰形式（不理想的和合理的现象）都加以研究。在翻译理论与实践学习中，在初学者的翻译工作中，实际上可能出现所有层次上的干扰：声音或拟声干扰、拼写干扰、语法干扰、词汇干扰、语义干扰、修辞干扰等（Алимов，2013：31－36）。我们进行双语互参意义重构译学研究，可以适当引入"干扰"概念，应重视双语互参的正干扰，而避免双语互参的负干扰。

可见，翻译即使音译，也几乎可以肯定无法确保意义不变。有一部分音译是已经约定俗成的，只有唯一的对应形式，列茨凯尔称之为绝对等值对应，这种语际对应传统非常稳固，任何其他翻译都可能是错误的。而完全等值对应是一个词（词组）的整体意义上的对应，而非其某个意义上的对应。姑且认为绝对等值对应和完全等值对应就是圆满的对等，这时的翻译就像寻找通用术语一样，好像是对于唯一答案的追求。但是还得承认，在口译的时候，译者一下子就想到了这样的特殊等值词，便可以加快翻译速度，感觉翻译有了着落，译者才有了底气。列茨凯尔所谓的词汇（词组）变异对应、语境对应以及翻译转换的所有形式，其实都不能达到完全对等。然而，翻译就是这样，正如卡特福德所言，源语语篇和译语语篇不可能意义相同，亦即翻译时不可能用乙语单位的意义恢复（воссоздаются）而只能是替代（заменяются）甲语单位的意义（Комиссаров，2002：14）。因为语言文字的不可译性无处不在，尤其是在汉外语之间，而且不可避免译者个人及所属语言群体的局限性。列茨凯尔所谓的翻译对应，科米萨罗夫也曾介绍过①，后来明亚尔－别洛鲁切夫也研究过②，通常只是非全同关系。

　　译音和译意，都可能有译入语的义素（形位、音位）参入，即便是字母和汉字之间的（拼写）音译，也会发生变异，例如，佛经音译之望文穿凿（钱锺书，1984：79）。但只要人们通过反复多次的交流，是可以达到真正理解的。人们获得新知，不仅靠重复或趋同，同义、反义、上下义的解释和隐喻表达均可促进理解。俄汉语之间译音和译意，自然也是如此，或可依靠双语互参的正干扰（интерференция）而解决翻译困难。当然，也可能因为双语互参的负干扰而导致不良结果，或自由翻译，或硬译，而导致意义严重偏差。我们探讨俄汉互参，就是要把不可译性搁置起来，让人们仿佛不去直接瞄准"靶心"（源语）而能想法完美"击中"目标。翻译只能在双语之间寻找最佳答案，这不是对唯一性的追求，而是对可能性的探讨。翻译难免会失去本来面目，道安有"五失本"之论（钱锺书，1984：28）。中国译论中讲究"最佳近似度"（辜正坤，2004：343）和"极似律"（黄忠廉，2015：30），而外国译论中则是意义（功能）等值（эквивалентность）

---

　　①　所谓翻译对应，是指在译入语中规律性地（регулярно）用于翻译源语中某一单位的单位。在科米萨罗夫看来，翻译对应可能建立在不同层级语言结构的单位之间，但是通常翻译对应还是建立在同一层级单位之间。翻译对应可分为单一对应和多个对应，词汇对应、成语对应和语法对应，同类对应和异类对应，以及随机对应等。源语的语言单位并非总有对应，一些在译入语中根本没有规律性的对应，对于这些无等值单位意义的传译，科氏认为可以采用随机对应形式：借词对应、仿词对应、近似对应、词汇代换对应、描写法等。而那些无等值的语法单位的存在，并不妨碍在原文本和译文本的语句之间建立等值关系，科氏认为可有三种主要译法：零翻译，近似翻译，转换翻译。（Комиссаров，1999：174－188）

　　②　在明亚尔－别洛鲁切夫看来，对应不只是译入语中用来固定翻译源语某一单位的单位，还可以是原文本在翻译中被复制的任何一部分。（杨仕章，2006：168）

或对等（адекватность）（科米萨罗夫，2006：169；Алимов，2013：56；杨仕章，2006：167）。双语互参法，是一条翻译理论联系实践的途径，能使我们看清相对意义上的翻译对等，仿佛教我们从形而上的"等值"（"信"与"忠实"）论转而走向形而下的实践小道。不要去想，只要去做，去看在翻译活动中究竟发生了什么。

第二章　俄汉语词汇翻译问题

　　一种语言里有实词和虚词，实词的意义比较实在些，吕叔湘说："凡是实义词，至少是那些标准的名词、动词和形容词，都能在我们脑筋里引起具体的形象，比如我说猫，我闭上眼睛仿佛看见一只猫；我说跳，我可以想象一个孩子或是一个蚱蜢的跳的形状；我说红，我就想起桃花或国旗的颜色。"（吕叔湘，1982：17）本章选取最基本的实词——名词、动词和代词①（造句作文是绝对少不了它们的）——来看看俄汉语中它们的特点及异同，以便探索俄汉翻译中的规律。

第一节　俄汉语名词翻译问题

一　俄汉语名词的定义、分类及特点

　　俄罗斯科学院 1980 年《俄语语法》是这样定义"名词"的："名词是表示事物并通过数和格这两个词变范畴以及性这一非词变范畴表达这种意义的词类。"（信德麟，2001：248，253）名词表示的事物是广义的，包括物体、人、物质、动物和生物、事实、现象、事件，以及当作独立事物看的非过程性与过程性特征（性质、动作、状态）的名称。

_____

　　① 吕叔湘在分出实义词的同时，还把那些意义比较空虚，但可以帮助实义词来表达意思的词类，称为辅助词，同属于辅助词，亦有虚实之分。比如你、那、什么、三等词的意义还是比较具体的，作用也和实义词差不多。由于代词运用广泛，又是比较实在的词，所以本书把代词列入最基本的词类。

我国 1982 年《实用现代汉语语法》这样定义"名词":"名词表示人或事物的名称。"《现代汉语》(吉林教育出版社,2008)对"名词"的定义是:"表示人或事物名称的词。术语或近似术语的字眼。表达三段论法结构中的概念的词。"相对于俄语定义,汉语中的定义显得简略得多,最明显的差别在于,俄语定义涉及了数和格的词形变化,而汉语没有。

《实用现代汉语语法》把名词分为四个小类。

普通名词:手、床、专家、自行车、工程师;

专有名词:中国、海南岛、故宫、长城;

集体名词:人口、书本、车辆、瓷器、物资;

抽象名词:概念、气氛、原则、意识、成就。

不论哪一种名词,使用起来都是词的本身,没有性、数、格的形态标志。可以设想,无论我们再怎么分出一些新的小类,都看不出性、数、格的差别来。所以,我们造句运用名词很是方便,名词细不细分类,对于它的正确使用似乎没有多大关系。

而俄语名词分出许多小类却有必要,可能直接与组句表意时的形态变化有关。所有名词可分为专有名词与普通名词。俄语中还有这样一些名词概念:物质名词;动物名词与非动物名词;具体名词与抽象名词(表示抽象概念、性质、动作和状态的名词);集合名词(在普通名词中,集合名词构成单独的词汇—语法类别)。"这些类别是交叉的:例如专有名词包括动物名词,也包括非动物名词;具体名词包括所有可数事物的共有的名称(不管是动物名词或是非动物名词)。每一种词汇—语法类别的词都有共同的形态特征,有时甚至有共同的构词特点。"(信德麟,2001:248)

专有名词:Донкихот, Вера, Амурск, Московские новости.

普通名词:надежда, вещество, развитие, овёс, стул, учитель, войско.

集合名词:студенчество, зверьё, матросня, пионерия, беднота.

物质名词:мука, цемент, олово, уран, картофель, пшеница.

具体名词:карандаш, кольцо, инженер, берёза.

抽象名词：вывоз，красивость，кислота，извлечение，божбёжка，транспозиция，платёж.

动物名词：человек，сын，щука，кот，насекомое，мертвец，кукла.

非动物名词：стол，книга，доброта，происшествие.

俄语中的专有名词、集合名词、抽象名词一般没有复数形式。但也有例外，后面结合翻译来分析。俄语的其他名词类别通常都有单数、复数形式，在词尾上区别开来。而物质名词一般只用于单数或只用于复数：мёд，чай，олово；дрожжи，духи，сливки. 所有的具体名词，除只有复数形式的（очки，ножницы）外，都有单数、复数两种形式。应该说，俄汉语的抽象名词很不一样，俄语中大部分抽象名词都是由形容词和动词派生并借助后缀构成的。俄语抽象名词一般没有复数，但那些能表示抽象特征、动作或状态的具体显现（表现）的名词可以构成复数形式：боль—боли，обман—обманы，печаль—печали，радость—радости，жизнь—жизни，движение—движения.

相对而言，汉语的名词几乎没有形态变化，没有俄语那样的词尾变化，尤其是在短语和句子中可见明显的差别，因为俄语句子中的名词需要考虑性、数、格的变化，而汉语从形态上并不显示出来。汉语中一个词和另一个词搭配，其形态并不影响、制约对方的形态，也不迎合对方的形态。请看俄语：новый дом，новая книга，новое перо，новые книги，形容词的词尾要与名词的性、数一致；而汉语中 "一本新书" "许多新书" "新同学" 中的 "新" 形式相同。又如俄语：студент читает，студенты читают. 但汉语却不这样：一个大学生在读书、大学生们在读书，表示复数的 "们" 不影响 "读书" 的形态。俄语表意往往倚重词尾变化，而汉语有时不得不借用词汇手段。例如：

- А я видел, что прольёшь, - широко улыбаясь, похвастался Яков. (Горький, 《Дело Артамоновых》)

"我刚才已经看见你要碰翻杯子里的水了。"亚科夫夸口说，

畅快地微笑着。(汝龙 译)

正因为俄语有形态变化,造句可以非常灵活,词序经常可以有所变化。俄语词形变化具有强大的组句功能,这是俄语语法的优势所在。但俄语的词序变化,也是为了确切表意的,而不是随意的摆设。应当注意,俄语在表达语义时,词序的自由不是绝对的,在某些情况下也是固定的,非自由的。例如:Мать любит дочь 与 Дочь любит мать 的意思就不一样。Опубликован ответ Венгрии Румынии 与 Опубликован ответ Румынии Венгрии 的意思也不一样。为什么会这样呢?原因是 дочь、мать 的主格和宾格相同,Венгрия、Румыния 的第二格和第三格相同,词形无法显示名词在句子中的句法位,词形不能标示主语和宾语(补语),只好根据词序来确定语法关系了。这跟汉语依靠词序确定词语的句法关系是一样的道理,组句词序明显地受到了限制。所以,在俄汉—汉俄翻译中,还是要特别注意词序与语义的关系。这个问题后面的章节将专门探讨。

二 俄汉语名词互参探译

俄语名词有性、数、格的词形变化,而汉语名词没有词形变化。我们将看到俄汉翻译时汉语是如何运用语言里固有的字词去凑合的。我们可以探讨俄语名词的性范畴、格范畴和数范畴的翻译问题,以观双语互参式意义重构。限于篇幅,只就俄汉语名词的数范畴与翻译问题进行详细探讨,而其他方面只是简要涉及。

(一) 名词复数的翻译问题

汉语名词最常见的复数词缀(助词)是"们",但"们"字并非总是出现,即使是复数也不一定非要用"们"字不可,而俄语名词复数的词尾通常是 –ы,–и,也有 –а,–я 的。

关于汉语的基本特点,我国语言学界基本上形成了共识:汉语缺乏严格意义的形态变化,汉语这一特点与俄语相比较,就更为明显了。就名词而言,汉语名词没有性、格的语法范畴,因为没有性、格的形态标志。但是汉语还是有数的形态标志的,例如,名词加上

"们"可构成复数，虽然总体上有时可用可不用（随意的），但在一定场合是必用的。吕叔湘《现代汉语八百词》在"现代汉语语法要点"中指出："表示复数的'们'，表示完成的'了'。它们的主要特点是缺少普遍性，有的场合一定要用，有的场合可用可不用，有的场合甚至不能用。例如，工人们和农民们，工人和农民，是同样的意思，都是不止一个工人，不止一个农民；他们是工人，工人是复数，但不能加'们'。"而致辞说："尊敬的主席阁下，女士们，先生们，朋友们！"这里的"们"是必用的。这个"们"字，张会森认为它可能是个后缀，而非词尾，因为汉语没有词尾（张会森，2004：41），苏联和俄罗斯汉学界就持有这样的观点（Горелов，1989）。俄汉语名词形态上可比的就有这个表示复数的"们"字。我们来举些译例作具体分析：

　　… Здесь были колумбы, бандиты, богомольцы, авантюристы, мыслители и революционеры. И вот сюда пришли строители. (А. Вампилов,《Пролог》)
　　这里曾经来过哥伦布们、匪徒们、冒险家们、思想家们、朝圣者和革命者。现在来到这里的是建设者。（笔者译1）
　　这里曾经来过哥伦布式的英雄、匪徒、冒险家、思想家、朝圣者和革命者。……（笔者译2①）

　　朝圣者、革命者、建设者都不宜加"们"字即可表示复数了。俄汉翻译时调整了词序，这样显得齐整有序。译文1中好几个"们"字，本来可以不用的，但由于"哥伦布们"不能去掉"们"字（哥伦布们即哥伦布式的英雄），否则就会发生误解了。所以，为了齐整起见，添加了几个"们"字。同样，为了齐整起见，也可稍作改变，一律不用"们"字，如译文2。

───────────

　　① 万比洛夫散文作品的汉译为笔者所译，后面章节的新闻类材料的汉译未注明的也为笔者所译。

Мы все глядим в Наполеоны.

我们全都想成为拿破仑式的英雄。

此处的拿破仑式的英雄，不宜译为拿破仑们。

В детском доме было шесть Валентин.

幼儿园里有六个叫瓦连金娜的女孩。

В городе проживают триста Ивановых и двести Петровых.

城里有三百个姓伊万诺夫、二百个姓彼得罗夫的人。

Все эти Воропоновы и Житейкины дорого заплатят за то, что обучают народ бунтовать. （М. Горький,《Дело Артамоновых》）

这些沃罗波诺夫和日捷伊金之流，既然教老百姓造反，那就早晚要大吃苦头。（汝龙 译）

需要指出的是，"们"字的作用，除了大致和文言的"诸""众"等字相同，是个概括词之外，"们"字的意义还是"及其他""之流""等"，表多数。遇到列举未尽的情况，可以加个"们"字了事。例如，到会的有校长、院长、教师、学生们。"们"字可能与校长、院长、教师、学生都发生关联，也可能只与其中之一发生关联，或表示校长、院长、教师、学生等各有一个，或表示此外还有别的人，或表示校长、院长、教师、学生等都有来的，而其中之一有多个。不加"们"字的时候，可能更侧重各有一个，当然也可能跟加"们"字一样有多种情况。专有名词用来概括地表示同类事物，从而变成普通名词。有时直接在专有名词之后加个"们"字，代表其同类、同属、同级、同事、同学、同伴等。例如：校长们都没在这里（老舍《大悲寺外》）；杨大个儿们一起叫了声哥们儿（老舍《上任》）。一个学校不会有几个校长，杨大个儿自然更不会有第二个，这里的"们"字均指他们的同僚或同伴。

俄译汉时，名词的翻译关系到数的问题，不是所有的复数在汉译时都加个"们"字，得看是否合适，是否必要。我们随便做一段俄译汉练习，便可遇到"们"字的使用情况。

И сейчас, когда строители ушли жить в собственный палаточный городок, нет во всей тайге дома гостеприимнее общежития буровиков на Тонком мысе. У печки — железной бочки, поставленной на ящик с песком, — днём и ночью гореются мастера, шофёры, нормировщики, техники и выбредшие из тайги колумбы из колумбов — топографы.

……

Участок СУДР – 3 на Толстом мысе и в Невоне — это сто строителей. Есть среди них 《старые волки》, которые строили палатки в Братске, есть 《волки и молодые》 — демобилизованные солдаты, за несколько дней сделавшиеся плотниками из шофёров, бульдозеристов, крановщиков.

……

Среди строителей много парней из Воробьева, Ершова, Каранчанки, Сизова, Невона — всех ангарских и илимских деревень. На стройке местных зовут 《бурундуками》. 《Бурундуки》 — отличные плотники, в КИПе — они неутомимые топографы. (А. Вампилов, 《Колумбы пришли по снегу》)

现在，建设者都搬进了自己的大篷镇里，整个原始森林再没有比细岬角的钻探工宿舍更好客的家了。铁桶放在沙箱上当炉子，炉子旁边白天晚上都有人围着取暖，他们是师傅、司机、定额员、技术员，以及好不容易走出森林的地形测绘员——哥伦布中的哥伦布们。

……

大岬角和聂翁村的 СУДР – 3 工段有一百名建设者。其中有在布拉茨克搭建帐篷的"老狼们"，还有"少狼们"——复原士兵，几天时间即从汽车司机、推土机司机、吊车司机变成了木匠。

……

建设者中有许多小伙子来自安加拉和伊利姆的农村：沃罗比耶夫村，叶儿硕夫村，卡朗强卡村，西佐夫村和聂翁村等。建筑工地上的当地人被称作花鼠、花鼠者，最好的木匠之谓也，联合研究组里的花鼠们是些不知疲倦的地形测绘员。

Руководство стройки обязано в кратчайший срок организовать труд и организовать быт так, чтобы люди, которые сходят на станции Сосновые Родники, были на стройке хозяевами, а не гостями. И чтоб не было на этой станции сердитых людей с чемоданами. (А. Вампилов, 《Интервью с беглецами》)

建筑工地的领导，必须在最短时间组织好劳动安排好生活，让那些来到松泉车站的人们做一回工地上的主人，而不是过客。在这个站再不要见到生着气带着行李箱的逃兵吧。

俄语中并不是所有名词的复数译成汉语都要从形式上体现出来，例如，一百名建设者，许多小伙子，都无须加上"们"字，因为不止一个的数量词就已经表明了复数。的字结构的名词，也不能加上"们"字，者字后面通常不加"们"字，如建设者、花鼠者。当复数名词表性质作宾语（表语）时，几乎无法加上"们"字。表示职称和工种称谓的复数名词，可加可不加"们"字时，如果是列举以为述谓补语，则不加"们"字为好，例如，他们是师傅、司机、定额员、技术员，又如，让……做一回工地上的主人，而不是过客，……再不要见到……逃兵吧。顺便说，哥伦布们、老狼们、少狼们，表示特殊的群体类型，在作品中可能还具有修辞色彩。例如，在老舍先生笔下，出现了"山们"这样的复数形式。

山坡上有的地方雪厚点，有的地方草色还露着，这样，一道儿白，一道儿暗黄，给山们穿上一件带水纹的花衣。(老舍：《一

些印象》）

　　月亮刚出来，漫天的星星们眨着眼睛。（老舍：《养花》）

　　春天一到，鸟兽鱼虫们都活跃了起来。（老舍：《养花》）

　　我不知道花草们受我的照顾，感谢我不感谢；我可得感谢它们。（老舍：《养花》）

　　吕叔湘在《现代汉语八百词》中对"们"有个总结："［后缀］用在代词和指人名词的后边，表示多数。……指物名词后边加'们'，是拟人的用法，多见于文学作品。……有时是一种比喻的手法。如奶奶管我们叫小燕子们。人名加'们'表示'等人'。……可加在并列的几个成分后面。……名词加'们'后不再受一般数量词修饰，但有时可以受数量形容词'许多，好些'等的修饰。"（吕叔湘，1981：342）原来许多、好些等词修饰的名词也可以加上"们"字，以强调复数，这似乎是赘言修辞的运用了。刘月华等人著的《实用现代汉语语法》则说得有些绝对："如果在表示人的名词的前面有数量词或在句中有其他表示多数的词语时，就不能再用'们'。"（刘月华、潘文娱、故韡，1984：24）通常有"许多""好些"等修饰语的名词，不用加"们"字即可表示复数，只偶尔可见加"们"字的。例如，好些孩子们在空地上你追我赶地跑着玩。

　　汉语的"们"字，用来对译俄语中指人名词的复数是称职的。所谓对译，就是正确地逐个直译（буквальный перевод），可以理解为语形对位（形位对应）、语义对应、语用对等（黄忠廉，2013：12 - 14）。现代汉语的名词，主要是表人名词可用词缀（后缀）"们"来表示复数。如：学生—学生们；同志—同志们；乡亲—乡亲们等。"们"不仅可以表达复数义，而且可以把文学作品中的比喻和拟人手法都细微传达，这是"们"字的活用和妙用。

　　俄语名词分单、复数，有的名词单、复数皆有（如 книга—книги, стол—столы），有的名词只有单数，如 борьба, мышление, золото，或只有复数，如 чернила, часы, ножницы。前面交代过，汉语没有词尾，只可能有后缀。而这后缀在句子中往往就是结构助词，不是用来表示词与词之间的语法（句法）联系的。"们"字可当作复数的标志，可称为后缀，这后缀经常是消失的，呈零后缀状态，即没有"们"字。

除了"们"字表复数外，还有哪些语言手段可以用来传译俄语名词的复数呢，尤其是对于事物、现象等名词？且先看两个译例。

В тайге рождались запахи, снег дряхлел на глазах, к вечеру блестела измазанная солнцем река. На 15 апреля у Миши Филиппова, бригадира бульдозеристов, была назначена женитьба. Весна обставила это событие яркими романтическими декорациями: ... праздничные тёщины слезы, звёзды — свадебные подарки, весёлая дорога. ... (А. Вампилов, 《Билет на усть – илим》)

原始森林有了生命的气息，眼见着雪一天天化掉，傍晚时分，夕阳照在河上熠熠闪光。4月15日是推土机队长米莎·菲利波夫预定结婚的日子。春天为之平添了一层鲜艳浪漫的布景：……岳母喜泣的眼泪，满天的星星——就是结婚的礼物。一路上欢声笑语。……

Последнее видение Усть – Илима: серые кубики палаточного городка, богатырская гранитная грудь Толстого мыса, 《Три лосёнка》 — три острова перед створом будущей плотины и во все горизонты—зелёный океан. (А. Вампилов, 《Голубые тени облаков. История одной поездки》)

乌斯季–以利姆的最新景观尽收眼底：大篷镇一个个灰色的小帐篷（кубики），花岗石勇士胸似的大岬角，"三个幼驼鹿"——未来闸坝前的三个小岛，各个方向望去——一片绿色的海洋。

从汉译文看，俄语名词的复数都没有得到形式上的再现，复数后缀在汉语中变成了零后缀，可是译文显然又是可行的。这怎么解释呢？

《实用现代汉语语法》中指出："汉语名词可以受数量词的修饰。在汉语里要表示人或事物的数量时，一般不能把数词直接用在名词前，在数词和名词之间要用一个量词。……汉语的名词没有'数'的语法范畴，不论单数、复数，形式上是一样的。"（刘月华，1984：22-23）由于汉语名词没有数的语法范畴，它是靠修饰它的数量词来表明单复数义的。所以，只要名词前面有表示多数的数量词，就是复数的表达，例如，上面译文中的"三个幼驼鹿""三个小岛"等。值得指出的是，复数形式有在译文中根本看不出来的，如"喜泣的眼泪""结婚的礼物"。汉语组句本来就没有词与词之间的词形联系，不像俄语那样。特别有意思的是，俄语的复数反而有一个地方译成了汉语的单数形式"一层鲜艳浪漫的布景"。翻译除了译得对外，还要译得好，犹如说话对了还要说得好是一样的道理。换句话说，得考虑言语修辞。蔡毅在《俄译汉教程》中曾指出："有时还可以把原文的复数译为单数，或原文的单数译为复数。"（蔡毅，2006：47）他还举了生动的例子，从修辞上解释了这种翻译现象。

Куда ни глянешь — всюду плоды усовершенствования природы рукой человека.

随便往哪儿看，到处都是人类用双手改造自然的成果。（这句话虽然也可以译为"人类用手改造自然"，但修辞效果较差。）

Конец восьмидесятых и девяностые годы XIX века являются тусклыми страницами русской истории.

19 世纪 80 年代末和 90 年代是俄国历史上暗淡的一页。

有趣的是，在俄罗斯翻译家帕拉修克的《红楼梦》俄译本中，我们发现了同样的非对译现象：

一语未了，只见李纨的丫头走来请黛玉，宝玉便邀着黛玉同往稻香村来。

Не успела она произнести эти слова, как на пороге появилась служанка самой Ли Вань и пригласила Дай－юй к своей госпоже. Бао－юй предложил Дай－юй сопровождать её в 《деревушку Благоухающего риса》.

说毕，大家又说了一回闲话，方往贾母处来。

Девушки поболтали ещё немного обо всяких пустяках и отправились навестить матушку Цзя.

俄语中"大多数名词都有单复数，都可以与数词结合，当这些词用复数形式时，其意义有二，一是表示'几、数'的意义，……与汉语的量词叠用的意义相当，这主要是一些表示'群体、集合'意义的词，如 стаи птиц 一群群鸟、связки баранков 一串串面包圈、пучки пушистого ковыля 一簇簇毛茸茸的针茅草、стопы горячих блинов 一摞摞热饼等"（张会森，2004：120）。我们来看一些类似的情况在翻译中的表现。

Шесть бульдозеров с утра до поздней ночи ревели в илимских чащобах, сосны стонали и падали в белый снег. За ними была уже дорога, по ней уже колотилась машина с горючим, с продуктами. Спали ребята в будке, которую волокли за собой на деревянных санях.

Ночью у Мирюнды. До Толстого мыса двадцать километров. Будка надоела, они сидели у костра, курили, разматывали длинные армейские истории. Искры кружились над ними и превращались в звёзды.

· · ·

Это был знаменитый вечер. Вдруг из своих чащоб они услышали стук пээски, увидели редкие огни, серую равнинность Ангары.

Усть－Илим! Прораб Сопрыкин Олег Викторович обещал

шумные восторги и шампанское.（А. Вампилов,《Билет на Усть –
Илим》）

六台推土机从早晨到深夜在以利姆的密林里轰响，松树们呻
吟着倒伏在白雪地上。身后已经有一条路，颠簸着运送燃料、食
品（物品）的车辆。大伙儿睡在一个岗棚里，岗棚是他们用木质
雪橇随时拉着的。

夜里，在米留恩达。距离大岬角二十公里。岗棚里无聊，他
们坐在篝火旁，抽着烟，打开话匣子，讲述军队的长篇故事。一
个个光点闪耀在空中，那是星星们在眨着眼睛。

……

这是一个令人难忘的傍晚。密林中的他们，忽闻建筑设计公
司（пээска）那边传来咚咚的敲打声，一道道稀疏的火光闪过，
照得安卡拉灰暗的平原地形清晰可见。

乌斯季－以利姆到了！工地主任索普雷根·奥列格·威克多
罗维奇向大家保证过要搞一场热闹狂欢，还要喝香槟。

汉语表示复数的手段有很多种。如量词重叠“一个个”“一道
道”。“松树们”“星星们”则可以从修辞上加以解释。而“密林”
“狂欢”虽不能看出复数形式，但可想象其程度和强度，寓有复数
义。数量上的差别容易理解，程度上的差别则可能蕴含有重要性、复
杂性、破坏性等的差别。请看以下译例。

Раскопки древних могил Ецзяшань приводят к новым
открытиям.

Более 130 – ти могил обнаружили археологи в городе
Суйчжоу. Ученые считают, что захоронения относятся к царству
Цзэн периода ранней династии Западная Чжоу.

…

Самый необычный из найденных экспонатов – красный
бронзовый сосуд. Особенно удивил ученых его цвет. По словам

археологов, раньше не было известно, что около трех тысяч лет назад бронзу уже умели окрашивать.

"Этот сосуд - красный и на нем отчетливо виден рисунок. Это свидетельствует об очень высоком уровне технологии изготовления бронзы в период Западной Чжоу. "

叶家山古墓群考古发掘工作有了一系列（重大）新发现。

考古学家在随州发现了 130 多座古墓。学者认为，墓葬群属于西周早期的曾（Цзэн）国。

……

所发现的古董里最不寻常的一件是一个红色的青铜器皿。令学者们尤为惊讶的是它的颜色。考古学家说，以前并不知道，三千年前人们就已经很善于为青铜器涂饰了。

"这个器皿是红色的，清晰可见一个图画。这证明西周时期青铜器制造工艺达到了非常高的水平。"

Филиппины без устали твердят о "мирном урегулировании" спора вокруг проблемы Южно - Китайского моря, "недопущении влияния морских споров на дружбу и сотрудничество двух стран в целом", однако в прошлом все их действия были в действительности направлены на подрыв мира. В 1999 году филиппинский военный корабль под тем предлогом, что он сел на мель, незаконно "причалил" к рифу Жэньай, входящему в китайские острова Наньша. Несмотря на неоднократные представления китайской стороны, филиппинская сторона не вывела корабль, а в последнее время еще и пытается построить на рифе постоянные объекты, чтобы добиться цели "фактического контроля". В этих действиях филиппинской стороны отсутствует минимальное приличие и искренность, что серьезно подрывает фундамент мира и стабильности в Южно - Китайском море.

菲律宾口口声声称要"和解"中国南海争端问题，"不允许各种海上争端影响两国友谊与总体合作"，但是过去菲律宾的所作所为确实就是在破坏和平。1999 年菲律宾的一艘军舰以搁浅为名，非法"停泊"在中国南沙群岛的仁爱礁。虽然中方提出过多次交涉，菲方军舰仍不驶离仁爱礁，而最近一段时间还试图在那里建立固定工程，以达到"实际控制"仁爱礁的目的。菲方的这些行动毫无礼节和诚意，严重损害了中国南海的和平与稳定基础。

Проливные дожди в провинции Сычуань не прекращаются. Ожидается, что в среду и четверг они достигнут своего пика. . . . Реки вышли из берегов. Полностью размыты дороги. Спасатели проложили временные пути, но их можно использовать лишь для небольшого транспорта. . . в городе Цзянъю продолжается ремонт моста, который обрушился на прошлой неделе. Авария унесла жизни 12 – ти человек.

四川省暴雨仍在继续。估计周三、周四将有更大暴雨。……到处河水泛滥，漫过两岸，多处道路被完全冲毁。救援人员常需抢修临时道路，但也只能供小型车辆通过。……江油城继续维修上周垮塌的大桥。暴雨已夺走了 12 条人命。

俄语具体名词是表示可数事物的名词，通常都有单数、复数两种形式，词义可能有数量、程度上的差别。而俄语抽象名词一般没有复数形式，只有那些能够表示抽象特征、动作或状态的具体显现（表现）的名词才能构成复数形式：боль—боли，обман—обманы，печаль—печали，радость—радости，движение—движения（信德麟等，2001：250）。在俄译汉时，诸如"食品（物品）""墓葬群""古董""争端""所作所为""群岛""工程""暴雨""人命"等译名，均与名词的复数义有关。汉语难以表达复数的地方，还可利用关系转移法灵活处理，例如上面的"到处""多处""泛滥""常需"等。

俄语名词的复数义常与修辞相关，在翻译中恰当地体现复数义的修辞色彩，直接关系到译文的质量。

Над землёй идут облака. Белые драгоценные над желтоголовой роженицей — землёй. (А. Вампилов, 《 Гимн хорошей погоде》)

大地上空彩云飘浮。朵朵白色的祥云，君临黄头发产妇——大地的上空。

В двери врываются клубы мороза, из которых виднеется темная шубка. Это Зинаида Александровна Тенина. (А. Вампилов,《В сугробах》)

门口吹进缕缕寒气，只见一个穿黑皮袄的身影走进屋来。这是季娜伊达·阿列克桑德罗夫娜·杰妮娜。

汉语有许许多多表达复数义的方法。复数"多"义在文学作品中则是异彩纷呈，方法多样，值得探究一番。我们来看看作家笔下名词复数的精彩表现。

离离原上草，一岁一枯荣。（白居易）

忽如一夜春风来，千树万树梨花开。（岑参）

白色梨花开满枝头，多么美丽的一片梨树林啊！（《实用现代汉语语法》第24页）

在我的小院中，到夏天，满是花草，小猫儿们只好上房去玩耍，地上没有它们的运动场。（老舍：《养花》）

邻家的墙倒了下来，菊秧被砸死者约三十多种。（老舍：《养花》）

不过，尽管花草自己会奋斗，我若置之不理，任其自生自灭，它们多数还是会死了的。我得天天照管它们，像好朋友似的关切它们。（老舍：《养花》）

花虽多，但无奇花异草。珍贵的花草不易养活，看着一棵好花生病欲死是件难过的事。……在这种气候里，想把南方的好花养活，我还没有那么大的本事。因此，我只养些好种易活、自己会奋斗的花草。（老舍：《养花》）

在广州，对着我的屋门便是一株象牙红，高与楼齐，盛开着一丛丛红艳夺目的花儿。(老舍:《春来忆广州》)

各屋里都挤满了花盆，人们出来进去都须留神，以免绊倒!(老舍:《春来忆广州》)

就连普通的花儿，四季海棠与绣球什么的，也特别壮实，叶茂花繁，花小而气魄不小! 看，在冬天，窗外还有结实累累的木瓜呀!(老舍:《春来忆广州》)

虽然汉语的"花草""菊秧"等名词不能从词缀上看出复数义来，但或借助于上下文，或借助于修饰它们的数量词、形容词、副词等即可辨别，以及与单数的对照，也是间接突出复数义的好办法。例如，"各屋里都挤满了花盆"相当于"各屋里都是花盆们"，而最后一例中的"花儿"，不但是多，而且是多种。回头再来看俄译汉例。

Не бывали парни в городах, не было у них дальних дорог и крупных разочарований. Но их юность, полная удивления и беспокойства, заслуживает очерка, повести или даже романа, как юность всех тех, кто строит города и дороги. Они видели главное и поняли главное, не затрачивая на это времени и километров.

… Над островом сомкнулись зелёные волны Братского моря. Но Леня помнит каждую жердь в гнилых заплотах Наратая. (А. Вамплилов, 《Белые города》)

小伙子们没有去过城里，没有经过路途遥遥，也没经过什么巨大的失望。但他们的青少年时代，与所有的城市和道路建设者所度过的青春年华一样，充满了惊异和不安，值得用特写、中篇，甚至长篇去书写。他们感受主旋律，理解主旋律，因而没有虚度时光，没有虚耗在远去的路上。

……原来的岛上被布拉茨克海涌来的层层绿浪淹没不见了。但列尼亚对那拉泰众多腐烂篱笆的每一根杆子都记忆犹新。

"原来的"是添加的字，为了明确语义。"路途遥遥""什么巨大的失望""远去的路""层层绿浪""众多……篱笆"等均可想见原文是复数。"城市和道路"看不出来，但嵌在"所有的城市和道路建设者"中，自然可以包含复数义了。

За Тулуном километров пять дорогу сопровождают пёстрые от проталин поля, стелются зелёные ковры озими. Но вот справа мелькнуло село Ермаки, к дороге тотчас же сбежались полчища сосён, берёз, осин, и Братский тракт уже стиснут зелёными лапами тайги. (А. Вампилов, 《От горизонта к горизонту》)

过了图隆后，约五公里的道路两旁是雪化后露出的五彩斑斓的田野，田野上长着秋播越冬后一片片绿毯似的庄稼。眼看右边耶尔马卡村庄一晃而过，路旁迎面飞跑着一棵棵松树、白桦、山杨，原始森林的绿枝都快挤到布拉茨克道路上来了。

汉译文里"一片片""一棵棵"把复数义表达得清晰明了，而一个动词"挤"，则形象地表现了绿枝之多与茂盛状。

还有一点需要说明，有时汉译文从形式上的确看不出单、复数来。这也有可能是因为"概括—集合意义用于数量并不重要的上下文中；使用单数或复数形式信息上是相等的"（信德麟，2001：259）。

Типичный студент в каникулы не лежит на боку, не сидит два сеанса подряд в кинотеатре; типичный студент едет. / Типичные студенты в каникулы не лежат на боку, не сидят два сеанса подряд в кинотеатре; типичные студенты едут.

真正的大学生假期不会在家里睡大觉，不会在电影院连着看两场电影；真正的大学生到处旅行。

Книга — лучший подарок / Книги — лучший подарок.

书是最好的礼物。

　　Пожилой человек часто простужается / пожилые люди часто простужаются.

　　上了年纪的人好感冒。

　　俄语名词复数译成汉语经常完全消失了数量形式，一方面是因为汉语没有单复数的词形变化；另一方面是因为名词具有概括—集合意义，而无须着意强调"一"与"多"。

　　Кленовые скрипучие ковры под ногами, остекленевший синий воздух, скучный горький запах костров, что жгут в огородах. (А. Вампилов,《Билет на Усть – Илим》)

　　槭树叶铺成了地毯，在脚下发出啪啪的响声，湛蓝的天空，空气玻璃般透明，菜园里燃烧的篝火，透着寂寥苦涩的味道。

　　В селе жили рыбалкой, охотой, немного сеяли, держали коров. Берега, левый и правый, были непролазной тайгой; студёные ангарские туманы пеленали этот остров, глухой и беспомощный; в грозу и метели здесь жить было страшно; самолёт над селом пугал старух, был таинственным видением другого мира. В селе все куда – то собирались уезжать, вдовы сходились на Марихином дворе, выли песни, мужики вечерами сидели на крыльце магазина, судачили, иногда плясали подгорную по единственной улице — туда и обратно. Первый радноприёмник появился в сорок восьмом году вместе с первым учителем. Братск тогда ещё не был Братском, а от Заярска приезжали только на лодках работники сельпода один – два браконьера. (А. Вампилов,《Белые города》)

　　村里人以渔猎为生，少许播种，饲养奶牛。左右河岸，是难以通过的原始森林。安卡拉河上凝结的雾霭，把个荒僻无用的岛屿包裹在襁褓中。在大雷雨和暴风雪天气，在这里生活是可怕的。驾临村子上空的飞机会吓坏老太婆，它是另一个世界的神秘幽灵。村里的人随时准备搬到别处去，寡妇们聚在马里欣家的院子里放开嗓门唱歌，男人们晚上则坐在商店的台阶上扯闲天，有时还来来回回在唯一一条街道上伴着山歌跳舞。第一部收音机是1948年随第一位教师一起来的。布拉茨克当时还不叫布拉茨克。从扎亚尔斯克只有乘船来到这儿，不管他们是农村消费合作社的员工们，还是一二盗猎者。

除了"们"字标明的复数外，多数名词在汉译里都模糊了"数"的概念，由于汉语语法的非形态化特点，以及名词的概括—集合意义，复数名词看不出复数的标志了（单数名词亦如此），只是约略从"啪啪的"等修饰语大致可想见复数义。可是，还是应该尽量在翻译中考虑单复数的意义，以免译文不经意中失去色彩，而减弱印象。

Но, как сказки, рассказанные нам в детстве, никогда не будет забыт Наратай. От него навсегда остался запах пыли и молока за прошедшим по улице стадом, восторженная тишина летних вечеров, чёрные головы подсолнухов на вызолоченном закате, сугробы, блестящие от просыпанных в них звёзд, осенью — багровая агония осин на левом берегу. (А. Вампилов, 《Белые города》)

但是，我们任何时候都不会忘记那拉泰，就像不会忘记小时候我们听到的一个个童话故事一样。那拉泰让人永远怀想的是那牛群过后留下的粉尘和牛奶气息，使人心旷神怡的夏日傍晚的静谧，在金色晚霞中向日葵的一个个黑盖头，被睡醒来的星星们照得闪光的一个个雪堆，秋天里左岸山杨树叶败落前的一片殷红。

В конторе завода ажиотаж. Когда идёт наступление, штаб лихорадит. Здоровой, творческой лихорадкой. В работе, в движении— всё. Мы мало надеялись на то, что на НПЗ можно встретить человека с такой тихой профессией — архивариус. С архивариусом, комсомолкой Светланой Стрельченковой, трудно было поговорить. Заводской архивариус рвёт и мечет. Посетитель за посетителем. Инженер за инженером. Чертёжи, схемы, документация. Точность, чёткость, темп.　（А. Вампилов，《Ангарские нефтяники на финишной прямой》）

车间办公室骚动起来，指挥部一片混乱。健康的、创造的混乱。一切尽在工作中，一切尽在运动中。我们并不大希望在石油加工厂可以遇见档案室工作人员这么安静职业的人。跟共青团员档案室工作人员斯韦特兰拉·斯特尔琴科娃难得说上一句话。说话简直是在吼叫，大声嚷嚷。一个接一个的来访者。一个接一个的工程师。一张张图纸，一个个示意图，一份份技术文件。又准确，又清楚，又有速度。

Мчится поезд. За окном мимо нас бегут поля, горы, деревья.

火车在飞驰，窗外我们的眼前掠过一个个田野，一座座山脉，一棵棵树木。

火车在飞驰，窗外的田野、山峦、树木从我们身旁一一掠过。（修饰关系转移，"一一"本来是修饰名词，表示复数的，但这里转而修饰动词）。

"一个接一个的来访者。一个接一个的工程师。"这样的表示复数义是值得注意的。汉语中表示物量的数量词重叠后做定语，通常要加"的"字。例如：

老栓走到家，店面已经收拾干净，一排一排的茶桌，滑溜溜发光。（鲁迅）

这坟上草根还没有全合，露出一块一块的黄土，煞是好看。（鲁迅）

桌子上摆着一盘一盘的水果。

山下，一条一条的小路通往各个生产队。

院子里堆着一堆一堆的柴火。

翻译时完全可以借用数量词重叠方式来表示复数义。"这种重叠的数量短语的作用在于描写，它描写事物很多的样子，所描写的事物必须是以个体（用集合量词时，事物以分离的群体）的方式呈现在人们眼前。因此它与'很多'的功能不同。如果说话者的目的不在于描写，而只是一般地叙述事物多，就不宜重叠数量短语这种表达方式。"（刘月华，1984：90）

数量词还可以有多种重叠方式。例如：

Он обращает внимание на паруса.

他凝视着那片片帆影。

Воспоминания дней юности проходят передо мною.

青年时代的回忆一幕幕展现在我眼前。

Тонкие длинные ставит перед нами новые задачи.

空中一直飘荡着一根根细长的蛛丝。

За слоном толпы зевак ходили.

一群群看热闹的人跟在大象后面走。

重叠既蕴含"多"义，又具有修辞上的效果，在文学翻译中经常会用到。一种重叠式就是 ABAB，另一种就是 ABB，还有一种就是 BB，上面都讲到了。

（二）名词单数的翻译问题

名词单数的翻译问题似乎要简单得多，因为"单数表示事物的数量等于一。如 книга，окно，девочка，рабочий。这是单数形式的基本意义。对于有数的对立的名词来说，单数形式一般可以表示实际的一个，或者用于概括—集合意义"（信德麟，2001：261）。我们来看译例。

Усолье есть новое, и есть Усолье старое. Новое из кварталов с домами – громадами, а между ними старое — деревянные домики с резными и крашеными наличниками; с черёмухой и акациями под окнами, с лохматыми псами по дворам. Танька жила в новом квартале, а вышла замуж — ушла к Сухоруковым на старую улочку. (А. Вампилов, 《Весёлая Танька》)

　　乌索里有新旧区之分。高楼大厦街区是新区，中间是旧区，木头房子，刻花装饰的门窗贴脸，窗下是稠李和金合欢，各家院子里有长毛狗。塔尼卡住在新区，而出嫁以后——就到了苏霍努科夫家的旧区。

　　Мимо нашей школы проходит Московский тракт, а дальше за Нижней улицей, за огородами, за лугом — железная дорога. Десять лет назад, когда мы отсиживали свои последние уроки, машины по тракту шли реже, а составы на подъёме против больницы ползли медленно с неровным стуком. Теперь без машины не обходится ни одной минуты, а поезда летят легко между серыми опорами электросети. Прогрес. Технический прогресс.

　　Акации, которые мы сажали десять лет назад, теперь выросли, шумят между школой и трактом, и дождь смывает с них дорожную пыль. А наша школа, деревянная, двухэтажная, всё та же, разве перекрашенная и в который раз отремонтированная. (А. Вампилов, 《Как там наши акации》)

　　我们学校旁边是莫斯科大道，而在下街后面，在菜园子和草地后面有铁路通过。十年前，我们上完最后一年的课，大道上的汽车很少，而医院对面的上坡路上列车缓缓地爬行，发出哐唧哐唧的声响。如今须臾离不了汽车，而火车轻快地飞驰在灰色的电网支架之间。进步。技术之进步。

　　我们十年前栽下的金合欢槐，如今长高了，在学校和大路之间簌簌地迎风飘扬，雨水冲洗着树上的路尘。而我们的学校——两层的木楼还是老样子，只是重新油漆过了，不止一次维修过了。

当名词主要用于概括—集合意义时，复数无须强调"多"，单数也无须强调"一"，这是最简单式处理名词单复数的方法，翻译只需把概念或指称义译出即可。换句话说，俄文的单复数在译成汉语后，都消失不见了单复数的标志，无须刻意求形式对应。

有时可以强调，也可以不强调名词的"一"与"多"，但有时则须特别强调数量意义。所以，我们还是专门来探究一下汉语如何表现"实际的一个"的情形。

接着，他给我讲了一个故事。
杨白劳身上落了一层雪。

白话里也有个别类似文言里的情况，只说单位词（量词）。

倘若来个亲戚，看着不像。
穿着件短布衫儿，拖着双薄片鞋儿。

常见俄汉翻译中须把名词的单数"一"强调地译出来。

Третьего дня над городом прошла гроза.
两天以前城里下了一场雷雨。（《俄译汉教程》）
Каждый день каждый должен слушать песню, читать стихи, смотреть красивую картину...
每个人都应当每天听一支歌曲，读一首好诗，看一幅好画。（《俄译汉教程》）
На севере диком стоит одиноко На голой вершине сосна（Лерм.）
在荒凉的北方，光秃的山顶上孤零零地长着一棵松树。（《俄语语法》）

俄语没有量词范畴，名词单复数译成汉语时，通常需要添加量词。因为汉语可数名词是与数量词密不可分的,而非仅与数词相连,虽然古汉语如此,如"三人行,必有我师焉"(《论语》)"十目所视,十手所指"(《大学》)。现代汉语都要改成"三个人""十只眼睛""十只手"。这就是说,"名词不能直接加数字,当中必须插一个单位词"。(吕叔湘,1982:17)这是俄汉语名词在语法上的差异。所以,俄译汉时须添加一个量词,量词的选择甚至成为文字修辞上的讲究。

　　В Кутулике, возможно, вы никогда не бывали, но из окна вагона вы видели его наверняка. Если вы едете на запад, через полчаса после Черемхово справа вы увидите гладкую, выжжённую солнцем гору, а под ней небольшое чахлое болотце; потом на горе появится автомобильная дорога и на той стороне дороги — берёзы, несколько их мелькнет и перед самым вагонным окном, и болотце сделается узким лужком, разрисованным руслом высыхающей речки. От дороги гора отойдёт дальше, снизится и превратится в сосновый лес, тёмной стеной стоящий в километре от железной дороги. И тогда вы увидите Кутулик: на пригорке старые избы с огородами, выше — новый забор с будкой посредине стадион, старую школу, выглядывающую из акаций, горстку берёз и сосен за серым забором — сад, за ним — несколько новых деревянных домов в два этажа, потом снова два двухэтажных дома, каменных, побеленных, возвышающихся над избами и выделяющихся среди них своей белизной, — райком и Дом культуры, потом — чайная, одноэтажная, но тоже белая и потому хорошо видимая издалека. (А. Вампилов, 《 Прогулки по Кутулику. Прогулка первая. Сентиментальная. 》)

　　库图里克,也许您从未去过。但您很可能从车窗眺望过。如果乘车往西去,过了切列姆霍沃站半个小时后,您会望见右边太阳暴晒的光滑的山坡。山下是干涸的不大的沼泽地。然后进入山中的汽车路，路边——稀稀疏疏的白桦树从车窗前晃过，而沼泽地则变成了一带狭窄的草地，活像干涸的小河床。从山道上下来，车辆行使在下坡路上，在距离铁路一公里处是一片松树林，一堵黑墙似的出现在眼前。这时您会看见库图里克：山丘上一家一家的旧式小木屋和一片一片的菜园子，更高处是一围新栅栏和一个岗棚（будка），里面是一个操场，一所旧学校从槐树丛中显露出来，灰色的栅栏后面是一个花园，点缀着几株白桦树和松树，花园后面——几所新建的二层木房子，然后还有两所二层楼房，石头砌的，粉刷一新，比小木屋更高大，白色显得格外惹眼——这是区委会和文化宫。然后是一个茶馆、一层平房，也是粉刷成白色的，远处望去清晰可见。

为便于翻译参考，特将吕叔湘列举的几类单位词（量词）抄录于此。

借用器物的名称来做量词：一杯酒、一桌酒、一身汗、一盆花、一床被、一架子书（容器）；一刀纸、一帖药、一盘棋、一袋烟、一台戏、一口上海话（应用之器物）。

借用动词：一挑水、一捆柴、一担礼物、一对针线、一盘香、一把米。

借用集合性的单位：一队兵、一双鞋、一副牌、一级学生、一套制服。

与时间有关的单位：一阵风、一阵心酸、一场病、一场笑话、一顿骂、一顿打。

取物件部分的名称：一头牛、一尾鱼、一口猪、一面旗、一面琵琶。

略依物件的形状：一根竹竿、一条路、一片云、一块糕、一张桌子、一把壶、一支笔、一幅布、一段姻缘、一扇门、一炷香。

几个一般性的单位词：个、位、只、件。而"个"是应用最广的，人和物都可以用。有时候一个"个"字可以暂时应付一下。我们来实际体会一下翻译中的情况。

А мне протянул руку юноша, среднего роста, простой, обыкновенный, с бесхитростной улыбкой. ... На Ангаре, у Братска, кипела грандиозная стройка. Комсомолец Владимир Бутырин понял: именно там бьётся пульс большой, трудовой жизни. (А. Вампилов, 《Мечта в пути》)

可是向我伸过手来的是一位青年，中等个子，朴实无华，带着无邪的笑容。……当时在安卡拉河的布拉茨克，正在热火朝天进行一项巨大的工程。共青团员弗拉基米尔·布迪林明白：正是那里跳动着伟大的劳动生活的脉搏。

Мечта Владимира Бутырина — осуществляется, мечта уже в пути. Он стал студентом. Он будет юристом. (А. Вампилов, 《Мечта в пути》)

弗拉基米尔·布迪林的梦想——正在一步步实现，梦想已经在途中。他成了一名大学生。他将是一名律师。

Некоторые молодые лэповцы обнаруживают опасное убеждение в том, что 《в тайге специальности не получишь》... Дорога снова вплотную прикоснулась к трассе, которая широкой полосой врезается в тайгу и чистым просветом в горизонте пропадает за дальним холмом. (А. Вампилов, 《Трасса ждёт монтажников》)

一些年轻的输电线建设者流露出一种危险的偏见："在原始森林中不可能学得专业。"……道路又一次紧挨着输电线路，输电线路如一条宽带伸入原始森林，似一道纯净的光明，消失在地平线远方的山冈外。

Был канун нового года, но и по этому случаю тайга и даже улица села сохраняли хмурое равнодушие. (А. Вампилов,

《Весна бывает всюду》）

新年前夕，不巧原始森林甚至村里的街道，仍是一副阴冷的样子。

За дверью слышится шум, мучжина лет тридцати в дохе и с кнутом без стукаввливается в комнату. Лицо у него испуганное и огорченное. （А. Вампилов, 《Весна бывает всюду》）

门外传来一阵嘈杂声，一个三十岁左右的穿皮袄的男人，手里拿着鞭子没有敲门闯进屋来，一脸的惊慌与悲伤。

Мы успели сказать всего несколько слов, когда на тракте вдруг раздался грохот. （А. Вампилов, 《Прогулки по Кутулике. Прогулка первая. Сентиментальная》）

我们刚聊了几句，忽闻大道上传来一阵辚辚的车轮声。

Он ставит перед собой пепельницу и, глядя в окно, за которым целый день идёт дождь, рассказывает. （А. Вампилов, 《Я с вами, люди》）

他在自己面前放一个烟灰缸，望着窗外淅淅沥沥下了一整天的雨，讲述起来。

Тогда Саша молча ударил по ухмыляющейся красной роже. （А. Вампилов, 《Я с вами, люди》）

萨沙二话不说，朝着笑嘻嘻的一张红脸就是一拳。

Утром хозяйка дала Навалихину телогрейку, шапку, и, простившись, он снова вышел в морозный туман. （А. Вампилов, 《Я с вами, люди》）

早晨女主人给了纳瓦立新一件棉袄，一顶帽子。告别以后，纳瓦立新又走进冷冽的雾霭里。

在无须突出实际的"一"时，或者仅表示概括—集合意义而重概念义时，无须强调"一"，便直接译出名称。

Привыкли считать, что пасека — самый спокойный уголок в

колхозе, место тихого отдыха, приют седобородых. (А. Вампилов,《Тихий уголок》)

人们习惯认为，养蜂场——集体农庄里最安静的角落，白胡子们的静养之地，栖息之所。

Весна была во всём: и в зеленеющих рощах, и в шуме только что выставленных ульев, в её улыбке, и в его застенчивости. (А. Вампилов,《Тихий уголок》)

春天无处不在：在绿色的小树林里，在刚摆出来的嗡嗡响的蜂箱里，在她的微笑里，在他的腼腆里。

Июль — месяц конца роения пчел и начала медосбора. Послеобеденный час. Жара. Беспомощно повисли зелёные руки берёз. (А. Вампилов,《Тихий уголок》)

七月是蜜蜂分箱结束、采蜜开始的季节。午餐后一点钟。天气炎热。白桦树绿色的枝条像手臂一样无助地垂着。

А тут ещё дождь мелкий, противный, бесконечный, как сама разлука. (А. Вампилов,《Поезд идёт на запад》)

这时还下着细雨，讨厌的，没完没了的，恰似这离愁。

Лес, лес, лес... Клад, который не надо искать. Сокровище, название которому — Сибирь. Леса надо много, лес нужен везде. Потому без отдыха, буз устали несут его таёжные реки на своих гладких покорных спинах. (А. Вампилов,《Принимай, серебряный конвейер!》)

森林，森林，森林……无须寻觅、显而易见的财宝。这宝藏的名字就叫——西伯利亚。树木的用处大矣，树木无处不需要。原始丛林中的河流用自己光滑恭顺的脊背，永不停歇不知疲倦地输送树木。

当名词数的范畴义无须在翻译中特别强调时，数量义即退居后位，名称概念义或指称义就愈加突出了，名词概念、指称义传译之重要不言而喻。

（三）名词性范畴的翻译问题

俄语名词有性的范畴，可分出阳性、阴性、中性，且都有语法形式，阳性名词为辅音词尾，阴性名词为元音词尾 – a，– я，中性名词为元音词尾 – o。而汉语名词没有性的语法范畴，至少从词的形态上看不出来，换言之，汉语名词的性不是由词形而是由词义表达的，即根据自然性别区分的。显然，俄汉语名词性范畴不一致，这会造成一定的翻译困难，而可能导致误译。翻译若拘泥于字面义而逐个直译（буквализм），而导致硬译，甚至死译；或者太靠近译入语脱离原文，而导致自由（随意）翻译。需要在原语和译入语之间寻找平衡点，找到合适的表达手段，包括各种词汇转换如意义区分、具体化、概括化、词义引申、反面着笔、整体变形、翻译补偿（Алимов，2013：118），以期达到意义或效果对等。

仅举一二例，以略观名词性范畴的翻译问题。

Судно с оборудованием только что вышло из порта. Через два дня оно доставит Вам его.

载有设备的船只刚驶离了港口，两天后它（指船只）可向贵方交它（指设备）。（汉译文 1）

载有设备的船只刚驶离了港口，两天后即可向贵方交货（……即可送达贵方）。（汉译文 2）

俄语依靠词形变化代词回指建立起连贯的上下文，汉译文 1 试图按照同样的代词回指来构建译文，因为汉语缺乏词形变化而导致语句不通，汉译文 2 便采用词汇转换法，经代词省略（оно）和还原（его——货、设备）而使语句通顺。

Англия имеет пассивный торговый баланс. Стоимость её импорта больше стоимости её экспорта.

英国具有消极的贸易平衡。她的出口值大于她的进口值。

英国出现贸易逆差。其进口额大于出口额。

从意义对等看，从符合译入语规范看，前一种译文显得生硬，不自然，不通顺。后一种译文总体感觉自然顺畅。之所以译文与原文存在距离，并非故意为之，而是因为俄汉语名词性范畴不一致，不能直接进行（代名词）对译，只能运用翻译方法与技巧，如各种转换法（替代、省略、概括化、具体化、反面着笔、整体变形等），有时还可采用描写法。

（四）名词指称或概念意义的翻译问题

名词的翻译，一个不容忽视的问题，就是对名词的指称或概念的传译。我们以一则新闻简讯示例予以说明。

Обнаружены доказательства умышленности убийства тайваньского рыбака филиппинской береговой охраной

（2013 – 05 – 17 05：46МСК）Тайбэй, 16 мая /Синьхуа/ – Власти Тайваня накануне опубликовали итоги предварительного расследования обстоятельств смерти тайваньского рыбака. По мнению экспертов, есть основания говорить о том, что действия филиппинской стороны были умышленными.

Установлено, что в результате обстрела филиппинским кораблем береговой охраны тайваньского рыболовецкого судна "Гуандасин – 28" на борту последнего осталось 45 следов от пуль. Большинство из них сосредоточены в левой части корпуса под местом водителя – именно здесь спрятался экипаж тайваньского судна. Этот факт свидетельствует о том, что береговая охрана Филиппин открыла огонь против рыбаков преднамеренно. Также установлено, что 65 – летний рыбак погиб из – за сильного кровотечения после того, как пуля вошла в тело с левой стороны шеи и повредила грудной позвонок. На борту "Гуандасин – 28" были найдены 7, 62 – миллиметровые головки от снарядов. Вероятней всего филиппинцы совершили обстрел из оружия американского производства, а именно винтовки М14 и пулемета М240 и М60.

Вместе с этим итоги расследования опровергли версию филиппинской стороны о самообороне филиппинского судна. Эксперты не обнаружили на корпусе "Гуандасин–28" заметных следов столкновения. А это исключает возможность столкновения судна с филиппинским кораблем, поэтому нет оснований говорить о провоцирующих действиях со стороны тайваньского судна. Кроме того, регистратор данных рейса на судне указал координаты места происшествия: 122, 55 градуса восточной долготы и 19, 59 градуса северной долготы. Эти данные подтверждают, что тайваньское судно не вошло в территориальные воды Филиппин.

Сегодня утром группа тайваньских экспертов отправилась в филиппинскую столицу Манилу для дальнейшего выяснения обстоятельств инцидента.

Напомним, что утром 9 мая тайваньское судно "Гуандасин–28" было обстреляно филиппинской береговой охраной. Происшествие случилось в 164 морских милях к юго–востоку от крайней южной оконечности Тайваня, погиб один из 4 членов команды тайваньского судна – 65–летний Хун Шичэн. После инцидента власти Тайваня ввели ряд санкций против Филиппин.

发现菲律宾海岸警卫队蓄意射杀台湾渔民证据

台湾当局昨天发布台湾渔民之死预调查结果。专家称，有证据表明菲方行为是蓄意的。

业已查明，因遭菲律宾海岸警卫队射击，台湾渔船"广大兴–28"船舷上留下了45处弹痕。大部分弹痕集中在船体左侧驾驶舱下面的位置。这里正是台湾船员躲避藏身之处。这一事实证明，菲律宾海岸警卫队朝渔民们开火是有预谋的。另查明，65岁的渔民是因子弹从脖子左侧穿入身体胸脊椎大出血而死的。在"广大兴–28"船舷上找到了7.62毫米的弹头，菲律宾人很可能是用美式武器 M14 步枪和 M240、M60 机枪扫射的。

而且，调查结果推翻了菲方有关菲方渔船自卫的说法。专家在 "广大兴 -28" 船体上没有发现明显的碰撞痕迹。这就排除了中方渔船与菲方船只（巡逻船）发生碰撞的可能性。因此，菲方说受到了来自台湾渔船的挑衅行为是没有根据的。此外，渔船上航线数据记录器表明事件发生地在东经 122.5 度，北纬 19.59 度。这些数据证明，台湾渔船并没有进入菲律宾领海。

今晨台湾专家组已前往菲律宾首都马尼拉，为了进一步查明事发真相。

提请注意，台湾渔船 "广大兴 -28" 是 5 月 9 日早晨遇菲律宾海岸警卫队扫射的。这起事件发生在距台湾最南端东南 164 海里处，台湾渔船上有四名船员，死者即 65 岁的洪石成。此事件后，台湾当局对菲律宾采取了一系列制裁措施。

该简讯涉及指称或概念义的传译，译名准确非常重要，可以说直接关系翻译的成败，因为译名不准，就无法准确反映事实。例如，菲律宾海岸警卫队（филиппинская береговая охрана）、菲方船只（巡逻船）（филиппинский корабль）、台湾渔船（тайваньское судно）、台湾渔民（тайваньский рыбак）、台湾船员（члены команды тайваньского судна）、美式武器（оружия американского производства）、M14 步枪（винтовки M14）、M240、M60 机枪（пулемета M240 и M60）、领海（территориальные воды）、东经（восточная долгота）、北纬（северная долгота）等译名，准确地传译了指称或概念。读者从这些名词指称上即能感到当事双方力量之强弱悬殊，另外像蓄意射杀（умышленности убийства）、射击（обстрел）、扫射（совершили обстрел）、躲避藏身（спрятался）、碰撞（столкновение）、挑衅行为（провоцирующие действия）、说法（версия）、预谋（преднамеренно）等词（动名词）的选用，除了准确传译指称、概念外，还考虑了作者情态和事件性质的传译。

对事物、过程、现象等词汇的指称、概念义的准确传译，乃是翻译的起码要求，同时还要考虑单复数、作者情态（褒贬义）等意义的准确传译。当然，在一个完整的语篇中，还要注意词汇搭配，行文简洁，前后呼应，做到文从字顺。在跨语言交际的翻译行为中，如何准确译出名词的指称及所指意义，甚至语用意义，这是一个值得深入探讨的问题。

（五）名词翻译中的词类变换问题

名词翻译除了数、性、格范畴的翻译问题以外，还有词类转换问题。

1. 名词"的"字结构

俄汉翻译离不开对名词词类结构的探讨，除了前面所谓的普通名词、专有名词、抽象名词等类型在俄汉语中均有，汉语"的"字结构与俄语名物化形容词颇为相通，均可视为一个名词，常可以数量称之。

> 里面养着各色枝菊花，贾母便拣了一枝红的簪在鬓上。
> 打开一包银子，拣了一块一钱多重的给他，说"请你喝杯酒"。
> 在马夫里头挑了三百个身强力壮的。
>
> Если среди вас есть трезвенники, верные мужья и честные служащие, то это ничего не значит. （А. Вампилов，《Успех》）
> 如果你们中间有滴酒不沾的，有忠诚的男士和诚实的职员，就当我什么话都没有说好了。

"滴酒不沾的"即"滴酒不沾的人"之省略，跟后面的"忠诚的男士"和"诚实的职员"是同样的结构，这是接后省略。汉语中多承前省略，例如："有学问的人，固然有有文凭有学位的，也有没有文凭没有学位的。"

> За Алятами, Артухой, за Индоном — тайга и Саяны. Перед тёмной могучей пастью тайги здесь дерзко желтеют поля.

Полосатые — скошенные, в копнах, сверкающие стерней — убранные, живые лоснящиеся — ждущие свой черед. (А. Вампилов,《День – день, день – день...》)

在阿里亚蒂、阿尔杜哈、英东河外就是原始森林和萨扬娜区。面对原始森林的黑暗巨口，这里的田野怒放着金黄。一带一带，割倒的——堆成了垛；一茬一茬，耀眼的——收割一地；鲜活的、亮晃晃的——列队恭候自己的归期。

田野里生长着的自然是庄稼了，这是不言而喻的。汉译文因为有了"田野"二字奠基，后面的"的"字结构就有了着落，前后语义贯通。

俄语中名物化的形容词，或者承前省略名词的，可仿效着译之，汉语的名词"的"字结构可拿来对译，以增加语言的活力。

2. 名词动态化

名词翻译，除了名称本身的传译以及数、性和格范畴的翻译外，值得注意的是，名词本身并非全是静词，有些可能含有动态化的意义，动名词尤其如此，翻译尤需留心。

Я смотрю из окна. Рядом с загадочной матовостью штор, весёлостью цветных портьер окна незаселенных квартир кажутся невыносимо пустыми. Мне захотелось увидеть новосёлов. Захотелось побыть свидетелем их радости. (А. Вампилов,《Город без окраин》)

我从窗户往里探望。窗帷神秘而不透光，窗帘多彩而带喜气，旁边尚未住人的房子，窗户则是空落落的。我很想看一看新住户。很想做个他们快乐生活的见证人。

Я представил себе летний вечер, каким он был здесь лет двадцать назад: открытые настежь окна, в доме движение и голоса, горшки гераней, выставленные на завалинку, большую огуречную гряду, маки, подсолнухи в дальнем конце огорода, изгородь из осиновых тычек, в воздухе видимое глазами струящееся от нагретой изгороди тепло и жужжанье пчел. (А. Вампилов, 《 Прогулки по Кутулике. Прогулка первая. Сентиментальная》)

我想起了二十年前夏天傍晚的情景：屋子里传出欢声笑语，一扇扇的窗户敞开着，墙根土台上摆着一瓦盆一瓦盆的老鹳草，屋外是一大片黄瓜苗床，菜园子边缘种着些罂粟和向日葵，山杨篱笆枝被点燃后形成的热浪，肉眼可见飘溢在空气中，还听见蜜蜂的嗡嗡声。

Часто в такие дни он натыкался на человека и начинал ненавидеть его за косой взгляд, за неудачное слово. (М. Горький, 《Дело Артамоновых》)

遇到这种日子，他碰见别人，往往就会恨那人，不是恨他斜眼看人，就是恨他不会说话。(汝龙 译)

Это было брошено с дьявольской иронией. Это было— как бич, как пощёчина, как хлопок дверью. (А. Вампилов, 《Кое - что для известности》)

这话带着可怕的讽刺意味抛出来。它——好比抽人一鞭子，扇人一耳光，砰一声关门。

多个名词或名词性词组连用，可以发挥描绘功能，因与动态化意义有关，非常生动的场景，翻译常以动感语句予以表现，甚至直接译成动作行为，而非硬译名词或名词性词组。

Проснулся: пять станций убежало назад, луна, неведомый город, церкви с старинными деревянными куполами и чернеющими остроконечиями, тёмные бревенчатые и белые каменные дома. (Гоголь, 《Мёртвые души》)

一觉醒来，马车已驶过五站路程。只见明月当空，马车正经过一座陌生的城市。路旁掠过几座古老的教堂，教堂上依稀可见

木制的圆顶和黑乎乎的塔尖。一幢幢木屋黑黢黢的，砖砌的房屋都刷着粉白的墙壁。（郑海凌 译）

俄文中作家用一连串的名词或名词性词组，来表示主人公一觉醒来后（Проснулся）所见车厢外的景色，如一个个镜头般从眼前晃过。郑先生并没有用同样的名词性结构来复制原文，而是在审美感受中，充分发挥想象力和"再创造"来填充原文中的空缺，从而译出了主人公的切身感受，显得真切生动，一幕幕情景从眼前掠过。

3. 动词名物化

俄语中的动词在译成汉语后，有时可能发生名物化，因而在句中不再作为谓语动词，而变成了主语、宾语、补语等，如同变成一个事物名词。

Редактор говорит: 《Талантливо растёте》. Заметьте, это сказал человек, которому льстить мне не имеет никагого смысла. （А. Вампилов,《Исповедь начинающего》）

编辑说："您就是个天才。"请注意，说这话的人，他的奉承于我毫无意义。

Мы не можем мириться с тем, что российские женщины живут почти на десять, а мужчины – на 16 лет меньше, чем в странах Западной Европе.

我们不能掉以轻心，俄罗斯妇女和男子的平均寿命分别比西欧国家少 10 岁和 16 岁。（《实战俄语口译》）

在科学文献中常见俄汉语动词的名物化，因为科技俄语中动名词见着顺眼，直接译成汉语也顺眼。

Любые теоретические концепции должны опираться на описание наблюдаемых фактов реального процесса перевода, обобщать и объяснять эти факты. В свою очередь, научная теория перевода оказывает обратное влияние на переводческую практику, облегчая и обогащая её. （Комиссаров）

任何理论观点，都应该依据翻译实际过程中所观察的事实描写，都应该对这些事实进行总结说明。科学的翻译理论亦将反作用于翻译实践，使之轻松，使之丰腴。

俄译汉时不仅动词可能发生名物化，而且形容词也可能发生名物化。

Любить тогда для меня значило говорить нежности и делать глупости. Любил, как могут любить только поэты – лирики. Да, приятно вспомнить... （А. Вампилов, 《Цветы и годы》）

那时的爱，对我意味着说温情话和干傻事。那时的爱，是抒情诗人才有的爱。是的，想起来都令人愉快。

По мне берёзки хороши, когда их не надо пилить и таскать. （А. Вампилов, 《Месяц в деревне, или гибель одного лирика》）

我看，小白桦树之美，就美在它不被锯切拖拽时。

翻译中不时可见动词或形容词的名物化。据说，语法位的观念可以很好地解释这类现象（李宇明，2002）。动词、形容词居于主位，就容易发生名物化，同样，名词处于述位时，就相当于变成了动词，副词虽不能同名词组合，但状位却可以同述位组合。所以，有这样的句子：院里净雪；今天已经星期四了。

俄语名词的数、性、格范畴，引起俄汉翻译中的困难，因为在俄汉语中性、数、格范畴并不对应，甚至汉语中缺少这些范畴的语法表现。"原语和译入语在词汇、语法和修辞等方面的差异，决定了翻译时必须采用各种可能的转换（代换）法。最常见的便是词汇、语法、修辞转换。"（Алимов，2013：121）词汇、语法、修辞等转换（代换）法，是为了充分利用译入语的词汇、语法、修辞手段，这是借用译入语的正干扰来化解翻译困难。

我们对俄语名词的数范畴的翻译问题进行了详细探讨。通常，名词翻译首先是对指称（名称）、概念义的准确传译，例如，лес 译作森林，бандиты 译作匪徒，мыслители 译作思想家，богомольцы 译作朝圣者。与此同时，要考虑名词的数量义，这需要借助译入语中表达名词数范畴义的语法形式。汉语由于基本上没有词形变化，所以有时候没有办法反映出复数和单数的形式，俄语的单复数译成汉语看不出来。汉语虽然没有名词数的语法范畴，但却具有表达数概念的语言手段，既可用对译法，也可用转换法；或借助数量词，或借助词缀"们"，或借助叠词，以及种种修辞表达等，以强调"一"与"多"义。与此同时，还需考虑名词的格和性范畴的意义（义素），并考虑运用译入语中的语言手段和条件予以传译。俄语名词的格范畴与其数、性范畴密切相关，格的翻译问题并不难，故未细说。此外，名词翻译尚需注意词类变换问题，诸如形容词名物化、名词动态化、动词名物化等。

我们发现，翻译是在原语和译入语之间寻找平衡点，要找到合适的表达手段。词汇的意义来源于原语中的指称和所指，这是意义重构的基础，而最佳的表达则须视译入语所提供的条件，应尽量传译词位（词根、词缀、词尾等）意义。另外，由于俄语丰富的词形变化，组句灵活，词序富于变化，词汇意义的确在很大程度上具有句法性质（沙土诺夫斯基著，2011：12）。双语差异，必也反映在意义重构之中，双语互参是翻译之必然，亦是翻译之必要。译入语的正干扰有利于意义重构，双语互参可以解释名词翻译的诸多现象，大概也可以解释其他翻译现象。

第二节　俄汉语动词翻译问题

一　俄汉语动词的特点

俄语动词有体、态、时等各种语法意义的形态变化，而汉语动词没有俄语动词那样的形态变化。但汉语不是完全没有形态变化，"汉语动词有其独特的表示各种与动作有关的语法意义的方式。如可以在动词后面用动态助词：表示完成的'了₁'、表示变化的'了₂'、表示动作持续的'着'、表示经验的'过'等；可以用各种补语，如表示结果的结果补语与趋向补语。当句子表达上述语法意义时，一般需要在谓语动词后用相应的助词或补语，单用一个动词语义就不够明确"（刘月华，1984：98）。

高名凯说："在英语中，除了时间的语法形式外，尚有表示'体'的动词形式。麦叶说原始印欧语言的动词多是表示'体'，而不大表示时间，现今的斯拉夫语，如俄语，多数动词都有完成体与未完成体两种形式。汉语语法构造，则没有时间，而有'体'。"（高名凯，1986：189）"'体'则着重于动作或历程在绵延的段落中是如何的状态，不论这绵延的段落是在现在，过去或将来；动作或历程的绵延是已完成抑或正在进行，方为开始抑或已有结果；等等。"（高名凯，1986：188）这就是说，汉语动词没有时间的语法形式，而有"体"的语法形式，动词"体"的语法形式，就是"着""了""过"。高名凯认为，"着"不一定是用在现在，过去、将来也可以用"着"，例如，"昨天我正躺着，他就来了""明天等他正在睡着的时候，给他脸上画一朵花"。"了"字也是如此，说过去的并不一定非用"了"字不可。如"昨天我来"。"了""过"也不见得只用于过去，现在和将来也都可以用"了""过"。例如，"我每天都在园子里走了一圈儿""明天请你先把你的款取了再说""明天我吃过饭后，就去学院一趟""每天早晨打过羽毛球，我就开始坐下来工作"。高名凯把动词的体分为进行体、完成体、结果体、起动体、叠动体、加强体（高名凯，1986：188–199）。

吕叔湘的看法有所不同，他用的是"动相"概念。吕叔湘认为，汉语有"动相"来表示一个动作的过程中的各种阶段（吕叔湘，1982：227–233）：表动作之将有，表动作正在进行，表动作已经完成。吕叔湘将汉语的动相分为方事相（着）、既事相（了）、起事相（起来）、继事相（下去）、先事相（去、来）、后事相（来、来着）等项。俄语的动词体有完成体和未完成体，而汉语没有像俄语那样分出完成体和未完成体，但汉语动词恰如高名凯和吕叔湘教我们看到的那样，有动体或动相，可以丰富地表意。俄汉语既有相同点，也有相异点。汉语动"体"或"动相"的概念，不是表示时间的，而是表示"体"的，着重于动作或历程在绵延的段落中是如何的状态，不论这绵延的段落是在现在，过去或将来——如高名凯所说，或者说是表示动作的过程的各个阶段——如吕叔湘所说。因此，俄汉语动词都有各自的语法形式，来表示动作或历程的绵延是正在进行，方为开始抑或已有结果。高名凯的分法与吕叔湘的分法各有特点，高名凯的分法略有重复交叉，例如，进行体与起动体，完成体与结果体。相比之下，吕叔湘的分法更为科学一些。而且，高的分法"不能完全摆脱西洋语法的格局"（石安石，1986：9）。我们可以兼采二位语法学家的分法，以便更好地把握俄汉语动词的特点，把握俄汉语动词的异同。

西方的语言，在动词方面，几乎都有三个表示时间的不同的形式，如俄语的 читал，читает，будет читать；прочитал，прочитает。俄汉语的时间表示法差别比较大，汉语没有词尾变化来表示时间的语法意义，但也有其表示时间概念的方法，是靠采用时间词语来表示过去、现在和将来的，如昨天、今天、明天；去年、今年、明年；当时，此时，即刻；等等。正如高名凯所言，意义的表达并非必得有语法的成分，有的语言就没有任何表示历程或动作所发生的时间的语法形式，汉语就是一个例子（高名凯，1986：186）。

关于动词的态范畴，俄语动词有语法形式，动词主动、被动态各自具有词尾形式，及物和不及物也各自有词尾形式，俄语中的及物和不及物动词，有着明确的标记，从词尾和它所支配的名词的格形式即可看出。汉语动词本身无施动和受动（主动和被动）的区别，也无内动和外动（及物和不及物）的区别（石安石，1986：8）。这就是说，汉语动词单从词尾看不出是主动还是被动，是及物还是不及物。高名凯认为，汉语动词本身无主动和被动之分别，"汉语是用施动的形式来表示受动的意义的，如果有此必要的话"。"我们实在可以说，汉语具有动词功能的词并没有受动的形式。"（高名凯，1986：202，211）又，汉语动词本身无及物和不及物之分别，用在具体的句子中既可以是及物的，又可以是不及物的，完全视实际的情形而定（高名凯，1986：213 – 214）。

二　俄汉语动词互参探译

一般而言，动词是构成句子的核心，用作谓语。语言中动词的用
法比较复杂，堪称最复杂的一个词类了。俄汉翻译时，动词不能完全
对应，但涉及动词的时、态、体的对译和转换。不能完全对译，这是
由两种语言之间的差异所决定的，因为两种语言没有完全相同的语法
范畴，但这并不妨碍另一种语言采用恰当的方法表意。

这里主要探讨俄汉语动词的动体（动相）之间的对应及翻译问
题，参见后面章节俄汉语中的被动句及翻译问题。先来看看两个俄译
汉例子。

《А, – сказала она и назвала меня именем моего брата,
хотя, я думаю, она меня узнала, а спутала лишь имена, –
давно приехал?》（А. Вампилов, 《Прогулки по Кутулике.
Прогулка первая. Сентиментальная》）

她"啊"地叫了我一声，喊出的是我哥哥的名字，但我想她
是认出了我的，只是弄混了名字："来了有多会儿了？"

Так нам становится известно, что Нинка вышла замуж, что
старик Камашин умер, что закрыли газету и открыли
парикмахерскую, что начали строить новый клуб, что речка
высохла, а степь за школой распахали до самого леса. Из газет
мы узнаем, что наш хлебный район снова выполнил план
хлебозаготовок. Первые годы мы появлялись здесь чаще,
приезжали летом на каникулы, в отпуск, собирались иногда по
нескольку человек. Тогда с неисправимым самодовольством
носили мы по родному селу какой – нибудь обыкновенный
гэвээфовский кивер, какие – нибудь погоны или просто рубаху в
клеточку. В клубе танцевали по – новому, танго и фокстроты:
именно мы привезли сюда узкие штаны, привычку курить

сигареты вместо папирос, роковые романсы Лещенко, светлые кепи, словом, весь этот брючно – танцевальный ренессанс. Не думаю, что манеры, завезённые нами из города, обновили жизнь нашего поселка. (А. Вампилов,《Как там наши акации》)

于是我们都知道：宁卡出嫁了，卡马申老汉死了，报纸停办了，开了个理发店，开始建立新俱乐部了，小河干涸了，而学校后面的那片草原开垦到了森林边缘。从报纸上我们刚了解到，我们的粮区又完成了粮食收购计划。最初几年，我们经常来到这里，在夏天暑假或年休假时来到这里，有时是几个人相聚一下。我们戴着个普通民航高帽，戴上肩章，或者穿上花格子衬衫，不可救药地自鸣得意地走在家乡的村路上。在俱乐部跳新式舞、探戈舞、狐步舞。是我们把紧身裤穿到这里来，把抽雪茄烟的习惯带到这里来取代了烟卷，把列先科的摇滚乐浪漫曲和浅色的鸭舌帽带到这里来的，总之，是我们带来了整个这裤子—舞蹈的文艺复兴。不曾想到我们从城里带来的风度，更新了我们乡镇的生活习尚。

俄语动词有完成体和未完成体，依高名凯的看法，汉语动词也是有体的，完成体的标志是动词后面带上"了"字，而进行体后面带上"着"字，但显然不能与俄语一一对应。而有的语法学家不大承认汉语有体的范畴，例如，吕叔湘就没有采用体的概念，而是用"动相"来表示一个动作过程中的各种阶段：表动作之将有，表动作正在进行，表动作已经完成。汉语即使没有体的范畴，也可以用词来表示俄语动词体的意义。例如，"来了有多会儿了？"前一个"了"是"了$_1$"，既事相的标志，后一个"了"是"了$_2$"，表决定的语气。"穿到这里来""带到这里来"与"了$_1$"字具有同样功效，也表既事相，用来表达俄语的完成体是称职的。语气词"了"位于句末，表语气的作用。有些句子只有一个"了"字，在句（或小句）的末尾，这个"了"就兼表动相和语气。例如，上面的"宁卡出嫁了，卡马申老汉死了……小河干涸了，"而单纯地表既事相的"了"，要在语气未完的地方找（吕叔湘，1982：229）。例如，"开了个理发店"
"更新了我们乡镇的生活习尚"。顺便列举汉语运用"了"表示既事
相的情况如下：

> 他早吃了饭了，不用给他。（《红楼梦》）
>
> 凤姐偏拣了一碗鸽子蛋，放在刘姥姥桌上。（《红楼梦》）
>
> 花儿落了，结个大倭瓜。（《红楼梦》）
>
> 日子过得多么快，一转眼又是一年了。急得我把帽子也摘
> 了，马褂也脱了。（《儿女英雄传》）
>
> 那年冬天，祖母死了，父亲的差使也交卸了。（朱自清：《背
> 影》）
>
> 忽见一个喜鹊飞了来，落在房檐上，对着他撅着尾巴喳喳喳
> 地叫了三声，就往东南飞了去了。（《儿女英雄传》）

"着"字，在高名凯看来，是表示进行体的，"着"字，在吕叔
湘那里，是典型的用来表示动作正在持续之中的方事相（吕叔湘，
1982：228）。我们可以拿它来处理俄语动词未完成体。例如："我们
戴着个普通民航高帽，戴上肩章，或者穿上花格子衬衫，不可救药自
鸣得意地走在家乡的村路上。""在……上"可以代替"着"，来作为
正在进行动作的助词（后缀）。

> 四姨挽着二姥姥，三舅妈拉着小顺，二姐招呼着小秃和四狗
> 子，前呼后应，在暗中摸索。（老舍：《有声电影》）
>
> 却是黛玉来了，肩上担着花锄，花锄上挂着花囊，手中拿着
> 花帚。（《红楼梦》）
>
> 当地放着一张花梨大理石大案，案上堆着各种名人法帖……
> 那一边设着斗大的一个汝窑花囊，插着满满的一囊水晶毬的白
> 菊。（《红楼梦》）
>
> 傻大黑粗的，眼睛有点往上吊着。（冰心：《冬儿》）

吕叔湘指出，一个动作既在持续之中，往往就呈现一种静止的状态，尤以被动性的动词为然。所以描写人物和景物的时候常用这个"着"字。根据吕先生的意见，这里第二例的担着、挂着、拿着，方事的意味已经不多，后二例里更谈不上方事，完全是表示一种静态。"着"字已经从方事相转而表示动作的状态化了。这是值得注意的，对俄汉翻译很有启发。

Какое удовольствие, например, доставит истинному кутуличанину воспоминание о том, как однажды с друзьями – приятелями он усыпил два десятка кур, разложив их рядком через весь двор, а потом, постучавшись к хозяину, прятался в полыни.

Усыпление проделывалось следующим способом: куриная голова пряталась под крыло, а затем бедную птицу крутили некоторое время в воздухе. Лишь через пять минут после описанной процедуры курица освобождала голову, поднималась и ковыляла по двору, точно пьяная. Лунной ночью, поднятый с постели, изумленный хозяин наблюдал, как его куры одна за другой воскресают из мёртвых. (А. Вампилов, 《Как там наши акации》)

譬如，回忆可以带给一个真正的库图利克人多么大的满足啊，当回忆起他与朋友们一起"催眠"了二十只鸡，把它们在整个院子里摆成一排，而后去敲几下主人家的门，旋即躲进苦篙丛的时候。

"催眠"的办法是：把鸡头憋在那翅膀下，然后把可怜的鸡在空中舞动好一阵。这之后，只消五分钟，鸡便把头挣脱开，站起来，跌跌撞撞在院子里走动着，就像喝醉了酒似的。月夜下，从床上爬起来的主人家，惊讶地看着他的鸡们一个接着一个慢慢地从昏死中活过来。

Съезжаясь в Кутулике, мы всегда много и охотно

дурачились. Слесарь, курсант летного училища, студент первого курса, собравшись вместе, не прочь, например, забраться в чужой огород за огурцами, подпереть чью − то дверь, вечером перекатить телегу с картошкой из одного двора в другой и ещё что − нибудь в этом жанре. （А. Вампилов, 《Как там наши акации》）

我们聚会在库图利克，总爱胡闹寻寻开心。钳工、暑期培训班学员、一年级大学生聚在一起，不干别的，例如专跑到别人的菜园子里去摘黄瓜，把人家的门顶住，晚上把装有土豆的小车从一个院子推到另一个院子，诸如此类的恶作剧。

Ещё из нашей машины я заметил, что огород у нашего дома разгорожен и растёт в нём, как мне показалось, лишь пырей и крапива. Так оно и было. Но из манины я не заметил главного: двери и окна были заколочены. （А. Вампилов, 《Прогулки по Кутулике. Прогулка первая. Сентиментальная》）

在车上我就望见，我们家的菜园子是用栅栏隔开的，好像里头只长着冰草和荨麻。正是如此。但是从车里我还没有发现重点：原来门和窗都钉死了。

以上例子表明，把俄语动词完成体和未完成体分别与汉语动词既事相和方事相对应起来考虑是很有意义的，它们在很大程度上可以实现对译。汉语的既事相和方事相有着多种表现形式，可以灵活地用来传译俄语动词。"汉语动词后有结果补语或趋向补语时，'了$_1$'可以省去。一般情况下，当动词短语处于复句的前几个分句时，多不用'了$_2$'。动补短语处于最后一个分句时，多用'了$_1$'，这样能在语气上表明一个句子的结果。"（刘月华，1984：210）

最后蒋介石亲自跑到狱中来劝降，遭到了方志敏同志的严厉斥责。

有一天，仿佛黑夜里亮起一道闪电，他突然想起了鲁迅先生。

这一点恰当地运用于俄汉翻译，可以提高质量，译文显得干净利落。

Я к нему подошёл, на крайнем окне доска была оторвана, из щели потянуло на меня осенним, почти лесным запахом плесени. Я зашёл с другой стороны, со стороны огорода, и остановился против своих окон. （А. Вампилов, 《Прогулки по Кутулике. Прогулка первая. Сентиментальная》）

我走近房子，看见最边上一个窗户的木板脱落了，能闻到从窗缝渗出的如同秋天森林里的霉味。我从另一侧，从菜园子那边绕过去，停在了自家窗户面前。

但有时为了强调几个动作都已实现或完成，或在排比句式里，也可以在每个动补或动词后用"了₁"，如"喜讯传到了北京，传到了祖国的每一个地方"。前面就有这样的译例。再看一个译例：

А барак и в самом деле отслужил своё. Построен он из здоровых лиственничных бревн, но так давно, что не только бревна прогнили, но прогнила уже и тесовая обшивка, сделанная много позже. Правда, обшивка вся уже рассыпается и в низу, и вверху, а бревна гнилые только внизу, у земли, а наверху они ещё хоть куда, ядреные и годные, пожалуй, и для новой постройки. （А. Вампилов, 《Прогулки по Кутулике. Прогулка первая. Сентиментальная》）

简易木屋，的确是已经服役期满了。虽是由粗大的阔叶松原木建成，但年久失修，不仅原木腐败了，而且晚好多年做的薄板镶边也已经腐败了。是的，整个镶边上下都已破损了，而原木腐败只是埋在土里的下部，而上部依然完好，大概还可以作为新建筑的心材。

汉语中，如果说话者表达的重点在状语上，动作虽然已经完成，动词后可以不用甚至往往不用"了₁"。"这几年，小高努力钻研业务，进步很大。"俄语中与 не 连用的未完成体动词表示由动作未实现而引起的某种状态，大概属于这一情况的否定变体，在译成汉语时，不必一遇动词完成体和过去时就用"了"字，常可省略。例如：

Было холодно, я три ночи не спал, измучился и начал сердиться（Лерм.）

天气寒冷，我三夜未睡觉，疲惫不堪，于是就发起火来。

Ишь исхудала. С утра не ела（Кавер.）

瞧，都瘦了。从早上就未吃东西。

我们再来体会一下俄语动词完成体汉译情况。

Федя повернулся, сделал несколько медленных, нерешительных шагов вниз по улице и остановился. （И. Ликстанов）

费佳转过身来，缓慢地，迟疑地沿街往下走了几步，然后停了下来。

Он бросил папироску на землю, растоптав её двумя слишком сильными ударами ноги. （М. Горький）

他把香烟扔在地上，狠狠地踏了两脚。

（Саша）запер комнату, положил ключ на стол, пожевал, стоя, колбасу, разделся и снова улёгся в постель. （А. Рыбоков）

萨沙锁上了房间，把钥匙放在桌子上，站着吃了点儿香肠，脱了衣服，躺回被窝里。

Парамон упёрся ногой в плетень, дернул из плетня тонкую слегу, сунул в окно и кинул（Д. Калиновская）

巴尔孟用脚踏着篱笆，从中揪出一根细木条，伸进窗中扔下。

Я откинулся на спинку стула, закинул ногу на ногу и начал:
（А. Вампилов,《Успех》）

我仰躺在椅子靠背上，跷起二郎腿，开口说道：

Я помолчал, прошёлся по комнате и сказал, гадко ухмыляясь（А. Вампилов,《Успех》）

我沉默片刻，在屋子里踱起步来，卑劣地冷冷一笑道：

Мамаша не побледнела, не вскочила, не затопала ногами, а странное дело, она улыбалась.（А. Вампилов,《Успех》）

妈妈没有大惊失色，没有跳起来，也没有跺脚，奇怪的是她在笑。

在描写一连串次第行为时，汉语动态助词"了₁"的使用是非强制的，汉译可以略去"了₁"，有时根本看不出是既事相还是方事相，或者说看不出是完成体还是进行体。而俄语动词完成体和未完成体却有着明显的差别，一望便知。"有表示连续动作的后续（相邻）小句是促成'了₁'自由隐现的一个因素，但这里的更加深层的原因是，汉语中存在数量庞大的各种结果行为方式动词或动词短语，它们在特定的上下文条件下，可以不依赖动词助词'了₁'，独立地表达'完成'意义。"（张会森，2004：192）

Затем друзей и знакомых я находил здесь всё меньше и меньше, почти все мои сверстники давно разъехались по городам, иные, что постарше или помоложе, меня уже забыли, иные сами изменились до неузнаваемости, и вот уже поневоле я чувствую и сознаю здесь своё одиночество.（А. Вампилов,《Прогулки по Кутулике. Прогулка первая. Сентиментальная》）

后来，我在这里能找见的朋友和熟人越来越少，我的同龄人几乎都早已各奔前程，到城里去了，其他长我的和小我的，早已经忘记我了，他们自己也变得认不出来了。此刻，我不由得感到和意识到了我在这里是孤独的。

伤感、落寞的心情，通过几个完成体动词渗透在字里行间，汉语则特意连用多个"了"字予以传达。连最后一个句子也特意采用完成意味的"了"字，而未顾及原文动词是未完成体，这个"了"字当然可以省略，用上它是不是可以更加突出情绪呢。一种有所愧疚于家乡的孤独之感，挥之不去。

　　　　Наконец скрипнула дверь, из соседнего дома вышла маленькая черноволосая женщина с ведром в руке. Я узнал её сразу, поднялся и пошёл к ней навстречу. （А. Вампилов, 《Прогулки по Кутулике. Прогулка первая. Сентиментальная》）

　　　　终于，门咯吱一声打开了，从邻居家走出来了一个矮个的黑发女人，手里提着桶。我一下子就认出她来了，便起身迎上前去。

这一译例，是特意用"了"强调完成体的，之所以如此，是因为承接上文作者陷入沉思的缘故。

吕叔湘说："动 + 了$_1$ + 宾 + 了$_2$，既表示动作已经完成，又表示事态有了变化（二者本来密切相关）。……句内有时量词语（即数词 + 量词表一段时间）时，只表示动作从开始到目前为止经过的时间，不表示整个动作完成。这个动作可能要继续下去，也可能不继续下去。例如：这本书我看了三天了；我来了两年了；他病了好些日子了；这些地种了三年棉花了。"（吕叔湘，1982：317）看来这里多个带"了"字的句子，都可以译成俄语的未完成体动词，而不是完成体动词，因为这种经历还会持续下去，不表示整个过程的完成。

《俄语语法》（信德麟，2001：375）称，未完成体的概括事实类似用法有一种是结果存在变体：使用未完成体动词与表示过去存在或不存在的动作，旨在说明主体说话当时的状态。只有少数表示感受、认知而且又能表示出感受、认知结果的动词才可能有这种用法。简言之，чувствую и сознаю 虽然是未完成体，但因为感受和认知每有发生，即可产生感受、认知结果，而所产生的结果如果够强烈的话，还会保持相当一段时间。这与一般的未完成体动词用来达到生动形象的描写效果是一样的道理，例如，前面的译例中 уже рассыпается 译成"已经破损了"，强调了破损之严重，并且还将继续破损下去。参看后文的关于继事相的解释。俄语的 уже + 未完成体在表达已经产生某种结果并将继续下去的意味时，颇有些类似汉语的既事相 + 继事相。所以，在译成汉语后会有表示完成意味的"了"字，尽管俄语使用的动词是未完成体。

Чёрные играют без плана и незаметно попадают в трудное положение. （М. Ботвинник）

黑子下得没有章法，不知不觉中陷入了困境。

俄语现在时表示的动作不是与说话时刻同时，而是与剧情中被解说的状态或感受同时，此处动词现在时表示与棋局发展过程的同时性，可以想见实际发生的动作是在过去，已经发生过了。所以用上"了"字是可以的，"陷入了困境"的意思与"陷入困境了"相当。历史现在时用于对过去事件的叙述，是一种生动活泼的形象化手段，仿佛事情就发生在眼前。而将来时其一为计划动作现在时，现在时形式表示计划、打算，准备将来实现的动作，似乎现在就实行了；其二为想象动作现在时，说话人把将来的情景描绘成眼前发生的。（信德麟，2001：395 - 396）

Только, понимаешь, выхожу от мирового, глядь — лошадки мои стоят смирнехонько около Ивана Михайлова. （Бунин）

我刚从调解法官那里出来，只见我的马老老实实地站在伊万·米哈伊洛夫身边。

Я будущей зимой уезжаю за границу. （Тург.）

明年冬天我就出国了。

Вообразите же, что вы встречаетесь с ней потом, через

несколько времени, в высшем обществе; встречаетесь где-нибудь на бале... Она танцует. Около вас льются упоительные звуки Штрауса, сыплется остроумие высшего общества. (Дост.)

　　想象一下吧：后来，过了些时候，您又与她相遇（了）……她在跳舞。您的周围响着斯特劳斯令人陶醉的旋律，上流社会妙语连珠。

　　这里的译文摘自《俄语语法》，或稍有改动。从汉译文看来，俄语的未完成体有时候也可以使用汉语"了"字去表达，"了"并非专用来对应俄语的完成体。只要俄语句意与完成意味有关，有时不管动词是什么体，都可能借助汉语的"了"字来表达。俄语有时虽然用未完成体，但含有完成意味，只不过借助现在时来表达得如在目前一般，而不管这完成意味是在过去，现在或将来。

　　顺便提示：完成体动词过去时可以表示将来的动作。上下文表明是将来的事，但过去时形式保留其范畴意义，结果把客观上属于将来的动作当作已经实现的事，这种用法表达出说话人确信定会如此的情态意味，多用于日常口语（信德麟，2001：397）。

Если он не вернётся, мы погибли.
如果他不回来，我们准死。（《俄语语法》）
Бежать, бежать! Иначе я умер（Фад.）
得跑，得跑，否则我就要死了。（《俄语语法》）

　　完成体将来时的转义用法是在有过去时意义的上下文中，表示过去的行为（信德麟，2001：399）：

Денег даже давал, когда под пьяную руку приедет（М.-Сиб.）
有时他醉着来，还给钱呢。

　　Придёшь к иному редактору, принесёшь рассказ, а он эдак сквозь зубы: 《Ну, что скажете?》Будто я пришёл занимать деньги или украсть пресс – папье с его стола. (А. Вампилов, 《Исповедь начинающего》)

　　你来到陌生的编辑那里，带来一个短篇小说，可他从牙缝里挤出几个字来："唔，您要说什么？"好像我是来强占他的钱财，或者盗窃他桌上的油印机似的。

　　Будто 句显示，整个句子的动作时间涉及过去，但也蕴含有一层意思：这是规律性的情形，即现在和将来都可能发生的情形。

　　完成体将来时转义用法的一种特殊变体，是与语气词 как 连用，表示过去时或历史现在时中一次具体的，突然而来的强烈动作，带有口语色彩（信德麟，2001：399）：

　　Стою, слушаю — и вдруг что – то как полыхнет через всё небо. Гляжу — метеор（Пауст.）

　　我站着谛听——突然有什么东西在天空中燃烧似的闪过，我一看：是颗陨星。（《俄语语法》）

　　Акации, которые мы сажали десять лет назад, теперь выросли, шумят между школой и трактом, и дождь смывает с них дорожную пыль. А наша школа, деревянная, вдухэтажная, всё та же, разве перекрашенная и в который раз отремонтированная. (А. Вампилов, 《Как там наши акации》)

　　我们十年前栽下的金合欢槐，如今长高了，在学校和大路之间簌簌地迎风飘动，雨水冲洗着树上的路尘。而我们的学校——二层木楼还是老样子，可能只是重新油漆过，不止一次维修过。

　　"过"字，用在动词后面，表示动作完毕。"这种'动词＋过'也是一种动结式，但不同于一般动结式，中间不能插入'得、不'，也没有否定的说法。后面可以带语气助词'了'。"（吕叔湘，1982：

216）例如："吃过饭再去。赶到那儿，第一场已经演过了。等我问过了他再告诉你。""表示'完毕'的'过'和表示'曾经'的'过'相像而不相同，从否定可以看出。吃过饭了——还没吃呢（表'完毕'），吃过小米——没吃过小米（表'曾经'）。"（吕叔湘，1982：217）表示曾经的"过"字，正好用来表达俄语未完成体的过去时。

В Кутулике у меня прошли детство и школьные годы. Вышло так, что давно уж я здесь не живу, а приезжаю сюда, получается, редко и ненадолго. Вот и сейчас: не был три года, а приехал на неделю. （А. Вампилов, 《Прогулки по Кутулике. Прогулка первая. Сентиментальная》）

我是在库图利克度过童年和中小学时光的。因此，我很久没有住在这里，偶尔来这里一趟，住的时间也不长。譬如现在吧：三年没有来过，这一次来了要住上一个星期。

Поезда, в которых мы носимся по своим делам, в Кутулике почему - то не останавливаются. Мы стоим у окна — не чужие всё - таки. Из вагона наш посёлок, растянулся вдоль речки, — как на ладони. Элеватор, на горке в сосновом лесу РТС, обмелевший пруд, переделанный из церкви кинотеатр 《Звезда》, синий домик почты, двухэтажная агрошкола, клуб, райисполком, школьный сад... в эти пять минут, пока поезд проносит нас мимо, мы, как полагается, взгрустнем, вспомним друзей, рыбалку, футбол и наши туманные первые романы. Мы долго смотрим на школу и даже вытянем шею: как там наши акации? Какие ученики сейчас у наших учителей? Если такие же оболтусы, какими были мы, значит, живётся нашим учителям нелегко. （А. Вампилов, 《Как там наши акации》）

我们为事业忙碌而乘坐的列车，不知为何没有在库图利克停留过。我们伫立窗口良久——毕竟不是陌生人了。车窗外我们的小镇，顺着小河延伸开去——如同在掌心之间。升运机，小山松林中的无线电技术设施（PTC），变浅了的池塘，由教堂改建的《明星》电影院，灰色的邮政小房子，二层楼的农村学校，俱乐部，区执委会，校园……当火车载着我们奔驰而过的五分钟里，我们往往会有些伤感，会回忆起朋友们来，回忆起钓鱼来，回忆起足球来，回忆起我们朦胧的初恋来。我们久久地望着学校，甚至会伸长脖子：我们家乡的金合欢槐怎么样啦？昔日的老师现在有着怎样的学生呢？如果还是像我们当年一样的傻瓜，那么我们的老师就太辛苦了。

汉语表示经常的行为动作或持续时间的动词，均是用来表达俄语的未完成体的。例如"乘坐""伫立……良久"等。汉语"动词＋起来"或"动词＋起＋名词＋来"结构，名词一般为受事，间或有施事，表示动作开始，并有继续下去的意思。例如：培养起一支又红又专的科技队伍来。他说起话来，总那么不慌不忙的。与"起来"相对的是"下去"，前者表示开始状态、开始出现并含有继续发展的意思，强调的是开始，后者表示状态已经存在并将发展下去，强调的是继续。一个是起事相，一个是继事相。起事相极可能译自俄语的动词完成体，而继事相则通常译自未完成体，或者说其功效相当于俄语的 продолжаться ＋ 动词未完成体。举几个继事相的例子：便静静儿地听他唱下去。待要隐忍下去……天长日久……更不成事。一年一年的这样瞎混下去，如何是个了局呢？俄语完成体的被动形动词，经常译成汉语的具有完成意味的定语成分，例如上面的"变浅了的""改建的"。

Здесь по‐прежнему стояла одна старая лиственница, и, помню я, от этого, от её тени водной из наших комнат всегда было немного темней. Лиственница жива, за неё всё же можно привязать бельевую веревку, можно забраться по ней на крышу и серы, наверное, ещё можно наковырять. （А. Вампилов, 《Прогулки по Кутулике. Прогулка первая. Сентиментальная》）

这里还像以前一样，有一棵阔叶树，我记得，因为浓密的树荫，我们的一个房间光线总是有些暗淡。阔叶树还健在，仍然可以拉起绳子晾衣服，可以爬树上到屋顶，还很有可能掏到树脂呢。

有时候，汉语难以想见原文是否为完成体，但我们可以明显感到动作的生动性和形象性，其动如在目前，有如身临其境。这是因为叙述句与描写句几乎合二为一了。这种情况下，汉语动词通常不使用"了"字。汉语里连续发生的动感画面，用来传达俄语动词的未完成体也是很合适的。动作静态，常由完成体形动词译来，而表动作动态则很可能是由未完成体动词译来的。

Я понимаю восторг, ужас и счастье двенадцатилетнего пацана, когда он, побросав наворованные огурцы, скрывается от погони, несётся, исчезает в тёмную ночь. Но двадцатилетний курсант, бегущий из чужого огорода, — явление не только ненормальное и антиобщественное, но загадочное явление. (А. Вампилов, 《Как там наши акации》)

我能理解一个十二岁的男孩躲避追赶而扔下偷来的黄瓜，飞跑进黑夜藏起来的那种惊喜、恐惧和幸福。但是，一个二十岁的学员从别人的菜园子里逃跑出来，不仅是不正常、违背社会道德的，而且是令人困惑不解的现象。

Петр Васильевич улыбнулся и сделал шаг навстречу. Незнакомец поставил чемодан, бросил на полку плащ и, подавая руку, улыбнулся тоже. (А. Вампилов, 《Чужой мужчина》)

彼得·瓦西里耶维奇微笑着，向前迎上去一步。陌生人放好箱子，把披风扔到卧铺上，也微笑着伸出一只手来。

Петр Васильевич отодвигает от себя кипу тетрадей, встает со стула, подходит к окну ищелкает выключателем. В комнате тепло, но Петр Васильевич ежится, глядя на мертвую луну, на скованную холодными тенями улицу и на застывший за блестящими сугробами лес. (А. Вампилов,《В сугробах》)

彼得·瓦西里耶维奇挪开身边的一摞笔记本，从椅子上起身走到窗前，随后响起开窗户的啪啪声。屋里虽然暖和，但彼得·瓦西里耶维奇望着惨淡的月亮，望着寒光阴影下的街道，望着一个个发亮的雪堆外的那片凝冻的森林，不由得蜷起了身子。

Ленька вылез из окопчика. В двух шагах от него Сучков лежит, ноги раскинул. (В. Некрасов)

连卡从战壕里爬出来。苏奇科夫在离他两步远的地方躺着，叉开了双腿。(《俄语语法》)

Дома музыкант вынул птичку из кармана на свет. Седой воробей лежал у него в руке: глаза его были закрыты, ножки беспомощно согнулись. (А. Платонов)

回到了家，乐师把小鸟从衣袋里掏出来，凑到光亮处。灰色的麻雀躺在他的手上，闭着眼睛，两条小腿无可奈何地蜷曲着。(《俄语语法》)

Проходящая мимо девушка, коротко подстриженная и модно одетая, вдруг вскрикивает и приседает на тротуар. (А. Вампилов,《Свидание》)

正好一位姑娘路过，剪着短发，衣着时尚，突然"哎哟"一声，在人行道上蹲下来。

"完成"意味的动作兼表状态，例如，"微笑着""凝冻的""叉开了双腿""蜷曲着"都是译自俄语的完成体。张家骅先生认为，"叉开了腿 раскинул"，"蜷曲着 согнулись"都是已然体，与未完成体不同之处在于，它们一方面表达静态场景；另一方面把当前的静态场景与以往的动态事件联系了起来；或者说，把以往的动态事件移入当前的事件平面，与未完成体或持续体表达的状态、活动与过程并列，构成背景场面（张会森，2004：199）。汉语中也有这类例子：

　　刘莹放下了电话，来到下面，看见公司门前挤了好几百号人，都在吵着、骂着。（阿宁）

　　我从我们的写字楼出来，拐进了一条两头通的大弄堂。这条弄堂贯通了两条大马路。它有着姜黄色沙拉的墙面。（王安忆）

　　而未完成体动词所表示的动作，尤其是连续发生的，特别具有生动描写的功能，译文中的"挪开""起身""走到窗前""啪啪声""望着""蜷起了"都是动感十足的，让人看到人物的一连串动作神态。"描写现在时的特点在于艺术描绘功能，这决定了它用在文艺作品，首先是诗意描写中。此时，动作被描绘为眼前发生的，但又不与说话时刻直接相关。这是一种艺术概括，它不只属于说话时刻。"（信德麟，2001：395）

　　汉语中的后事相指一个动作已经有过，应用的动相词可能是"来"和"来着"。

　　　　也曾头上戴花来。（《辛弃疾词》）
　　　　却是拙夫吩咐奴来。（《水浒传》）
　　　　是宝玉那日过来和这两个孽障不知要什么来着。（《红楼梦》）
　　　　我往大奶奶那里去来着。（《儿女英雄传》）
　　　　方才还像拌嘴似的来着。（《儿女英雄传》）

　　"来"和"来着"更多的是一种语气，并非动词，是为了语气更和缓些，几乎可以省略。俄语的未完成体过去时如果带有这类语气，也可采用这样的句式以显出译文的韵味来。

　　Долго никого не было. Прошёл поезд, из школьного сада налетел ветерок, дохнул черёмухой и исчез. ... Её вид взволновал меня, как в детстве, когда эта дорога казалась мне бесконечной и обещала множество чудес. Передо мной, за железной дорогой тянулась другая гора, Иванова, сплошь укрытая сосной и берёзой. Продоговатые рябые облака стояли над ней высоко и неподвижно. （А. Вампилов, 《Прогулки по Кутулике. Прогулка первая. Сентиментальная》）

许久不见一个人影。路过了一列火车，从校园方向飘来一阵微风，带着稠李的香气，随即又消失了。……路的形状令我激动不已（来着），像在童年一样，我感觉这条路没有尽头，可望许许多多的奇迹发生。在我的面前，铁路那边绵延着另一座山，叫伊万诺夫山，漫山遍野的松树和白桦树。椭圆形的一片片花斑云，凝然不动地凌驾于山顶上空。

此处的"来着"可以省略，加上"来着"也无妨，有些类似感叹词"啊"或"呢"，带有抒情的意味。"来"字后面加上一个"着"字，似乎也有点标识了动作过去进行态，与后面的未完成体的译成汉语互相映衬着。当然不是说带上个"着"字，就对应于俄语的未完成体，非也。"带着稠李的香气"其实也可更换成"带了稠李的香气来"，这便是完成体的后缀标志，它确实是译自俄语的完成体дохнул。正如前述，动作的状态与动作的行为是密切相关的，可能与完成体相关，尤其是动作的静态结果。当然，俄语动词未完成体在表示曾经有过或从未有过时，不一定都要加"来""来着"，在叙述句中经常是没有"来""来着"等语气词的，它们也不是未完成体的标志。只不过俄语未完成体在译成汉语后，常可考虑适当地利用"来""来着"来缓和一下语气。

Она смеется и берет Макарова под руку. （А. Вампилов, 《В сугробах》）

她笑着，挽起马卡罗夫的一只胳膊来。

Теперь же никто не замечает этих странностей, все мне прощают и ждут, видимо, от меня чего угодно. （А. Вампилов, 《Исповедь начинающего》）

如今谁也不去注意这些怪癖了，所有人都原谅我了，显然正期待我无论如何发表点什么东西来着。

Нет, что и говорить, нигде на свете небо не бывает таким ясным, и нигде, если долгая непогода, оно не томит так своей безысходностью. Травы пахнут здесь сильней, чем где – либо, и нигде и никогда я не видел дороги заманчивей этой вот, что по дальней горе вьётся среди берёз и пашен.

В газетах да и в журналах мне попадались стихотворные и прозаические высказывания о том, что землю можно любить всю сразу от Карельского перешейка до Курильской гряды, все реки, леса, тундры, города и деревни будто бы возможно любить одинаково. Тут, как мне кажется, что – то не то. Как, например, мне любить Курильскую гряду, если я её никогда не видел? (А. Вампилов, 《 Прогулки по Кутулике. Прогулка первая. Сентиментальная》)

不，怎么说呢，世上任何地方的天空也没有这么晴朗，而如果长时间天气不好，也不会这样令人绝望无路。这里草木的气息，比任何地方都更浓郁，我从未在任何别的地方见过这么诱人的路，蜿蜒穿行在远山的白桦和耕地中间。

我在报纸上以及杂志上，偶尔会碰到一些诗篇和散文，说从卡列尔斯克地峡到库页岛的苗床的整个土地，可以让人一下子就爱上它，所有的河流、森林、冻土、城市和乡村，似乎可能同样地招人爱它。我认为，事情并非如此。例如，我如何去爱库页岛的苗床呢，如果我从未见过它来？

"汉语的'过'和'来着'的语法意义只相当于行为观察时刻与说话时刻（或另一行为时刻）相一致的俄语未完成体过去时，而不相当于行为观察时刻与行为发生时刻同步的未完成体过去时。换言之，汉语的'过'和'来着'不是通常意义的'过去时'的标志，而是过去时概括事实意义的标志。"（张会森，2004：226）俄语未完成体表达概括事实意义的时候，完全可以考虑采用"过"和"来着"予以传译。正如张家骅所言，在汉语体的功能语义场中存在一个概括事实领域，参与表达概括事实意义的至少有助词"过""的"和"来着"，而"过了"表示具体动作完毕，有明确的界限意义，应该从表达概括事实意义的语言手段中排除。这就是说，"过了"可以考虑用来传达俄语的完成体，而非未完成体。但汉语的"了"字，并非一定是完成体的标志，除非加上表示完成意味的补词。简单地说，汉语的"了"字，并非总是完成体的标志，把"了"字的语法意义概括为"实现"较之"结果"更加符合汉语的实际（张家骅，2004：185 – 189）。

　　　　Лесковский спит, положив руки и голову на спинку стула. Макаров долго его не замечает. （А. Вампилов,《В сугробах》）
　　　　列斯科夫斯基睡了，双手枕着头躺在椅子的靠背上。马卡罗夫回到屋里，很有一会儿没有理会他。

"睡了"，译自俄语的未完成体，不能译成"睡着了"。

　　　　Дело в том, что свидание состоялось. （А. Вампилов,《Свидание》）
　　　　问题是约会过了。

　　这里，俄语的未完成体 состоялось 未尝不可以改成完成体 состоилось。

　　张会森说，俄语动词完成体过去时结果存在意义只表示过去完成的行为状态与当前相关，而汉语"了₂"表示的与当前相关的状态不仅限于由过去结束的事态形成，而且包括由将有变化的事态、持续了一段时间但并未结束的事态形成。用于后两种情况的"了₂"与俄语动词完成体过去时的结果存在意义不相吻合（张会森，2004：196）。

　　　　Это что у тебя с рукой? — Кислотой облил. （А. Голубева）

你的手怎么啦？——洒上盐酸了。

Никого нет. ... А где же все? — Ушли домой. （А. Чехов）

都不在……人呢？——都回家了。

Завтра после закрытия съезда я сейчас же уезжаю.

明天代表大会一闭幕我就要走了。

В Пекине я живу уже третий год.

我在北京已经住了两年多了。

在前两个译例中，俄汉语完成体可谓吻合，后两个译例则显出有趣的差异来。俄语完成体与当前相关的状态，表示是由过去结束的事态形成时，可译成汉语表完成体带标志"了"，但汉译文中的带"了"标记，并非都是译自俄语的完成体。俄语的未完成体也可能译成汉语的带"了"的状态，是指将有变化的事态，或持续一段时间但并未结束的事态。

俄语的未完成体表示概括事实意义，俄汉翻译可以采用"（是）……的"结构予以突出。

Провал! Она видит меня насквозь! ... Бедная женщина! Она терпит из вежливости. （А. Вампилов，《Успех》）

完啦！她看得透我的！……可怜的女人！她是出于礼貌才耐着性子的。

Погорелов （развязно）. Мы, Елена Ивановна, люди серьёзный и не будем играть втемную. Всё решено: женюсь на вашей дочери. （А. Вампилов，《Успех》）

波格列罗夫（放肆地）：叶连娜·伊万诺夫娜，我们是严肃认真的人，不会瞎玩的。都决定好了：我是要娶您的女儿的①！

---

① 也可译为：我（是）娶定您的女儿了。把即将说成现在，有种毅然决然的意味在其中。如《史记》中说："……吾属今为之所虏"，是把即将发生的事情说成现在，以强调情势之危急。

Я хотел, чтобы вы поняли, что ваша дочь находится в крепких руках. （А. Вампилов,《Успех》）

我想让您明白，您女儿是处于我的强有力的掌控中的。

Во второй раз он（аист）тоже вернулся с двумя палками. В болоте брал. （К. Воробьев）

第二次它还是衔回了两根树棍儿，（是）在沼泽地里拾到的。

В этой портерной я написал первое любовное письмо Вере. Писал карандашом. （А. Чехов）

在这个啤酒馆里我给维拉写了第一封情书，是用铅笔写的。

后两个译例中，俄语用于这类概括事实意义的表述特点与汉语相似：行为结果存在；强调的不是行为本身，而是行为的目的、地点、客体、方式、时间；等等。这种情况下使用未完成体的原因在于，这类表述都包含"行为达到结果"的语用预设。以（Аист）в болоте брал（палки）为例，它包含两个判断：а）（Аист）взял（палки）；б）（Палки）брал в болоте。判断а）为б）的预设。表达接续句主位动词行为结果意义的常常不是完成体动词形式，而是显示行为结果的相关名词，如"树棍儿""情书"。

Алёша открыл рот, чтобы рассказать, что плывёт он по делу на ту сторону залива — посмотреть на яблони. Яблони они с отцом сажали прошлой осенью. （С. Романовский）

阿廖沙张开嘴巴，他想说他去海湾对岸是有正事的，要看一看苹果树。那些苹果树是他和父亲在去年秋天栽的。

句子中 Яблони 的存在表明 сажали 称谓的是客观上达到结果的行为。张家骅指出，"在包含'行为达到结果'的语用预设的表述中略去表达行为结果的语言手段（在俄语中用未完成体取代完成体），这种现象在英语中也可以观察到"（张会森，2004：220）。这种未完成体译成汉语的"是……的"结构是一个规律。

俄语的完成体和未完成体，译成汉语的时候还需要从更宽的语篇中去思考，从话语的角度去考虑。这样一来，有时的确会模糊完成体和未完成体的界限，译成汉语后或者真就难以想象原来的动词体了。所以，译者须慎重传译。我们来看一些译例，以增强这方面的印象。

　　Наконец скрипнула дверь, из соседнего дома вышла маленькая черноволосая женщина с ведром в руке. (А. Вампилов, 《Прогулки по Кутулике. Прогулка первая. Сентиментальная》)

　　终于，门"咯吱"一声打开了，邻居家走出来（了）一个矮小的黑发女人，手里提着个桶。

　　终于，门"咯吱"一声打开了，（只见）邻居家走出一个矮小的黑发女人来，手里提着个桶。

　　这两个译文似乎都能讲得通，前者更强调的是结果，添加一个"了"字，更加明确完成的意味，而后者则更强调动作过程，尤其是添加"只见"二字时。翻译时须根据上下文细心体味，稍有疏忽极可能发生意义偏差。

　　Тётя Зина встрепенулась и, снова прикрыв ладонью глаза, стала смотреть на ворота. Я оглянулся и увидел, как с мягкой дороги, расплескивая воду, на тракт въехала водовозная бочка. Тащила её понурая клячонка, а впереди, задом едва касаясь бочки, мостился старик – водовоз. Бочка загремела по тракту дальше, в ограду не заехала. (А. Вампилов, 《Прогулки по Кутулике. Прогулка первая. Сентиментальная》)

　　吉娜大婶精神一振，又用手巴掌遮在眼睛上方，开始瞭望大门口。我回头望去，只见一辆拉水车从松软的土路溅着水上了大路。拉水车的是头没精打采的驽马，一个老头子坐在中间，背差不多靠着水桶。水车沿着大路轱辘辘地向前走了，没有驶进篱笆院里来。

Оглянулся и увидел 译为 "我回头望去，只见……" 似乎更优于 "我回头一望，只见"，然而后者显得与俄文更为接近似的。这是有点奇怪的现象，如果硬要解释的话，是不是因为 увидел 虽说是完成体，但可能蕴含了看的动作过程在内？反过来，俄语未完成体动词 видеть 在表示看的动作时，又何尝不是看到结果呢？

Но в таких школах учились будущие строители. Теперь, любуясь вечерним Хорошево, я вижу, что строители выросли. (А. Вампилов,《Город без окраин》)

但是在这样的学校上学的，是未来的建设者。如今，我欣赏着霍罗舍沃傍晚的景色，看到建设者成长起来了。

Погорелов. Для исполнения этой роли у меня не хватает жизненного опыта — его надо срочно приобретать. Не обмануть ли мне тебя на первый раз? (А. Вампилов,《Успех》)

波格列罗夫：要演好这个角色，我的生活阅历还不够——应该赶紧补一补。我是不是可以生平第一次欺骗你一回？

Когда несколько таких ребят молча стоят где-нибудь возле чайной, то кажется, что они собрались сюда, чтобы сплясать болеро, и ждут только, когда ударят кастаньеты и гитара. (А. Вампилов,《Прогулки по Кутулике. Прогулка вторая. По асфальту》)

如果几个这样的小伙子默默地站在茶馆附近，人们会以为他们是集合起来要跳一场包列罗舞，只等响板和吉他响起来。

Один зиминский парнишка, который случайно оказался в Кутулике, посмотрел, как пинают мяч кутуликские форварды. Попинал вместе с ними, а потом от собственного имени предложил им встречу на зиминском поле. (А. Вампилов,《Прогулки по Кутулике. Прогулка вторая. По асфальту》)

一个济玛区的好小伙子，一次偶然在库图利克见过库图利克前锋们踢球，并与他们踢了一回球，于是以个人名义邀请了他们到济玛场地上相见。

吕叔湘的"动相"概念及其多样化划分法（吕叔湘，1982：227－233），用于探究俄汉翻译中俄语动词"体"的翻译问题是很有意义的，具有解释力，例如，上面已经用到了"既事相""方事相""继事相"等。俄语动词完成体译成汉语，除了"了"字，还采用"动词＋（了）一＋量词"这样的表示一个动作的，吕叔湘称为"一事相"。吕叔湘说："动作的次数，一方面和'量'的观念有关，一方面也和'时'的观念有关，也是一种'动相'。凡是仅仅表示有过一个动作的，可称为'一事相'。……有许多动作实在不大分得出次数（因此只有'一'，没有'两'），用定量的说法往往有暂时或轻微之意，可称为短时相。"（吕叔湘，1982：232）例如："你也等我歇歇儿再说呀。""溜到背静地方躲一躲要紧。"一事相和短时相主要表示动作的"完成"意味，显然可用来对译俄语动词完成体。关于短事相，我们在后文说到汉语动词的叠词修饰时，还会提及。

- Гуси! Гуси! - вскрикивала певица, взмахивая полными белыми руками.

- Га! Га! Га! - откликался ей весь квинтет, радостно улыбаясь.

- Есть хотите? - спрашивала она у музыкантов лукавым голосом и оборачивалась к ним в этот момент.

- Да! Да! Да! - Басили музыканты. （А. Вампилов，《Прогулки по Кутулике. Прогулка третья. ночная.》）

"鹅！鹅！鹅！"女歌手连声呼唤，挥动着两只洁白丰满的手臂。

"嘎！嘎！嘎！"五重唱一齐应和，快乐地微笑。

"你们有什么梦想吗？"她一边用调皮的声音问音乐师们，一边转向他们。

"有啊！有啊！有啊！"音乐师们低音唱道。

Говорил молодой человек, пытаясь взять свою собеседницу под руку. (А. Вампилов,《Страсть》)

年轻人一面说，一面想挽起对方的胳膊。

Лесковский молча раздевается и начинает ходить по комнате. Он мрачен и, как это с ним бывает, слегка пьян. (А. Вампилов,《В сугробах》)

列斯科夫斯基默默地一边脱衣服，一边开始在屋里踱步。他阴沉着脸——这是他的常态——略带醉意。

– Вы беспробудно самоуверенны, – говорит Тенина, пересаживаясь на другой стул, – я бы посоветовала вам меньше пить.

– Не тебе меня упрекать в этом, – говорит Лесковский, выпрямляясь. (А. Вампилов,《В сугробах》)

"您喝得醉醺醺的，自以为是，"杰尼娜一边说，一边移坐到另一个椅子上，"我倒劝您少喝点儿。"

"轮不到你来指责我。"列斯科夫斯基边说边直起腰来。

– Ну, давай чаю, – говорит Лесковский со вздохом и опускается на стул. Хмель из него уже выветривается, взгляд тускнеет, и его красивое лицо становится скучным, глаза останавливаются на собственных валенках. (А. Вампилов,《В сугробах》)

"那么，就来点茶吧。"列斯科夫斯基叹息着跌坐在椅子上。他醉意方消，目光暗淡，一张漂亮的脸变得枯燥乏味，眼睛望着自己的毡靴。

– Добрый вечер, – говорит Лесковский поднимаясь. (А. Вампилов,《В сугробах》)

"晚上好。"列斯科夫斯基起身说道。

"一面……一面……""一边……一边……"或"边……边……"
便于传达俄语的连续两个以上的未完成体动词，当属于方事相，行文
显得舒缓。例如，"列斯科夫斯基叹息着跌坐在椅子上"相当于"列
斯科夫斯基一边叹息一边跌坐在椅子上"。而"列斯科夫斯基起身说
道"相当于"列斯科夫斯基一边起身一边说道"，只不过"一边……
一边……"具有强调的作用，而有时说话讲究个简短爽脆，有时则讲
究个舒缓自然。

吕叔湘分出的动词"起事相""既事相""一事相""短时相"
"尝试相""后事相""继事相""方事相""屡发相""反复相"等，
均涉及与俄语动词完成体和未完成体之间的对应问题，但不是完全一
一对应，可能还会有交叉重叠。汉语动作行为的叠词，既是语法现
象，也往往具有修辞上的效果。一般而言，"既事相""起事相""一
事相""短时相"对应着俄语中的动词完成体，"尝试相"介于完成
体和未完成体之间，而"方事相""继事相""后事相""屡发相"
"反复相"等动相基本上对应着俄语动词未完成体。但翻译复杂多
变，在具体情况下可能发生多样化的变化，有时差异就表现在修辞的
细微差别上。

俄语动词体表示暂时和轻微之意时，有完成意味，有时兼有尝试
意，可译为汉语的尝试相。我们注意到吕叔湘所谓的尝试相，好像只
涉及未完成的动作，例如，"这是最好的两组，是常胜军，何不看一
看呢？"这可能与俄语动词体略有出入。叠用两个定量动词，又可以
表示这些动作的继续出现，这可以称为屡发相。这样用的时候，当中
的"一"字照例去掉。例如："他有什么事？还不是吃吃逛逛？""只
是他两个小时常要过前面来看看望望。""倒像见了许多年不曾相会
的熟人一般，说说笑笑，钻钻跳跳，十分亲热。"屡发的事情，要是
特别注重相继不断的意思，可称为反复相。这个时候通常不用定量动
词，或是用"又"，或是用"……来……去"。例如："只顾拿着那幅
画看了又看。看来看去，还是看不出画的是什么。""我想来想去想
不出，我就去问他。""依你说来说去，是去定了。"

Бабка как – то украдкой перекрестила себя, а потом совсем уже чуть заметно, одним почти движением — тройку вертолётов. (А. Вампилов,《Прогулка последняя》)

老太婆好像偷偷地为自己画了十字, 然后一点儿不被觉察地, 几乎只有一个动作——对着一组三架飞机画了一下。

Когда Скороходов расслабленно махнул рукой, откинулся к стенке и вдруг рассмеялся громко и раскатисто, заглушая стук колес. (А. Вампилов,《Чужой мучжина》)

当时, 斯科罗霍多夫有气无力地挥一下手, 身子向后一仰, 靠在壁上, 突然放声大笑起来, 笑声简直要盖过车轮声了。

Я постучался в дверь на удачу. Но удача подстерегает здесь на каждом шагу. (А. Вампилов,《Город без окраин》)

我上前敲了敲一家住户的门, 希望能有好运气。在这里每走一步, 都可能有幸运守伺着。

Попробовать ещё? Была не была! Провал так провал! Потом объяснюсь. Она, кажется, добрая баба, должна понять... (А. Вампилов,《Успех》)

还要不要试一试? ……豁出去了! 失败就失败吧! 过后我再解释清楚。看来她是个善良的女人, 应该理解得了……

Рачиваясь и спотыкаясь отчасти по естественным причинам, отчасти для того, чтобы нравиться публике, он комментировал матч, философствовал, сквернословил. (А. Вампилов,《Прогулки по Кутулике. Прогулка вторая. По асфальту》)

他摇摇晃晃, 打着趔趄, 一半因为绊了一下, 一半为了取悦观众, 他评球高谈阔论, 说话粗里粗俗。

Зинаида Александровна, наблюдая за своей тенью и тенью Макарова, улыбается. У нее хорошее настроение, ей хочется смеяться и говорить. (А. Вампилов,《В сугробах》)

济娜伊达·阿列克桑德罗芙娜看着自己的和马卡罗夫的影子, 笑了。她心情舒畅, 她想开开玩笑, 想畅所欲言。

Макаров берет с остывшей плиты чайник, смотрит на притихшего Лесковского, хочет что - то сказать, но машет рукой и выходит из комнаты. （А. Вампилов,《В сугробах》）

马卡罗夫从冰冷的灶台上拿起茶壶，看着安静下来的列斯科夫斯基，欲言又止，摆摆手，走出了房间。

上面的俄译汉译例，涉及汉语的多个动相和叠词修饰，或单音重叠，或双音重叠。完成体表示一次性的动作，经常译成汉语的一事相，有时也译成汉语动词的叠词，或译为汉语的尝试相，中间用"一"隔开重叠，或不隔开重叠。俄语动词未完成体常见译成汉语动词的叠词，经常译成汉语的屡发相和反复相。如"摇摇晃晃""高谈阔论""开开玩笑""摆摆手"等。我们再多举些译例来看一看。

Был отличный день, и мне самому хотелось прогуляться по городу. Я надел галстук, прихватил пальто, шляпу, и мы выбежали на улицу. ... Хотелось выкинуть что - нибудь легкомысленное и весёлое. （А. Вампилов,《Успех》）

一个绝佳的日子，我自己就想在城里逛一逛（溜达溜达）。我打上领带，拿起大衣、帽子，我们跑出来玩。……真想放纵自己，快乐一下。

– Сейчас придет. Раздевайтесь, согрейтесь. – （А. Вампилов,《В сугробах》）

"他马上就回来。脱下外衣，暖和暖和吧。"

– Вот уморили! – проговорил Скороходов, наконец унимаясь и вытирая лицо платком, – ... своей жене! Ха - ха! Вы ужасный фантаст! （А. Вампилов,《Чужой мучжина》）

"笑死我了！"斯科罗霍多夫说过后，终于慢慢停下来，用手帕擦了擦脸说，"背叛……自己的妻子！哈——哈！您可真是个很厉害的幻想家！"

Вытирая 是未完成体，译成"擦了擦"，应该说并不十分准确，但说得过去，实际上是一边擦（着）脸一边说。

Раз вы пришли, я скажу вам всё, что я о вас думаю! (Листает рукопись, смотрит на часы, снова листает рукопись. Вдруг вскакивает, продолжает в зрительный зал.) (А. Вампилов, 《Успех》)

既然你们来了，我就把我对你们的想法都告诉你们！（翻翻手稿，看看表，再翻翻手稿。突然一跃而起，继续对着观众大厅说）

За два дня до премьеры я ходил по комнате и тврдил свою роль. (А. Вампилов, 《Успех》)

首映前两天，我在屋子里踱来踱去，反反复复（或翻来覆去）温习自己的角色。

Студент. И, заметьте, женщины уже не ждут проявления чуткости, томно закатив глаза, а требуют, кричат и грозят судом. (А. Вампилов, 《Свидание》)

大学生。而且，您大概注意到了，女人们懒洋洋地转动眼珠子，已经不等你表示关心，而是要求这要求那，动不动就大喊大叫，还拿法院威胁人。

Вы пристаёте ко мне с нелепым требованием: 《Уступите мне своё счастье!》 С какой стати! (А. Вампилов, 《Свидание》)

你刺刺不休地向我提出个荒唐的要求："您把幸福让给我吧！"凭什么呀！

俄语动词未完成体对译成了汉语的屡发相、反复相。当然翻译并不归结为唯一的答案，不可拘泥。

Эти райские цветы хочется потрогать из любопытства. (А. Вампилов, 《Цветы и годы》)

这些天堂之花，人们因为好奇总想去摸摸（摸一摸，触摸触摸或摸几下）。

汉译文中的反复相，却是译自俄语动词完成体的，这是表示短时间的动作。相对于俄语来说，汉语还有添加补足意义的时候，把动词看一看、逛一逛、走一走、转一转等直接粘在原文对译的句子后面，以补充方向动词的语意。

Терпенье, читатель, терпенье. Мы уже договорились не делать опрометчивых выводов. Потолкуем с этими людьми, поинтересуемся, что привело их на бойкую станцию. Вернёмся в общежития, где они жили, побываем в магазинах, где они покупают сыр и папиросы. Ещё раз пройдём по строительным объектам, зайдём в клуб. И в контору, читатель, в контору. (А. Вампилов,《Интервью》)

且慢，读者，且慢。我们先不要贸然下结论。我们与这些人谈一谈，我们来关注一下，是什么把他们引领到这热闹的车站的。我们去他们住的宿舍看一看，去他们购买奶酪和香烟的商店逛一逛。再到各个建筑工地走一走，去俱乐部转一转。读者啊，我们还要往办事处看一看。

Сын вздохнул, признаваясь этим вздохом в том, что отец понял его. Старик, продолжая складывать и печатать письма, с своею привычною быстротой, схватывал и бросал сургуч, печать и бумагу.

儿子叹了一口气，表示承认父亲很了解他。老头子用他那惯常的迅速动作继续叠信和封信，时而抓起火漆、印戳、信纸，时而又放下。（刘辽逸 译）

儿子叹了一口气，算是承认父亲了解他。老头儿继续把信折好，封好，敏捷地拿起火漆、封印和纸，又把它们放下。（草婴 译）

草婴的译文因为没大注意谓语动词与副动词形式的区别，且多个动词的运用没有区分完成体和进行体，显得逻辑不清。

最后强调一点，俄语动词是区分谓语动词、副动词、形动词的，它们所起的作用稍有不同，或有主次，或有先后，或强调同时性和相间性。翻译要多加留心，以免出错。这里只举了一个例，后文可能还会涉及这个问题。

我们比较详细地探讨了俄语动词完成体和未完成体的汉译问题。俄语动词有体和时的语法范畴，而汉语动词有动体或动相，而无时的语法范畴，但这并不影响俄语动词体与汉语的动体或动相的对译。我们把高名凯的动体概念和吕叔湘的动相概念运用于翻译中，探讨了完成体、进行体、既事相、起事相、一事相、短时相、尝试相、后事相、方事相、继事相、屡发相、反复相等动词状态与俄语动词完成体和未完成体之间的对译问题。俄语完成体和未完成体与汉语的动相之间具有规律性的对应，当然并非截然区分的对应，而是有所交叉的，呈现出多样化的翻译状况。通过本节的探讨，我们感到俄汉动词翻译并非没有规律可循，关键是找到研究的切入点。如果不做俄汉双语互参考察，很难发现俄汉语动词对译、转换与变化规律，而仅仅停留在抽象的论述和个性化的翻译上。翻译不仅要靠译者的灵感，更取决于译者的双语知识与翻译技能，必得要探寻双语之间的同与异，作出深入细致的比较与翻译研究。

第三节　俄汉语代词翻译问题

一　俄汉语代词的特点

现代汉语的代词有他、她、它以及复数他们、她们、它们。他，在现代汉语里指人，不指物，通常是指男性。他与俄语的 он 相似，但又有很大的不同。俄语的 он 不仅代指人，还代指事物、现象等阳性名词，有时甚至可以代指动名词。颇有些类似唐以后近代汉语中的他，既可指代人（不论男女）又可指物、指事（不论活的、死的、有形的、无形的）（吕叔湘，1985：26）（现代汉语不然，而是区分了性别、人、事、物的）：

可贵天然物，独一无伴侣，觅他不可见，出入无门户。（寒山，天然物）

只要他医治得病，管什么难吃。（《水浒传》，药）

最讨人嫌的是杨树……没一点风儿他也是乱响。（《红楼梦》，杨树）

那犄角上，我有一个花冢，如今把他扫了，装在这绢袋里，埋在那里，日久随土化了，岂不干净。（《红楼梦》，花瓣）

看他浮上来还是不浮上来。（《红楼梦》，鱼）

你拿此票到兴隆镇把他赎回来。（《三侠五义》，衣裳）

只这碗茶他怎的会知道他可口儿，其理却不可解。（《儿女英雄传》，茶）

所以象牙性最喜洁，只要着点恶气味，他就裂了；沾点臭汁水儿，他就黄了。（《儿女英雄传》，象牙）

关于"他"字的来源，指物的用法自然比指人的用法后起，但是唐代中叶以后也就有指物的例子了。"跟古代的之和其不同，他字以指人为主。这是因为之和其都是由指示词转成的，所以人物无别，而他是由'他人'的意义转变来的，所以指人为主。"（吕叔湘，1985：23）（郭锡良考证得出结论："现代汉语普通话第三人称代词'他'是由先秦的无定代词'他'演变成的。先秦时代'他'的意义是'别的'，汉末到南北朝时期'他'由'别的'演化出'别人'的意思，成为向第三人称代词转变的重要阶段。初唐'他'开始具有第三人称代词的语法功能，盛唐以后才正式确立起作为第三人称代词的地位。"（郭锡良，1997：24）

现代汉语中他、她、它、他们、她们、它们分别有各自的职能，只管着各自不同的类型。表面看来好像与俄语的 он，она，оно，они 的分别指代阳性、阴性、中性、复数相对应，实际上却有很大的不同。例如，汉语的她，同指女性的人，与俄语的 она 大致相当。但俄

语的 она，不仅指代人，还指代事物现象的阴性名词。唐以后近代汉语中的那个"他"的广泛所指中指代阴性的人、事、物等的时候，就可以对应着俄语中的 она；指代阳性的人、事、物等的时候，就可以对应着俄语中的 он。

现代汉语里的"它"，指代非人称的事物、现象等单数名词，并不怎么与俄语的 оно 对应。俄语的 оно 只是指代事物现象等中性名词。问题是俄语中的 он，она，оно 以及 они 除了指代人称外，均有可能指代事物、现象，只不过有阳性、阴性、中性之别，有单、复数之别。这就完全打乱了我们的固有对应观念，进入一个性、数的意义范畴。可以说，不能真正懂得俄语中的代词之所指代，无论如何做不好俄汉翻译。

俄语的代词（он，она，оно，они），其所指代与古汉语中的"之""其""彼"在可指代人、事、物方面颇为相似。不过古汉语中的"之"字，用作止词（如宾语）和补词（如受事补语），"其"字用作加语（如定语），表领属。而"彼"字，有时用作主语。（吕叔湘，1982：157）而俄语的代词则是可以通过变格后用作主语、定语、宾语、补语的。现代汉语中的他、她、它及其复数，有了严格的性别、人物、动物、事物等的区别，可以担任句中的不同成分，从而可相应地用来表达俄语代词之所指代，尽管没有格的变化（尤其是在充当定语、宾语和补语的时候）。俄语代词在实际运用的时候发生格变化，而汉语没有格的变化。

俄语 он 属于代名词之列，执行指示、替代功能，在上下文或言语环境中才得以具体化，其意义远比现代汉语中的"他"字特殊、抽象、宽泛，он 几乎涵盖了他、她、它，甚至有时是他们（它们）的指代功能。он 可以代替任何一个阳性名词，而这个阳性名词可能表示人、动植物、物品或现象等（信德麟，2001：300）。极少的情况可能表示动名词。其他的代词之所指代类同此理，只不过有性、数差别而已，所以在此不做分开叙述。

二　俄汉语代词互参探译

下面我们就来解析一下俄汉翻译中的代词，看一看汉语在传达俄语代词之所指代方面有多么地巧、多么地有趣、多么地富于变化。我们详探代词的翻译问题，以俄语的 он 为主，兼及其余代词。

Иногда он, забывая о Сопи, писал румяные рождественские рассказы. Этого требовал стоящий у его писательского стола наглый редактора времён возрастающего благополучия Америки. Но весной бродяга Сопи опять появлялся в Мэдисон – сквере, и О'генри снова встречался со своим приятелем, когорого любил и за которого всегда был готов заступиться. Кстати, смешная и трагическая фигура Сопи появилась потом в фильмах раннего Чаплина. (А. Вампилов, 《О'Генри》)

有时他忘记索比，写些脂粉气的圣诞故事。这位作家的桌子旁站着个不断增长福利的美国时代的无耻编辑，要求作家如此。但春天一到，流浪汉索比又出现在麦迪菘公园，欧·亨利重新与自己的老朋友索比见面，他喜欢索比，随时准备为他鸣不平。顺便插一句，可笑的悲剧人物索比后来出现在了早期卓别林的电影里。

细心的读者一定发现，汉译文经过了译者的调适处理——多处添加了"索比"以表明所指，为了避免他的指代混乱。吕叔湘说，"关于'他'字的使用，还有一条通例：连用几个'他'字，必须指同一个人（否则就乱得不堪设想了）"。[①]

---

　　① 吕叔湘还指出了一种例外：例如，他姐姐伏侍了我一场，没个好结果，剩下他妹妹跟着我，吃个双分儿也不为过（《红楼梦》）。有一家子，只有父子两个，他爹爹四十来岁，他女儿十七八岁（《老残游记》）。在两例中，第一个"他"字指第二个名词所代表的人，第二个"他"字指第一个名词所代表的人，这么着一递一个地用。（吕叔湘，1985：24）

（靳尚）那张仪是个聪明人，他经我那么一提，倒有点出乎意外。他问我："那真是南后的意思吗？"我说："南后确实是那样告诉我的，大概总不会是假的吧。"他踌躇了好一会，接着又说：他往魏国倒并不是本意。因为他从秦国带来的要求，国王不肯接受：国王不肯和齐国绝交，不肯接受秦国的土地，他就没有面目再回到秦国去，所以也就只得跑回魏国了。（稍停）他就这样把他的真心话说了出来，所以这个问题据我看来，倒不在乎他到不到魏国去找中原的美人，而是我们要设法使他能够回到秦国。（郭沫若：《屈原》）

这一段里的他都是指代的张仪，不会发生混淆的。

（靳尚）是的，南后，你听我慢慢地向你陈述吧。我跑到屈原那里去，是怕国王到了他那里，又受了他一番鼓吹。国王如果要他今天中午来陪客，那事情就不大好办。好在我跑去看，国王并不在他那儿，我是刚从那儿跑回来的。我想国王一定是到令尹子椒那里去了。要那样就毫无问题，即使国王要叫令尹子椒来陪客，也是很好商量的。令尹子椒，那位昏庸老朽，简直是活宝贝啦……（郭沫若：《屈原》）

这段话只在前半部分使用"他"字，他是指屈原无疑。后半部分没有使用"他"字，而是重复了令尹子椒来达到明确回指的目的。

（南后）我的意思，我也并不想要你明白。我认真告诉你：国王确实是到令尹子椒那里去了。去的时候我同他说过，回头我要派你去请他回来。你到子椒那里，一方面也正好趁着机会，把你想要说的话对他说。你等子兰回来，便可以走了。（突然警觉）外面已经有人的脚步声，你留意听。（又低声补说）还有，你引国王回来的时候从那边进来，（指着左翼）一定要叫两名女官先把门打开，再揭开帘幕，转身下去，你们再走进来。（郭沫若：《屈原》）

　　这一段的他，是指代的国王无疑。既然同一段中的他可以始终指代一个人，那么，"你引国王回来的时候"这一句中的国王便可以换成他字，然而那样真就会发生混淆了。因为正是这一句照应了前面的"回头我要派你去请他回来"，可以明确本段的"他"之所指代就是国王。也才能明确"你到子椒那里……对他说"中的"他"是指代国王而非子椒。这是通常情况下同指原则在发挥作用。

　　然而，同一段话中的他，仍然可以换称的，也就是说同一段中的他可以指代不同的人。除了同指原则外，还有就近回指原则。我们可以举出汉语代词换称指代不同的不少例子。

　　　（南后）屈原先生，你实在用不着客气，现在无论是南国北国，关东关西，哪里还找得到第二个像你这样的人呢？文章又好，道德又高又有才能，又有操守，我想无论哪一国的君长怕都愿意你做他的宰相，无论哪一位少年怕都愿意你做他的老师，而且无论哪一位年青的女子怕都愿意你做她的丈夫啦。（郭沫若：《屈原》）

　　这是代词他（她）换称的明显例子。同一段话中的代词他可能指代不同时，则需要借助上下文予以明确。

　　　（南后）是的，国王恐怕也快回来了。他是到令尹子椒家里去了。你是知道他的，他平常每每喜欢做些出其不意的事。有好些回等你苦心孤诣地把什么都准备周到了，他会突然中止。但有时在你毫无准备的时候，他又会突然要你搞些什么。真是弄得你星急火急。我看他的毛病就是太随自己高兴，不替别人着想。就说今天的宴会吧，也是昨晚上才说起的。说要就要，一点也不能转移。你看，这教人吃苦不吃苦？（郭沫若：《屈原》）

　　这段话中的"他"字都是指代国王的，可是"你是知道他的……"以后的"他"字初时可能误以为是指代子椒的，但是上下文能自明意义，谁还能有那么大胆子在皇后面前"太随自己高兴"还"教人吃苦"呢？当然是国王了。

还有一种情况，不同的代词在一定的情形下可以指代同一个人。下面一例中，代词你和他，都是指代屈原。

> （南后）（奚落地）南国的圣人，不能再让你这样疯狂下去了。（回顾令尹子椒及靳尚）你们两人把他监督着带下去，不然他在宫廷里面不知道还要闹出什么乱子。（郭沫若：《屈原》）

再看一段文字，对于换称问题就可以有更加清楚的认识。

> 《史记·淮阴侯传》记了两个细节。一个是一个少年对他说："你不怕死，刺杀我；怕死，从我裤裆里爬过去。"年轻的韩信对少年看了好久，爬在地上从少年的裤裆里爬过去。后来韩信做了楚王，封这个少年做中尉。一个是韩信打败赵国，捉住赵将李左车。韩信亲自去解开绳束，让他坐上位，拜他为师。这两个细节很突出。在一般情况下，一个人封了王，对于年轻时受辱的事一定忌讳不说，可能会把那个少年杀掉。像陈胜做了王，有个曾跟他在一起的雇农去看他，讲起陈胜当年做雇农的事，就被陈胜杀了。可是韩信不这样，他做了楚王，公开讲小时被侮辱的事，还认为侮辱他的少年有勇气，封那个少年做军官。他这样对待手下人，手下人自然死心服他。李左车是他的俘虏，他拜李左车为师，李才献计怎样去降伏燕国。他这样尊敬李，说明他爱惜人才，善于用人，因而百战百胜。（周振甫，1983：249）

本段一开始"他"就是指代的韩信，其实有多处可以将"年轻的韩信""韩信"换成"他"，而不会发生误会，但周振甫为什么不这样做呢，估计有两个原因：其一对韩信的理解和赞赏之情溢于言表，其二为了明确与少年和李左车的关系，以免发生指代不明。中间部分的两个"他"是指代李左车，又有两个"他"指代陈胜。最后的几个"他"字，全都是指代韩信。在同一段话语中，同一个"他"字指代不同时，必须注意指代明确。例如，"韩信亲自去解开绳束""可是韩信不这样"中的"韩信"都不好改成"他"，"封那个少年做军官"由于与下一个句子中的他可能发生关联，都不好把"那个少年"改成"他"。而中间可以用他来指代陈胜的，也不好随便拿来替代了。例如"讲起陈胜当年作雇农的事，就被陈胜杀了"中的陈胜不能改成他字，否则就会发生误会。还可以借助代词他的变换所指来表现人物的说话特点。

　　（侯嬴）他决不肯轻易施行，我也只看见他一两次。他向那青年琴师施法术的时候，我是在场的。起先他教那青年坐定，他要替他看相，教他把眼睛闭了。他便抚摩他的头，摩到他的两只手，这样从头到手地摩了三次，不一会那琴师便睡熟了的一样，昏昏迷迷地失了知觉。他便把太翁的事情来问他，他便一五一十地把怎样起心，怎样下毒和太翁死时是怎样的情形都和盘说出了。（郭沫若：《虎符》）

"他"字指代了两个人，一个是唐雎先生，一个是那青年琴师。频繁变换地指代两人的时候，只是凭着意念流动来予以明确，只是在很随便急切的口语中可以见到。

　　（如姬）我很关心他，因为我敬仰他。我怕他得不到好死，因为有人要陷害他。陷害他的人就在他的眼前。他怕他篡他的位，要想把他谋死。……
　　（魏王）（着急）不要让他胡说八道！
　　（唐雎）你在胡说八道吗？
　　（如姬）我没有胡说八道。想陷害他的人今天清早已经派人到荡阴去通知晋鄙，要他在公子路过的时候，把他暗杀，把那三千食客，斩尽杀绝。
　　（魏王）（愈着急）赶快把法术解了，简直是胡说八道！（郭

沫若:《虎符》）

　　上面这段对话中除了第七、第九个"他"字指代魏王而第 13 个
"他"指代晋鄙外，其余的"他"字，都是指代的信陵君。如姬的说
话中没有提到魏王，而是用他指代魏王，口气很不敬、不屑，因为大
家（包括魏王）都知道她是在被催眠状态下的说辞，如姬则趁此做
一番陈述，言辞之中对魏王和晋鄙的阴谋有所揭露，而对公子信陵君
的敬仰关切之情也溢于言表。貌似胡说八道（如姬正是通过反复运用
多个他字来故意模糊，如魏王所说，有点胡言乱语的意味），读者却
能心领神会。

　　翻译遇着可能发生歧义时，应特别注意代词变换所指的情况。即
使是翻译家，在这个简单的问题上也可能出错。

　　Он стал ещё более внимателен, грубо ласков с Алексеем и
работал напоказ, не скрывая своей цели: воодушевить детей
страстью к труду. (М. Горький,《Дело Артамоновых》)

　　他越发注意阿列克谢，用一种粗鲁的亲切态度对待他。他让
大家都看见他做事多么卖力气，他也并不掩饰自己的目的：他要
在孩子们的心里鼓起劳动热情来。（汝龙 译）

　　原文并没有代词指代不明，译文却因为一连串的"他"字的混
用，把代词所指弄得模糊了。汉译文中的"他"（Он）是指代父亲
阿尔塔莫诺夫的，只有第二个"他"是指代儿子阿列克谢的，凭空
增添的多个"他"字值得推敲。诚如吕叔湘先生所言，同一段汉语
文字中的代词他，通常都指示同一个人。要变换代词之所指代，也须
让人明白所指才行。稍稍改动一下就会更加清楚明了些："他越发地
注意些了，用一种粗鲁的亲切态度对待阿列克谢，他让大家看见自己
做事多么卖力气，也并不掩饰自己的目的：他要在孩子们的心里鼓起
劳动热情来。"

Не спешите назвать их влюбленными, потому что они встретили друг друга совсем недавно и переживали теперь самое интересное время своего знакомства. Каждый из них был уверен в том, что он влюблен, и сомневался во взаимности; это было нервное, но счастливое время мучений, восторгов, сомнений, догадок, желания увидеть друг друга во сне и сразу после сна. (А. Вампилов, 《Шепот, робкое дыханье, трели соловья...》)

别急着称呼他们恋人，因为他们彼此才刚刚相识，现在是最激动人心的了解阶段。他们每个人都相信自己热恋上了，相互爱慕又有疑虑。这是神经质的幸福的时刻，痛苦、欣喜、疑虑、猜测、渴望，各种思绪缠绕在一起，愿梦中相见，醒来即又约会。

此处的 он 指代恋爱中的双方，这在俄语中是少见的例子，因为 он 语法照应着前面的 Каждый，才有这样特殊的所指。所以在翻译代词时，首先就要从语法分析入手来解读意义。

К полуночи комната выстывала. Он бесшумно открывал железную дверцу печи. Складывал костериком с вечера приготовленные дрова и щепки и, сидя на корточках, поджигал их. (Г. Бакланов)

半夜时分房间就冷了。他悄悄地打开炉子的铁门，把傍晚准备的木柴和木屑堆起来，蹲着烧炉子。(信德麟等：《俄语语法》，第 398 页)

从译文看来，их 仿佛是与 печи 一致的，其实不然，печи 是单数二格。Их 只能是与 дрова и щепки 一致的。这里的翻译可能不准确，试译为：半夜时分房间就冷了。他悄悄地打开炉子的铁门，把傍晚准备的木柴和木屑在里面砌成小篝火状，又蹲着把它（指柴禾）点燃。

В прихожей он увидел Скороходова, снимающего на его

вешалке свой пиджак. Мгновения оцепенения, в котором находился первое время Петр Васильевич, Скороходову было вполне достаточно. Он с артистической ловкостью оделся, взял свой чемодан и, пробормотав почему - то "извините", выскользнул в дверь. (А. Вампилов,《Чужой мужчина》)

他走进前厅，只见斯科罗霍多夫正从他的衣架上取下西装要离开。彼得·瓦西里耶维奇一愣神的工夫，对于斯科罗霍多夫完全足够了。他像演员一样灵巧地穿上衣服，拿起自己的小箱子，不知怎么嘴里嘟囔了一声"对不起"，便从门口溜掉了。(中译文 1)

他走进前厅，只见斯科罗霍多夫正从衣架上取下夹克。彼得·瓦西里耶维奇一愣神的工夫，足够让斯科罗霍多夫溜走了。那家伙像演员一样灵巧地穿上衣服，拿起小箱子，不知怎么嘴里嘟囔了一声"对不起"，便从门口一溜烟地跑了。(中译文 2)

俄文表意是清楚的，斯科罗霍多夫从衣架上取下夹克，夹克显然是斯氏的，на его вешалке 中的 его 是照应句首的 он 的，隶属关系清楚。可是中译文 1 有些表意不清，甚至会引起歧义。中译文 2 省略了 его，свой 没有译出，并且把后一个句子的 Он 灵活地译成"那家伙"，而非"他"，表意清楚。

Илья опустил глаза. Он знал, зачем тискают девиц, и ему было досадно, что он спросил об этом товарища. (М. Горький,《Дело Артамоновых》)

伊利亚垂下眼帘。他知道男人为什么搂姑娘。他懊悔自己向朋友问了这么一句话。(汝龙 译)

这里把 он 译成自己，或者省略，而非译成他，主要是为了考虑准确表意。

В горком он не явился ни в среду, как договаривались, ни в

четверг. В пятницу секретарь позвонил сослуживцам К. И просил передать фельдшеру, что по－прежнему и терпеливо его ждёт. Фельдшер не появлялся. （А. Вампилов, 《 Кое－что для известности 》）

　　本来说好他星期三来市委的，可他没有来，星期四也没有来。星期五书记便给 K 的同事打电话，请求转告医士，说自己仍将耐心等他来。可医士就是不来。

"自己"不能用"他"来代替，否则这段中的"他"就不是指代同一人，而导致表意不清。当然一段话中，"他"之所指代可以并非是同一人，即可以变换其所指代，但必须所指明确，不发生歧义。有时候，需要做变通处理，打破语法上对译的藩篱。就是说，原文有代词，译文中不一定非得也有代词来对应，原文中没有代词，译文中也不必不用代词来对应。接着，我们来看几个例子。

　　Это произведение, этот вопль грубияна, которому наступили на хвост, следовало бы отдать в милицию. На рецензию. （А. Вампилов, 《 Кое－то для известности 》）

　　这作品，是人们踩着了他尾巴的粗人的号叫，真该送到警察局里去，给评判评判。

他即指代粗人，这是在不改变原文主动句式的情况下对 которому 的再现了。

　　Таков Владимир Николаевич. Такова его логика. Такова психология. Главному врачу хамить нельзя, потому что его могут понизить в должности. Фельдшеру 《крестьянину》 хамить можно, потому что его некуда понизить. Правда, его можно перевести в нянечки, но этого делать, видимо, не следует. Представьте, что он тогда натворит, какие стихи при случае напишет. Что греха таить, Владимир Николаевич не одинок. Есть они. Попадаются. Есть уличные, трамвайные, должностные, высоко – и низкооплачиваемые хамы. Есть, а надо, чтобы их не было. Значит, относиться к ним следует со вниманием. Надо так, чтобы безнаказанно им не сходило с рук ни одно оскорбление, ни один окрик, ни одна брошенная телефонная трубка. Надо так, чтобы ими занимались коллектив, травмай, улица. Надо их воспитывать, показывать, судить. Делать это необходимо каждый час. А если махнуть на них рукой, они зайдут далеко, и потом уже никто и никогда не убедит их в том, что они виноваты. Они будут правы—так им будет казаться. (А. Вампилов, 《Кое – что для известности》)

弗拉基米尔·尼古拉耶维奇就是这样的人。他的逻辑和心理就是这样。主治医生不能蛮横无礼,因为他可能被贬职。农民医士可以蛮横无礼,因为没有地方可以贬黜他了。尽管可以把他降为护士,但这样做显然不合适。试想一下,那样的话,他不定会做出什么事来,不定会写出什么诗来。毋庸讳言,弗拉基米尔·尼古拉耶维奇并不孤单。他有人做伴的,随处可以碰见。在大街上,在有轨电车上,都能遇见蛮横无礼者,不论他有无官职,不论他薪酬高低。这样的人有的是,但应该让他们无地可容。就是说,必须关照他们。必须叫他们都脱不了干系,只要是侮辱了人,冲人吆喝,摔电话筒。必须让他们在集体里,在有轨电车和大街上等场合注意自己的言行。必须教育他们,暴露他们,评判他们。这项工作应时时刻刻不放松做。如果不去关注他们,只是摆手失望,他们就会越滑越远,然后任何人任何时候都不能说服他们,让他们认识到自己的过错了。他们便总自以为是。

这一段里涉及代词指代多次变换的问题,使用了同一个"他"字来指代不同的人,甚至还有泛指代词他们("不管他有无官职,不管他薪酬高低"中的他是泛指的,换成他们也讲得通),但我们并没有感到指代不明。可见，在汉语一段话中同一个代词多次指代变换是无妨的，但须表意清楚。本段中俄汉语代词存在一定程度的对应，但翻译仍有变通，或添加，或省略，或变个说法，这当然是为了译文顺畅达意而做调适处理。

在一个翻译段落里，为了避免指代歧义须注意代词换称问题。这就是说，翻译时语法解读至关重要，翻译中尤其应该避免语法复制引起歧义的问题。

Антуфьев не знал, что он к нему едет. Он не знал Сергея Иванова, как не знал и многих своих поклонников, которых, правда, у него поменьше, чем у какого – нибудь певца эстрадного. Его песни вообще понимал не всякий. Понимал. Теперь все уйдет в прошедшее время. Впрочем, почему? Песни остались. Можно сказать: его песни понимает не всякий. Получится время настоящее. Но Стаса Антуфьева уже нет, ему до фени все это уже. По барабану ему все. До лампочки ему. Хотя Стас Антуфьев тусовочных выражений этих не любил. Сергей Иванов знает это, он много знает про Антуфьева. Он знает, где тот родился и где провел детство, он знает, кто друзья его, он знает, что Антуфьев два раза был женат, а сейчас третий. Был. Он знает наизусть все его тексты. Он давно хотел познакомиться с ним, но никогда бы не сделал это праздно, презирая пустопорожнее общение, если б сам не сочинял песни. Он сочиняет их в стиле рок – баллад уже десятый год и вот решил, что несколько из них настоящие, их не стыдно показать даже Антуфьеву. Он никому их не показывал, он пел их сам себе. Он только Антуфьеву мог доверять. Он узнал адрес Антуфьева, купил билет на последние почти деньги, взял старую свою, но привычную рукам гитару и поехал к Антуфьеву. Он мог бы написать или позвонить, но он так не хотел. Он вознамерился совершить самый наглый – может, единственно наглый – поступок в своей жизни: прийти, позвонить в дверь и сказать: (摘自 2013 年全球俄汉翻译大赛原文《Кумир》)

安图菲耶夫并不知道，谢尔盖此行就是去他那里。他不认识谢尔盖·伊万诺夫，就像不认识自己的许多歌迷一样。说实话，随便哪个舞台歌手的歌迷都比他的多。总之，他的歌并非人人能懂。他明白的。现在一切都将成为往事烟云。真是这样的吗？还有很多歌曲留下来了呀。虽说他的歌曲现在不是人人都懂，但终究会有真正理解的时候。可斯塔斯·安图菲耶夫他已经不在了，这一切于他无所谓了，他的锣鼓已停，他的灯烛已灭。当然，斯塔斯·安图菲耶夫生前并不喜欢这些个烂熟话。这个，谢尔盖·伊万诺夫知道，同时知道安图菲耶夫的许多事。知道安氏生在何地，在哪里度过的童年，知道安氏的朋友都有谁，知道安氏结过两次婚，现在是第三次婚姻。如今都成往事了。他甚至能背得出安氏所有的歌词。他早就想结识这位歌手了，但鄙夷空洞无谓的交往，如果不是自己也写歌，哪会有如此的闲心去拜会人呢。他创作摇滚歌曲已经有十个年头了，自知其中有些歌曲算得上是真正的作品，即便拿给安图菲耶夫看也不觉得羞愧。他的作品没有拿给任何人看过，只是自个儿哼唱而已。他只能信任安图菲耶夫。他打听到安图菲耶夫的住址，用仅有的微薄之资买好车票，带上那把自己使惯了的旧吉他，便启程去安图菲耶夫那儿了。他本来可以写封信，或者打个电话，但他不想这么做。他要完成一次最冒昧的行动，或许是生平唯一一次冒昧的行动。突然造访，摁响门铃，然后说：

这一段前半截的"他"指代安图菲耶夫，而后半截的"他"指代谢尔盖·伊万诺夫，同一段里代词他指代不同，但并不发生歧义。因为译者考虑了代词指代明确的问题，尤其是在过渡的那些句子里，巧妙运用了安氏而非"他"来指代安图菲耶夫，以便与后面的"他"

指称谢尔盖区别开来。为了避免歧义，还采用了复指明确的办法"安图菲耶夫他已经不在了，这一切于他无所谓了……"

На выходе император Франц только пристально вгляделся в лицо князя Андрея, стоявшего в назначенном месте между австрийскими офицерами, и кивнул ему своей длинной головой. (Л. Толстой, 《Война и мир》)

朝觐的时候，安德烈公爵在指定的地点站在奥地利军官中间，弗朗茨皇帝只是目不转睛地注视着安德烈公爵的脸，并且向他点了点他的长脑袋。(刘辽逸 译)

朝觐时，安德烈公爵被指定站在奥国军官中间。弗朗茨皇帝只是凝视着他的脸，长脑袋向他点了点。(草婴 译)

刘辽逸不经意中把句子译得模糊不清："并且向他点了点他的长脑袋。"也许因为这一点，草婴变换句式为"长脑袋向他点了点"，以明确表意。

Перед тем как начинать разговор, князя Андрея поразило то, что император как будто смешался, не зная, что сказать, и покраснел. (Л. Толстой, 《Война и мир》)

开始谈话之前，使安德烈公爵吃惊的是，皇帝不知道应该说什么，他似乎慌乱了，脸也红了。(刘辽逸 译)

在谈话前，安德烈公爵看见皇帝似乎有点手足无措，涨红了脸，不知说什么好，他感到有点纳闷。(草婴 译)

草婴的译文表面上较刘辽逸的译文清楚了些，但究竟是谁手足无措，是谁涨红了脸，是谁不知说什么好，是谁感到有点纳闷，更加混乱不清了。原文没有代词 он，译文增加代词，本是为了表达妥当却未奏效。可见，一个"他"字的运用是很微妙的，稍不留神，即会歧义滋生。试改译为：在谈话之前，皇帝似乎有点手足无措，不知说

什么好，涨红了脸，这让安德烈公爵感到很震惊。这里调整语序正是
为了清晰表意。

集合代名词 он 是复数，而非单数，译成汉语不是译成他，通常
是译成他们。

А Илья Артамонов учил детей: - Мужики, рабочие -
разумнее горожан. У городских - плоть хилая, умишко
трёпаный, городской человек жаден, а - не смел. У него всё
выходит мелко, непрочно. Городские ни в чём точной меры не
знают, а мужик крепко держит себя в пределах правды, он не
мечется туда - сюда. И правда у него простая: бог, например,
хлеб, царь. Он - весь простой, мужик, за него и держитесь.
Ты, Пётр, сухо с рабочими говоришь и всё о деле, это - не
годится, надобно уметь и о пустяках поболтать. Пошутить
надо; весёлый человек лучше понятен. (М. Горький, 《Дело
Артамоновых》)

伊利亚·阿尔塔莫诺夫也开导孩子们："农民，工人，都比
城里人聪明。城里人体质虚弱，脑筋糊涂。他们贪心大，胆子
小。他们做出来的事都小里小气，不能经久。城里人什么事也摸
不着准确分寸，可是农民总是牢牢地守住实在的东西，不出它的
范围，不会一忽儿往东，一忽儿又往西。而且他们心目中的实在
的东西也简单：比方说，上帝、粮食、沙皇。他们，那些农民，
是十分简单的——你们要倚靠他们。你，彼得，跟工人说起话来
干巴巴，而且除了正事，别的话都不谈，这是不妥当的，你也得
能够说说闲话才成，应当开开玩笑。快活的人总是比较容易让人
了解的。"(汝龙 译)

Никто не заботится о народе, сам же он духовно заботиться
о себе не привык, не умеет. Образованные люди... впрочем,
- не решусь осуждать, да и мало у нас образованных людей.
(М. Горький, 《Дело Артамоновых》)

现在没有人关心老百姓了，就连他们自己也不习惯关心自己精神上的需要，而且也不会关心了。至于那些受过教育的人……话说回来，我可不敢批评他们。再者我们这儿受过教育的人也很少。（汝龙 译）

- Человек, о котором ты заботишься, бездельник. Он погибнет, если завтра не поймёт, что его спасение в развитии промышленности... （М. Горький,《Дело Артамоновых》）

"你所操心的人，是懒汉。要是他们明天还不明白他们的得救在于工业的发展，那他们就完蛋了……"（汝龙 译）

然而，并不是把集合代名词 он 译作他们就万事大吉了。汉语中表达复数代词的方法也不止一种。

Позвольте не согласиться. Позвольте запротестовать. С нарушителями мы должны быть непримиримы. Это верно. С преступниками мы должны быть безжалостнымии. И это верно. Но, побеседовав с преступником и будучи в расстроенных чувствах, в том же тоне говорить с незнакомым человеком, не предложить ему стул, не выслушать его, без основания в чём-то заподозрить — не мелкое ли это хулиганство? （А. Вампилов,《Лошадь в гараже》）

请允许别人有不同意见。请允许别人表示抗议。对违法者我们要毫不妥协，这是对的。对犯罪者我们要毫不留情，这也是对的。但与犯罪者交谈后就变得脾气不好，就用这样的腔调与陌生人说话，不给他们提供椅子坐坐，不耐心听人家说话，毫无根据地怀疑这怀疑那——这不就是流氓习气吗？

俄语代词的回指，必须在语法上保持一致。集合名词如城市的人、男人、陌生人，形式上是个单数，但指代一类人，再用一个代词来回指时，虽然采用单数形式的代词

он（ему，его），实际上却并非一个他，而是他们。译文中的"别人""他们""人家"都有不确指的意味，但所指为多数无疑。另外，采用集合代名词来回指人物时，还须考虑具体所指对象，翻译以语义指向为主。

Согласитесь, что пишущий должен быть несколько самонадеян, иначе критик задавит в нём автора. （А. Вампилов, 《Исповедь начинающего》）

同意吧，写作者就要有些自命不凡，否则批评家会扼杀掉一个人的作家梦的。

Она его стесняла. В тихие минуты образ Поповой вставал пред ним, но не возбуждал ничего, кроме удивления; вот, человек нравится, о нём думаешь, но – нельзя понять, зачем он тебе нужен, и говорить с ним так же невозможно, как с глухонемым. （М. Горький, 《Дело Артамоновых》）

有她在场，他觉着拘束。每逢他安静下来的时候，波波娃的影子就在他面前升起来，可是这在他心里除了引起暗暗惊奇的感觉以外，引不起别的心情了。是啊，这么一个人，中了自己的意，自己老是想她，然而却弄不明白为什么需要她，而且就连跟她谈话也如同跟又聋又哑的人谈话一样的不可能。（汝龙 译）

本例把 он 及其变格形式译成了她，译文中的"她"绝不能换成"他"，翻译得考虑实际的人称所指，而非语法复制。俄语的代词，严格应该叫作代名词，并非都指代人，也有指代事物、现象的，甚至还有指代动作行为的（动名词）。翻译不可不察，不可不知。翻译时须根据所指代的人、事、物来选用合适的代词，不能盲目地进行俄汉代词语法上的对译（语形对应），可考虑语法转换（如 он 译作她，она 译作它），可采用语义对译。

Он схватил пистолет и, вместо того чтобы стрелять из него,

бросил им в француза и побежал к кустам что было силы. (Л. Толстой,《Война и мир》)

他抓起手枪，没有向那人射击，却用它向法国人掷去，然后拼着全力向灌木丛跑去。（刘辽逸 译）

Толстый клоун, немец Майер, показывал в цирке свинью; одетая в длиннополый сюртук, в цилиндре, в сапожках бутылками, она ходила на задних ногах, изображая купца. (М. Горький,《Дело Артамоновых》)

有一个胖丑角，德国人迈尔，在杂技场里耍一只猪；它穿着长礼服，戴着大礼帽，套着酒瓶一样的靴子，用后脚走路，样子颇像商人。（汝龙 译）

俄文里的 она 指代猪，而非人，故译成汉语须用代词"它"，而非"她"。翻译不是语法复制，而要保持指代相符。

Постерегитесь, товарищ Богачук, инерции. Зачеркните её в себе. По инерции, между прочим, легко свернуть шею. Инерция — свойство машин и повозок. Инерция людям вредна и несвойственна. Её воспитали в нас когда – то нехорошие люди. Зачеркните в себе остатки инерции. (А. Вампилов,《Лошадь в гараже》)

博加楚克同志，当心惯性啊。把它从自己身上去掉吧。顺便说，惯性是极要命的。惯性是机器和板儿车的特性。惯性是对人有害的，不是人所固有的特性。我们身上惯性的养成是因为曾经受了坏人的影响。你得抹去自己身上的惯性的残余才好。

汉语代词指代惯性须用"它"，而非"她"（её），这里要进行语法转换。当代词指代事物、现象时，翻译有时须要进行代词还原，以明确语义。代词还原法，是唐朝玄奘翻译佛经成功运用的一种翻译技巧："玄奘常把原文的代名词译成代名词所代的名词，名词前加

'此''彼'字等样，有时不加。"（柏乐天：《伟大的翻译家玄奘》）
（马祖毅，1998：68）

> Муж должен уметь зарабатывать деньги, жена должна уметь их тратить. (А. Вампилов, 《Успех》)
> 丈夫应该会挣钱，妻子应该会花钱。

汉译文比较对称，运用了代词还原法。如果把代词进行语法对译
（转换），就会得出这样的译句：丈夫应该会挣钱，妻子应该会花它
（们）。虽然能懂，但汉语并不顺畅。

> Главное — это деньги. Без них верный муж — фантастика, верная жена — утопия, золотая свадьба — совсем уж абстракционизм. (А. Вампилов, 《Успех》)
> 重要的是——金钱。没有它，忠诚的丈夫——幻想，忠诚的妻子——乌托邦，金婚——完全是抽象主义。

它指代钱（деньги），不要译成它们，因为汉语里的钱无所谓单
复数，当然也可以还原译成钱。应该说，语法对译（转换）有时也
是可以的，但语法对译的前提是保持指代相符、语义相符。译者根据
与原文相符的原则构建语境（语法）意义，让读者自己从上下文中
去理解意义，这是很重要的。否则，就得考虑代词还原。顺便举个例
子，连接词который的翻译同代词的翻译一样，也涉及单复数的不对
应、不一致问题。

> Спасибо, конюх Николай Шалаев, спасибо, директор Колесников, за ещё одну пахучую, солнечную дольку прекрасного, на которых слагаются дни и из которых мы составляем наши лучшие воспоминания. (А. Вампилов, 《Голубые тени облаков. История одной поездки》)

谢谢你，饲马员尼克拉·沙拉耶夫，谢谢你，科列斯尼科夫经理，单因那芳香馥郁沐浴在阳光下的那份美丽，就该说声谢谢，它装点了我们的生活，我们用它来编织我们最美的记忆。

Машенька. Кому не нужен успех?

Погорелов. Артистам в особенности. Без него артист чахнет, становится завистником и интриганом. (А. Вампилов, 《Успех》)

玛申卡：谁不需要成功？

波格列罗夫：演员尤其如此。没有成功，演员就会枯萎，就会成为忌妒者和阴谋家。

语法转换（对译）有时是重要的，但代词还原法有时也是必要的，尤其是单纯用"它"或"她（他）"或者"他们"对译而不济事时。离开了俄语语境，进入汉语环境了，就很可能有所变化。

Если одному из орсов понадобится третья часть вагона свежей рыбы, он её не получит до тех пор, пока два другие орса не изъявят желания получить остальные две трети вагона этой рыбы. (А. Вампилов，《Интервью с беглецами》)

如果其中一个供应处需要三分之一车皮的鲜鱼，就得另外两个供应处也要购买其余三分之二的这鱼才行。

俄译汉进行了代词还原。不过，有时候仍然可以保留代词回指，有时候则必须保留代词回指。代词回指通常是就近原则，而非舍近求远原则。

- Всё делайте, ничем не брезгуйте! - поучал он и делал много такого, чего мог бы не делать, всюду обнаруживая звериную, зоркую ловкость, - она позволяла ему точно определять, где сопротивление силе упрямее и как легче преодолеть его.（М. Горький,《Дело Артамоновых》）

"什么事都要做，任什么工作都不要看不上眼！"他开导着，而且做了许多本来可以不做的事，处处都表现出一种像野兽那样的警觉的灵敏。凭了这种灵敏，他能够准确地断定什么地方的阻力比较顽强，怎样才能比较省力地克服它。（汝龙　译）

有时候，不知是作者无意识还是有意为之，同一段文中采用同一个代词 он 来指称不同的对象，容易产生误解，又容易产生相关的联想。这些地方的代词翻译容易出错，译者需要更加留心，代词回指就近原则显得尤为重要。

Зимою в праздники, на святках и на масленице, он возил её кататься по городу; запрягали в сани огромного вороного жеребца, у него были жёлтые, медные глаза, исчерченные кровавыми жилками, он сердито мотал башкой и громко фыркал, – Наталья боялась этого зверя, а Тихон Вялов ещё более напугал её, сказав:（М. Горький,《Дело Артамоновых》）

冬天，到了节日，在圣诞节和谢肉节，他（丈夫彼得）往往带着她坐上雪橇到城里去。那辆雪橇由一匹又大又黑的公马拉着，它生着布满血丝的黄铜色眼睛，气愤地摇头，大声地喷着鼻子。纳塔利娅怕这头牲口，而且吉洪·维亚洛夫弄得她越发害怕了，因为他说：（汝龙　译）

俄文有时会有承前省略代词主语的情况，原文可能不会模糊不清，但译成汉语稍不留神就会发生混淆。这时候，代词回指就近原则仍然适用。

Вливая в слова псалмов тоску свою, он не слышал, когда вошла Наталья, и вдруг за спиной его раздался тихий плеск её голоса. Всегда, когда она была близко к нему, он чувствовал, что может сказать или сделать нечто необыкновенное, может быть, страшное, и даже в этот час боялся, что помимо воли своей скажет что - то. (М. Горький, 《Дело Артамоновых》)

他只顾把自己的愁苦倾注在诗篇的词句里，却没有听见纳塔利娅是什么时候走进来的。忽然他背后传来了她那低微清脆的说话声。每逢她跟他挨近，他总觉着自己（是他，不是她）可能说出或者做出什么反常的、也许可怕的事来。就是眼前这时候，他也担心自己（是他，不是她）会违背本心，说出什么话来。（汝龙 译）

译者在这里添加的两个"自己"，是很有必要的，具有明确语意避免混淆的作用。代词回指就近原则不仅适应于人，而且适应于物。

Алексей обратился к Баймаковой, предложив ей продать ему дом:

– На что он тебе? (《Дело Артамоновых》)

阿列克谢扭过身去对拜马科娃讲话，提议她把房子卖给他："你要它有什么用呢?"（汝龙 译）

Но хотелось совершенно избавиться от этой тяжести, свалить её на чьи - то другие плечи. (М. Горький, 《Дело Артамоновых》)

不过他还是想要完全摆脱这种重负，把它推到别人肩上去。（汝龙 译）

如果说前面两例不必代词还原，那么以下两例代词还原是必需的。

– Учить всех, учить! – строго заявил Алексей, сняв картуз, отирая вспотевший лоб и преждевременную лысину; она всползала от висков к темени острыми углами, сильно удлинив его лицо. (《Дело Артамоновых》)

"人人都得念书，念书!"阿列克谢严正地说，脱掉无檐帽，擦着出汗的额头和未老先衰的秃顶。那块秃顶从两鬓向头顶蔓延上去，像两个尖角似的，把他的脸衬得更长了。(汝龙译)

Он уже трижды ходил в монастырь: повесит за спину себе котомку и, с палкой в руке, уходит не торопясь; казалось – он идёт по земле из милости кней, да и всё он делает как бы из милости. (《Дело Артамоновых》)

他已经到修道院去过三回了。他背上背着袋子，手里拿着手杖，不慌不忙地上了路，倒好像他在地上行走是出于对土地的恩典似的，而且他无论做什么事好像都是出于恩典。(汝龙 译)

就近原则索解代词之所指代，不仅就近考虑前文，而且就近考虑后文。因为代词既有回指功能，也有后指功能，即在后文中发现代词之所指代。

Недалеко от костра артиллеристов, в приготовленной для него избе, сидел князь Багратион за обедом, разговаривая с некоторыми начальниками частей, собравшимися у него. (Л. Толстой, 《Война и мир》)

离炮兵的篝火不远的地方，巴格拉季翁公爵在事先给他布置好的农舍里吃饭，跟聚在他那里的几个部队的长官谈话。(刘辽逸 译)

离炮兵篝火不远，巴格拉基昂公爵坐在为他准备的农舍里吃饭，同聚集在那里的几个指挥官谈话。(草婴 译)

Как только он узнал, что русская армия находится в таком безнадежном положении, ему пришло в голову, что ему – то именно предназначено вывести русскую армию из этого положения, что вотон, тот Тулон, который выведет его из рядов неизвестных офицеров и откроет ему первый путь к славе! (Л. Толстой, 《Война и мир》)

　　他（安德烈公爵）刚一听说俄军的处境是如此绝望，就立刻想到，注定给俄军解围的正是他，这是土伦的再现，它将使他从无名的军官行列中崭露头角，将给他打开第一条通向光辉前程的道路！（刘辽逸 译）

　　他（安德烈公爵）一听说俄国军队处于绝境，就想到他是唯一能替这支军队解围的人，而这个地方也就是能使他一举成名的土伦！（草婴 译）

　　1793 年法国共和党人进攻土伦，拿破仑在这里初露头角，大显身手。两位先生的译文都很出色，都把 тот Тулон 视为 он 的同位语复指成分，属于代词后指，只是译文表述不同而已。

　　Вам всем，чтобы чувствовать себя хорошими，необходимо время от времени собираться и съедать одного − двух таких же，как вы，негодяев.（А. Вампилов）

　　你们所有的人，为了感觉到自己好，必须时不时地聚到一块儿，吃他一个两个像你们一样的坏蛋。

　　汉语代词"他"有时候出现在译文里是虚指的，而在原文中却找不到对应的 он。这里汉译文凭空添加一个"他"字，是为了增加说话的率性豪气。

　　代词翻译，既涉及语法问题，也涉及语义问题，还有文学审美问题。俄语代名词既可指代人，也可指代物，还可指代句子关系。如果翻译只是涉及语义所指，那么还不构成大的困难。但是，两种语言不同，译文组织不可轻易复制。尤其是在俄语代词既有所指代，又是语句衔接手段的时候，代词翻译跟语篇就发生了关系。

　　Аня поработала здесь полмесяца и стала проситься на другое место. Она просилась несколько раз，но её не заменяли. А перевели её только тогда，когда однажды она упала на рабочем месте.（Вампилов А. В, 1982. с. 402）

阿尼娅在这里工作半个月后，开始请求换个岗位。屡次请求，都未给调换。有一次，她晕倒在工作现场了，这时候才给她换了个岗位。

俄语的 Аня, она, её, 均同指 Аня, 起着句际衔接照应的作用，如果把它们都译出来，就显得不够简洁。于是译者在组句上进行了调整，以至顺畅自然。这是"由于不同的语言具有不同的语法词汇体系，因此在相似的语言场合，两种语言可能会采用不同的粘连手段"（许余龙，2005：220）。

Такой человек появляется. Это Лев Васильевич Потапов, невысокого роста, пожилой, вытирающий пот со лба.（А. Вампилов,《Цветы и годы》）

有一个人走来，他是列夫·瓦西里耶维奇·波塔波夫，个子不高，上了年纪，他边走边擦额上的汗水。

"他"明显具有连接语义的作用，尤其是后一个"他"字，正是因为前面的"他"字隔得有些远，所以添加一个"他"字来指称一下，句子整个儿仿佛就有了骨架似的，显得有力而调谐。

Врачи находят Льва Васильевича здоровым, но советую употреблять меньше жирного и мучного.（А. Вампилов,《Цветы и годы》）

医生检查认为列夫·瓦西里耶维奇身体康健，但建议他少吃肥肉、面食。

试着去掉"他"字，感觉句子仍是通顺的，这是因为"吃"的前面有个"少"字在两个动词之间垫了一下，不过仍显得话语短促了些，似乎添加一个"他"字，才显得舒缓自然。

Мы бежали от заката. По синим холмам он гнался за нами, в кровь рассекая свои розовые колени. Он ловил нас в свои малиновые сети. Он бросил нам вдогонку своих рыжих собак. От его яростной нежности мы бежали в темную летнюю ночь. (Александр Вампилов,《Станция Тайшет》)

我们逃避夕阳。夕阳在青色的山丘上追赶我们，她一路跌破膝盖，渗出殷红的血来。她要把我们捉进深红色的网里。她放出自己的棕色狗追赶我们。我们逃避她激烈的柔情，而遁入黑暗的夏夜。

俄语通过代词回指，拟人化描写，强烈的意象，很有感染力。翻译关键在于代词还原和拟人修辞的再现。首先第一个 он 被还原译成夕阳，而不是简单地译成她，这是为了表意明确起见。第一个和第二个 свои 在翻译中就省略了，因为汉语表意是明确的。有趣的是，原文的代名词 Он 译成了她，并且"她"多次重现，构成一种温柔热烈的意象美，这又是拟人化手法，是符合原作的爱情主题的。代词翻译，不仅是语法、语义问题，还可能涉及文学审美问题。

Пашка Белокопытов стоит в тамбуре с девчонкой по имени Валя. Он стоит с ней пятый час. Она вошла в вагон, когда исчезло солнце и вспыхнул на западе этот красный, нестерпимо красный закат. Тогда Пашка остановил ее в коридоре. (А. Вампилов,《Станция Тайшет》)

帕什卡·别洛科贝托夫与一位名叫瓦利娅的姑娘站在过廊边。他俩站了四个多小时。她进入车厢的时候，太阳才刚刚消失，西天燃起一片红霞——炽烈灼人的夕阳红，被帕什卡挡在了过廊里①。

① 汉译省略了主语，做了模糊处理。根据 1982 年俄语版本，此处原文为：Тогда Пашка остановил его（т. е. закат）в коридоре（帕什卡站在走廊里，正好挡住了夕阳）。根据网络版本，此处原文为：Тогда Пашка остановил ее в коридоре〔帕什卡站在走廊里，挡住了她（瓦利娅）〕。

小伙子帕夏与姑娘瓦里雅在车厢过廊里一见钟情，也许在俄罗斯人的阅读语境里，由 закат（夕阳）可联想到 он，即 Пашка，由 Она（ее）可联想到 Валя，любовь，从而形成意义链。不管是帕夏，还是瓦里雅，他们都是这一见钟情的爱情的主角。汉语译文堪称语义双关，省略了主语，而保留着模糊之美，耐人寻味。

俄语代词 он 实际上是代名词，既可指代人，又可指代物和事等，应该特别注意区分其具体所指。但涉及修辞学上的运用时，愚以为不妨打破人、事、物之间的界限，贯通起来考虑，或许会进入一个新的艺术境地而有所发现？请看下面一个隐喻的例子。

Небольшой домик, куда приехал Лаврецкий и где два года тому назад скончалась Глафира Петровна, был выстроен в прошлом столетии, из прочного соснового леса; он на вид казался ветхим, но мог простоять еще лет пятьдесят или более. (Тургенев,《Дворянское гнездо》)

拉夫列茨基来到的这幢小宅子是在上个世纪用坚实的松木建造的，样子虽已老旧，其实还能再用上五十年，甚至更久些。（汝龙 译）

这里的 он 显然是指代老宅子，但在俄语读者的心目中，он 未必不可与拉夫列茨基构成语法替代关系。此时的拉夫列茨基，何尝不像这个老旧可用的老宅子呢。这是一个隐喻，俄语有前后文的语法替代因语法映衬而自明，读者不难产生相似的联想。可是在汉译文中，译者只能靠省略代词给读者留下想象空间，令人回味。

Светила луна. Было тихо, тепло, но тепло по-осеннему... Старцев оставил лошадей на краю города, в одном из переулков, а сам пошёл на кладбище пешком. 《У всякого странности, —думал он. —Котик тоже странная и—кто знает? —быть может, она не шутит, придёт》, — и он отдался этой

слабой, пустой надежде, и она опьянила его. （Чехов,
《Ионыч》）

月色明亮，四周静谧，暖如金秋时节……斯塔尔采夫骑马到城边，把马留在一个弄堂里，自己走向墓地。"每个人都有自己的怪脾气，"他想，"科季克也奇怪得很，谁知道呢？或许，她不是开玩笑，会来的。"于是他沉迷于这种渺茫的期望中，这使他如醉如痴。

俄语中的 Котик, она, надежда, она 一脉通连，可构成同指关系，阅读俄文不难感到其中的语义联系，或许这同指关系还透着作者的幽默呢。可是汉译文却把 она опьянила его 译得太实了，似未译出一脉相连的同指关系，从而减弱了其中的幽默味道，窃以为不如稍作模糊处理译为"搞得他如醉如痴"更好。

代词翻译可从语法转换入手，但远非止于语法转换，常须探寻语义上的关联，并留心隐喻、拟人等文学手法的运用，透过表层的指代及变换去发现深层的意义关联与演化。请看奥斯特洛夫斯基的戏剧《大雷雨》（参见《俄罗斯文学选集》第 295 页）。

Варвара （покрывает голову платком перед зеркалом）. Я теперь гулять пойду: а уже нам Глаша постелет постели в саду, маменька позволила. В саду, за малиной, есть калитка, её маменька запирает на замок, а ключ прячет. Я его унесла, а ей подложила другой, чтоб не заметила. На, вот, может быть, понадобится. （Подаёт ключ.） Если увижу, так скажу, чтобы приходил к калитке.

Катерина （с испугом, отталкивая ключ.） На что! На что! Не надо! Не надо!

Варвара. Тебе не надо, мне понадобится; возьми, не укусит он тебя.

Катерина. Да что ты затеяла – то, греховодница! Можно ли

это! Подумала ль ты? Что ты! Что ты!

Варвара. Ну, я много разговаривать не люблю: да и некогда мне. Мне гулять пора. (Уходит.)

瓦尔瓦拉刚把钥匙拿给卡捷琳娜时，后者惊恐地推开钥匙，也许她潜意识地感到了钥匙与解放、罪恶之间的联系。所以，卡捷琳娜一开始触碰到钥匙的时候，她本能地拒绝，似乎碰到了一种不祥的预兆。

Катерина (одна, держа ключ в руках). Что она это делает-то? Что она только придумывает? Ах, сумасшедшая, право, сумасшедшая! Вот погибель-то! Вот она! Бросить его, бросить далеко, в реку кинуть, чтоб не нашли никогда. Она руки-то жжёт, точно уголь. (Подумав.) Вот так-то и гибнет наша сестра-то. В неволе-то кому весело! Мало ли что в голову-то придёт. Вышел случай, другая и рада: вышел случай, другая и рада: так, очертя голову, и кинется. А как же это можно, не подумавши, не рассудивши-то! Долго ли в беду попасть! А там и плачься всю жизнь, мучайся; неволя-то ещё горчее покажется. (Молчание.) А горька неволя, ох, как горька! Кто от неё не плачет! А пуще всех мы, бабы. Вот хоть я теперь! Живу, маюсь, просвету себе не вижу! Да и не увижу, знать! Что дальше, то хужу. А теперь ещё этот грех-то на меня. (Задумывается.) Кабы не свекровь!.. Сокрушила она меня... от неё мне и дом-то опостылел; стены-то даже противны. (Задумчиво смотрит на ключ.) Бросить его? Разумеется, надо бросить. И как он это ко мне в руки попал? На соблазн, на пагубу мою. (Прислушивается.) Ах кто-то идёт. Так сердце и упало. (Прячет ключ в карман.) Нет!.. Никого!.. Что я так испугалась! И ключ спрятала... Ну, уж знать там ему и быть! Видно, сама судьба того хочет! Да какой же в этом грех, если я взгляну на него раз, хоть издали-то!.. Да хоть и поговорю то, так всё не беда! А как же я мужу-то... Да ведь он сам не захотел. Да может, такого случая-то ещё во всю жизнь не видет. Тогда и говорю-то, что я себя обманываю? Мне хоть умереть, да увидеть его. Перед кем я притворяюсь-то!.. Бросить ключ! Нет, ни за что на свете! Он мой теперь... Будь что будет, а я Бориса увижу! Ах, кабы ночь поскорее!..

Ключ（钥匙）、случай（机会）、грех（罪过）、он（他）、Борис（鲍里斯）的变换，形成了特有的意义链，具有一脉相连的关系。卡捷琳娜的思虑和希冀，通过这一系列的词语转换表现出来，词语之间形成了内在的语义联系：她把鲍里斯看成救星似的，多么希望他能拯救她脱离不堪的环境。钥匙提供了逃离的机会，也在促成犯罪和背叛，钥匙、机会、罪过都可以置换成代词 он，最后终于说出鲍里斯。借助代词变换，女主角内心的意识一步步清晰明朗，直至意识坚定——Он мой теперь（"它现在是我的了"，何尝不是"他现在是我的了"呢？）。于是，她要铤而走险了。再看《大雷雨》中的一段话，涉及代词指代和变换现象。

Катерина（одна）. Нет, нигде нет! Что-то он теперь, бедный, делает? Мне только проститься с ним, а там... а там хоть умирать. За что я его в беду ввела? Ведь мне не легче от того! Погибать бы мне одной! А то себя погубила, его погубила, себе бесчестье, ему вечный покор! Да! Себе бесчестье, ему вечный покор. (Молчание.) Вспомнить бы мне, что он говорил-то? Как он жалел-то меня? Какие слова-то говорил? (Берёт себя за голову.) Не помню, всё забыла. Ночи, ночи мне тяжелы! Все пойдут спать, и я пойду; всем ничего, а мне как в могилу. Так страшно в потёмках! Шум какой-то сделается, и поют, точно кого хоронят; только так тихо, чуть слышно, далеко, далеко от меня... свету-то так рада сделаешься! А вставать не хочется, опять те же люди, те же разговоры, та же мука. Зачем они так смотрят на меня? Отчего это нынче не убивают? Зачем так сделали? Прежде, говорят, убивали. Взяли бы, да и бросили меня в Волгу; я бы рада была. 《Казнить-то тебя, говорят, так с тебя грех снимётся, а ты живи да мучайся своим грехом》. Да уж измучилась я! Долго ль ещё мне мучиться! Для чего мне теперь жить, ну для чего? Ничего мне не надо, ничего мне не мило, и свет божий не мил! — а смерть не приходит. Ты её кличешь, а она не приходит. Что ни увижу, что ни услышу, только тут (показывая на сердце) больно. Ещё кабы с ним жить, может быть, радость бы какую-нибудь и видела. Что ж: уж всю равно, уж душу свою я ведь погубила. Как мне по нём скучно! Ах, как мне по нём скучно! Уж коли не увижу я тебя, так хоть услышь ты меня издали! Ветры буйные, перенесите вы ему мою печаль-тоску! Батюшки, скучно мне, скучно! (Подходит к берегу и громко, во весь голос.) Радость моя! Жизнь моя, душа моя, люблю тебя! Откликнись! (Плачет.) Входит Борис.

Я, могила, свет, смерть 均与卡捷琳娜相关，形成同指关系，而 он, радость, радость моя, жизнь моя, душа моя, Борис 也形成同指关系。这段自白仿佛是梦呓人间与另一个世界融合为一体了。作者通过同指变换把卡捷林娜与死亡、坟墓、光明、灵魂联系在一起，把欢乐、生命、爱情，以及那个特指的他——鲍里斯联系在一起，构成了人间阴间融合相通的幻觉想象。想象中我和你，死亡与欢乐，肉身灭亡与灵魂再生之间仿佛建立了联系。字里行间的深层意蕴，译者要能理解到，才不至于把作品译浅了。

汉语的代词，通常前面不能带修饰语，但或许因受外国语的影响，不时地可见于现代作家的作品。

落在这样生疏的甚至还有些敌意的环境中的他们俩……（茅盾：《大泽乡》）

每句话中都有他，那要强的，委屈的，辛苦的，堕落的他。（老舍：《骆驼祥子》）

Ему неловко было, что он один занимает внимание всех, что он счастливец в глазах других, что он с своим некрасивым лицом какой – то Парис, обладающий Еленой. （Толстой, 《Война и мир》）

他惭愧的是：他一个人受到大家的注意，他在别人的心目中是一个幸运儿，面孔长得不漂亮的他，却成为占有海伦的帕里斯。（刘辽逸 译）

他感到害臊，因为他一个人吸引了所有人的注意，他在别人心目中是个幸运儿，他这个其貌不扬的帕里斯竟占有了美人海伦。（草婴译）

有时候，我们不妨在汉译文中利用一下这样的结构，来表达俄语中代词带修饰短语或表状态的结构，这样简洁方便，句式和语序也可能与原文近似。

Но, по – моему, есть смысл привести здесь одно, как мне кажется, весьма характерное суждение молодого художественного руководителя. Появившись в Кутулике недавно и, очевидно, совершенно справедливо требуя для себя квартиру, он, как мне рассказали, в объяснениях с начальством нажимал главным образом на то обстоятельство, что не иметь в его положении квартиры несолидно. （А. Вампилов, 《Прогулки по Кутулике. Прогулка третья. ночная.》）

但我觉得，有必要援引一下这位年轻艺术指导的代表性的意见。刚到库图利克不久的他，堂而皇之为自己要求一套住房，人们告诉我，他在向领导解释理由时，主要强调了一点：处在他的地位，没有房子很不体面。

Ростом уже немаленькие, но по – детски ещё худые и угловатые, они стоят у выхода из оройе, разговаривают между собой и занимаются как бы больше всего друг другом, своей компанией, тем самым явно выказывая равнодушие к танцам. (А. Вампилов, 《 Прогулки по Кутулике. Прогулка третья. ночная. 》)

个子虽然长高了，但还稚嫩瘦弱、有棱有角的他们，站在休息室的门口，聊着天，似乎最上心他们自己彼此和小团体的事情，对跳舞漠不关心。

Спокойный и немного замкнутый, он был эти пять лет верен и тих, и вот вдруг неожиданно свихнулся. (А. Вампилов, 《Чужой мучжина》)

好静而有些封闭的他，五年来一直忠于妻子，过着平和的日子。这一次他却突然意外地出轨了。

但是，也不可滥用这样的结构，修饰语前置有时候未必恰当，尤其是修饰语比较长、用于生动细致地再现动作神态时。

От всего этого он вдруг поглупел, потом к нему явилась решимость, он решил довести все до конца. Он, запинаясь и смущаясь, подошел к ней и, уже не обращая внимания на вопли котов, которые неслись теперь без перерыва, заговорил. (А. Вампилов, 《Шепот, робкое дыханье, трели соловья...》)

因为这些，他突然变得愚蠢了，一不做二不休，决心将一切进行到底。他逼近她，虽有些窘，说话结结巴巴，但却顾不得此刻没完没了的猫叫声了。

还要指出一点，俄语大写的 Он（变格），有特指上帝的含义。

— Против твоей воли Он спасет и помилует тебя и обратит тебя к Себе, потому что в Нем одном и истина и успокоение, — сказала она дрожащим от волнения голосом, с торжественным жестом держа в обеих руках перед братом овальный старинный образок Спасителя с черным ликом в серебряной ризе на серебряной цепочке мелкой работы. （Л. Толстой, 《Война и мир》）

"不管你的意愿如何，上帝一定会拯救你，宽恕你，使你信服他，因为只有在他身上才能找到真理和慰藉。"她说，声音激动得发颤，她郑重地把一个救主像双手捧到哥哥面前。这个椭圆形的、黑脸银袍的神像古色古香，用一条精制的银链系着。（刘辽逸 译）

"不管你信不信，上帝都会拯救你，保佑你，使你相信他，因为只有在他身上才有真理和平安。"玛利亚公爵小姐激动得声音打战说，神情庄严地把一个用精致的银链系的椭圆形黑脸银袍古圣像捧到哥哥面前。（草婴 译）

在特定的口语语境里，Он 可以用来借指说话人自己。

— Саша на дома? — Он самый.
"萨沙在吗？""我就是。"

似乎带着某种语调，一种自豪感，活灵活现的神气？

单数代词，我们以 он 为主考察了各种情况的译例。其他代词的翻译，与此同理，可如法炮制，就不一一考察了。这里仅只略举数例（以复数代词 они 为例）予以说明。

Была потребна великая тишина, иначе не разберёшься в этих думах. Враждебные, они пугали обилием своим, казалось, они возникают не в нём, а вторгаются извне, из ночного сумрака, мелькают в нём летучими мышами. (М. Горький, 《Дело Артамоновых》)

眼前，正需要那种一点声音也没有的肃静，要不然就没法整理他那些思想。那些思想充满敌意，而且多得吓人，仿佛不是在他脑子里产生的，而是从外面，从夜晚的黑暗中闯进来，像蝙蝠一样在他脑子里闪来闪去。(汝龙 译)

显然有代词还原和省略。

Но вернёмся на танцы. Я думаю, что самые страстные поклонники танцев. Это как раз те, кто, присутствуя на танцах, в танцах не участвуют. Встретить их можно почти всюду, есть они и в кутуликском клубе. Ростом уже немаленькие, но по - детски ещё худые и угловатые, они стоят у выхода из фойе, разговаривают между собой и занимаются как бы больше всего друг другом, своей компанией, тем самым явно выказывая равнодушие к танцам. Вы там, дескать, давайте, шаркайте, протирайте сколько влезёт полы, они казённые, а мы тут малость постоим, поговорим, у нас дела поважнее. На самом деле не думают они ни о чём, кроме танцев, и ничего, кроме танцев, не видят. Взгляды, которые бросают они как бы вскользь на сидящих вдоль стены девчонок, выдают их с головы до пят. Воображение их кипит, нервы напряжены, в головах бродят угрюмые, недетские мысли. Драма, которую переживает эта компания, называется несовершеннолетие.

Бывают у них, наверное, и свои танцы— в школе, на именинах, но танцы в Доме культуры, о, это совсем другое. Это взрослые танцы. Здесь, в ярко освещённом зале, собрался народ разный: девчонки из сельхозучилища, юные, но уже довольно самостоятельные, в коротких юбках, вольно причесанные, сидящие вдоль зала чинно, неприступно, но несомненно, — в ожидании интересных и значительных знакомств; молодые специалистки, модные, чуть чолорные, но полностью уже окончательно самостоятельные дачницы, как я их назвал про себя. Словом, здесь возможности, тайны, надежды и всё, всё, что так привлекает сюда этих ребят, смиренно толпящихся у входа. И если кто - нибудь самый отчаянный из них подойдёт, наконец, к женщине и пригласит её танцевать, и если она ему не откажет, как они будут ему завидовать и как будут скрывать свою зависть! (А. Вампилов, 《 Прогулки по Кутулике. Прогулка третья. ночная. 》)

　　但我们会回去跳舞的。我想，那些最热情的舞迷，正好就是那些出席舞会但不参加跳舞的人。几乎随处可见他们，在库图利克俱乐部也不例外。个子虽然长高了，但还稚嫩瘦弱、有棱有角的他们，站在休息室的门口，聊着天，似乎最上心他们自己彼此和小团体的事情，对跳舞漠不关心。有人说，上前去吧，鞋跟相碰行个礼，邀请姑娘们跳舞吧，尽情地磨蹭地板吧。他们说，人家是公家人，我们在这里站着聊我们的，我们的事情更要紧。实际上，他们除了跳舞什么也没有想，除了跳舞什么也没有看。他们似乎是捎带瞥一眼沿墙而坐的姑娘们，但目光彻底暴露了他们的心思。他们的想象如沸，神经紧张，脑中闪过阴郁的非童稚的念头。这伙人正体验着所谓的未成年的戏剧。

　　他们很可能常有属于自己的舞会——学校舞会，命名日舞会。但是文化宫的跳舞，噢哟，完全是另一回事。这是成年人的舞会。来到这灯照通明的大厅跳舞的人可不一样：农业学院的姑娘们，虽然年少，却相当独立，一身短裙，一头自由的发式，沿厅墙正经而坐，一副不好接近的样子，但毫无疑问——她们是在期待着缘分的到来和有趣的相识。年轻的女专家们，又时髦又略显拘谨，但孑然独立。两位来库图利克做客的姑娘，快乐自由，浓妆艳抹，一样的白裙，我称其为租别墅消夏者。一句话，这里机会多多，神秘多多，希望多多，还有一切一切吸引小伙子们到此一聚的东西。如果他们中有谁最勇敢，最终走近女人邀请她跳个舞，如果不被女的拒绝，同伴们将多么忌妒他啊，又将如何掩藏起忌妒心啊！

从译文看，代词之所指代是清楚的。并非简单的对译，还考虑了用语的变化，例如，原文的они，在译文里被译为"他们""人家""同伴们"等用语，以用词的变化显明其在上下文中之所指代不一。这有点类似于称谓变化所产生的效果。

Поезда спешат на Коршуниху. Поезда уходят на Москву. По ночам они почти встречаются на станции с романтическим именем — Сосновые Родники.

На этой самой станции, читатель, глубокими ночами ждут прихода поездов сердистые люди. Сердистые люди с чемоданами.

Они уезжают со строительства Чунского ЛДК. Со строительства, на котором не хватает половины рабочих рук. Они уезжают семьями и в одиночку. Уезжают на запад и на восток. (А. Вампилов,《Интервью》)

一趟趟列车向科尔舒尼哈疾驰。一趟趟列车朝莫斯科方向驶去。每天夜里，几乎都可以在浪漫之名的"松泉"车站见到他们。

就在这一站，读者啊，深夜里生气的人们等着列车到来。生气的人们带着行李箱。

他们离开楚娜的列索哥尔斯克木材加工公司建设工地。离开人手不足一半的建设工地。或一家家离开，或单身一人离开。或向西去，或向东去。

这里 Они 语法上可以指代火车，也可以指代生气的人们。语法上都讲得通，但语意上却是后指比前指更有道理。

如果说翻译仅仅归结为词汇（语法）对译，那可真就简单了。钱锺书在论述道安的翻译思想时，曾不无幽默地说："不失本即不成其为翻译。"然而好的翻译又是朝着最佳逼近原文的目标进行意义重构的。

代词的翻译问题，并非想当然的那么简单，远非代词复制（词汇、语法复制）所能奏效，不时地需要采用词汇、语法、修辞转换等。首先须得使译文如同原文那样指代明确，不至于浑漫不清。索解代词之所指代的基本原则是就近原则，有时是就近回指，有时是就近后指。俄语的代词实际上是人称代词兼代名词（代动名词），在译成汉语时，有时可直接对译（代词对应，代词所指对应，语用、修辞对等），有时则须考虑采用代词转换和修辞转换。代词转换时得考虑人物、动物、事物，单复数，阳性、阴性、中性等，做到语义对应和语用（修辞）对等。例如，俄语代词 он 可能对译或对转成汉语中的他、她、它、他们等，因为其实际所指可能涉及人称、物称、性、数的变化，得特别留心。有时须进行代词还原，即把原文的代名词译成代名词所代的名称本身。有时须考虑省略或采用别的方法。代词的翻译，不能孤立地考虑，而是须从句子、段落，甚至更大的篇章层次上考虑。代词的翻译，可能还涉及文学修辞，有时须从审美的角度来识解、突显意义，在语际传译过程中注意修辞差异进行恰当的修辞转换。

第三章　俄汉语几种典型句式翻译问题

从本章起，将就俄汉语句进行比较，选取主要的几种句式（存在句、判断句、被动句、包孕句等）来进行互参考察以探讨翻译问题，看俄汉双语互参能为翻译的意义重构（перестройки смысловой структуры）或信息重构（перевостройки информационной структуры）提供怎样的助益和可能性。俄罗斯切尔尼娅霍夫斯卡娅早有所言："翻译即是从一个语言到另一个语言的转变，要实现各种各样的言语重构（перестройки речевой структуры），而有关传译语句意义切分成分（意义结构）的那些言语重构是最重要的。"（Черняховская，1976：249）表达完整意义（信息）的语片或语句，形式上可能是句子和句群，俄汉各种句式之间既有共通性，也有相异点，有时可以对译，有时则要考虑句法转换或根据上下文的需要进行调整。

第一节　俄汉语存在句翻译问题

俄汉语中都有存在句或存现句，对两种语言中的存在句进行比较，可以为存在句的翻译问题提供一定的语言学（语法学）解释依据。译文语句与原文语句对比，可见存在句式在翻译双语活动中的诸多具体体现情况。

一　俄汉语存在句的特点
（一）俄汉语存在句的对应
俄语存在句的基本模式：空间或时间词（词组）＋动词谓语＋主

语（人、事物、活动、现象等），而谓语词 есть 则是最基本的标志词。

　　В комнате есть кто – нибудь?（房间里有人吗？）

　　В старину был один богатырь.（古代有个勇士。）

　　За воротами есть бассейн с лотосами.（大门外边有个荷花池。）

对于俄语存在句来说，"谓语在前，主语在后"这种词序完全是固定的，语法化的。（张会森，2004：340）汉语的存在句又何尝不是如此呢。

　　天上飞着一只鹞鹰。（На небе летит орёл.）

　　城市中心广场上有纪念抗日战争胜利的雕像。（На центральной площади города находится памятник, посвященный победе в антияпонской войне.）

　　1997 年的时候也存在这种情况，当时通货膨胀很厉害。（Эта проблема существовала и в 1997 году, когда была очень высокая инфляция.）

看来俄汉语存在句具有共同的模式。存在句是特殊主谓句，词序固定：方位词、时间词位于句首，谓语在前，主语在后。"对于存在句来说，词序具有十分重要的意义，这和存在句的逻辑—语义结构，其交际任务、信息结构直接相关。存在句表述的是某地方（已知）有什么（新知），回答 что имеется（есть）（＋方位词）的问题。"（张会森，2004：342）例如，最后一个句子中"这种情况"是已知的，"1997 年的时候"虽在句首，却是新的信息。这句的俄译恰好再现了汉语存在句的逻辑语义，不过形式上变成了一个一般主谓句（主语＋谓语）。硬要译成俄语的存在句（特殊主谓句），恐怕也可：В 1997 году, когда была очень высокая инфляция, существовала и эта проблема.

俄语表示存在的动词，除了 есть，быть 之外，可能是十分多样的词义具体化的动词。

В её комнате пахнет духами Шанель. （她的房间里有一股香奈尔香水的味道。）

В этих местаходится очень много патнистых оленей и черных медведей. （这一带有很多梅花鹿和黑熊。）

В недрах нашей странытаются огромные залежи полезных ископаемых. （我国的地下储有丰富的矿产资源。）

На столе лежит тетрадь, и рядом с нейстоит бутылка минеральной воды. （桌子上有个笔记本，旁边是瓶矿泉水。）

同汉语一样，俄语存在句的主语在句尾，如果行文还在继续，还可能对这主语做进一步的叙述和描写，那么就很可能带上一个从句，或者多个修饰语。

仅从上面所列举的俄汉语对应例句看，俄汉语存在句具有高度的对应性，似乎翻译起来毫无困难，对译即可。但事实上恐怕没有这么简单，翻译是变化多样的。后文，我们将通过大量译例来予以显现和阐明。在探讨俄汉存在句的翻译问题之前，有必要详细地了解一下汉语存在句。

（二）汉语存在句

存在句又叫存现句，它所传达的信息是某时或某处存在、出现、消失（增减）人、事物或概念。"存现句是存在句和隐现句的合称。存现句中，动词是专门表示存在、出现、消失的存现动词，这样的存现句可以称为典型的存现句。"（张卫国，2000：321）。汉语存在句的特点是句首有表处所或时间的附加语构成存现背景，然后是动词谓语＋主语（施事或受事）。"时间词不是存现句必须出现的成分""存现句句首的时间词语为状语"（刘月华，1984：463）。我们把没有时间词和处所词的存现句看成有所省略的存现句，或者说是存现句的变体（张卫国，2000：324）。存在句的施事、受事主语在后是常例。俄语也是如此。

> 晚间挤了一屋子的人。（《儒林外史》）
> 在斜对门的豆腐店里确乎终日坐着一个杨二嫂。（鲁迅：《呐喊》）
> 来了一个人，年纪不大，好俊样。
> 缓缓踱进来孔秋萍——一个专司抄写的小职员。（曹禺：《蜕》）
> 东隔壁店里，午后走了一帮客。
> 冬春之交，最容易死人。（老舍：《四世同堂》）
> 梅家二十年前死过一个丫头。
> （王冕）七岁上死了父亲。

表示以某种姿态存在、出现、消失的存在句，这是最基本的几种存在句。另外，"有"是最单纯地表示存在的动词。据吕叔湘：有、没有、多、少等，用这些动词造成的句子可以说是标准的存在句（吕叔湘，1984：456－465）。

> 有了这么个好医生……真不知添了多少麻烦。（曹禺：《蜕》）
> 桌上便有一大碗煮熟了的罗汉豆。（鲁迅：《社戏》）
> 大门外面有（是）一个荷花池。
> 西面是黑黝黝的群山。（吴伯萧：《歌声》）
> 旧毡帽下面是浮现着希望的酱赤的面孔。（叶圣陶：《多收了三五斗》）

"是"与"有"相当，但"'某地是某物'强调的味道浓一些，而且多少有点排他的味道。而'某地有某物'，则仅仅表示有什么，不排除别的事物的存在"（黄章恺，1987：133）。

门外是一间小房，点着一盏灯。

后面又画着几缕飞云，一湾逝水。（《红楼梦》）

整个柱头上都雕刻着不同姿态的狮子。（茅以升：《中国石拱桥》）

存在句的主语（位于句末）分为施事和受事的。王力把存在句里的这个受事不看成主语，认为是无主句，而吕叔湘把它看作受事主语。根据吕叔湘的解释，这些句子和前面的表示"以某种姿态存在"的句子一样，动词前头也有处所附加语，也可以用有字提在前头（如小房里点着一盏灯——小房里有一盏灯点着）（吕叔湘，1984：461）。吕叔湘的解释可能更合理，有利于俄汉语存在句的比较。

存在句里的动词可能是及物的，也可能是不及物的。或者说，存在句的述谓动词可能是主动态的，也可能是被动态的。俄语中的主动态和被动态一望便知，而汉语由于缺乏形态标记，不能一目了然。例如，"大地上盖了一层雪"与"身上盖了一条破军毯"是同样的句子结构，同一个"盖"字，但在两个句子中的用法是不同的。前一个"盖"极可能理解成主动，后一个"盖"极可能理解成被动，或者说"一层雪"是施事，"一条破军毯"是受事。汉语中有时候的确难以辨清受事与施事。例如：

山楂树上缀满了一颗颗红玛瑙似的果子。（峻青：《秋色赋》）

这一冬，冻死了许多衣不蔽体，食不果腹的人。（老舍：《四世同堂》）

施事主语存在句中的动词表示人或事物以何种姿态、方式存在，而受事主语存在句中的动词表示人对物体进行安放或处置的动作。存在句的主语多为无定的，而且一般不能是单个名词，前面往往有数量词或其他定语。主语对举时，主语前可以没有任何定语，例如，拳头上立得人，胳膊上走得马。

　　当主语为并列结构或存在句为复句的一个分句时，主语也可以没有任何修饰成分（刘月华，1984：459），例如：桌子上摆着酒、饼干、白糖、酱油等；他进屋一看，桌子上摆着菜，却不见一个人。

　　存在句本身可能是更大的句构中的一部分，或者说在存在句后面还可能跟续着别的句子。

　　荷塘的四面，远远近近，高高低低都是树，杨柳最多。（朱自清：《荷塘月色》）

　　这里供奉着七尊塑像，正面当中是吕洞宾，两旁是他的朋友李铁拐和何仙姑，东西两侧是他的四个弟子，所以叫作七真祠。（李健吾：《雨中登泰山》）

　　别的院里都没有灯光，只有三号——小羊圈唯一的安了电灯的一家——冠家的院里灯光辉煌，像过年似的，把影壁上的那一部分槐叶照得绿里透白。（老舍：《四世同堂》）

　　屋里点上了灯，瑞全才看到自己的四周都是长长短短的，黑乎乎的花丛。（老舍：《四世同堂》）

　　存现句的基本结构是：方位词（词组）＋动词谓语＋主语（施事或受事）。存现句是一种特殊的主谓句，即语法化的倒装句。不过存现句可具有多种变换形式：在处所词前加上介词（从、在等），组成介词词组，可能略微改变原来的句法构成。动词"有"出现在存现句里，也可能引起句法构成的变化。存现结构中主语与处所成分之间有时存在互易现象（李宇明，2002）。例如：

　　山村笼罩着雾霭。
　　脖子上围着一条白纱。
　　一条凳子坐了三个人。
　　汽车盖着雨布。
　　李师傅的脑门子上沁出了汗珠。
　　窗口送进一只酒瓶，一荷叶包卤菜。

可尝试把处所成分与主语互易位置，互易以后意思基本不变，有时只须改动个别字。互易现象为翻译灵活组句提供了方便，可能适当地运用于翻译中，从而引起译文的细微变化。但需注意，两者携带状语的能力不同，因为话题发生了变化，从而会导致意义走样。

> 融融的夜色像神奇的纱布一样罩上了田野。
> 田野像神奇的纱布一样罩上了融融的夜色。

前一句通顺，后一句却不大通。所以，在翻译带修饰状语的存在句式时需要特别留心，在句式对译或互易转换时做到"文从字顺"。

二　俄汉语存在句互参探译

我们大致了解了俄汉语存在句的共通处，至于差异处，则希望在对俄汉存在句的翻译探究中，能够顺带一一揭示出来。

> На фабрике было много больных. （М. Горький，《Дело Артамоновых》）
>
> 工厂里有许多人害病。（汝龙 译）
>
> Он хотел сказать ей нечто убедительно ясное и не находил нужных слов，глядя на подоконник，где среди мясистых листьев бегоний，похожих на звериные уши，висели изящные кисти цветов. （М. Горький，《Дело Артамоновых》）
>
> 他想对她说句有力的明明白白的话，却又找不到需要的字眼，就瞧着窗台。窗台上，秋海棠肥厚得像野兽耳朵的叶子中间长着一串串美丽的花朵。（汝龙 译）
>
> Кроме часов，подарка Баймаковой，в комнате егозавелись какие-то ненужные，но красивенькие штучки，на стене висела вышитая бисером картина девичий хоровод. （М. Горький，《Дело Артамоновых》）
>
> 除了拜马科娃送给他的那只钟以外，他的房间里添了种种不

必要的然而漂亮的摆设，墙上挂着穿珠刺绣的画，绣着一群姑娘在跳圆圈舞。（汝龙 译）

— Вставай, я никому не скажу, — сказал он шёпотом, уже понимая, что убил мальчика, видя, что из-под щеки его, прижатой к полу, тянется, извиваясь, лента тёмненькой крови. (М. Горький, 《Дело Артамоновых》)

"起来吧，我不跟外人说。"他小声说，已经明白自己踢死了孩子，看见孩子的贴着地板的脸颊底下弯弯曲曲流着一道发黑的血。（汝龙 译）

在可能高度一致对应时，存在句都译成了存在句，或采用大致相当的句式。这也是符合翻译的直译理论的。我们在翻译中应该充分重视直译，科米萨罗夫把直译视为语法转换方法（直译，拆句，合句，语法代换）之一，他写道："直译（零翻译），是指将原语的句法结构换为译语中的相似结构，例如，He was in London two years ago. 译为 Он был в Лондоне два года назад. 这种方法按说无须多费笔墨，之所以要提一下，有两个原因。第一，需要强调一下这种方法的合法性，初出茅庐的译者有时甚至在最佳选择正是直译的时候也往往想要另换句法结构，这种错误观念应该转变。第二，要将这种方法和我们一直加以贬斥的逐字死译区别开来，逐字死译歪曲原文意思，又违反译语规范，二者不可相提并论。"（科米萨罗夫，2006：190）

在汝龙的译文里，大量存在着保留原文语序的句子，如存在句。与此同时，我们又发现不少的存在句，汝龙译成了一般主谓句。

Теперь богатырю шёл девятый год, мальчик был высок, здоров, на большелобом, курносом лице его серьёзно светились большие, густо – синие глаза, – такие глаза были у матери Алексея и такие же у Никиты. (М. Горький, 《Дело Артамоновых》)

现在这个大力士快满九岁了；这男孩身量高，结实，在那张

生着大额头和朝天鼻子的脸上，深蓝色大眼睛严肃地闪闪发光，
阿列克谢的母亲和尼基塔都生着这样的眼睛。（汝龙 译）

На похороны Ильи Артамонова явились почти все лучшие
люди города, приехал исправник, высокий, худощавый, с
голым подбородком и седыми баками（М. Горький,《Дело
Артамоновых》）

伊利亚·阿尔塔莫诺夫出殡的时候，全城的上等人差不多都
到齐了，巡警局长也来了，那是个又高又瘦的男子，下巴剃光，
留着白色连鬓胡子。（汝龙 译）

俄文的存在句和主谓句，译成汉语后都采用了一般主谓句。这类
型的例子还不少，而汉语译文也几乎可以达到与俄语原文语义高度
一致。

Песок сверкал алмазными искрами, похрустывая под ногами
людей, над головами их волновалось густое пение попов, сзади
всех шёл, спотыкаясь и подпрыгивая, дурачок Антонушка（М.
Горький.《Дело Артамоновых》）

沙子像钻石那样闪闪发光，在人们脚底下沙沙地响。教士们
的歌声在人们头上回荡，人群后面跟着呆子安东努什卡，磕磕绊
绊、蹦蹦跳跳。（汝龙 译）

虽然俄汉语没有绝对地对应上，但俄文组句明显可感到这样的叙
事顺序，即人群是个中心，以此发散地进行叙述。汉语译文的主体部
分也是如此，只是句式有变化。事实上，有时用汉语的一般主谓句去
表述的确很方便。汉语习惯于采用一般主谓句，但有时可能是译自俄
语的存在句的。

Вскоре после вечера Анны Павловны Анна Михайловна
вернулась в Москву, прямо к своим богатым родственникам

Ростовым, у которых она стояла в Москве и у которых с детства воспитывался и годами жил ее обожаемый Боренька, только что произведенный в армейские и тотчас же переведенный в гвардейские прапорщики. (Л. Толстой,《Война и мир》)

　　在安娜·帕夫洛夫娜的晚会不久，安娜·米哈伊洛夫娜就回莫斯科，直接到她的有钱的亲戚罗斯托夫家里去了，这是她在莫斯科寄身的地方，她那个刚入伍就升任为近卫军准尉的爱子鲍里斯从小就在这个家庭里教养成人，在这里住了好多年。（刘辽逸译）

　　在安娜·舍勒晚会后不久，德鲁别茨基公爵夫人回到莫斯科有钱的亲戚罗斯托夫家。她寄居在他们家里，她的宝贝儿子保里斯从小就在他们家受教育，在那里住了多年，最近才从军，并被调到近卫军任准尉。（草婴译）

　　По широкой, обсаженной деревьями, большой, бесшоссейной дороге, слегка погромыхивая рессорами, шибкою рысью ехала высокая голубая венская коляска цугом. За коляской скакали свита и конвой кроатов. Подле Кутузова сидел австрийский генерал в странном, среди черных русских, белом мундире. (Л. Толстой,《Война и мир》)

　　一辆架着纵列马的高大的浅蓝色维也纳轿式马车，轻轻响着弹簧的颠簸声，沿着没有铺砌的、宽阔的林荫大道，疾驰而来。骑马的人们和克罗地亚人卫队在车后飞奔着。库图佐夫身旁坐着一个奥地利将军，他穿一身在俄国人的黑军服中间显得很奇特的白军服。（刘辽逸译）

　　在宽阔的没有铺砌的林荫道上，一辆高大的蓝色维也纳六驾马车发出弹簧轻微的响声，急急地驶来。马车后面跟着一批骑马的随从和克罗地亚卫兵。库图佐夫同一个奥国将军并排坐在车上。那奥国将军身穿白军服，在穿黑军服的俄国人中间显得有点异样。（草婴译）

俄语句子可以枝蔓横生，随时随处及时补益，而汉语除了借助插入语外，似乎只有在一句话讲完之后，另起一句才能顺畅表达，因而会影响到存在句的对译。正如朱光潜所言："中文少用复句和插句，往往一义自成一句，特点在简单明了，但是没有西文那样能随情思曲折变化而见出轻重疾徐，有时不免失之松散平滑。"（朱光潜，1984：453）这就是说，汉语在采用存在句式时，可能因为主语长，难以一气呵成，而需要另起句以表达尚未完结周全的部分。而每每一起句就是主语，或者是省略主语的。若不能再现俄语存在句，可能把长句译断了，显得松散平淡。刘辽逸和草婴的译文看来都重视了这个问题，注意了前后语义的紧凑一致。

Над мостом уже пролетели два неприятельские ядра, и на мосту была давка. В средине моста, слезши с лошади, прижатый своим толстым телом к перилам, стоял князь Несвицкий. （Л. Толстой,《Война и мир》）

桥的上空已经飞过两颗敌人的炮弹，桥上挤得水泄不通。涅斯维茨基走到桥中间下了马，他那肥胖的身躯紧贴着栏杆，站着不动了。（刘辽逸译）

敌人的两颗炮弹飞过桥顶。桥上拥挤不堪。聂斯维茨基公爵下了马，站在桥中央，肥胖的身子紧靠着栏杆。（草婴译）

原文的存在句，或可译作存在句，或可译作一般主谓句，有时候全在译者自己的拿捏和把握，在于自己的喜好。但译成汉语难以还原存在句的时候也时常有之，或因俄语存在句的扩展成分太多，或因语言表达习惯不同，即或保留叙述语序，句法构造或有所改变。

В начале 19 века закончалась эпоха всевозможных подражаний в литературе, наступило время создания самобытной, неподражательной, национальной литературы. ...
В первых десятилетиях сохранялось ещё некоторая инерция

классицистического художественного мышления, существовало ещё влияние сентиментализма на литературный процесс. (任光宣等, 2003: 49)

19 世纪初, 是俄罗斯文学结束各种可能模仿的时代, 是开创独特的非模仿的民族文学的时代……最初一二十年, 还或多或少保持着古典主义艺术思维的惯性, 还存在感伤主义对文学发展的影响。

На главной книге Радищева долгое время лежала печать запрета, которую сняли только в 1905 году. На ней было воспитано не одно поколение передовых русских людей. (任光宣等, 2003: 45)

拉季舍夫的主要著作《从彼得堡到莫斯科游记》长期被禁, 直到 1905 年才解禁。它教育了一代又一代进步的俄罗斯人。

Когда он был ещё безбородым, в него дважды по ночам бросали камнями. (М. Горький, 《Дело Артамоновых》)

他还没有长胡子的时候, 就有两回, 在晚上, 人家把石头扔到他身上来。(汝龙 译)

俄语中那些酷似存在句, 但不是真正存在句的句式, 就更有可能不译成汉语的存在句 (倒装句) 了。

Теперь стало так, что, когда дома, на фабрике или в городе Артамонов раздражался чем - нибудь, - в центр всех его раздражений самовольно вторгался оборванный, грязненький мальчик и как будто приглашал вешать на его жидкие кости все злые мысли, все недобрые чувства. (М. Горький, 《Дело Артамоновых》)

现在, 事情变得这样: 每逢阿尔塔莫诺夫在家, 在工厂, 或者在城里, 因为什么生了气, 那个破烂肮脏的男孩总是自动插进来, 让一切气愤集中在他 (指男孩) 身上, 仿佛请阿尔塔莫诺夫

把所有的坏思想和恶心情都挂到他那瘦骨架上去似的。（汝龙 译）

这里俄文第一句并不是个存在句，只是酷似存在句，把它译成汉语的主谓句是再自然不过了。受此影响，俄文的第二句本来是个存在句，也译成了汉语的主谓句。其实这里还原成存在句似乎更为妥当："……在阿尔塔莫诺夫恼羞成怒的当口，总是擅自闯入一个衣衫褴褛、脏兮兮的男孩来，仿佛是叫他把所有的坏思想和恶心情都挂到这孩子的瘦骨架上去似的。"

В столовой, громадно - высокой, как и все комнаты в доме, ожидали выхода князя домашние и официанты, стоявшие за каждым стулом

餐厅像住宅里所有的房间一样，又高又大，眷属和仆人站在每把椅子后面，恭候公爵出来。（刘辽逸 译）

餐厅同住宅里其他房间一样极其高大，家属和仆人都站在每把椅子后面，恭候公爵出来。（草婴 译）

В то же мгновение большие часы пробили два, и тонким голоском отозвались в гостиной другие.

正在这一瞬间，大钟敲了两下，接着，客厅里另一只钟用清脆的声音响应着。（刘辽逸 译）

这时，大钟敲了两下，客厅里另一台钟也发出清脆的声音响应。（草婴 译）

В середине лета наступили тяжёлые дни, над землёй, в желтовато - дымном небе стояла угнетающая, безжалостно знойная тишина; всюду горели торфяники и леса. （ М. Горький,《Дело Артамоновых》）

到了仲夏，难受的日子来了。地面上，烟雾迷蒙的淡黄色天空中，有一种郁闷、酷热的肃静。泥炭田和树林里到处起火。（汝龙 译）

仲夏时节，到来了一个个艰难的日子。大地上方，泛黄的烟色的天空，弥漫着一种酷热、肃静的气氛。泥炭田和树林里到处起火。(笔者 译)

这里第二个译文是有意尝试按照原文存在句的语序翻译的，看来难以完全对译存在句。看来，俄语使用存在句的概率比汉语要大得多。

В ласковый день бабьего лета Артамонов, усталый и сердитый, вышел в сад. Вечерело; в зеленоватом небе, чисто выметенном ветром, вымытом дождями и, таяло, не грея, утомлённое солнце осени. В углу сада возился Тихон Вялов, сгребая граблями опавшие листья, печальный, мягкий шорох плыл по саду; за деревьями ворчала фабрика, серый дым лениво пачкал прозрачность воздуха. (М. Горький, 《 Дело Артамоновых》)

在交了秋老虎时令的那些天里，有一天天气温和，阿尔塔莫诺夫又累又气，走进园子。天色近黄昏了。淡绿色的天空经大雨冲洗过，又给微风吹得干干净净。疲乏的秋阳正在溶化，晒在人身上不觉着热。吉洪·维雅洛夫正在园子的一角上忙碌着，用耙子耙落叶，哀伤而柔和的沙沙声在园子里飘过。工厂在树木后面发出抱怨的响声，灰色的烟懒洋洋地染污了清澈的空气。(汝龙 译)

在交了秋老虎时令后的一个温和天气里，阿尔塔莫诺夫又累又气，走进园子。天色已近黄昏。淡绿色的天空，雨水冲洗，又经微风吹净了，渐渐消失了疲乏的秋阳，不觉得热了。在园子的一角，吉洪·维亚洛夫忙碌着，他用耙子耙落叶，令人伤感的柔和的沙沙声弥散在园子里。树林后面是工厂的呜呜怨诉声，似烟似雾的灰气懒洋洋染污了透明的空气。(笔者 译)

俄语句子除了第一句外，都是存在句，汝龙并没有都译成汉语的存在句，而是基本上译成了汉语的一般主谓句。笔者尝试尽量保留存在句式，仍然因汉语语言的限制而无法完全还原存在句。

Когда он снова раскрыл глаза, по – прежнему спешили по реке, как бы гоняясь друг за дружкой, маленькие волны, по – прежнему поплескивали они о бока лодки, и только далеко назади к берегу разбегались какие – то широкие круги. (И. С. Тургенев,《Муму》)

等他再睁开眼睛时，那轻波细浪依旧在你追我赶，顺着河流匆匆涌去，依旧是那样轻轻地击拍着船舷，唯有后边远处的水面上有一圈圈很大的波纹正在不断扩展，越来越快地奔向岸边。（奉真 译）

上面这个译例，俄语的存在句恐怕无法还原对译成汉语的存在句，除非把长句译断，弄得支离破碎。前面在陈述汉语存在句时，提及了一点，存在句后面还可能跟续着句子，以便补遗和完善未尽之意。这一点可以在翻译中恰当地多加运用。例如：

Он повернулся и грузно присел на лавку, – сзади его стоял Тихон с метлою в руках, смотрел жидкими глазами на Никонова и раздумчиво чесал каменную скулу свою. （М. Горький,《Дело Артамоновых》)

他回转头一看，就沉甸甸地往凳子上坐下去了，原来他身后站着吉洪，手里拿着扫帚，那双水汪汪的眼睛瞧着尼科诺夫（指被踢死的小孩）……（汝龙 译）

语序依旧，而"原来""那双"等字眼的添加则起着加确和连接语义的作用。如果存在句后面还有进一步的对句子主语的解释说明，为了叙述的自然畅达，通常保持原文存在句式为宜。至于译成汉语存在句后，后面若又出现些小型主谓句，无害于达意便可。

　　Он увидел брата сидящим на скамье, в полукружии молодых лип, перед ним, точно на какой - то знакомой картинке, расположилось человек десять богомолов: чернобородый купец в парусиновом пальто, с ногой, обёрнутой тряпками и засунутой в резиновый ботик; толстый старик, похожий на скопца - менялу; длинноволосый парень в солдатской шинели, скуластый, с рыбьими глазами; столбом стоял, как вор пред судьёй, дрёмовский пекарь Мурзин, пьяница и буян, и хрипло говорил: - Правильно: бог - далеко. (М. Горький, 《Дело Артамоновых》)

　　他看见弟弟坐在长凳上，背后是半圈小椴树，前面呢，如同一张常见的画上的情形一样，并排坐着十来个信徒：有一个黑胡子的商人，穿着帆布大衣，一只脚裹着破布，穿着橡皮套靴；还有一个矮胖的老头儿，像是一个阉割派教徒和兑换金钱的商人；还有一个长头发的年轻小伙子，穿着军大衣，高颧骨，长着鱼一样的眼睛；还有德廖莫夫城的面包师穆尔津，是个醉汉和暴徒，站得像柱子一样直，如同盗贼在法庭上受审一样，用嘶哑的声音说："不错，上帝离我们很远。"（汝龙 译）

　　存在句的翻译，在考虑保留存在句式的同时，如果涉及多个意义层次的，还可能要断句。这就会生出组句的变化来，最显然的是语序上的微调。

　　Перед раскрытым окном красивого дома, в одной из крайних улиц губернского города О... (дело происходило в 1842 году), сидели две женщины - одна лет пятидесяти, другая уже старушка, семидесяти лет. (《Дворянское гнездо》)

　　那是一八四二年。省城 O 城城边的一条街上，一幢豪宅有扇

窗打开着，窗前坐着两个妇人，一个约莫五十来岁，另一个已经七十岁高龄。(戴骢 译)

有时，俄语存在句或者酷似存在句的倒装句式，其实也有它的作用，让人有突兀之感。这种情况下翻译应保留原文的倒装句式。

На треск разбитого зеркала, на грохот самовара и посуды, свалившихся с опрокинутого стола, явились люди. (М. Горький, 《Дело Артамоновых》)

随着砸碎的镜子的哗啷声以及从翻倒的桌子上落下地的茶炊和碗盏的乒乓声，来了一些人。(汝龙 译)

应声而来了一些人，汝龙表达得很精练的。

Вечером, когда вдали показался дымный город, дорогу перерезал запыхавшийся поезд, свистнул, обдал паром и врезался под землю, исчез в какой – то полукруглой дыре. (М. Горький, 《Дело Артамоновых》)

傍晚，远处现出烟雾弥漫的城市，一列喘气的火车横着穿过大路，拉响汽笛，喷出蒸汽，仿佛陷到地底下去似的钻进了一个半圆的洞，不见了。(汝龙 译)

"一列喘气的火车横着穿过大路"转换成存在句式为"大路上横穿过一列喘气的火车"，意思是突然过来一辆火车，随即又仿佛钻进地洞里消失了似的，颇令人感到奇突，骇怕。存在句与一般主谓句有时是可以互易转换的，即保持基本语义不变，把存在句的主语与存在时间或存在地点互换位置，从而实现句式的转换。两者表意有细微差别，有时可忽略不计，这种翻译转换有时还是必要的。

一个满脸横肉的人闯进来。——闯进来一个满脸横肉的人。

史锡尧指出，这是一个主谓句与一个动词性非主谓句的双向调整。动词性非主谓句更好地表现了事情的突发性，写出了这个满脸横肉之人的粗鲁、骄横。动词性非主谓句比主谓句的表意更符合现实情况：人们首先发现闯进来一个人，仔细看，这个人满脸横肉。（史锡尧，2007：56）

红楼梦里有这么一个句子，帕拉修克先生的俄文翻译如下：

说话之间，宝玉、黛玉进来了。

Затем пришли Бао - юй и Дай - юй.

值得注意的是，存在句是倒装的主谓句，有时表示忽现、忽见、突兀等意。汉语中常用"忽见""只见"等词来起句，然后跟着一个正常词序的主谓句，用于传达几乎同时发生的两个行为，即在一个行为发生的时间里或紧接着忽见（突现）另一个行为或事件发生。这种结构与俄语存在句（的后置主语）或带一个定语从句（或描写说明语）的结构很有相通之处。请看，帕纳修克《红楼梦》俄译文里的译例。

话说凤姐儿正抚恤平儿，忽见众姐妹进来，忙让了坐，平儿斟上茶来。

В то время когда Фын - цзе старалась задобрить Пин - эр, пришли сестры и Ли Вань. Фын - цзе поспешно предложила им сесть, а Пин - эр бросилась наливать чай.

说着，才要回去，只见一个小丫头扶着赖嬷嬷进来。（《红楼梦》）

Затем все снова собрались уходить, но в этот момент на пороге появилась девочка - служанка, которая поддерживала под руку мамку Лай.

一语未了，只见李纨的丫头走来请黛玉，宝玉便邀着黛玉同往稻香村来。

Не успела она произнести эти слова, как на пороге

появилась служанка самой Ли Вань и пригласила Дай – юй к своей госпоже.

一时，只见凤姐儿也披了斗篷走来。

Служанка ушла, а через некоторое время появилась сама Фын – цзе, закутанная в плащ.

一齐来至地炕屋内，只见杯盘果菜俱已摆齐了，墙上已贴出诗题韵脚格式来了。

Все толпой направились в комнату, где находился кан. Там уже были накрыты столы, на них расставлены кубки, тарелки, блюда с фруктами и закусками. На стене висел лист бумаги, на котором была указана тема стихов, перечислены рифмы и предписана форма, в которой следовало сочинять.

刚至沁芳亭，见探春正从秋爽斋出来，围着大红猩猩毡的斗篷，带着观音兜，扶着个小丫头，后面一个妇人打着一把青绸油伞。

Он увидел Тань – чунь, которая выходила из дверей «кабинета Осенней свежести», закутанная в плащ и в головном уборе, как у богини Гуань – инь. Её сопровождала девочка – служанка, а сзади шла мамка, нёсшая в руках зонтик из чёрного промасленного шёлка.

汉语也可遇到"只见"后面直接跟着（一个或两个以上）存在句，有时与一般主谓句混合使用。

忽见堂屋中柱子上挂着一个匣子，底下又坠着一个秤砣般一物，却不住的乱晃。

В глаза ей бросился какой – то ящик, висевший на колонне, а под ним — похожий навесовую гирю предмет, который всё время равномерно раскачивался. (с. 105)

刘姥姥谢了，遂携着板儿绕至后门上。只见门上歇着些生意担子，也有卖吃的，也有卖玩耍的物件的，闹吵吵三二十个孩子在那里厮闹。

Бабушка Лю поблагодарила старика, взяла Бань - эра за руку и направилась к задним воротам дворца Жунго. У ворот отдыхало несколько лоточников, толпились торговцы снедью, игрушечники, между ними шнряло десятка два – три мальчишек, стоял невообразимый шум и гам. （с. 103）

汉语存在句再结合是字句一起使用，就更加精彩而富于变化了。是字句助用起来显得简劲爽快。

一言未了，只见房中走出几个仙子来，皆是荷袂蹁跹，羽衣飘舞，娇若春花，媚如秋月。

Не успела она произнести эти слова, как появились бессмертые девы. Кружились в воздухе лилейные рукава их одежд, трепетали на ветру крылатые платья; своей красотой девы были подобны весенним цветам, а чистотой и свежестью напоминали осеннюю луну.

及至门前，忽见迎面也进来了一群人，都与自己形相一样——却是一架玻璃大镜相照。

Все направились к двери и тут же заметили, что навстречу им входит группа людей, а в точности похожих на них самих. Только теперь все догадались, что перед ними большое стеклянное зеркало.

鲁迅先生作品中对存在句式可谓运用得灵活自如，出神入化。

这时候，我的脑海里忽然闪出一副神奇的图画来：深蓝的天空中挂着一轮金黄的圆月，下面是海边的沙地，都种着一望无际的碧绿的西瓜，其间有一个十一二岁的少年，项带银圈，手捏一

柄钢叉，向一匹猹尽力地刺去，那猹却将身一扭，反从他的胯下逃走了。（鲁迅：《故乡》）

我孩子时候，在斜对门的豆腐店里确乎终日坐着一个杨二嫂，人都叫伊"豆腐西施"。（鲁迅：《故乡》）

我到了自家的房外，我的母亲早已迎着出来了，接着便飞出了八岁的宏儿。（鲁迅：《故乡》）

在鲁迅等作家的笔下，我们看到存在句与一般主谓句间杂着使用，灵活自然地表达句意。这种汉语句式用来传达俄语映入眼帘的景致描写和人物描写，会有切身体会和感受，颇能达意传神。我们回过头来继续探讨俄语存在句的汉译问题。

Если где - нибудь сквозь прозрачный апрельский березняк и покажется вдруг чистый холм, то это не поляна. Эта трасса, вырубленная строителями просека, по которой трехсотметровыми шагами железобетонных спор от Братска до Иркутска шагнет ЛЭП – 500. （А. Вампилов, 《От горизонта к горизонту》）

透过四月明亮的桦树林，忽见一片纯净的山丘，那可不是林中空地。那是建设者们开凿出的林间通道，是为了从布拉茨克到伊尔库茨克架设混凝土支架间距为 300 米的输电线 500。

И почему - то вдруг стало темнее, тотчас же за дверью раздались глухие удары барабана, Стёпа шагнул к двери, растворил; вошёл толстый человек с барабаном на животе, пошатываясь, шагая, как гусь, он сильно колотил по барабану: – Бум, бум, бум... （М. Горький, 《Дело Артамоновых》）

随后不知什么缘故，屋里忽然黑下来，门外面马上传来咚咚的打鼓声。斯乔帕向门口走去，开了门。一个矮胖的人，肚子上顶着一面鼓，摇摇晃晃地走进来，像只公鹅。他使劲敲鼓："咚，咚，咚……"（汝龙 译）

门打开了，首先看到进来一个胖子，然后是看到他肚子上顶着一面鼓，以及他的动作神态。汝龙的翻译很准确，组句也很灵活。"一个矮胖的人"就是"进来一个矮胖的人"的省略，并且正好与后面的叙述发生了关联，组句显得精练顺畅。

Пятеро таких же солидных, серьёзных людей, согнувшись, напрягаясь, как лошади, ввезли в комнату рояль за полотенца, привязанные к его ножкам; на чёрной, блестящей крышке рояля лежала нагая женщина, ослепительно белая и страшная бесстыдством наготы. Лежала она вверх грудью, подложив руки под голову; распущенные тёмные волосы её, сливаясь с чёрным блеском лака, вросли в крышку; чем ближе она подвигалась к столу, тем более чётко выделялись формы её тела и назойливее лезли в глаза пучки волос под мышками, на животе. (М. Горький,《Дело Артамоновых》)

有五个同样庄重严肃的人，佝着腰，像马那样使劲拉着一架腿上拴着毛巾的大钢琴走进房间里来。乌黑发亮的钢琴盖上躺着一个裸体女人，皮肤白得耀眼，由于光着身体毫不害羞而使人觉着可怕。她躺在那儿，胸脯朝上，把手垫在脑袋底下。她的黑头发散开，跟油漆的黑光溶成一片，像是在钢琴盖里生下了根。她离桌子越近，她的肉体的轮廓就越清楚地显出来，她腋下和肚子上的小撮毫毛也就越发固执地扑进眼帘里来。（汝龙　译）

汝龙的翻译非常准确，造句基本上还是多用汉语的一般主谓句再现原意，原文的语序和存在句也都顾及了，几乎是最佳接近俄文的，且符合事理逻辑。这是我们在频繁使用汉语的主谓句时需要留心的。

"'主语＋谓语＋处所成分'的句子，是说明已知的事物位于何处（新知），回答的问题，不是真正的'存现句'，而是属于说明事物位置的关系句——'方位关系句'。这种句子的表述目的在于说明已知的事物的空间位置（新知），'存在'不过是语句含有的一种义素通过存在动词表达出来，并不是报道‘存在什么’。‘强调这种义素（空间位置）……则不是真正的存在句的本质。存在句是从存在域（已知）出发，叙述事物的存在有无。'”（张会森，2004：342）翻译存在句须尽可能保持词序，不轻易改变从已知到新知、从有定到无定的语义词序。

И солдат проходил. За ним другой солдат ехал на повозке. （Л. Толстой，《Война и мир》）

这个老兵也过去了。他后面过来一个坐在大车上的士兵。（刘辽逸 译）

这个老兵也过去了。后面是另一个坐在行李车上的大兵。（草婴 译）

汉语是字句有助于顺畅表达，承接自然，而不打破原文的基本语序。汉语译文也可稍作调整为：……后面跟着另一个大兵，是坐在行李车上的（或另一个大兵坐在行李车上，紧随其后）。

В одном месте лес с городом соединял запущенный сад, который когда - то окружал чью - то дачу и был огорожён. Теперь забора не было, сад зарос, но остался садом, потому что там попадались акации，черемуха，сирень и кусты непривитых яблонь. （А. Вампилов，《Финский нож и персидская сирень》）

森林与城市之间有一处荒芜的花园，花园曾经有围栏，里面是一家别墅。现在篱笆没有了，杂草丛生，但仍是个花园，随处可见刺槐、稠李、丁香和未嫁接的苹果小树丛。

Поглощённыймрачными грабительскими мыслями，молодой человек незаметно для себя очутился в самом глухом уголке сада, где попадалась ещё не исте'рзанныаа любителями живых цветов сирень. Уголок этот благоухал. Но из молодого человека формировался уже алкоголик，так что запахи он чувствовал смутно. Равнодушно взглянув на пышный куст персидской сирени, он уже хотел повернуть назад, как вдруг заметил по ту сторону куста белое платье. （А. Вампилов,《Финский нож и персидская сирень》）

　　一心想着抢劫的阴郁的年轻人，不知不觉来到公园最僻静的一个角落，那里尚有未被爱花人蹂躏的丁香。角落里清香四溢，可惜年轻人是个被造就的酒鬼，只能隐约闻到花香。他冷漠地瞅了一眼茂盛的波斯丁香，本想往回走了，却忽见树丛里有个穿白裙子的姑娘。

　　汉语带"有"或"是"字的存在句，颇能有用于再现俄语的倒装语序（不一定是存在句）。汉语句式无疑已经参与到翻译的意义重构之中，发挥正面干扰的表达效果。

　　朱光潜说得好："所以想尽量表达原文的意思，必须尽量保存原文的语句组织。因此，直译不能不是意译，而意译也不能不是直译。不过同时我们也要顾到中西文字的习惯不同，在尽量保存原文的意蕴与风格之中，译文仍应是读得顺口的中文。以相当的中国语文习惯代替西文语句习惯，而能尽量表达原文的意蕴，这也并无害于'直'。总之，理想的翻译是文从字顺的直译。"（朱光潜，1984：454）译者当"融会中西文的语句组织"，细心推敲俄语存在句译成中文某种说法之是否恰当。既不能抛开原文句法而不顾西文之"能随情思曲折变化而见出轻重疾徐，有时不免失之松散平滑"，又不能一味株守原文句法而使译文变得佶屈聱牙。双语互参式译学研究，就是要问津"译文实际上的程序问题"（林语堂，1984：421）。翻译没有唯一的答案，上下文和语境决定了组句的灵活运用，由此生出翻译中的诸多变化。

　　赵元任 20 世纪 70 年代末说："眼前的翻译学的状态只能算是在有些正式学门里所谓尚未系统化的阶段，换言之，里头说的都还是些半调子未成熟的观念，美其名曰 presystematic stage 而已。我们现在其实还没很超过 Postgate 五十多年前论翻译时候所注重的话。他说：大家都承认，虽然大家不都实行，一个翻译的基本优点就在乎一个信，谁翻译的跟原文最近就是谁翻译得最好。可是远近既然还是程度的问题，这话不是又说回头了吗？有一个有用的试验法就是把译文译回头，看是不是另有一个更恰切的原文可以对这译文。如果有的话，那就是起头儿翻译的不够信。虽然这只是个试验的方法，而信的多幅性的困难依然存在。说起来的话，有哪门学问里不是老在那儿愁着多幅性的困难的？"（赵元任，1984：741）翻译真正地是在矛盾中运行的，只能是求得信和近似的"度"。这恐怕就是赵元任所说的"信的多幅性的困难依然存在"。向左偏过了，变成了死译，向右偏过了，就变成了胡译。"如果译文和原文相同的形式能表达相同的内容，一般可以直译。……如果译文和原文相同的形式不能表达和原文相同的内容，一般应该意译。"（许渊冲，1984：800）我们套用赵元任的意思，并稍做改动，可以这样作结：在遇着俄语存在句的时候，最好是对译成汉语存在句，不然（情况不许如此），句式可以有所改变，以求在句法最佳近似、大概近似或者无法近似下贴近原意传达精神意趣。另外，翻译还涉及形似和神似的问题，照傅雷的说法"重神似而不重形似"，则又是别样一番境地，另当别论。

俄汉语存在句有明显的共同点，也有各自的运用特点，尤其在篇幅较长的段落会显出差异来，不能完全对译，具有语言制约性，尤其是俄译汉时。

俄汉语都有存在句，并且具有相同的典型结构模式：处所短语（时间短语）＋存现动词＋人、事物或概念。存现句的谓语不是叙述人的动作、行为和事物的发展变化，而是表示人或事物的存在、出现或消失。这是在进行翻译时需要特别从意义上甄别的。俄汉存在句都是语法化的倒装句，是特殊主谓句，主语在后，从已知到未知，并且主语后面还可能跟续着句子，作进一步的叙述与描写。相同的结构模式和语序是俄汉对译的依据，直译而能"文从字顺"的原则，很适合用来处理俄汉存在句的翻译问题。但并非所有的俄语存在句都能对译成汉语的存在句，时有译成一般主谓句，时有译成存在句与主谓句间杂的句式，在总体语流顺序下，上下文和语境决定了组句的灵活运用，可有诸多变化。汉语的"只见""忽见""又见"等词加一般主谓句（存在句），与俄语存在句及后续句式（如从句）颇有神似同工之妙。汉语带"有"或"是"字的存在句，颇能再现俄语的倒装语序（不一定是存在句）。

俄语存在句译成汉语，难以还原存在句时常有之，或因俄语存在句的扩展成分多，或因语言表达习惯不同，或因保留叙述语序而句法构造有所改变。在遇到俄语存在句的时候，最好是对译成汉语存在句，不然（情况不许如此），句式可以有所改变，以求在句法最佳近似、大概近似或者无法近似下贴近原意传达精神意趣。译文但凡应让读者"易晓"，不必完全是中国话语结构，译文的通顺来自原文里的通顺，跟国人做文章的通顺有所区别。人类语言之间虽多有不同，也有不少可以互通、互融、兼用的语法，俄汉语存在句就是这样的可以互译借鉴的句式。但正如前述，译事多变化，翻译尽数搬用原句法次第有时行不通，而互相参用则可以相得益彰，以造成译文既尽可能接近原文又能文从字顺。而进一步，译文可有一种折中"调和之美"，则是一种境界。

第二节　俄汉语(准)判断句翻译问题

俄汉语判断句有共通点（交叉重叠），也有相异点。汉语的判断句与是字句不尽相同。双语互比可为翻译问题的解决提供语言学（语法学）解释依据，我们将以大量的译例剖析诸多相关的语言现象（如汉语的判断句或是字句与俄语类似句式的对应互译）。

一　俄汉语判断句（是字句）的特点
（一）俄语判断句

俄语判断句的系动词呈现出多样化的特点，并不像汉语的判断句基本上由系词"是"来连接成句。主要的系动词有：Это, есть, вот, быть, являться, представлять собой, становиться, оставаться, оказываться, заключаться в чём, составлять, служить, значить，означать，иметь（ся）в виду，подразумевать（ся），относиться，принадлежать，входить，считаться（считать）等。俄语判断句属于主谓句，整个模式的语义结构为"主体及其表现为事物的述语性特征之间的关系"，分两大类语义类别。这里的判断句例子主要以 это，есть，вот 作为系词。

第一大类句子里的主体是特征的载体，而该特征是主体自身所有的或认为它所具有的（信德麟等，2001：627）。

1）含有各种有关主体信息的句子，这包括指出名称、性别、年龄、职业、活动、亲属或社会关系、社会或地域归属以及度量方面的特征，可暂把它们统称为信息性特征。Приезжая — это и есть моя сестра. 也可加各种半实体系动词及 явиться，являться。

2）表现主体与另一（广义的）事物有等同关系，一般常用现在时形式。Жизнь — роса на траве под низким утренним солнцем，сизая，как грудь голубя（Тендр.）（生命是旭日下的草上朝露，淡淡的瓦灰色，像鸽子的胸脯。）

3）对主体作限定性的说明，或揭示其本质，或对主体作基本说明或评价，两者很难截然分开（信德麟等，2001：626 – 627）：Свобода — （это，есть，это есть，это и есть，нечто иное，как）осознанная необходимость.（自由是被认识了的必然性。）Диалектический материализм есть мировоззрение марксистско – ленинской партии.（辩证唯物主义是马列主义政党的世界观。）

4）谓语确定主体的作用与功能，无应该式，可广泛和各类系词和半实体动词连用。

Защита тайги — это（есть，это и есть，вот）главная функция лесхозов.（保护森林，这是林业局的主要职能。）

第二大类句子中，主体的特征是通过各种联系与对比来确立的，而不属于主体自身（信德麟等，2001：627）。在这类语义结构中，Это 是运用得很广泛的系词，在几乎所有的这类句子中，它甚至是不可少的，但半实体动词却不大用。这类句子的语义结构分为六种，分别指明主体特征是在什么关系上确定的，这六类情况除 5）外，均只有现在时形式（信德麟等，2001：627－628）。

1）互相牵连的关系，某一现象和另一现象是密切相关、直接联系着的；

В моей памяти, как и в памяти других корреспондентов, война — это наполовину дорога. （Сим.）（和别的记者一样，在我的记忆中，战争有一半是走路。）

2）本源与派生的关系；

Каждый час простоя домны — это сотни тонн потерянного металла. （高炉每停工一小时，就少炼生铁数百吨。）

3）依属制约关系，表示某一现象直接取决于另一现象；

При ряде заболеваний терпение и спокойствие — это выздоровление. （对一系列病来说，耐心与平静就是康复。）

4）固有共生的或伴随出现的关系；

Одесса — это море, каштанты, загородные дороги. （奥德萨——这就是大海、栗树和郊区的道路。）

5）囊括关系，指某种现象完全为另一类现象所占据，充满了另一类事物，可用现在、过去、将来时及假定式形式；

Весь её день теперь — это пелёнки и стирка. （她现在是成天换尿布洗衣服。）

6）集中表现（或完全体现）关系，指某现象自身的特征完全表现为另一现象。

Волга — это не только тихие рассветы. （伏尔加河——这不仅仅是静悄悄的黎明。）

以上判断句例子均可归入双要素非变位动词句。系动词发生变位的例子见下文，以下例子大多采自《大俄汉词典》和程荣辂的《俄汉—汉俄翻译理论与技巧》。

Быть，явиться（являться）是基本的两个系动词，可以有时态变化，可以省略，在系动词出现时，表语用第五格，在系动词省略或有破折号时，表语为第一格。表语为第五格，是表示抽象性质的概念，而第一格表示的是具体的概念。

Пума — крупная дикая кошка. （美洲狮是大型野猫科动物。）

Этот человек <u>был</u> твоим другом （这个人曾是你的朋友。）

Простуда <u>явилась</u> причиной всякой болезни. （感冒是百病之源。）

Решающим фактором исхода войны является человек, а не вещь. （战争的决定因素是人，不是物。）

Представляет собой

Труд представляет собой основу, на которой существует и развивается человеческое общество.

劳动乃是人类社会赖以生存和发展的基础。

这几个系词在判断句中仅作为系词，而不具有别的含义。而以下词汇却有所不同，乃是具有一定含义的系词。

Стать

Он стал нервным или нервный. （他已经是神经质的了。）

Я работал три года техником, а теперь стал инженером.

我当了三年技术员，现在是工程师了。

В Узбекистане выбрали президента. По результатам голосования, новым лидером страны стал кандидат от Либерально - демократической партии Шавкат Мирзиёев.

乌兹别克斯坦选出了新总统，根据投票结果，新的国家领导人是自由民主党候选人米尔济约耶夫。

Служить

Только практика может служить единственным мерилом истины.

只有实践才是检验真理的唯一标准。

Наши профсоюзы служат школой коммунизма. （我们的工会是共产主义的学校。）

Разве вы не допускаете, что я тоже могу служить причиной

беспокойства.（难道您不认为，我也可能是引起不安的原因吗？）

Оставаться

Факт всегда остаётся фактом.

事实永远（终究）是事实。

Они были и остаются большими друзьями.

他们俩过去是现在仍然是好朋友。

Значит（означать）

Топтаться на месте — это значит двинуться вспять.

停滞不前就是倒退。

Простить значит забыть.

原谅就是要不念旧恶。

Оказаться

О, вы оказались старыми знакомыми!

噢，原来你们俩是老相识啊！

Оказывается, он не профа'н, аседущ（–ий）в этом деле.

原来他不是外行，而是个内行。

Оказалось, что они соседи.（原来他们是邻居。）

Составлять

Демократия и централизм составляют две стороны одного（единого）целого.

民主和集中是一个统一体的两个侧面。

Это составило исключение.（这是个例外。）

Считать（ся）

Он считается хорошим инженером.（他算是个好工程师。）

Принадлежить

Нашей стране принадлежит решаюшая сила в борьбе за мир.

我国是保卫和平斗争中的决定力量。

Подразумеваться

В баснях говорится о зверях, а подразумеваются люди. (寓言里讲的是野兽，影射的是人。)

Заключаться

Научный подход заключается в добросовестных поисках истины.

科学的态度就是实事求是。

Состоять

В чём состоит особенность международной обстановки в настоящее время?

目前国际形势的特点是什么？

俄语判断句系动词包括系词和半实体动词，后者常有时、态、体的语法形式，主要担当系词，兼有动作义，但动作义已经减弱了，对应于汉语判断句中具有一定含义的系词"是"。

（二）汉语（准）判断句（是字句）

判断句通常是主谓句，用来断定主语所指的是什么，或属于什么种类的句子。系词"是"是判断句的标志。王力说，"'是'字是由指示代词发展为系词的。发展的过程是这样的：在先秦时代，主语后面往往用代词'是'字复指，然后加上判断语。……无论是这种或那种情况，'是'字经常处在主语和谓语的中间，这样就逐渐产生出系词的性质来。……汉语真正系词的产生，大约在公元第一世纪前后，即西汉末年或东汉初叶。在王充《论衡》里已经有不少'是'字是当系词用的。"（王力，2004：410-412）了一的弟子郭锡良说："应该承认系词'是'在西汉时期（或战国末期）就已经产生，但是到六朝时期这种用系词'是'的判断句新形式才在口语中取代不用系词的旧形式。系词'是'来源于表复指的指示代词'是'，但是应该承认它的演变成系词，曾受到形容词'是'的影响。"（郭锡良，1997：121）

汉语的判断句，最典型的是以"是"字作为系词的句子。充当宾语的可能是名词、名词性"的字短语"、谓语性词语。

　　　　梅花潭是一个瀑布潭。（朱自清：《绿》）

　　　　这个梨是酸的。

　　　　马有四蹄。（相当于马是有四蹄的）

　　　　星在天上。（相当于星是在天上的）

有时候"是"字并不出现，存在着没有系词的判断句。

　　　　这个梨，酸的。

也存在无主语无系词的判断句。

　　　　李纨道："好主意！"

　　几乎所有的描写句都可以变成判断句，在主语和谓语之间加上系词"是"，再在句尾加上一个"的"字即可。有些句子，表面上很像叙述句，因为它们是以动词（如有、在）为谓语的，但实际上它们只有判断的用途（王力，1985：53）。而有些句子，则是由叙述句变来的，可以算是判断句了，但又可以当作叙述句看待，这种判断句偶然也可省去"是"字，如：

　　　　那史湘云极爱说话的。（《红楼梦》）

　　　　这等子弟必不能守父祖基业，从师友规劝的。（《红楼梦》）

　　"有时候，为了要加重语意，可以在叙述句里加上'是……的'这种说法，在形式上是变了判断句了，但在意义上仍是叙述的性质。"（王力，1985：54）而是字句，不一定是真正的判断句，可能是有所强调的叙述句。这在我们进行俄汉翻译中是很有用途的知识。是字句在翻译成俄语时或许可以采用语序强调的叙述句来体现，不必硬把"是"字都译出来。

共产党啊，是真行！（老舍：《龙须沟》）

这种梨，天津多少钱一斤？天津是五毛。

他呀，一年到头总是一套蓝制服。

"这类句子通常总出现在特定的语言环境里（或是对举，或是问答）。从意念上说，它们都有所省略。……这种句子，乍看起来主、宾相应，似乎不合理，实际上口语经常这样用，是一种很有特色，很有表现力的句式。"（黄章恺，1987：144）

值得一提的是，汉语由"是"字连接的句子可以构成比喻句。这是"是"字的一种特殊用法。

在她的面前，他觉得他是荷塘里，伏在睡莲的小圆叶上的一个翠绿的嫩蛙。他的周围全是香，美，与温柔。（老舍：《四世同堂》）

他自己是一颗光华灿烂的明星，大赤包与尤桐芳和他的女儿是他的卫星，小羊圈三号的四合房是他的宇宙。在这个宇宙里，做饭，闹酒，打牌，唱戏，穿好衣服，彼此吵嘴闹脾气，是季节与风雨。（老舍：《四世同堂》）

还有一种由存在句变化而来的判断句，与存在句差不多，可大致相同地对待。是，除了表示肯定、判断的原意外，还有存在的意思，是类似有。

在苍松与金瓦的上面，悬着的是日本旗！

山上全是枫树，秋天是一片红。

早上起来，我打开窗户向外一看，树上、地上、屋顶上都是雪，好看极了。

可见，判断句与叙述句、描写句、是字句、存在句具有相通之处，有时候可以大致相当地对待它们，进行句式转换。这对于俄汉翻译颇有启发意义，翻译遇着困难了，不妨转换一下句式看看。

（三）汉语"是"字句的类型

王力说："就汉语来说，真正的系词只有一个'是'字。'甘地是印度人''鲸鱼是兽类''她是一个好学生'，这些都是判断句，其中的'是'字都是系词。但是，我们不能说'是'字在任何情况下都是系词。缺乏主语的往往不是系词（'是我忘了，请你原谅'）；当谓语不是名词性质的时候，谓语前面的'是'字也不是系词（'他实在是很爱你'）。"（王力，2004：402）这就是说，是字句不都是判断句，或者说是字句很可能不是判断句。我们不做截然的细分，而是把判断句和是字句模糊地看待（作为一个整体），二者虽有区别，但也可统称为是字句。我们不妨把是字句叫作判断句，或准判断句，或形式上的判断句，这样便于与俄语进行比较，以及探寻解决判断句（是字句）的翻译问题。

1. 按照是字句主语和宾语的关系，可分成几种类型（刘月华、吕叔湘的著作对此有过研究）（刘月华，1984：428），表示等同和归类。

> 一年的四个季节是春、夏、秋、冬。
> 李老师是教语音的。
> 这本书是我买的。
> 这台机器是绣花用的。
> 这张桌子是三条腿的。

用"的"字短语作宾语，除表示等同、归类外，有时还说明质料、来源、用途、领属等。

2. 宾语对主语从某个方面加以说明，主语与宾语不相应。说明人、事物的特征，说明时间、处所、衣着、扮演的角色，表示所具有的物品、比喻、工具、手段等。这是汉语特有的句式，成句简练、生动活泼，常是有所省略的，但补足后往往显得冗长、累赘（刘月华，1984：428）。

　　这小孩是黄头发。

　　你们是知识分子的语言，他们是人民大众的语言。

　　老王是一只胳膊。

　　火车从北京出发是早上五点。

　　我们都住在黄河边上，他是上游，我是中游。

　　这次排练，罗拉是东郭先生，丁力是狼。

　　解放前，他夏天总是一件破布衫。

　　时间就是生命。

　　我们是小米加步枪，敌人是飞机加大炮。

　　3. 表示说明、解释，有时有申辩的意味（吕叔湘，1981：437）。

"是"的宾语多由动词（短语）、形容词（短语）、介词短语充任。

　　人家是不知道，问问你，不会有别的意思。

　　你这样做是根据什么？

　　他的做法是进，不是退。

　　4. "是"字起强调作用。

　　"是＋小句。强调一件事情的真实性。'是'前常用'都、正、就'等词"（吕叔湘，1981：437）。或强调小句，或强调小句的主语、宾语或述谓。

　　是共产党领导咱们穷人翻了身。

　　正是劳动群众创造了人类历史。

　　他的断指再植手术，是张大夫做的。

　　今天的报告太精彩了，遗憾的是你没能来听。

　　可惜的是把时间全浪费了。

　　"是……的"用来强调动作的时间、处所、方式、条件、目的、对象、工具等，这种句子全句要表达的意义重点是由"是……"中间的状语来体现的，因此句子的重音也在这状语或趋向补语上（刘月华，1984：487）。

> 我是从农村来的。
> 那本书是 2012 年出版的。
> 老赵那番话，好像就是对我说的。
> 这项工作是在党的亲切关怀和广大群众的热情支持下完成的。

如果"是……的"中间的动词带宾语，这个宾语可以予以重音强调。这个宾语可放在"的"字前，也可以放在"的"字后。

> 我是学英语的——我是学的英语。

同样，"是……的"句用来强调施事主语时，"是……的"中间的谓语动词，也可以带上宾语，宾语一般放在"的"后，也可以把宾语放在"的"前。

> 是姐姐让我进屋的——是姐姐让我进的屋。

"是……的"用来强调受事宾语，动词的受事宾语在"的"后，重音落在这个宾语上。

> 每个同学都给杂志社投了稿，有人是作的诗，有人是写的散文，还有人是画的漫画。

"是……的"用来强调动作行为，而这一动作行为是产生某种结果的原因，全句的主语就是这一原因产生的结果，因此主语往往是一个主谓短语，表示某种事实（刘月华，1984：490）。重音落在这个动词上。

　　　　她脸红恐怕是海风吹的。

　　还有一种类似的句式，但主语不是一个主谓短语，而是只有单独一个名词（词组）。这是一种很有趣的句式，可看作一个叙述句，不仅有对动作行为的强调，而且有对动作行为的修饰语的强调。

　　　　春蚕是一个中午成熟的，女人是一个夜晚苍老的。（莫言：《红树林》）

　　5. A 是 A 句式

　　吕叔湘在《现代汉语八百词》中对"是"做过详解，包括研究 A 是 A 这种句式。不妨摘录于后。

　　"是"前后用相同的词语。A 是 A，用于对举，强调二者不同，不可混为一谈。

　　　　我哥是我哥，我是我，两码事儿。
　　　　这个人言行不一，说是说，做是做。

　　这种句式多是两个是字句的并列形式，有时暗含赞许之意，表示清清楚楚，地道，不含混。

　　　　这孩子真是头是头，脑是脑。
　　　　咱们应该公是公，私是私，清清楚楚。
　　　　他演得真好，眼神儿是眼神儿，身段是身段，做派是做派。

　　A 是 A，单用。表示让步，有虽然的意思。第二小句常有"但是""可是""就是"等词。

亲戚是亲戚，可是原则不能破坏。

A1 是 A2。A1 和 A2 的中心部分相同，表示让步，有虽然的意思，用于转折句。

你呀，心是好心，就是话说得过头了些。

动词 + A + 是 + A。A 是数量词。多表示不能勉强，或可以有积极的意义，表示稳扎稳打。

种一块是一块，十年以后你瞧！

"是"是凡是的意思，表示条件。

是什么种子，就开出什么花。

汉语中的是字句（是……的），具有广泛的用途，用法多样而富于变化，只要我们在俄汉翻译中，能够灵活地应用它们，可能使译文简练、生动、活泼。"是"字是一个很富有生活气息的口语词，能避免语言的刻板化，宜适当多用。

二　俄汉语判断句（是字句）互参探译

从俄语判断句译成汉语，基本上都能译成有系动词"是"的判断句（胡谷明，2010：209 - 211）看来，广泛存在着俄汉判断句（是字句）的对译现象，翻译不存在什么问题。但实际上判断句（是字句）的翻译还是复杂有趣的，我们还是来细致考察一番。

（一）俄语判断句的汉译

判断句是用来断定主语所指和谓语所指同属一物，或断定主语所指属于某一性质或种类。王力说，判断句和描写句有一个相同之点：都是没有发生的时间的。的确，汉语判断句没有时态范畴，但这并不适合于俄语，因为俄语系动词常有时态变化。这是翻译时需要留心的。

一类判断句是断定所指的人物属于某一性质或种类的。这一类的判断句不可以用等号来表示，因为主语的范围较小，谓语的范围较大。

Тигр зверь.

老虎是猛兽。

Гранат куст.

石榴是灌木。

Он писатель.

他是作家。

俄语未用系动词，静词或形容词直接作谓语。汉译变成了有系词的判断句。

Он Чжоу Эньлай.

他是周恩来。

Завтра будет 18 – съезд партии.

明天是党的十八大。

Это мой приятель Чжоу Жуйсян.

这是我的朋友周瑞祥。

以上是另一类判断句，主语所指和谓语所指同一，可以画等号。俄语可以不用系词，直接粘接表位即可形成判断句，若需标明过去或将来时，则必须使用系词。而汉语通常须采用系词，以便形成一个判断句，但系词没有时间范畴的语法形式。

值得指出的是，当俄语两个小句并列构成一个连贯语义时，前半判断句在译成汉语时可以省略"是"字，这是紧凑式所允许的。

Она умная и нежная. Она простит меня.

她是个聪明、温柔的女人。会原谅我的。

她一个聪明、温柔的女人，会原谅我的。

Этобыла нежная, чуткая, отлично воспитанная девушка, и трудней всего она воспринимала какие – либо отклонения от нормального. （А. Вампилов, 《Финский нож и персидская сирень》）

这个温柔、机智、很有教养的姑娘，最难理解的就是那些反常现象。

Французский драгунбыл молодой малый, альзасец, говоривший по – французски с немецким акцентом.

这个法国龙骑兵是一个挺好的小伙子，阿尔萨斯人，带着德语口音说法语。（刘辽逸 译）

法国龙骑兵是个年轻的阿尔萨斯人，说法国话带德国腔。（草婴 译）

俄语的判断句大多有系动词，这是正好与汉语的判断句吻合的，可以实现系动词的对译。

Он не испытывал вожделения к Поповой, в мечтах она являлась перед ним не женщиной, которую он желал, а необходимым дополнением к ласковому уюту дома, к хорошей, праведной жизни. （М. Горький, 《Дело Артамоновых》）

他对波波娃没有存着什么欲念。在他的幻想里，她在他面前不是以他所爱恋的女人的身份出现，她只是那所亲切舒适的房子和那种美好纯正的生活的不可缺少的补足品罢了。（汝龙 译）

俄语 являлась 是系动词，译成汉语的系词"是"，后一判断句俄文承前省略了主语和系词，而汉译添加了主语和系词。

В вагон №10 ревизор вошёл перед станцией Сачки. Был он весел, вежлив и предупредителен. Казалось, его работа заключалась не в том, чтобы вылавливать безбилетников, а в том, чтобы убеждаться, что все пассажиры едут в этом поезде с билетами. (А. Вампилов, 《Железнодорожная интермедия》)

在快到萨奇卡车站的时候，十号车厢走进来一个查票员。是个快乐、礼貌、细心的人。他的工作似乎不是为了查获逃票者，而是为了确认每个旅客乘坐这趟列车都是有票的。

"是个快乐、礼貌、细心的人。"承前省略主语的判断句，Был 对译成"是"。заключалась не в том, ... а в том, ... 对译成了汉语的"不是……而是……"判断句式。

Артамонов смеялся; сынбыл единственным существом, вызывавшим у него хороший, лёгкий смех. (М. Горький, 《Дело Артамоновых》)

阿尔塔莫诺夫笑了。能够引得他发出好意的、爽快的笑声的，只有他儿子一个人了。(汝龙 译)

汉译文表面上很像叙述句，实际上它只有判断的用途，因为它是以动词"有"为谓语的。不过，译成带系词"是"的判断句也办得到，只需把"只有"变成"只是""就是"便可。

Лошадь, на которой он ехал, была донская, купленная походом у казака; гусарская измятая шапочка была ухарски надета назад и набок. (Л. Толстой, 《Война и мир》)

他骑的马是在行军中向一个哥萨克买来的顿河马，揉皱了的骠骑兵帽彪悍地向后歪戴着。(刘辽逸 译)

他骑着一匹顿河马，那是行军途中向一个哥萨克买的。他头上豪气十足地歪戴着一顶压皱的骠骑兵军帽。(草婴 译)

И всё – таки ограблённому он завидовал, и, может быть, для него быть счастливым значило быть честным. Но он считал честную жизнь чем – то в высшей степени ему не свойственным и не подходяцим. （А. Вампилов,《Финский нож и персидская сирень》）

终究他是忌妒被抢劫的人，也许他知道，成为一个快乐的人就是要做一个诚实的人。但他认为诚实的生活是某种崇高的东西，是他天生不具备的，可望而不可即的。

俄汉判断句对译的例子比比皆是，不胜枚举。接着，我们因例随释，力图从杂多的翻译现象中理出头绪，而发现一些规律。

"Изменил самым подлым образом. Изменил кому? Вере, моей Вере. Такой чудной женщине, такой любящей жене. Ловелас!" Гусар! – думал Голубев, ожесточённо раскуривая. （А. Вампилов,《Чужой мужчина》）

"最卑鄙的背叛！背叛了谁？薇拉，我的薇拉。这么好的女人，这么恩爱的妻子。我竟然寻花问柳，做了个风流骑士！"格鲁别夫一边想着，一边猛吸了一口烟卷。

"最卑鄙的背叛"，作为特殊判断句的独词句，是由俄语省略主语的动词谓语转换译来的。

Погорелов. Вот – вот! Созрел. И режиссёр говорит:《Из вас, по – моему, выйдет назаурядный подлец》.

Машенька. Боже, за кого я собираюсь замуж. （А. Вампилов,《Успех》）

波格列罗夫：正是！成熟了。导演也说："您呀，我看，可以成就一个非凡的卑鄙之徒。"

玛申卡：天啦，我要嫁的人啦！

За кого я собираюсь замуж 可视为判断句的表位，单独的静词型口语结构，译成汉语"我要嫁的人啦"，类似于"好主意!"这样的特殊判断句。

Действительно，это была разъездная читинская эстрада. Далее был жонглёр，эквилибристы，чтец – декламатор и прочее. ... на танцы народу в клуб собирается немного，да и，правду сказать，танцы скучные. На баяне играет сам художественный руководитель Дома культуры，молодой симпатичный человек. （А. Вампилов，《Прогулки по Кутулике. Прогулка третья. ночная.》）

果真，这是赤塔巡演各地的小型文艺节目。接着表演的是一位马戏团杂耍演员，几位表演平衡的杂技演员，一位诗歌朗诵演员，等等。……到俱乐部跳舞的人并不多，说实话，跳舞也无趣。演奏手风琴的就是文化宫的艺术指导，一位可爱动人的年轻人。

既有判断句在翻译中对译成判断句的，也有叙述句在翻译中增加系词而变成判断句（是字句），或准判断句，或形式上的判断句。

- Зачем? - спокойно ответил Тихон. - Теперь - дожди нужны. И для грибов росы эти вредные. А у хорошего хозяина всё вовремя. （М. Горький，《Дело Артамоновых》）

"为什么要相信呢?"吉洪心平气和地回答。"现在我们要的是雨。而且对菌子来说，这些露水也是有害的。一个好主人是应当把样样东西都供应得正是时候的。"（汝龙 译）

汉译中的是字句，在俄文中没有系词，原是后置强调的叙述句。汉语是字句的表位通常也是被强调的。这便是俄语的叙述句与汉语的判断句（是字句）可以相通互译的地方。

Солнце, будто демонстрируя здесь свою власть, слепит молодым снегом, сверкает большими ясными окнами домов. Дома стоят свободно. Очень свободно. Стройные, лёгкие, каждый в отдельности — строгие, вместе, целой улицей они выглядят празднеством простоты, воздуха и света, это — архитектурный союз дворцов и хижин. Союз этот выгоден, прочен, необходим. (А. Вампилов, 《Город без окраин》)

太阳仿佛发了威, 照耀得新雪眩目, 楼房的大窗户反着光。楼房赏心悦目, 令人十分惬意。一座座楼房又匀称, 又轻巧, 单独看规整雅致, 整条街道则是一派纯朴天然、清新明亮。这是殿宇和小农舍建筑的融合。这种融合是有益的, 牢固的, 必然的。

俄文里的形容词可以直接做谓语, 而不带系词, 后置的不论是否是短尾形式, 都可能含有强调的意味, 常可译成汉语的判断句或是字句。俄语的破折号, 可以表示停顿, 也可兼具系词的作用, 通常可以形成判断句。

Машенька. Она приехала утром. Мы с ней так редко виделись, но она меня любит. Впрочем, увидишь сам. Маман — забавная женщина. Ты должен ей понравиться. Будь галатным, вежливым. (А. Вампилов, 《Успех》)

玛申卡: 她早晨来了。我与她难得相见, 但她爱我。你自己也会看到。妈妈是很和乐的 (人)。你要讨她喜欢。你要文质彬彬的, 谦恭有礼的。

汉语的形容词性 "的" 字结构, 具有强调的意味, 可当作省略了系词 "是"。

Студент. Вежливым и предупредительным с вами будет тот, к кому вы торопитесь. Он, и никто другой. (А. Вампилов,

《Свидание》)

　　大学生：该对你礼貌献殷勤的是你急着要去见的那个人。是他，而不是别人。

　　倒装叙述句可以强调主语，有时后置主语还会带上修饰语，这样的句式常可译成汉语的准判断句（是字句）。"是""而不是"对别出现，具有强调的作用。

　　"Хоть бы сел ко мне кто – нибудь в купе, что ли", – подумал он. Петр Васильевич Голубев возвращался в свой город после двухмесячной командировки. В командировки Петру Васильевичу приходилось ездить часто, но особенно он любил обратную дорогу. Домой он возвращался всегда веселым, свежим, вез с собой подарок жене и пару старых анекдотов и остро́т, услышанных от новых знакомых. Новые знакомые всегда рассказывали старые анекдоты. (А. Вампилов, 《Чужой мужчина》)

　　"包厢里再住进来一个人，也许就好多了。"彼得·瓦西里耶维奇·格鲁别夫心里想。出差在外已有两个月了，现在是返城回家。彼得·瓦西里耶维奇经常出差，但他特别喜欢返程的时候。回家一向是高高兴兴的，焕然一新的，随身带着给妻子买的礼物，还有从新认识的人那里听来的一两件俏皮的老笑话。新认识的人总爱讲一些老笑话。

　　俄文里除了叙述句后置成分有所强调外，形容词作为主语（或宾语）的修饰补语，副词作为述谓的修饰补语，常有强调之意。在汉语里，但凡有所强调，都可以采用是字句和形容词性的字结构（准判断句）。例中"有"字的运用，则能有助于保持俄语的顺序。

　　Женился он пять лет назад, будучи студентом и будучи

влюбленным.

　　他（是）五年前结的婚，当时还是个大学生，（是）恋爱结婚的。

　　是字句除了对主语描写说明之外，还有强调谓语的作用，例如，"现在是返城回家""他（是）五年前结的婚""（是）恋爱结婚的"。为了强调，俄语也有使用系词（будучи）的情况，翻译时可酌情省略，因为的字结构作汉语的谓语，也可以具有强调的语气。

　　По инерции, между прочим, легко свернуть шею. Инерция — свойство машин и повозок. Инерция людям вредна и несвойственна. Её воспитали в нас когда – то нехорошие люди. (А. Вампилов,《Лошадь в гараже》)

　　顺便说，惯性是极要命的。惯性是机器和板儿车的特性。惯性是对人有害的，不是人的本性。我们身上惯性的养成是因为曾经受了坏人的影响。

　　俄文中形容词作述谓，可译成汉语的判断句。有时俄文中没有系动词，甚至叙述句也可能译成是字句（判断句），通常兼有强调意义。在汉语中，许多叙述句都可以转换成是字句（形式上的判断句）。是字句，不一定是真正的判断句，可能是有所强调的叙述句，被强调的可能是句子的某个成分，也可能是整个句子。

　　А тебе надо доказать, что у тебя талант. （А. Вампилов,《Успех》）

　　而你要证明的是你有天才。

　　俄语的宾语说明从句，可译成是字句，恰相当于被强调的表位句子形式。

　　К　несчастью,　этот　дядя　имел　педагогическую　жилку.
Личным　примером　и　непосредственными　поучениями　он
воспитывал　племянника　по　своему　подобию.　（ А. Вампилов,
《 Финский нож и персидская сирень 》 ）

　　不幸这位大伯尚有育人资质, 他是按照自己的模子和现身说
法来培养教育侄子的。

　　"不幸" 乃是 "不幸的是" 之省略。后一句叙述句译成带强调意
味的是字句, 被强调部分后置, 中俄文皆然。

　　Тело　у　него　было　исписано　эпитафиями　и　лирическими
откровениями,　которые　должны　были　свидетельствовать　о
душевной　обреченности　и　безнадёжности.　（ А. Вампилов,
《 Финский нож и персидская сирень 》 ）

　　他的身上刻着墓志铭和多情善感的启示录, 想必就是精神厄
运和伤心绝望的见证吧。

　　Пылающие　астры　и　георигины　свидетельствуют　о　ярком
расцвете деятельности горзеленхоза. （ А.　Вампилов,《 Цветы и
годы 》）

　　火红的翠菊和大丽花, 就是山区绿色经济繁荣兴盛的见证。

　　俄语的一般叙述句译成了汉语的判断句。增添系词 "是", 俄文
中的谓语动词作了汉译文里的表位, 名物化了。

　　汉语用结构助词 "的" 把动宾结构转化为偏正结构, 具有强调的
修辞效果, 同时可以使句子结构更清晰, 尤其是在连续使用几个动词
的句子里 (《语法与修辞》, 1985:185)。例如, "反对和阻碍施行这
项政策, 是错误的" 远不如 "反对和阻碍这项政策的施行, 是错误
的" 通达。的确, 遇到连续两个以上动词构成动宾结构, 只要将其隔
开一下, 就不至于把动词都堆砌一块儿了。可见, 俄汉语的动词+动
词式的动宾结构不大可能对译, 常把动词+动词式的动宾结构改译为

是字句（偏正结构），这是句式的转换了。当然，这并非是唯一的解决办法，只要能将两个动词隔开一点，汉语句子就变得更通顺些。

Врачи находят Льва Васильевича здоровым, но советуют употреблять меньше жирного и мучного. （А. Вампилов, 《Цветы и годы》）

医生检查认为列夫·瓦西里耶维奇身体还好，但建议他少吃油腻面食。

尝试把"建议他少吃油腻面食"改为"建议吃少些油腻面食"，感觉效果就差了些，甚至有些不通顺。

И он сделал к ней шаг, но только шаг. Его остановил её взгляд... Следы каких – то происшествий на лице придавали ему в её глазах романтический оттенок. （А. Вампилов, 《Финский нож и персидская сирень》）

他又往她的跟前凑近一步，仅只一步。是她的目光使他停住了。……他脸上的伤痕，在她眼中便是赋予了他某种浪漫的色彩。

是字句具有强调作用，分别强调小句的主语和述谓，很好地对译了俄文的后置主语以及述谓。

— Неужели вы не нашли другого повода, чтобы заговорить со мной? — сказала она, продолжая улыбаться, и он понял, наконец, что предложение снять часы она принимает за шутку, а его считает честным человеком, и вдруг почувствовал себя во власти какого – то сложного непонятного состояния, которое делало его попытку снять часы у этой девушки попыткой страшно нелепой и несостоятельной. （А. Вампилов, 《Финский нож и персидская сирень》）

"您难道找不到别的话与我说吗？"她说过之后，仍是微笑的。而他终于明白，叫她取下手表，被她误以为是在开玩笑，而他则被当成了一个诚实的人，他忽觉自己被一种莫名而复杂的情绪所左右，感觉从姑娘手中摘取手表的企图是极其荒谬不义的。

在此，是字句仍然具有强调作用，往往俄文的叙述句可以译成汉语的是字句，而"是"字后面的成分，多有被强调的意味，其语气比不用是字句要强些。

— Вам нужны часы? —проговорила она сухо. Он молчал. Через несколько мгновений послышался шелест травы под её ногами. Шла она или бежала, он не видел. Он сидел на земле, опустив голову и беспомощно, как подраненная ворона крылья, расставив руки.

"你是要手表吗？"她冷冷地说。他沉默不语。稍过片刻，便听见她踩着青草离开时发出的沙沙响声。她是走远还是跑远的，他没有看见。他坐在地上，耷拉着头，无助地垂下双臂，像是受伤的乌鸦垂下的翅膀。

汉语是字句用于增强询问的语气，而"是……还是……"则恰好用于表示选择意味。

Может быть, потому, что в жизни ему приходилось редко улыбаться и невинная улыбка хорошо сохранилась у него с малых лет, у грабителя оказалась детская улыбка. (А. Вампилов, 《Финский нож и персидская сирень》)

也许因为他在生活中极少微笑的缘故，天真的微笑打小儿就完好地封存起来了，抢劫者原来有着孩子气的微笑。

是字句原来还有顺应语序的作用，用起来灵活方便，正是那种似乎矛盾的是字句，有助于保留原文的语序和避免刻板，"原来有着"即"原来是"的意思。顺便说，是字句用于翻译存在句也是很方便的，因为存在句的一种就是是字句，往往就是看似矛盾的句子。

На дворе была темная осенняя ночь. (Л. Толстой, 《Война и мир》)

外面是黑暗的秋夜。(刘辽逸 译)

屋外是漆黑的秋夜。(草婴 译)

Скамейка под самым большим кустом черёмухи. Место весёлое и такое тенистое, что отдыхющему при тридцати градусах тепла пожилому человеку невозможно пройти мимо этой скамейки. (А. Вампилов, 《Цветы и годы》)

最大的一棵稠李树下有一个长凳，是个阴凉、快活的地儿，在三十摄氏度高温下，上了年纪的休闲人岂能绕过这长凳不坐一会儿？

是字句表达起来是很灵便的，可以承前省略主语，组句仍连贯畅通，行文自然流畅。俄文的后半句译成了反问句，这是顺应了原文的语意气势，并未改变基本意思。"同样的意思，用反问句比用一般的肯定句和否定句更有力量，语气更重。"(《语法与修辞》，1985：177)"不坐一会儿"貌似蛇足，实为必要的添加补意。

不仅俄汉翻译，英汉翻译也能通过巧用是字句而传译语序的强调效果。

I *from that hour* set to work afresh, ...

我正是从这个时候开始重新努力的。

由于 from that hour 位置处在中间，既有别于前置，又有别于后置。怎么再现它呢？采用是字句可以达到同样的效果。

"Never," I thought; and *ardently* I wished to die.

"永远没有，"我想，而满心希望的则是一死了之。

由于汉语承前省略了"我"，的字结构"满心希望的"便可以作为是字句的主语，这样就很好地突出其意，恰与原文 *ardently* 的前置强调相吻合。

可见，俄汉语判断句在一定程度上是可以对译的，就是说可以把系动词对译出来，或者用破折号来反映，同时留意俄语系词的时态。但翻译中也有省略系动词的时候，即使原文有系动词。在采用是字句的时候，还可能涉及主语等成分的省略。俄语的叙述句、描写句，以及被强调的句子或句子成分，都可能用汉语的（准）判断句（是字句）去转换译出。句式转换在翻译中在所难免，这是翻译遇到困难的时候可以采取的策略。

（二）汉语判断句（是字句）的俄译问题

汉俄翻译时，判断句（是字句）的翻译问题，已有学者——例如胡谷明的《汉译俄教程》——做过一些研究，但似乎只涉及俄汉语系动词的对译问题，所论并不深入。其实，是字句的翻译很复杂，也很有趣，应该详细加以探讨以揭示出汉语是字句或判断句俄译规律。为了阐明是字句（判断句）的俄译问题，我们将从《红楼梦》中选取译例，同时从老舍作品摘取一些译例。一则因为里面出现的判断句（是字句）形形色色，五花八门；二则俄译文地道，很有代表性。因为有系动词的判断句的对译情况，并不构成特别的困难，我们的探究将不在于系动词的对译方面（可能会略有涉及），而是侧重于不一致的翻译转换方面。

她知道祥子是个——虽然很老实——硬汉。（老舍：《骆驼祥子》）

Она знала, что такие, как Сянцзы, не бросают слов на ветер.（с. 133）

能刚能柔才是本事。（老舍：《骆驼祥子》）

Нужно только твёрдость сочетать с мягкостью — когда прикрикнуть, а когда и приласкать. （с. 133）

明明是个判断句，汉译俄却看不见判断句的影子了，可谓译得"面目全非"。也许译者感觉难译，所以用了 такие, как Сянцзы 来模糊表达，而"硬汉"译成俄语，则使用了解释法。"能刚能柔才是本事"，"本事"没有修饰语或限制成分，很简短，俄语同样只用一个能愿动词 Нужно，而表达"能刚能柔"却用了一个短语结构加上破折号予以解释，俄文如不使用倒装句就很不协调。

她几乎后悔嫁了祥子，不管他多么要强，爸爸不点头，他一辈子是个拉车的。（老舍：《骆驼祥子》）

Она почти раскаивалась, что вышла замуж за Сянцзы. Конечно, он работящий, упорный, но, если отец не уступит, ему всю жизнь придётся возить коляску.

"他一辈子是个拉车的"可改成叙述句：他一辈子都得拉车。于是判断句译成叙述句，并添加 придётся 予以强调。正如王力说，这种判断句就是由叙述句变来的，叙述语加上"是……的"式，就变成了判断句。但原来叙述语所叙的行为，必须是一种永久性的行为，或一种习惯。（王力，1985：84）

我只当你是不怕打的。（《红楼梦》，第47回）

Сперва я думал, что ты не боишься, когда тебя бьют!

貌似判断句（是字句）当作叙述句来翻译了。汉语貌似判断句（是字句）就是当叙述句用的，因为要加重叙述的语意，才加上"是……的"。但这不是真正的判断句，应该叫准判断句，或是字句。

我原是留着的；那会子李奶奶来了，他要尝尝，就给他吃了

去。（《红楼梦》，第 8 回）

　　Тот чай я оставила, но пришла няня Ли и выпила.

　　"我原是留着的"并不是"我原是留着的人"之省略。王力说，判断语里如果不隐藏着名词，就不能认为是真正的判断语了（王力，1985：85）。这一类型形式上是判断句，就相当于叙述句的作用，意义上仍是叙述句。同样的意思不同的表述，在将是字句译成俄文的时候，如果感到棘手，可以尝试进行句式转换后译出。

　　　　他是阳间，我们是阴间。（《红楼梦》，第 16 回）

　　　　Ведь он принадлежит к миру света, а мы к миру тьмы.

　　　　这话极是。詹子亮的工细楼台就极好，程日兴的美人是绝技，如今就问他们去。（《红楼梦》，第 42 回）

　　　　Совершенно верно! Чжань Цзылян великолепно рисует башни и террасы, Чэн Жисин неподражаемо пишет портреты красавиц, так что я могу сейчас же пойти распросить их, как надо рисовать.

　　　　幸而那杯子是我没吃过的。（《红楼梦》，第 41 回）

　　　　К счастью, из этой чашки я сама никогда не пила.

　　　　秋纹见这条红裤是晴雯针线。（《红楼梦》，第 78 回）

　　　　Цювэнь сразу вспомнила, что эти штаны Баоюю сшила Цинвэнь.

　　　　宝玉笑道："我就是个'多愁多病的身'，你就是那'倾国倾城的貌'。"（《红楼梦》，第 23 回）

　　　　— Ведь это я «полон страдания, полон тоски», — пояснил Бао - юй, — а ты — та, перед красотой которой «рушится царство и рушится город».

　　汉语中常遇一些看似不合逻辑的是字句，是很值得关注的。有些句子的意义在逻辑上是讲不通的。除非我们认为话语有所省略，把省略的话补上才讲得通。这种情形大概是由于语言的经济原则所致，或口语化。形式上的判断句已具备了主语、系词和判断语三大要素，然而它的判断语却不是主语的同等物或同一种类。把这样的判断句译成俄文，需要更加细心一点，或者补充完整，或者进行句式转换译出。

有时候是字句可能是比喻、隐语等，直接译出也令人感到困难，而转换译出又可能导致意义浅化。

明是一把火，暗是一把刀，他都占全了。

А у самой одно на уме: как бы всех сожрать!

人家是醋罐子，他是醋缸醋瓮。

Она поистине— бутыль уксуса; да что там бутыль— кувшин, целая бочка!

汉语中还有一类没有主语和系词的判断句。在答复的句子里，判断句的主语和系词都可省略。此外，凡在富于情感的句子里，主语和系词也都可以省略。

有一人起身大笑，接了出来，口内说："奇遇！奇遇！"（《红楼梦》，第 2 回）

Вдруг один из них встал, громко рассмеялся и с распростертыми объятиями бросился к Цзя Юй - цуню, восклицая: — Вот так удивительная встреча! Вот так встреча!

黛玉点头叹笑道："蠢才，蠢才！你有玉，人家就有金来配你，人家有'冷香'，你就没有'暖香'去配?"（《红楼梦》，第 19 回）

— Ну и глуп же ты! — вздохнула Дай - юй и укоризненно покачала головой. — ведь у тебя есть яшма, и подходящей парой для тебя может быть лишь тот, кто обладает золотом. В таком случае, может ли быть тебе парой тот, у кого есть холодный аромат, если у тебя нет тёплого аромата?

好！好！好个三姑娘！我说不错。——只可惜他命薄，没托在太太肚里！

— Прекрасно! — воскликнула Фын - цзе. — Вот так третья барышня! Я в ней не ошиблась. Жаль только, что у неё такая несчастная судьба и родилась она от наложницы, а не от законной жены!

可见，汉语的有所省略的判断语，不一定非得译成俄语的判断句，需根据情况而定，或可译成独词感叹句，或译成强调式叙述句。叙述句与判断句（是字句）本来是可以互相转换的。另外一些貌似判断句，或称是字句，更是五花八门，翻译本没有一个定则。

黛玉笑道："你要是个男人，出去打一个抱不平儿，你又充什么荆轲、聂政？真真好笑！"

— Былабы ты мужчиной, тогда бы мстила за обиженных друзей! — засмеялась Дай - юй — Но разве ты хоть сколько - нибудь похожа на Цзин Кэ или Не Чжэна? Ну, право же ты смешна!

众婆子笑道："真真是位呆姑娘！连当票子都不知道！"薛姨妈叹道："怨不得，他真真是侯门千金，而且又小，那里知道这个？"

— Как вы наивны, барышня! — заулыбались служанки. — Даже не знаете, что такое закладное свидетельство! — удивляться нечего, — вздохнула тетушка Сюэ. — Ведь она барышня из богатой семьи, и к тому же слишком молода.

形式上的判断句，译成了俄语的感叹句，其中有句式转换。可见，各种句式可以互换着使用，在有规律的翻译转换中呈现出多样性的变化。由于有了句式转换，可以把看似很难译的判断句（是字句），巧妙地想着法儿译出来。

也没见我们这位呆爷，听见风儿就是雨，往后怎么好！（《红楼梦》）

В жизни не видывала такого глупого господина, как наш: услышал шум ветра, и решил, что пошёл проливной дождь! Что же будет дальше?

别人不过是礼上的面情儿，实在他是真疼小姑子小叔子；就是老太太跟前，也真孝顺。（《红楼梦》）

Такие женщины встречаются придерживаться правил приличия, а вот Фын-цзе на самом деле заботится о своих младших родственниках, да и вам она всегда от всего сердца оказывает знаки уважения.

我必须有用，我是吃着别人的饭。（老舍）

Я должна была хоть что-нибудь делать: ведь я ела чужой рис. （Лао Шэ, с. 445）

谁不知道我是姨娘养的？（《红楼梦》）

Кому неизвестно, что я родилась от наложницы?

也不知道是谁给谁没脸！

Неизвестно, кто кого возорит!

湘云因笑道："宝姐姐，你这话虽是顽，却有人真心是这样想呢。"

— Сестра Бао-чай, я знаю, что ты шутишь, — сказало ей Сян-юнь, — но другие подумают, что ты говоришь серьёзно.

是字句具有强调作用，被强调部分就是"是"字后面的部分，译成俄语可在叙述句的基础上添加语气词和保持后置状态。

她是我的妈妈，又不是我的妈妈，我们母女之间隔着一层用穷作成的障碍。（老舍：《月牙儿》）

Я должна подумать о ней, она моя мама, хотя бедность и разделила нас пропастью. （Лао Шэ, с. 447）

如果把"是……不是……"都对译出来，那就不免流于刻板化了，因为"又不是我的妈妈"这一句是虚，而非实，所以有所省略地变通着译出来，方觉得俄语地道，并未背离原文。

> 我早知道，我没希望；一点云便能把月牙遮住，我的将来是黑暗。（老舍：《月牙儿》）
>
> Я давно знаю, что надежд у меня нет; облако может закрыть серп луны — так и моё будущее темно. （Лао Шэ, с. 449）
>
> 我们这样都不难看，都是高校毕业的少女们，等皇赏似的，等着那个破塔似的老板挑选。
>
> Все мы были недурны собой, более или менее образованны и ждали, как императорской награды, выбора хозяина, похожего на развалившуюся башню. （Лао Шэ, с. 450）

把是字句转换成描写句译出来，即用形容词（形动词）做述谓，从而避免了硬译"是"字的刻板和困难。

> 那时候，他满心都是希望；现在，一肚子都是忧虑。
>
> В ту пору в сердце его жили надежды, а сейчас они уступили место отчаянию. （Лао Шэ, с. 135）
>
> 咱们家的规矩，你是尽知的。
>
> Все порядки, которые существуют в нашей семье, ты прекрасно знаешь.
>
> 从那日，我才知道，一个破荷叶，一根枯草根子，都是值钱的。
>
> Тогда я поняла, что каждый обломанный лист лотоса, каждая засохшая травинка и древесная ветка тоже стоят денег.
>
> 这两天拉车，他总是出门就奔东城，省得西城到处是人和厂的车，遇见怪不好意思的。

С тех пор как Сянцзы ушёл от Лю Сые, ему не хотелось показываться на улицах в западной части города, чтобы не встречаться с рикшами из «Жэньхэчана». Поэтому он возил коляску в восточной части. （Лао Шэ, с. 134）

可见，是字句与叙述句是可以相通互用的，把是字句转换成叙述句译出来，的确简便易行多了。译时还须注意转义、语序和语气。要适当运用语气词如 же，ведь，хоть，да и 等，以助表意和加强语气，而达到等值翻译的效果。是字句所强调的部分通常是后置的，位于句尾，翻译遵循这样的叙述顺序是为正理，不论它是单独的成分还是小句。可以举出许多被强调部分后置的例子，"是"字后面的部分，在译成俄语时自然也是后置的。

若有这道理，凤姐姐还不算利害，也就算是宽厚了。

Если это так, надо сказать, что Фын - цзе относилась к тебе чересчур великодушно.

这是祖宗手里的旧规矩。……他是太太的奴才，我是按着旧规矩办。

Таковы правила, установленные нашими предками, и все им должны подчиняться. ... Си - жэнь — рабыня госпожи, и госпожа может делать для неё что угодно, а я придерживаюсь установленных правил.

他是个姑娘家，不肯发威动怒，这是他尊重，你们就藐视欺负他。

Ведь Тань - чунь — молода, ей неудобно гневаться и грозить вам. За это её нужно уважать, а вы относитесь к ней свысока, обманываете её.

我们何尝敢大胆了！都是赵姨娘闹的！

— Разве мы осмелились бы так поступить? — возразили женщины. — Ведь этот скандал устроила наложница Чжао!

世兄这症，乃是急痛迷心。

— У мальчика умопомрачение под влиянием острой неожиданной боли.

汉语是字句中名词性"的"字结构，有时位于句首也具有强调的作用，当凡是解。这种情况译成俄语须注意，也要后置处理。

家里的若死了人是赏多少，外头的死了人是赏多少①，你且说两个我们听听。（《红楼梦》）

Вот и скажи мне, сколько дарят на похороны родственников тем, кто родился в нашем доме, и сколько тем, кто попал в наш дом со стороны?

凡爷们的使用，都是各屋里月钱之内：环哥的是姨娘领二两，宝玉的是老太太屋里袭人领二两，兰哥儿的是大奶奶屋里领。怎么学里每人多这八两？原来上学去的是为这八两银子？

Но ведь деньги на детей выдаются матерям, — сказала Тань - чунь. — Два ляна получает наложница Чжао за Цзя Хуаня, а за Бао - юйя всё получает Си - жэнь. Деньги за Цзя Ланя тоже получает его мать. Неужели ещё в школу платят по восемь лян, и они все ходят в школу ради этих восьми лян?

能多弄一个是一个，咱们是拿十年当作一年活着的，等七老八十还有人要咱们吗？（老舍：《月牙儿》）

Была не была, за один год мы старим на десять лет, кому мы будем нужны, когда станем старухами? （Лао Шэ, с. 458）

"家里的""外头的""拿十年"都是语义重点，翻译时自然是后置处理的。倒装句式的运用，有时正是因为有所强调的缘故，或者是

---

① 这里的语义重点在前头，可改写成：是家里的若死了人赏多少，是外头的死了人赏多少，你且说两个我们听听。是字即当凡是解，吕叔湘曾指出过。

为了前后句式的自然衔接，俄汉语皆然。

我的衣裳簪环都是姑娘叫紫鹃姐姐收着呢。

Мою одежду, головные украшения и кольца забрала на хранение сестра Цзы – цзюаньпо распоряжению моей барышни.

这些姑娘们，这么一所大花园都是你们照管着，皆因看的你们是三四代的老妈妈，最是循规蹈矩，原该大家齐心顾些体统。

За бырышнями в саду, а теперь и за садом поручено присматривать вам только потому, что вы кажетесь людьми надежными, служите давно и не станете нарушать правила приличия.

四面皆是芦苇掩覆，一条去径逶迤穿芦渡苇过去，便是藕香榭的竹桥了。

Беседку сплошной стеной окружали камыш и тростник, среди зарослей которого извивалась единственная тропинка, ведущая к《павильону Благоухающего лотоса》.

汉语的判断句有时省略掉"是"字，几乎与叙述句毫无二致，仍然是句意畅通的。所以既可视为判断句，也可视为叙述句。

那史湘云极爱说话的，那里禁得香菱又请教他谈诗。

Сян – юнь, как известно, была большой любительницей поговорить, а тут Сян – лин сама обращалась с просьбой научить её писать стихи.

林家虽贫到没饭吃，也是世代书香人家，断不肯将他家的人丢给亲戚，落的耻笑。

Конечно, семья Линь бедна, иногда у них даже есть нечего, но они люди образованные и ни за что не согласятся отдать кого – либо из своих на воспитание родственникам, ибо не хотят стать предметом насмешек знакомых.

　　宝玉本来心实，可巧林姑娘又是从小儿来的，他姊妹两个，一处长得这么大，比别的姊妹更不同。这会子热剌剌的说一个去，别说他是个实心的傻孩子，便是冷心肠的大人，也要伤心。

　　Бао－юй искренний и чистосердечный мальчик, он вырос вместе с барышней Линь Дай－юй, и дружат они не так, как брат с сестрой. Не только глупый, наивный мальчик, а любой рассудительный человек расстроился бы от такого сообщения.

　　不但汉语有省略系词，俄语也有省略系词的。"宝玉本来心实"与"他是个实心的孩子"句式不同意义相同，可视为没有系词的判断句译出。

　　紫鹃笑道："你知道我并不是林家的人，我也和袭人、鸳鸯是一伙的。"
　　— Ведь я не из семьи Линь, — пояснила Цзы－цзюань. — Я такая же служанка, как Юань－ян или Си－жэнь.
　　那些话，都是我编的。
　　Это моя выдумка!

　　汉语的是字句，在译成俄语时也有省略是字不译出的，既避免了生硬刻板，又简便易行。当然，判断句或是字句，在译成俄语时，有时是能把系词对应译出的。这方面的例子不胜枚举，乃自然之理。此处只是指出一些看似非此类型的例子，以备探讨。

　　倒只剩了三姑娘一个，心里嘴里都也来得；又是咱家的正人，太太又疼他。
　　И вот остаётся третья бырышня Тань－чунь. Она и думает и говорит как нужно, и госпожа наша её любит, вдобавок она принадлежит к нашей семье.

"倒只剩了……"中的"只"字，可解作"是"，也可以解作"只是"，省略"是"字而已。所以可以认为翻译大致是对应的。

满口里说的是什么怎么是"杜工部之沉郁"，"韦苏州之淡雅"；又怎么是"温八叉之绮靡"，"李义山之隐僻"。

Только и слышно: что значит《 задумчивость и подавленность в стихах Ду Фу》,《 скромность и утонченность стихов Вэй Ин － у》, как понимать《 изысканность и красотустихов Вэй Ба － ча》,《 загадочность и скрытность Ли И － шаня》!

我当有什么要紧大事，原来是这句顽话！

Я думала, что здесь что － то важное, а оказалось— просто шутка!

这些经验叫我认识了"钱"与"人"。钱比人更厉害一些，人若是兽，钱就是兽的胆子。

Так я познакомилась с《 деньгами》 и《 человеком》. Деньги страшнее человека. Человек － Зверь, деньги － сила зверя. （Лао Шэ, с. 456）

什么母女不母女，什么体面不体面，钱是无情的。

Какое имеет значение － мать, дочь, честь... Деньги － бесчувственны. （Лао Шэ, с. 457）

我的妈妈是我的影子，我只好不过将来变成她。

那样，卖了一辈子肉，剩下的只是一些白头与抽皱的黑皮。这就是生命。

Мама － вот моя тень; в лучшем случае я стану такой же, как она. Распродав своё тело, я останусь с пучком седых волос и тёмной морщинистой кожей. Такова моя судьба. （Лао Шэ, с. 459）

狱里是个好地方，它使人坚信人类的没有起色。

Тюрьма － прекрасное место, которое помогает тебе

окончательно почувствовать никчемность человеческой жизни.
(Лао Шэ, с. 460)

破折号相当于使用系动词。汉语的判断句是以名词为谓词, 依理, 系词后面的成分才是真正的谓语, 系词只是主语和谓语之间的联系物, 而首品词（名词）则叫作表位（王力, 1985：86）。灵活地采用破折号, 也是传译判断句或是字句的一个办法。可以不用系词, 直接选用名词（词组）作为表位, 以及直接用动词或形容词作谓语。反过来, 俄语不带系动词的判断句, 也可以译成汉语的以名词作谓词（表位）的判断句。

汉语有些句子, 上一半是按, 下一半是断（这是所谓"按断句"）。"按"的部分如果是判断句的性质, 便可以不用系词。

我们好街坊, 这银子我是不要利钱的。

Мы добрые соседи, и с вас я не возьму процентов.

我一个女孩儿家, 自己还闹得没人疼, 没人顾的, 我那里还有好处去待人！

Я ведь совсем девочка, мне ещё самой тяжело, если за мной никто не присматривает— откуда же у меня может быть умение обращаться с людьми?!

你这孩子, 素日是个伶俐聪敏的, 你又知道他有个呆根子, 平白的哄他什么？

Ведь ты умная, смышленая девушка и знаешь, что у него есть странности, — зачем ты вздумала его обманывать?

探春有心的人, 想王夫人虽有委屈, 如何敢辩。

Тань - чунь была умной девушкой, она сразу поняла, что госпожа Ван не посмеет оправдываться, хотя её и обижают несправедливо.

奶奶这样斯文良善人, 那里是他的对手！

А уж вы, госпожа, с вашей скромностью и подавно!

按断句中的"按"部是个省略系词的判断句，但帕纳秀克的俄译文，并不像汉语那样全都直接粘接表位，虽然也可直接粘接。这体现了译者的选择，可能有前后文的意思承接，也体现了翻译方案的多样化与创造性。

都是你闹的，还得你来治。

Это всё из - за тебя произошло. Теперь сама и лечи его!

宝玉道："这是你哭惯了，心里疑惑。岂有眼泪会少的？"

— Это потому, что ты привыкла плакать, — ответил Бао - юй. — Просто тебе кажется, что слёз стало меньше! Разве так может быть на самом деле?

一面忙起来从玻璃窗内往外一看，原来不是日光，竟是一夜的雪，下得将有一尺厚，天上仍是搓绵扯絮一般。

Отдернув оконную занавеску, он выглянул наружу и увидел, что за ночь снег устлал толстым слоём землю, а небо покрыто густыми, как вата, облаками. Он понял, что смутивший его блеск исходил не от солнца, а от снега.

是字句表原因，翻译时就要考虑添加表原因的连词，如 потому что，от，из，из - за 等。来看一个特殊的译例，也可视为表原因的补充句。

我觉得我要疑心便对不起人，他是那么温和可爱。

Я чувствовала, что мои подозрения обидят его, такого милого и ласкового. (Лао Шэ, с. 448)

这个俄语译例是很巧妙的，汉语和俄语都很经典。原来俄语可以靠着同位语的补充加确作用，把汉语是字句的意思表达得如此精练。

只见蜂腰桥上一个人打着伞走来，是李纨打发了请凤姐儿去的人。

Подоидя поближе, он узнал служанку, которую Ли Вань послала пригласить Фын – цзе.

回头一看，却是妙玉那边栊翠庵中有十数枝红梅，如胭脂一般，映着雪色，分外精神，好不有趣。

Он повернул голову в сторону, откуда исходил этот чудесный аромат, и увидел, что в 《 кумирне Бирюзовой решётки》 за оградой, где живёт Мяо – юй, на фоне белого снега, подобно румянам, пламенеют усеянные цветами ветви красной сливы. Картина была поразительная.

一言未了，只见房中走出几个仙子来，皆是荷袂蹁跹，羽衣飘舞，娇若春花，媚如秋月。

Не успела она произнести эти слова, как появились бессмертые девы. Кружились в воздухе лилейные рукава их одежд, трепетали на ветру крылатые платья; своей красотой девы были подобны весенним цветам, а чистотой и свежестью напоминали осеннюю луну.

说的便是年内赖大家请吃酒，他家花园中事故。

Сейчас они делились впечатлениями о саде, в котором Лай Да в этом году устраивал угощение.

汉语是字句由"是"字引出所见、所言、所闻、所想，可作为动作行为的宾语，常以小句出现，或可能还有后续描写，不止一个小句跟着。译成俄文，或正序，或反序，可以逐一地用叙述句表达出来，或带从句，或带扩展成分。

我就疑惑，不是买办脱了空，就是买的不是正经货。

И вот я стала подозревать, что приказчики утаивают половину из тех денег, которые выдаются им на покупки, или же покупают плохой товар.

况且一个是美人灯儿，风吹吹就坏了；一个是拿定了主意，"不干己事不张口，一问摇头三不知"。

Первая напоминает мне фонарик, который может погаснуть при малейшем дуновении ветерка, а вторая старается придерживаться заповеди:《Меня не касается— не открываю рта; спросят раз — трижды качаю головой и говорю, что ничего не знаю》.

宝玉只当是说他，忙来赔笑说道："因我偶步至此，不知是那位世交的花园。姐姐们带我逛逛。"

Бао - юйю показалось, что девушки обращаются к нему, поэтому он отозвался:

— Я попал сюда случайно и вовсе не знаю, кому принадлежит этот сад... Сестрицы, возьмите меня с собой погулять.

　　是字句可以译成俄语五花八门的句式，呈现出多对一的景观。多种句式的灵活运用，多姿多彩。而反过来，又是以不变应万变，是字句用来再现俄语的诸多句式，其表述也同样精彩。曹雪芹、老舍的语言便是典范。

　　判断句（是字句）的翻译复杂有趣，或系词对译（对译时考虑俄语的时态），或涉及强调和语序，或涉及系动词的省略与否，或涉及句式转换等。判断句（是字句）与叙述句、描写句经常是相通的，可以互通互换着使用，遇到翻译困难，无法对译时，可尝试一用。

　　俄译汉采用是字句，可以使译文组句灵活自如、生动有趣、耐人寻味。因为一个"是"字，可以把时空（涉及存在）、虚实（涉及省略和假设）、重心（涉及语序和强调）、句式（涉及转换）、修辞（涉及审美）等奇妙地关联起来。汉语有了是字句和判断句，几乎可以表达任何语义。是字句大概是汉语中表意最丰富、最有趣、最有深度的句式，它其实不只是判断而已，几乎涵盖了所有句式的表达范围。如果遇到俄语的叙述句和描写句等对译成汉语显得板滞不畅的时候，可以考虑采用是字句，以增强汉译文的表现力。反之亦然，不可拘泥是字句的简单化对译，可以进行句式转换以化解汉译俄的难点。

第三节　俄汉语被动句翻译问题

翻译中的对译广泛地存在着，存在于几乎所有的语言单位层次上，这可能是在双语共通条件下采用的最便捷的翻译方法，但对译不能解决翻译中的困难，有时候造成译文的不顺畅、不自然，这缘于双语之间的差异。例如，英语的被动语态有时不能译成对等的汉语"被"字句，如"The violin was made by my father."；反过来，汉语的"被"字句有时也无法译成对等的英语被动句，如"他被人偷了皮包"。汉语"被"字句的出现频率远远低于英语的被动句（陈国华，2003）。我们来探讨一下俄汉语被动句翻译问题。

一　汉语被动句

汉语里叙述句有主动式和被动式的分别。"谓语所叙述的行为系出于主语者，叫做主动式，例如'他打了你'，'他'是主语，而'打'的行为是由'他'发出的。谓语所叙述的行为系施于主语者，叫做被动式，例如'你被他打了'，'你'是主语，而'打'的行为是施于'你'的。"（王力，1985：87）

在汉语里，表示被动意义的句子有两类（刘月华，1984：479），一类是有表示被动意义的介词"被"字的句子（典型的被字句）和介词"叫""让""给""由"及"为……所"等的句子（"被"字句的变体，通常也叫被字句），一般以"被"字为代表，叫"被"字句。"从受影响者的角度来表达致使性事件，是汉语'被'字句产生的理据之一。"（熊学亮、王志军，2003：152）此外，还有一类是没有任何标志的被动句，形式上与主动句没有什么区别，一般叫作意义上的被动句。"在英语和汉语中，被动句能否成立的条件，不都是动词的性质，还可以是动词所进入的语义结构状态，必须是致使性语义结构，被动句的主语所表达的对象，必须是动词的表达条件和动作的受影响者。此外，不论是动态动词还是静态动词，只要表达的是致使性事件，都能进入被动句（熊学亮 2001）。"（熊学亮、王志军，2003：150）应该指出，汉语用"被"字来表示被动关系所涉及的致使性事件，既可以是隐含的，也可以是复杂的致使结构（程琪龙，2001）（熊学亮、王志军，2003：150）。

> 她被杀了父亲。
> 他们被扣留了包裹。

这里被字结构表达的是隐含性致使事件，主语是受到该句子所表达的事件的间接影响，而非直接受影响者。

由于"被"字是一个独立的被动标记，可用来表达相关的致使性事件，因此具有"分裂"受事主体形成复杂的双重致使结构的功能，具体表现在"被"字后面的补语和"被"字前后的整体和部分的分割（熊学亮、王志军，2003：151）。例如：

> 酒被喝光了。
> 他被打得鼻青脸肿。
> 他被车撞断了腿。
> 他被打伤了手。

在汉语里，表示受事者受到了某种动作的影响时，经常使用意义上的被动句：把受事者放在主语的位置上，谓语放在其后，如果出现施事者，施事者要位于受事者之后。这种句子的内部结构、词序与一般的主动句相同。但这种被动句是以主语不会被误解为施事者为前提的。

> 练习我做完了，生词还没预习。
> 今天的报放在哪儿了？
> 房间打扫干净了。

位于主语位置的受事者，可以是事物，一般不能发出谓语动词的动作，所以不会被误解为施事者。也有人、动物位于主语的位置，他们是可以发出动作来的，但在特定的语言环境中，这个主语只能表示动作的受事，不会发生混淆。例如：

那个战士救上来了，但救他的班长却牺牲了。

抢劫银行的三名罪犯最终判了二十年徒刑。

（子兰）听说你挨了皮鞭，周身都打伤了，出来舒展一下也是好的啦。（郭沫若：《屈原》）

（宋玉）你怕还不知道吧，同你一道抓进城的那位舞师都下了监，而你偏偏因在了槛子里。（郭沫若：《屈原》）

（靳尚）哈哈，你原来是在心疼你的这座破庙吗？这烧了有什么可惜？（郭沫若：《屈原》）

当然，"被"字也是可以加上去的，可用可不用的时候，没有特殊原因通常就省略被字，而不影响句意的表达。郭沫若的《屈原》中还有这样的一个句子：

（子椒）启禀大王，屈原已经解除了他的职位。放他走了。（郭沫若：《屈原》）

这里的"屈原"和"他"是同指关系，都是指的屈原。子椒是一个昏庸老朽的狡猾的大臣，从他的语无伦次、思路混乱中反映出来。

还有一种情况也是表示被动的意义，就是用"是……的"字结构来强调施事者时。当一件事已在过去完成，而要着重指出做这件事的人是谁时，就可以用这种句式。这种"是……的"句的中间是主谓短语，主谓语里的谓语一般是不带宾语的动词，全句的主语在意义上就是这个动词的受事。说话时重音落在主谓短语中的主语上，因为它就是全句意义上的重点。（刘月华，1984：479）

你快告诉我，这劈山、拦河、造地的主意是谁出的。

（屈原）因为我现在的生命是你和婵娟给我的，婵娟她已经死了，我也就只好问你了。（郭沫若：《屈原》）

"是"字后面可以添加"由"字，而不是"被"字。

也有为了强调动作、行为，而这一动作行为是产生主语所表示的结果的原因。

她脸红恐怕是海风吹的。

来看一看典型的被字句及其变体。在汉语里，在谓语动词前有一个介词"被"或由"被"字组成的介词短语作状语，这种句子叫被字句。被字句大多用于表示对主语来说是不愉快或受损害的情况（王力，2004：500－502）。

（婵娟）啊，先生，先生，你是白白被人陷害了！（郭沫若：《屈原》）

（屈原）唉，我们的祖国被人出卖了，我真不忍心活着看见它会遭到的悲惨的前途呵。（郭沫若：《屈原》）

（屈原）她明明是被人家抓去了的。（郭沫若：《屈原》）

在口语里表示被动意义，"让、叫"比"被"用得更普遍。"让""叫"的句子在结构上与包含"被"的句子基本一样，只是介词"让、叫"的宾语一定要出现。而"被"字后面的宾语有时有有时没有。在口语中，介词"给"也可以表示被动的意思。介词"给"后面可以有宾语也可以没有宾语。

歪风邪气，全让她给挡住了。

我肚子里的这些话，全叫你们给采访光了。

孩子给吓坏了。

（卫士甲）先生，这还是你编的花环呢。在东门外被南后给你要去了，后来南后又给了婵娟姑娘。他一身都是挨了鞭打的，你看这手上都有伤，脸上都有伤，鞭打得很厉害。（郭沫若：《屈原》）

"被……给"式，"被"字可以与"给"字连用，这里的"给"字是结构助词，没有什么意义，可有可无，不过加上"给"字，更加口语化：

孩子被你给惯得越来越不听话了。
我的自行车被小明给骑走了。

"被"字也可换成"让""叫"字。此外，介词"被"字还可以与介词"把"连用，介词"被"及其宾语在前，介词"把"的宾语或复指主语，或属于主语，这种句子只出现在口语中（刘月华，1984：482）。

那个孩子被人把他打了一顿。
他被人把眼睛给蒙上了。

请看一个很有意思的中文句式。

（老兵）朱亥在他旁边，袖管里藏着一个大铁槌，把袖管一挥，便正正打中在那老将军的头上，脑浆子都给他打出来了。（郭沫若：《虎符》）

施事者是朱亥无疑。"脑浆子都给他打出来了"，可以理解成"都给①他脑浆子打出来了""脑浆子都被他打出来了"或"都把他脑浆子打出来了"。把字句和被字句本是相通互用的，句式的选择，根

---

① 给字相当于把字的意思，在南方如四川方言中就有这样的用法。

据上下文的需要。

　　被字句与把字句是可以相通互用的，因为它们的语法结构具有相互联系。而被动式通常要与表示达到结果的使成式结合起来使用①。被字句的动词后面一般没有宾语，因为受事已经用来做主语了②。把字句的动词后面一般也不再出现宾语，因为这个宾语跟把的宾语相同。但这两类句子里动词后面出现宾语的情况还是有的，而且往往可以由一种句式改造成另一种句式。吕叔湘关于被字句和把字句动词带宾语做过专门研究，尤其是针对名词和代词作宾语的复杂情况：

　　"被字句和把字句里动词所带宾语都可以或者是名词、代词，或者是数量词。数量词宾语的作用是对被字句的主语或者把的宾语作数量上的限制，二者之间有全称和偏称的关系。例如'（三连）敌军被游击队消灭了两连''游击队把（三连）敌军消灭了两连'……名词，代词作宾语的情况比较复杂……"（吕叔湘，1984：201－208）被字句或可以改成把字句，或可以改成中性句，或不能。

---

　　① 王力说："从意义方面说，差不多所有的带关系语的被动式都可以转为处置式（'侵略者被我们打败了''我们把侵略军打败了'）。近代处置式要求同时把行为的结果说出来，近代被动式也要求同时把行为的结果说出来。由此可见，语法结构相互间是有它们的联系性的。从语言节奏方面说，在处置式中，宾语提前了，单音节动词放在后面就显得孤单，被动式也不能例外。因此，带关系语的被动式发展的结果，也和处置式一样，同使成式结合起来。例如：'于是王郎既被虎倒，左右宫人一时扶接，以水淋面。'（《丑女缘起变文》）'我因八百岁时偷吃十颗，被王母捉下。'（《大唐三藏取经诗话》第十一回）'关兴、张苞纵马冲突，被乱箭射回。'（《三国演义》第八十四回）'诸葛亮今番被吾识破。'（《三国演义》第九十回）自从被动式和使成式经常结合以后，就一般情况来说，被动式的动词就不能再是孤单的。'我们把侵略者打'不成话；'侵略军被我们打'也同样不成话。在近代和现代汉语里，必须说成'侵略军被我们打败了'（用使成式），然后语意才完整了，节奏才谐和了。当然，除了使成式之外，被动式也可以和别的形式结合。或者在被动词后面跟着动向补语，例如《儒林外史》第二十九回：'被他三人拉到聚升楼酒馆里。'或者在被动词后面简单地跟着一个'了'字或'着'字，例如'今定军山已被刘封、孟达夺了'，《水浒》第十一回：'远远望见枕溪靠湖一个酒店，被雪慢慢地压着。'这些情况和处置式完全相同。"（王力，2004：502－503）

　　② "现代汉语的被动式绝大多数是带关系语的。到了唐代被动式有了新的发展，'被'字的前面有主语，动词的后面仍然有宾语，而宾语所代表的人物又是主语所代表的人物所领有的。因此，在这类被动式里，主语只不过是个间接的受事者，而动词后的宾语才是直接的受事者。"（王力，2004：484－496）

这些珍贵的艺术品被他随随便便送了人；他把这些珍贵的艺术品随随便便送了人。

他被人家开了个大玩笑；人家开了他一个大玩笑。

糊里糊涂地叫人家扣上一顶大帽子；给他扣上一顶大帽子。

两营伪军就这样被我们切断了后路；我们把两营伪军的后路切断了；我们切断了两营伪军的后路。

尤老二被酒劲催开了胆量；酒劲把尤老二的胆量催开了；酒劲催开了尤老二的胆量。

（小飞蛾）又被张木匠抓住她的头发；张木匠把小飞蛾的头发抓住；张木匠抓住小飞蛾的头发。

这种句式转换，可以为俄汉翻译时的句式转换提供依据，能进行句式移植的，就进行句式移植，不然就进行句式转换。

还有一种书面语的"被……所"式，这是由古汉语的"为……所"式而来的。介词"被""为"后面一定要有宾语，这种句式的作用在于强调施事者——"被"的宾语。汉语发展到汉代，被动句有了新的发展。主要表现在两种形式：第一种是'为……所'式；第二种是'被'字句。① 当然后来也出现了省略掉"被"而保留所字的情形：

（郑詹尹）这儿的壁画，是你平常所喜欢的啦。（郭沫若：《屈原》）

---

① "在远古汉语里，在结构形式上没有被动和主动的区别。直到甲骨文里也还是这种情况。真正的被动式在先秦是比较少见的，而且它的出现是春秋以后的事。当时的被动式可以大致分为三个类型：第一类是'于'字句；第二类是'为'字句；第三类是'见'字句。……到了汉代，被动句有了新的发展。主要表现在两种形式：第一种是'为……所'式；第二种是'被'字句。……到了中古时期，被动式又有了新的发展。不仅'被'字句用得普遍，更重要的是：'被'字句也能插入关系语（施事者），它在一般口语中逐渐代替了'为……所'式。在南北朝时代，'被'字后面不带关系语的情况比较普遍。"（王力，2004：484－496）

关于汉语被动句的语法意义，表示受动，经常是叙述"不如意的、不愉快的遭遇"，表示受事受动作行为的影响而发生变化。然而我们也经常见到"不如意、不愉快的遭遇"所不能概括的情况。"汉语的被动概念可以理解为'以受事为视角，叙述一件出乎说话人意料地发生的事件'。""通过语义特征'偶然''意外'，我们可以把'不如意的遭遇'（'被动行为'）和'难事的实现'（'主动行为'）联系起来，使它们同属一个句法范畴——'被动范畴'"，"被动句有两个不同的语用动因，一种动因来自被动概念，另一种动因则来自篇章衔接的需要。"（杉村，2006：284－295）例如，我又被他看了两眼。这里所表达的感情色彩，一般的理解是不愉快，但也有可能是惊喜。在汉语里，被动概念、意外事件以及难事的实现三者是相互作用的。出乎意料，偶然的，意外的，可能是不如意不愉快的遭遇，也可能是惊喜的结果。

邢福义专门研究过承赐型"被"字句，得出结论："'被'字句中，有承赐型一小类，在情绪倾向上表示称心。承赐型'被'字句以'被授予''被 V 为''被 V 入'为基本形式标志。承赐型'被'字句与古代用法存在渊源关系，其发展既取决于社会、心理方面的需要，又受到'主语规约'句法机制的管束，跟现代翻译印欧语言没有必然的联系。"（邢福义，2006：395）

所谓"主语规约"，作为起词的主语，管控着后续语句的配置。表述者针对表述主脑进行叙写，形成顺势而下的语流。在这种情况下，表述者不再关心"被"字句表意上的如意与否。比如"他因为……而被……"这个格式里，"他"是充当主语的起词，被确定为表述的主脑。后边，不管添上拂意的内容，还是添上称心的内容，都很自然。

> 他因为参与抢劫而被判处有期徒刑十年。
> 他因为成果获奖而被评为科研希望之星。

王力早在 20 世纪 30 年代初即发现被动句所叙述的，对句子的主语而言是不如意或不企望的事（王力，1985：《朱自清序》）。他还认为被动句式的使用与上下文有关："有时候，是上下文的关系使咱们择定主动式和被动式。如说'你被他打了，却不曾还手，'这是用被动式适当些；若说成'他打了你，你却不曾还手，'非但要重一个'你'字，而且句子的结构也显得松些了。"（王力，1985：88）再向前论说一步，就跟邢福义所讲的"主语规约"法则发生关系了。诚然，是"上下文的关系使咱们择定主动式和被动式"。所以，在翻译中适当地应用主动式与被动式的句式转换，可表意顺畅自然。在论述俄汉翻译之前，我们再来了解一下俄语中的被动句或被动含义句。

二　俄语被动意义句

俄语的态范畴，是借助形态和句法手段形成的语法范畴。态的范畴是由主动态和被动态的对立构成的，它们所表达的是语义主体、动作和语义客体之间的同一种关系（信德麟，2001：378）。在主动结构中（Художник пишет портрет）发出动作的语义主体用第一格表示，而语义客体用第四格或（否定时）第二格形式表示。在被动结构中（Портрет пишется，написан художником）主体（动作者）用第五格（兼有工具意义）表示。由于第五格形式的主体意义有所削弱，所以被动结构中第一格形式可能具有一种复杂的动作客体/状态主体的双重意义（信德麟，2001：377）。当谓语用完成体被动形动词短尾形式表示，而句中又没有第五格动作主体时，则状态意义胜于动作意义。

　　Клуб построен студентами в короткий срок. 俱乐部在短期内被（由）大学生们建成。

　　Клуб построен. 俱乐部建成了。（汉语译文相当于被动意义的非被字句）

　　Он даже сам был испуган внезапным взрывом своего гнева. （М. Горький,《Дело Артамоновых》）

　　他忽然大发脾气，连他自己也吓了一跳。（汝龙 译）

俄语的被动态就是由被动态动词形式构成，其标志有两类：一是被动形动词；二是带 - ся 的表示被动的反身动词。

完成体及物动词形动词（短尾）形式表示被动态意义是很常见的。未完成体动词形动词短尾形式表达被动态意义带书卷语色彩，很少使用：

Николай был уважаем, но не любим в обществе.（Л. Толстой.）尼古拉受尊敬，但在上流社会中不受爱戴。

"Не надо этого", - хочет сказать Наталья, но не смеет и ещё больше обижается на мать за то, что та любима и счастлива.（М. Горький,《Дело Артамоновых》）

"这也不必。"纳塔利娅想说，可又不敢说。她想到母亲有人爱，而且幸福，就越发痛心了。（汝龙 译）

Горбун не ответил. Он был едва видим на лавке у окна, мутный свет падал на его живот и ноги.（М. Горький,《Дело Артамоновых》）

驼子没有答话。他坐在窗子旁边的长凳上，朦胧的光照着他的肚子和腿，看都看不清。（汝龙 译）

被动态与及物性直接有关。不及物动词中有一部分带有形式标志——尾缀 - ся，叫反身动词。它们用在被动结构中具有被动态意义，但用于主动结构中的反身动词没有被动态意义。在被动结构中倒是常用未完成体动词带 - ся（表示被动态意义）的反身动词。在被动结构中，反身动词主要用于单复数第三人称形式，其他形式少见：Потом я приглашаюсь уже прямо Мухиным（Н. Пирогов）. 后来我已经由穆辛本人邀请去做客了。完成体动词的 - ся 有时也表示被动态意义：Известие о судьбе этой женщины вышлется мне сюда（Л. Толстой）. 关于这位妇女命运的消息将传到我这儿。

俄语的一些主动句式也可以表达被动意义，不定人称句就是表达被动意义的常用手段之一，与汉语被动句强调语义重点相近。"如果被字句强调结果而不说明过程，常常可以使用不定人称句来表达。当'被'字之后的施事者用笼统的'人''大伙儿'等词表示或者略去不提的时候，更是如此。"（胡谷明，2010：200）

Всх, кто подал заявление, уже включили в список добровольцев.

所有报名的人都已被纳入了志愿者的名单当中。

无人称句常用于表达自然现象或者自然力作为施事者的被动态意义。

Спасательный бот перевернуло неожиданной волной, и все упали в бушующее море.

救生船被突然袭来的波浪掀翻，所有人都落入了汹涌的大海中。

俄语中有一种主动句倒装式，以受事开头，继而是主谓词组（或倒装的），可以表达受事受主谓词组中动词支配的被动意义。俄语中的这个受事，可以是直接或间接补语，随谓语动词的支配而发生变格。

Деепричастие русского языка усвоили лишь некоторые студенты.

俄语副动词的用法只有一些同学掌握了。

Теперь по этим вопросам она уже не советуется со мной.

这些问题她现在已经不跟我商量了。

在连贯的句子中，俄语的确定人称句可用于表达具有施事者且有所强调的被动态意义（胡谷明，2010：200）。

Директор изменил своё мнение по этому вопросу и поэтому отверг все наши предложения.

院长对待此事的态度有所改变，一下子把我们所有的提议都给否决了。

院长对待此事的态度有所改变，因此，我们所有的提议都被他否决了。

Пучеглазая, с ястребиным носом, с круглым желтым лицом, цыганка родом, вспыльчивая и мстительная, она ни в чем не уступала мужу, который чуть неуморил ее. (Тургенев, 《Дворянское гнездо》)

她暴眼睛，鹰钩鼻，蜡黄的圆脸，有吉普赛人血统，性情暴躁，睚眦必报，对丈夫寸步不让，以致差点给丈夫整死。(戴聪译)

Глаза постепенно привыкли к полумраку, и Анатолий увидел, что с печи выглядывает худое личико с любопытными глазёнками. Собственно говоря, увидел одни эти глазёнки да нос, так как всё остальноезакрывал большой белый платок.

阿纳托利的眼睛逐渐适应半明半暗状态，他看到从炉子那边露出一张瘦削的小脸和一双好奇的眼睛。老实讲，他只看到一双可爱的眼睛和鼻子，因为那人脸部其他部分被一条大大的白色头巾遮盖了。

Небрежно засунутый в сумочкубилет падает под ноги. Нечаянно наступивший на билет парень загоняет его в угол тамбура. (А. Вампилов, 《Поезд идёт на запад》)

随手塞进包里的车票掉在脚下，被一个小伙子无意中踩着，带到了过廊的一个角落里。

细心的读者，可能从上面对照的汉语译文中看出了端倪，俄汉语之间并非完全一致。主动句也可以表达被动态意义，于是，翻译可以打破对译的樊篱而进入自由的王国，但其中有规律可循，值得我们深入探讨。

三 俄语被动态句汉译探讨

接着，我们以陆凤翻译的高尔基的《我的大学》为例，对俄汉翻译中的被动态意义重构进行探讨。首先，我们来看俄语被动态句译成汉语被字句。

Баринов доказывает, что про Грозного не всё в книгах написано, многое скрыто.

巴里诺夫讲，书上还没有把伊凡雷帝的事写全，有许多事被隐瞒了。

Я назначен боцманом "вахтить" на руле в помощь этому зверю.

我是被水手派来值班，给这个野人做助手的。

А однажды ночью в "Марусовке" был схвачен жандармами длинный, угрюмый житель, которого я прозвал Блуждающей Колокольней.

又有一天夜里，在"马鲁索夫卡"住着的一个愁眉苦脸的高个子，我曾给他起个绰号叫"活钟楼"的，也被宪兵们抓去了。

Я чувствовал себя опьянённым словами, не улавливал мысли в них, земля подо мною качалась в словесном вихре.

我觉得自己已经被这些发言弄得如醉如痴，总捉不住话里的真正意思，在争论的旋风中，连我脚下的地面也摇摇晃晃了。

Помню, я ушёл из подвала, как изувеченный, с какой - то необоримой, насмерть уничтожающей тоскою в сердце.

记得那天我像被打伤了的人一样，怀着一种难以排遣的、苦闷得要死的心情，从面包作坊的地下室走了出来。

Где - то далеко, в пропастях тьмы, воют и лают собаки. Это напоминает о каких - то остатках жизни, ещё нераздавленных тьмою. Это кажется недосягаемо далёким и ненужным.

在茫茫无边的黑暗里，从远远什么地方传来狗的狂吠声。这使人想起那些尚未被黑暗压毙的残余生命在挣扎，听来十分渺茫而且多余。

Он медленно, широко развёл руки, опустился на колени и, касаясь руками "конторки", точно распятый, повторил:

他慢慢伸开两臂，跪下来，两臂贴在"工作舱"的舱板，好像被钉上十字架似的，再三地说：

К синим его ногам, чистовымытым Волгой, прилипли синие штаны, высохнув на знойном солнце.

他那被伏尔加河水冲洗得干干净净的发青的腿上，紧裹着被炎热的太阳晒干了的蓝裤管。

Тогда я чувствовал себя сброшенным в темную яму, где люди копошатся, как слепые черви.

这时候就觉得自己是被抛到一个黑暗的地窖里，在这地窖里的人们跟蛆虫一样蠕蠕爬动。

День был холодный, пёстрый, по синему, вымороженному зимою небу быстро плыли облака, пятна света и теней купались в ручьях и лужах, то ослепляя глаза ярким блеском, то лаская взгляд бархатной мягкостью.

天气清冷而且变化无常。在那被寒冬冻僵了的青天上，云彩在迅速地飘动，阳光和云影在小溪和水洼上晃来晃去，一会儿明光闪闪，耀眼欲眩，一会儿又变得天鹅绒般柔和，使人感到特别舒适。

Я чувствую себя заключённым внутри холодного, масляного пузыря, он тихо скользит по наклонной плоскости, а я влеплен в него, как мошка.

我觉得我好像是被禁锢在一个冰冷的油泡里，油泡沿着一个斜面轻轻地往下滑落，我像小虫一样趴在油泡里。

大量译例表明，完成体及物动词形动词（短尾）形式表示的被动态意义，在译成汉语时常见采用被字句。而俄语被动结构中带－ся 的动词也经常译成汉语的被字句。

Мишка, - ты зачем пальцы себе отстрелил? Турка испугался?

米什卡！你为什么开枪打掉自个儿的手指头？是被土耳其兵吓昏了吧？

Но я понимал, что вижу людей, которые готовятся изменить жизнь к лучшему, и хотя искренность их захлебывалась в бурном потоке слов, но - не тонула в нем.

可是我也明白眼前的这些大学生，原是打算把生活变好的，尽管他们的真意被滔滔的空话冲淡了，然而还不曾被淹没。

Он натискал табака в трубку, раскурил её, сразу окутался дымом и спокойно, памятно заговорил о том, что мужик - человек осторожный, недоверчивый. Он - сам себя боится, соседа боится, а особенно - всякого чужого.

他装好烟斗，燃着，立刻被青烟笼罩起来，他开始沉静地令人难忘地谈到农民是多么胆小多疑，他们害怕自己，害怕邻居，尤其害怕外地人。

Но - я вижу мужиков в непрерывном, каторжном труде, среди них много нездоровых, надорвавшихся в работе и почти совсем нет весёлых людей.

可是我眼前的农民却终日忙着那做不完的苦重活儿，他们中间有好多人很不健康，被劳动累得筋疲力尽，几乎没有一点儿欢乐。

Мглистая пустота, тепло обняв меня, присасывается тысячами невидимых пиявок к душе моей, и постепенно я чувствую сонную слабость, смутная тревога волнует меня.

混沌的夜雾温暖地包围了我，我的心像被千万条看不见的水蛭吸吮着，渐渐感到全身困倦无力，感到一种模糊的忐忑不安。

有一些动词跟五格补语，译成汉语用被字句。无主句带五格补语（多为倒装句式），也常译成汉语的被字句。

Это усилило мой интерес к нему, но не внушило мне смелости познакомиться с ним, хотя я не страдал ни застенчивостью, ни робостью, а, напротив, болел каким – то тревожным любопытством, жаждой все знать и как можно скорее. Это качество всю жизнь мешало мне серьезно заняться чем – либо одним.

这更增加了我对他的兴趣，可是还不能鼓起我去跟他认识的勇气。我并不是害羞或怕见生人，恰恰相反，我常被热烈的好奇心所驱使，渴望着尽快地探知一切，这种性格害得我终生不能仔细认真地钻研一件东西。

А когда она приходила, я чувствовал себя неловко, точно меня связывало невидимыми путами.

她一下来我就觉得不舒服，全身像被一种无形的绳索给捆住了一样。

Ощупав ногу, он вдруг дёрнул её – меня хлестнуло острой болью.

他摸摸我的脚，猛然用力一拉，我像被抽了一皮鞭似的疼痛难忍。

В середине июля пропал Изот. Заговорили, что он утонул и дня через два подтвердилось: верстах в семи ниже села к луговому берегу прибило его лодку с проломленным дном и разбитым бортом. Несчастие объяснили тем, что Изот, вероятно, заснул на реке и лодку его снесло на пыжи трёх барж, стоявших на якорях, верстах в пяти ниже села.

七月中旬，伊佐特失踪了。传说是落水淹死的。两天以后查

明：伏尔加河下游离村子七俄里的地方，发现他的小船冲到满生
青草的河岸上，船底被戳破，船舷被碰碎。人们估计这次不幸事
件的发生，多半是因为伊佐特在河上睡着了，他的小船被冲到离
村庄五俄里的地方，撞在那里成排抛锚停泊的三只驳船上碰
坏了。

究竟是"冲到"还是"被冲到"，似乎译者也有些拿不准哪个更
好，于是两个方案都保留在了一个例句里。

У нас – у Морозова на фабрике было дело! Кто впереди
идёт, того по лбу бьют, а лоб – не задница, долго саднится.

我们在莫罗佐夫工厂闹斗争的时候就是这样，谁冲向前面
去，谁就会被打破脑门子，脑门子不同屁股蛋，一打破了可就够
你受的！

也可译为："……谁冲向前面去，就打破谁的脑门子。"主动被动
原本可以互换使用。

Детское лицо ее смешно надувалось напряжением
внимания, глаза широко открывались, а когда звучали особенно
резкие слова, – она шумно вздыхала, точно на нее брызнули
ледяной водой.

她那孩子气的脸可笑地绷着，眼睛睁得大大的，每听到特别
激烈的话，她就像被冰冷的水泼了一下似的，出声地抽一口气。

未尝不可译为："……就像有人向她泼了一身冰水似的……"但
由于所谓的"主语规约"的缘故，汝龙采用被动句，句式衔接自然。
主动结构的带 -ся 的动词，因失去被动态意义，常译成汉语的主动态
句。而不定人称句，很有可能译成被动态句，因为不能确切地加上施
事者，使用被动句比较方便。尤其是在受事居于句首时。

Петра арестовали.

彼得被捕了。

Гурия Плетнёва арестовали и отвезли в Петербург, в "Кресты".

最近古里·普列特尼奥夫被捕，并且被押解到彼得堡，关进"克列斯特"监狱里了。

省略了一个"被"字，但被动态意义犹在。

Организовал кружок самообразования рабочих, его арестовали, года два он сидел в тюрьме, а потом – сослали в Якутскую область на десять лет.

他组织过工人自学小组，因而被捕，坐了两年牢，后来又被充军到雅库特过了十年流放生活。

Народы не по своей воле идут. их гонят, насилуют.

人民的行动并不是自主的，他们是被驱使、被强迫的。

Конечно – убежал, а то бы – избили. Смешно.

当然，我逃跑了，再慢一点儿就会遭一顿毒打。真好笑！

Потом Рубцова, меня и ещё человек пять, врагов или друзей, повели в участок.

鲁布佐夫、我和另外五个人，有敌人也有朋友，都被逮起来带往警察分局去了。

– А меня до десяти – то лет, наверно, сто разбили. (М. Горький,《Дело Артамоновых》)

不过我自己在十岁以前大概总挨过一百次打。（汝龙 译）

...Часто мне казалось, что в словах студентов звучат немые думы, и я относился к этим людям почти восторженно, как пленник, которому обещают свободу...

我常常觉得，在大学生们的谈话里，有着我没有能够说出来的思想，而我对这些人的喜欢几乎到了发狂的程度，就像一个被允诺给予自由的囚徒感到的那样。

有时候，被动句式的使用是受主语规约的。这是因为上下文决定了被动句式的使用，而非刻板的句式对译。

> … Наталья проснулась скоро, ей показалось, что ее разбудили жалость к матери и обида за нее. （Горький,《Дело Артамоновых》）
> ……纳塔利娅不久就醒了；她觉着她是因为可怜母亲，因为替她生气，才惊醒的。（汝龙 译）
> Кочегара Волкова пришлось отправить в губернию, в дом умалишённых. （Горький,《Дело Артамоновых》）
> 锅炉工人沃尔科夫不得不送进省里的疯人院去。（汝龙 译）

有时候被字无法加上去，但不难感到其中的被动意义。

> И меня кто - то тащит, толкает в неприятные углы, показывая мне грязное, грустное и странно пёстрых людей. Устал я от этого.
> 我也像是被人拖着，推向一个倒霉的角落里，使我看遍了种种丑恶、伤心的事件和奇形怪状的人们。我已经看够了。
> Безмолвие внушительно сжимает сердце, а мысль растекается в безграничии пространства, и я вижу тысячи деревень, так же молча прижавшихся к плоской земле, как притиснуто к ней наше село.
> 我的心被夜的沉静压得紧缩起来，而思想却飞到无边无际的远方，我仿佛望见成千成万的村庄也和我们住的这个村庄一样，全一声不响地紧伏在辽阔的大地上。

主动结构的倒装句，受事作主语，原文虽不是被动态句，也译作了被动句，这仍然是主语规约。主语规约，不是说非得如此不可，而是说如此是简洁得体的。

　　А тут медник был один, так его тоже – долой со счёта. В то воскресенье, с жандармами.

　　这儿有一个光棍汉铜匠，也要报销了，上星期天被宪兵抓去了！

　　У них есть поэты и сказочники, – никем не любимые, они живут на смех селу, без помощи, в презрении.

　　在这些农民中间也有诗人和讲故事的能手，可是谁都不喜爱他们，他们被全村嘲笑，得不到支持，受尽了凌辱。

叙述句中带前置词结构译成了汉语的被动句，描绘出其人所处的不堪氛围。

　　Я ушёл к себе, на чердак, сел у окна. Над полями вспыхивали зарницы, обнимая половину небес; казалось, что луна испуганно вздрагивает, когда по небу разольётся прозрачный, красноватый свет. Надрывно лаяли и выли собаки, и, если б не этот вой, можно было бы вообразить себя живущим на необитаемом острове. Рокотал отдалённый гром, в окно вливался тяжёлый поток душного тепла.

　　我爬上我的阁楼去，坐在窗下。田野上突然打起闪来，照亮了半个天空；每当天上射出微红的闪光时，似乎月亮也被吓得战栗起来了。狗在凄凉地吠叫，如果没有狗的吠叫声，我真会以为我是住在荒无人烟的孤岛上。从远处传来隆隆的雷鸣，从窗口流进来一股闷人的热气。

"似乎月亮也被吓得战栗起来了"，改为主动句式应该说更贴近俄文，也符合汉语习惯。译者可能是从不如意不愉快的角度考虑选择的被字句，算是一种尝试吧。而"从窗口流进来一股闷人的热气"这是顺着俄文语序而译的。确实，是上下文的关系使译者选定句式的。

Не забывая о том, зачем он пригласил священника, Пётр постепенно поддавался чувству жалости к нему. ... Его симпатия к священнику была вызвана общей нелюбовью городского духовенства и лучших людей ко Глебу. (Горький,《Дело Артамоновых》)

彼得尽管没有忘记请教士来是为了什么事，然而还是渐渐把心情转换到对教士的怜悯上去了。……至于他对这个教士的怜悯，那是由于城里的教士们和上等人一概厌恶格列布（教士）而引起的。(汝龙 译)

首句尚可译为："……但他渐渐地油然而生对教士的怜悯之情……"似乎仍能感到其中的被动态意义，虽然使用的主动句式。随后的一句话也是被动句，则译成了"是……的"强调句式。

— Тебя не любят за то, что ты удачлив, за удачу мы, бабы, любим, а вашему брату чужая удача — бельмо на глаз. (Горький,《Дело Артамоновых》)

他们不喜欢你，是因为你把事业办成功了。我们女人家是喜爱成功的，可是你们男人家，却把别人的成就看成眼中钉。(汝龙 译)

如果译成你不讨人喜欢，就是顺着俄文的叙述语序，把受事第二人称充任主语，自然造成一个被动态句式，这便是主语规约在起作用了。

Звон гусель и весёлую игру песни Серафима заглушил свист парней; потом запели плясовую девки и бабы (М. Горький,

《Дело Артамоновых》）

　　竖琴的声音和谢拉菲姆的快乐的歌声，被年轻小伙子的呼啸声盖过去了。随后舞蹈的姑娘和女人唱起来：（汝龙 译）

　　俄语的受事起词句乃是非被动句，是叙述句倒装的，主语后置，但译成汉语时，俄文的受事起词占据汉语句子的主语位置，从而执行主语的功能，所以多数变成了汉语的被动句。

　　Его и детей точно вихрем крутило, с утра до вечера они мелькали у всех на глазах, быстро шагая по всем улицам, торопливо крестясь на церкви（Горький, 《Дело Артамоновых》）

　　他和孩子们忙得像旋风一样，从早到晚在大家眼前晃来晃去，飞快地走过街道，路过教堂门口只匆匆地在胸前画个十字。

　　尝试把"他和孩子们忙得像旋风一样"改成被动句却不能，只能采用主动句式。带 -ся 的动词，有时几乎完全失去了被动态意义，与主动态意义没有区别。不妨译成主动句式。这是因为这时带 -ся 的动词主要具有主动态意义，几乎感觉不到被动态意义了。

　　Увлеченный всем, что творилось вокруг, я работал все меньше и питался чужим хлебом, а он всегда очень туго идет в горло.

　　眼前发生的这一切事情把我迷住了，所以我的活儿干得越来越少，只得靠别人的面包来糊口，不过这种面包真不好下咽啊。

　　不同的句式，有着不同的组句。明明是被动形动词，却偏偏能译成把字句而非被字句，或许是译者的选择和组句习惯。把字句与被字句可以互换，故而也可这样来行文：我被眼前发生的这一切事情迷住了，干的活儿越来越少……

Рыбака ударили сзади, затылок его был точно стёсан топором.

这个渔夫是被人从后面砍死的，他的后脑壳整整齐齐地劈掉了。

译者有意省略了施事工具"斧头"（топор），如果添上的话，则后半句非用被字句不可。

И нередко из её нахальных глаз на пухлые, сизые щёки пьяницы и обжоры обильно катились мелкие слезинки.

她常常感动得一串串泪水从那老不害羞的眼睛里直淌到她这个酒鬼和馋鬼的青肿的脸颊上来。

Он был талантливый рассказчик и легко сочинял для проституток трогательные песенки о печалях несчастной любви, его песни распевались во всех городах.

他很会讲故事，毫不费力地就为妓女们编出一些歌唱不幸爱情的哀婉动人的小调。他所编的小调唱遍了伏尔加河两岸的各个城市。

Там, среди грузчиков, босяков, жуликов, я чувствовал себя куском железа, сунутым в раскалённые угли, каждый день насыщал меня множеством острых, жгучих впечатлений.

在那儿，我混入那些装卸工、流浪汉和无赖汉中间，觉得自个儿好像是一块生铁投进了烧红的炉火里一样，每天都给我留下了许多又强烈又深刻的印象。

Мне казалось, что этот человек считает себя осужденным на бессрочную каторгу помощи людям и, хотя примирился с наказанием, но все – таки порою оно тяготит его.

我觉得他把自己当作判了无期徒刑、来给人们做苦役的人，尽管他甘心受这种刑罚，有时候却也感到很吃力。

如果说在"唱遍了"和"判了"的前面加上一个"被"字显得别扭的话，"投进"前面加上一个"被"字，则显得很自然，这是可加可不加的。也就是说，俄语的被动态句被译成了汉语的不带"被"字的被动句，其中的被动态意义仍然是存在的。有的被动句可以加上"被"字，而有的被动句无须"被"字；否则即画蛇添足。

В центре 《Слова о погибели русской земли》 дан образ русской земли, автор говорит о её природных красотах и богатствах, призывает народ встать на её защиту, когда русской земле грозит опасность извне. （任光宣等，2003：13）

在《俄罗斯土地覆灭记》中集中描绘了俄罗斯土地的形象，作者讲述大自然的美好和富饶，呼吁人民起来保卫国土，当俄罗斯土地遭受外来危险的时候。

除采用被字句以外，还有"让、叫、给、归、经、受到"等词可以构成被动句，以传达被动态意义。

А Япушкину поставить в Москве медный памятник, самого же его – не трогать, а сослать живого в Суздаль и поить вином, сколько хочет, на казённый счёт. ... Там, в Суздали, Япушкин спился до смерти, а записи у него, конечно, выкрали. （М. Горький，《Дело Артамоновых》）

在莫斯科给亚普什金立了一座铜像。至于亚普什金本人，沙皇却不准别人跟他接近，把他流放到苏兹达尔去，听凭他由着性儿喝酒，酒账归官府付。亚普什金就在那边，在苏兹达尔，醉死了，他写的东西自然都给偷走了。（汝龙 译）

И нередко я видел, что люди милосердны и любвеобильны только на словах, на деле же незаметно для себя подчиняются общему порядку жизни.

我常常发现人们所谓的仁爱或博爱只不过是口头上说说罢

了，实际上连他们自己也不知不觉地屈从了社会生活的习惯。

Вам надо учиться, да – так, чтоб книга не закрывала людей.

您应该努力学习，只是不要让书本把您和周围的人隔绝了。

Ну учись жить, чтоб тебя немордовали...

唔，要学会生活，别让人家再作践你……

— Покойник был отлично рекомендован мне его сиятельством князем Георгием Ратским и рекомендацию эту совершенно оправдал. (М. Горький, 《Дело Артамоновых》)

亡人经格奥尔吉·拉特斯基公爵大人向我破格推荐过，而他是十足配得上那种推荐的。(汝龙 译)

"经"字是主动还是被动的？它在表达被动态意义上不如被字明确。包括前面几个译例在内，被动态意义几乎都是由主动句式表达的，但细心体会还是能感到其中的被动态含义，包括无标志的被动句。

За проезд на пассажирском пароходе нам нечем платить, мы взяты на баржу "из милости", и, хотя мы "держим вахту", как матросы, все на барже смотрят на нас, точно на нищих.

我们没有钱买轮船的客票，多蒙照顾才坐上运货驳船，虽然我们和水手同样"轮换值班"，可是驳船上的人们还是把我们当作乞丐。

И мог читать только между работой, замесив тесто, ожидая, когда закиснет другое, и посадив хлеб в печь.

所以只有在工作的空隙，就是当一团面粉刚刚揉好，另一团面粉还没有发酵，或面包已经上炉烘烤的时候，才能读点书。

Ты оставь королей гонять, это тебе не голуби!

你别再打算赶走国王了吧，国王可不像一只鸽子那么容易赶走。

Комнату наполняет глуховатый бас, отчётливо произнося

слова.

屋里充满嗡嗡的低音，可是说话的声音依然听得很清楚。

И людей можно научить пользоваться разумом.

这样看来，人也可以训练得聪明起来。

- Ты вотначитан в книгах, евангелие читал?

喂！你是读过很多书的人啦，福音书也读过吧?

Вот чемзаняться надо – этим!

这真是一个值得研究的问题呀！

На Пасху она снова увезла ее в монастырь, а через месяц, воротясь домой, увидала, что запущенный сад ее хорошо прибран, дорожки выполоты, лишаи с деревьев сняты, ягодник подрезан и подвязан, – и всё было сделано опытной рукою. (М. Горький,《Дело Артамоновых》)

到复活节，她又带她上修道院去，过了一个月回到家来，却看见她那荒芜的园子整顿得很好，小路上拔尽了杂草，树上刮掉青苔，浆果树丛修剪了枝子，捆好了。（汝龙 译）

Все деревья вокруг дома посажены его руками... （М. Горький,《Дело Артамоновых》)

房子四周所有的树木都是他亲手种下的……（汝龙 译）

汉译文方案，有的可以添加上"被"字而构成被字句，但却不用被字句，而采用无标志的被动句，看起来跟主动句没有什么区别。

Дорожка, по которой хаживал князь Николай Андреич к оранжерее, была расчищена, следы метлы виднелись на разметанном снегу, и лопата была воткнута в рыхлую насыпь снега, шедшую с обеих сторон дорожки.

尼古拉·安德烈伊奇散步的那条通到花房的小道已经打扫过，在扫过的雪地上还可以看见扫帚的痕迹，小道两旁松软的雪堤上插着一把铁锹。（刘辽逸 译）

公爵平时散步的通向暖房的甬道已打扫过，扫过的雪地上看得出扫帚的痕迹。一把铁锹插在路边松软的雪堆上。（草婴 译）

两位翻译家采用的都是无标志的被动句。

Никита снова поднял голос, чтоб заглушить, не слышать этот влажный шёпот, но всё - таки вслушивался в него. （М. Горький,《Дело Артамоновых》）

尼基塔又提高声音，想盖过这种含泪的低语声，免得听见，可是他仍旧不能不听。（汝龙 译）

Он говорил непрерывно, не замечая попыток Петра прервать его речь, а когда Пётр сказал, наконец, что такова воля родителя, Житейкин сразу успокоился. （М. Горький, 《Дело Артамоновых》）

他滔滔不绝地说下去，没注意到彼得极力想打断他的话；等到彼得终于说明这是父亲本人的意思，日捷伊金马上就安分了。（汝龙 译）

俄文里带 - ся 的动词，虽然被动意义大大减弱，甚至消失了，但主体的人身不由己的感受和情态宛然。"他仍旧不能不听""日捷伊金马上就安分了"虽然是主动句式，但还不难感到其中的被动意义，有身不由己、迫于形势而不得不如此的意味。

Ночами, когда город мертво спит, Артамонов вором крадется по берегу реки, по задворкам, в сад вдовы Баймаковой. В теплом воздухе гудят комары, и как будто это они разносят над землей вкусный запах огурцов, яблок, укропа. Луна катится среди серых облаков, реку гладят тени. Перешагнув через плетень в сад, Артамонов тихонько проходит во двор, вот он в темном амбаре, из угла его встречает опасливый шёпот：（М. Горький，《Дело Артамоновых》）

　　到晚上，满城的人都睡熟了，阿尔塔莫诺夫就像做贼那样顺着河边进了后院，溜进寡妇拜马科娃的园子。蚊子在温暖的空气里嗡嗡地叫，仿佛那些黄瓜、苹果、茴香的好闻的香气就是由它们带到大地上来的一样。月亮在灰白的云堆里浮动，阴影抚摸着河面。阿尔塔莫诺夫翻过园子的篱墙，轻轻穿过小院，随后走进黑暗的谷仓，屋角就有一个提心吊胆的低语声迎接他。（汝龙译）

　　Мы сошли к реке, выкупались и потом молча пили чай в трактире на берегу.

　　我们下河洗过澡，就在河岸上的小饭馆里坐下，默默地喝茶。

　　Жарко, хотя солнце уже опускалось к западу. Широким свитком развернулось предо мною всё пережитое в этом селе — как будто красками написано на полосе реки.

　　虽然日头快要落山，仍然很热。在这个村庄里所经历的一切，仿佛是用彩笔在河面上画的大幅画卷，展在我的眼前。

　　这里带 – ся 的不及物动词，表达的主动态意义，译成汉语不论形式上和感觉上都没有被动态的意味了。

　　个别被动形动词短尾形式似乎可以具有 – ся 不及物动词表达的主动态意义，可采用主动句式来传译，被动态意义几乎已荡然无存了。

　　Вот только единый голос всё громче слышен в суетном шуме, обращён к совести мира и властно стремится пробудить её, это голос некоего графа Толстого, философа и литератора. （М. Горький，《Дело Артамоновых》）

　　现在，在这种庸人自扰的闹声中只能听见一个声音了，它越喊越响，向世界的良心诉说着，带着威严的力量极力唤醒它（良心），这就是托尔斯泰伯爵的声音。他是哲学家和文学家。（汝

龙 译)

　　Посмеиваясь, он рассказывает, что Тихон Вялов отсёк себе палец топором. (М. Горький,《Дело Артамоновых》)

　　他轻声笑着，说吉洪·维亚洛夫的一个手指头让斧头砍掉了。(汝龙 译)

　　Он чувствует себя сильнее и умнее рядом с этой женщиной, днём – всегда ровной, спокойной, разумной хозяйкой, которую город уважает за ум её и грамотность. (М. Горький,《Дело Артамоновых》)

　　他觉得他跟这女人一块儿过活以后，变得更有力量，更聪明了。在白天，这个女人永远是一个稳重、安静、有条有理的家庭主妇，全城的人都因为她聪明多才而尊敬她。(汝龙 译)

　　何尝不可译为被动句"……她的聪明多才受到全城的人尊敬。"有时候主动态、被动态是模糊的，отсёк себе, чувствует себя 是主动还是被动的？不排除含有被动态意义，汝龙的译文反映出了这一层。

　　Обиженная его заносчивостью, она сказала: (М. Горький,《Дело Артамоновых》)

　　他的自尊自大惹得她不痛快，她就说: (汝龙 译)

　　Ему было шестнадцать лет. Он шёл по вечерней улице с девчонкой, провожал её из кино. На окраине города тихо. Только в дальнем палисаднике захлёбывалась переборами счастливая гармоника. (А. Вампилов,《Я с вами, люди》)

　　他十六岁那年。他与一位姑娘走在傍晚的街道上，看完电影后送她回家。城郊静悄悄的。只听到远处房前小花园有人在弹拨欢快的手风琴。

　　原文的主动句不时地会译成被动句，而被动形态又译成主动句，上下文决定了行文的句式选择，而主语规约是最重要的一条原则。颇有趣的是下面这个译例，俄文本来是个主动句，译者却有意地译成了被动句，只是没有标记，译文很好地表现了人物的情态。

Илья Артамонов возвратился домой весёлый, помолодевший, он подстриг бороду, ещё шире развернул плечи, глаза его светились ярче, и весь он стал точно заново перекованный плуг. Барином развалясь на диване, он говорил: (М. Горький,《Дело Артамоновых》)

伊利亚·阿尔塔莫诺夫回家来了；他兴高采烈，显得年轻多了。他的胡子剪短了，肩膀越发展宽，眼睛越发明亮，他周身上下活像一把重新打过的犁。他像贵族似的往长沙发上一靠，说：（汝龙 译）

— Мне завидуют. Завидуют моему умению жить. —
— артистам всегда завидуют, — сказал вдруг мамаша.
(А. Вампилов,《Успех》)

"人们忌妒我。忌妒我会生活。"
"演员们总是被人忌妒的。"妈妈冲口而出。

Девушка. Решается судьба, от этих минут зависит счастье...（А. Вампилов,《Свидание》）

姑娘：命运攸关啦！这几分钟关系着幸福……

Студент. Моё счастье, может быть, тоже зависит от этого вот гвоздя. А почему вы думаете, что ваше счастье лучше моего?（Сапожнику.）Скажите, патриарх, сколько вам лет? Вы, наверно, успели уже заметить, что взаимоотношение полов состоит из предрассудков и заблуждений.（А. Вампилов,《Свидание》）

大学生：我的幸福，可能也取决于现在钉的这个钉子。为什么你认为你的幸福比我的重要呢？（对鞋匠）鞋王，您说，您多大年龄了？您大概已经发现，两性之间的关系就是由各种偏见和错误构成的。

以止词（受事）和补词（与格）作为主语时，不论它原来是否是被动句，都可能译为被动句。可选用被字句或无标记的被动句，来传达俄文中蕴含的被动态义。

Был уверен, что сгорите вы, когда взорвало бочку и керосин хлынул на крышу. Огонь столбом поднялся, очень высоко, а потом в небе вырос эдакий гриб и вся изба сразу окунулась в огонь. Ну, думаю, пропал Максимыч!

当油桶一爆炸，着火的煤油直喷上楼顶，我担心您准是烧死了。好一条火龙只往上钻，钻得高极啦，随后在天空形成蘑菇云，整所房子马上就埋在火里了。我想，这下子，马克西莫维奇完啦！

С правой стороны удалось прервать распространение пожара, а влево он распространялся всё шире, захватывая уже десятый двор.

在右面，火的延烧被切断了。可是左面的大火还在蜿蜒扩展，已经烧到第十家了。

– Сгорели книги, – сказал Хохол, вздохнув. – Это досадно!

"书全烧了！"霍霍尔叹一口气说，"真可惜！"

Напротив, по энергичному действию этой батареи он предполагал, что здесь, в центре, сосредоточены главные силы русских, и два раза пытался атаковать этот пункт и оба раза был прогоняем картечными выстрелами одиноко стоявших на этом возвышении четырех пушек. (Л. Толстой)

相反，从这个炮队的顽强的战斗看来，敌人认为在中央集中着俄军的主力，对这个据点发动两次进攻，但两次都被这个高地上的四门孤立无援的大炮用榴弹击退。(刘辽逸 译)

相反，由于这个炮兵连的猛烈射击，敌人以为中央阵地集中了俄军主力。他们两次进攻这个据点，但两次都被单独留在高地

上的四门大炮用榴弹击退。（草婴 译）

最后一句俄汉语均为被动句，两位翻译家都做了几乎相同的处理，总体上的被动句，而局部的不一致定语二格名词具有主体意义，译作汉语的关系语（施事）。

俄语中有一类被动句，也是存在句，以被动形动词和 - ся 反身动词作谓语，受事主语在后面，且跟上主体意义的二格定语名词。这类型的句式很有意思，通常是很有动感、很形象生动的描写句式。

День не жаркий, ветер ровный, бодрый, с запахом реки и черемух, без конца идут быстрые плотные тени. Напротив в сквере струится зеленый поток березовой листвы, за ней качается серебряная челка фонтана. Ветер бросает струи воды мимо каменной чаши, далеко на асфальт стелется белый водяной дым, под ним визжат, носятся голоногие девчонки. (А. Вампилов, 《Студент》)

天气并不热，微风拂面，送来河水和稠李的香气，令人神清气爽。眼前闪过绵延不绝的浓密树荫。对面的街心小公园，绿色的白桦树叶随风飘动，犹如流淌着的河流。小公园外面，喷泉摆动着银色的刘海。石碗附近，风抛出一股股水流，向远处的沥青路撒下一重白色的水雾。一群赤脚的小姑娘尖叫着从水雾下跑过。

汉译文看不出来被动句式，存在句发生了变异，被动句变成了主动句。在翻译转换过程中，主语可能转化为宾语，从而发生句式的变换，俄文的被动态存在句即变成汉语的主动句了。俄语的反身动词被动意义有时是极微弱的，已经失去了被动意义，而完全是一个主动意义的谓语。上面最后一句根本没有被动的意思，但仍可勉强译为存在句：水雾下尖叫着跑过一群赤脚的小姑娘。"向远处的沥青路撒下（或弥漫开）白色的水雾"也可表达为："白色的水雾向远处的沥青路弥漫开去。"仍然是一个主动句。

Графиня была приготовлена намеками Анны Михайловны во время обеда. Уйдя к себе, она, сидя на кресле, не спускала глаз с миниатюрного портрета сына, вделанного в табакерке, и слезы навертывались ей на глаза. (Л. Толстой,《Война и мир》)

由于安娜·米哈伊洛夫娜在午餐时做了许多暗示,伯爵夫人已经有了思想准备。她回到自己房里,坐在安乐椅里,目不转睛地瞧着绘制在鼻烟壶上的儿子的肖像,泪水不住地涌出眼眶。(刘辽逸 译)

伯爵夫人吃饭时对德鲁别茨基公爵夫人的暗示心理就有点数。她回到房里,坐在扶手椅上,眼睛盯住鼻烟壶上儿子的画像,泪水不断涌上眼眶。(草婴 译)

俄语中被动态句比汉语中多得多,其秘密可能是常见反身动词和形动词作谓语,来交代情况或摹状写景。而译成汉语常用主动句式,少用被动句。

В январе 1961 года строительство комбината было передано Новочунскому СМУ треста Иркутскпромстрой. (А. Вампилов, 《Матетатика разгильдяйства》)

1961 年 1 月, 公司建设任务转给伊尔库茨克工业建设托拉斯下属的新楚娜工程建筑安装局完成。

俄译汉巧用关系语(施事),将俄语的被动句式变成汉语的酷似主动句(仍可感到被动意义)。通过活用词汇(添加"任务"和"完成")来衔接意义,使俄文语序基本上得以保留了。

Но футлярный образ жизни Беликова нарушает появление в гимназии нового учителя истории и географии М. Коваленко и его сестры Вареньки, тридцатилетней молодой женщины. (из учебника《Русская литература 19 – века》)

　　可是别里科夫套子式的生活方式，因为中学史地新教员科瓦连科和他姐姐瓦连卡——一个三十岁的年轻女人的到来打乱了。

　　可是，中学史地新教员科瓦连科和他姐姐瓦连卡——一个三十岁的年轻女人的到来，把别里科夫套子式的生活方式打乱了。

　　有时要保留俄文语序，就非得采用被动句式不可，这可能是主语规约在起作用。"因为"实等于"被"字的作用。或可将原文倒置过来，译成个把字句。被字句与把字句本来就是可以互换的，在顺应语序与句式选择的同时，还得考虑语义的自然贯通，故时有所添加或省略。

　　На фоне освободительного движения 70 – 80 – х годов Толстой впал в духовный кризис. Кризис усилило жалкое существование крестьян и всероссийский голод. (из учебника《Русская литература 19 – века》)

　　在七八十年代解放运动背景下，托尔斯泰陷入了精神危机，又因农民可怜的生存状况和全俄国的饥饿而加剧了。

　　俄文语序和意义都大致保留了下来，依靠添加"因……而……"，使句意表达既紧凑又贴切。俄文是倒装的主动句式表达出被动态意义，汉译文中则是无标志的被动句，承前省略"危机"。

　　有时俄语中处所名词作主语、被动形动词作谓语的被动句（非存在句），在译成汉语时变成了存在句，主语是施事还是受事，有时难以辨清，而处所语与主语常可互易。

　　Деревья усеяны галками.

　　树上落满了寒鸦。

　　Весь двор засажен желтыми тюльпанами.

院子里种满了黄色的郁金香。

Дорожка усыпана опавшими золотистыми листьями.

小路上铺满了金黄的落叶。

如果俄文是不定人称句表达被动态意义，译成汉语尤其酷似主动句，因为是无标志的被动句。

Полы в яслях должны быть покрыты линолеумом. Строители заливают 400 кв. метров бетоном. Потом линолеума вдруг не оказывается, бетон ломают, выбрасывают, полы стелют деревянные. За то, чтобы залить и сломать бетон, рабочим выплачивается около 400 рублей, плюс стоимость цемента, плюс драгоценное время. Неужели заранее нельзя было поинтересоваться — всё ли на складах есть для того чтобы выполнить работу без переделок? (А. Вампилов, 《Математика разгильдяйства》)

托儿所的地板必须铺油布。但建筑工人浇筑400平方米混凝土后，才忽然发现原来没有油布，于是把混凝土打掉、抛弃，铺成木地板。浇筑又打掉混凝土，工人的劳务费大约400卢布，外加水泥成本和宝贵的时间。为了不至于返工完不成任务，难道不能事先问一问仓库里是否材料齐全？

俄语表示人处于某种情景、情绪或气氛的包围中，通常会是倒装句。起词是受事的人，而施事主语在后面，译成汉语即是被动句。由于有施事主语，所以通常是被字句或由"让、受、遭"等字眼引出施事的被动句。

Артамонова вдруг обняла скука, как будто пред ним широко открыли дверь в комнату, где всё знакомо и так надоело, что комната кажется пустой. (М. Горький, 《Дело

Артамоновых》)

阿尔塔莫诺夫忽然让一种烦闷无聊的感觉包围住，仿佛他面前大敞着一道门，通到一个房间里，那儿样样东西都是他所熟悉的、他所讨厌的，因此房间里像是空的一样。（汝龙 译）

俄语由副动词、形动词（短尾）形式或者带-ся动词表示状态、情态，常用于人物、天气、景物的描写等。俄文里的被动态形式，译成汉语通常变成主动态形式。

Но он вспомнил, что тёща, медленно умиравшая в кресле, вся распухнув, с безобразно раздутым, багровым лицом, смотрит на него всё более враждебно（М. Горький, 《Дело Артамоновых》)

不过他想起了丈母娘。她早已全身发肿，坐在圈椅上慢慢地等死，紫红的脸膛肿得很难看，她越来越仇视地瞅着他。（汝龙 译）

Проснулись рабочие и, видя распростёртое, большое тело, предупреждают друг друга: – Тут!（М. Горький, 《Дело Артамоновых》)

工人们醒来，看见这个摊开四肢的魁伟身体，就互相通知说："他在这儿呐！"（汝龙 译）

Ступни ног студента маленькие, точно у женщины. И голова его, глубоко всаженная в плечи, тоже мала, украшена щетиной рыжих волос, а на белом, бескровном лице угрюмо таращились выпуклые, зеленоватые глаза.

这大学生有一双跟女人一样的小脚，脑袋也显得很小，快缩进肩膀里面去了。脑袋上盖着一层马鬃般的红头发，苍白贫血的脸上无精打采地瞪着两只凸出的绿眼睛。

Купчиха была женщина тощая, плоская, прямая, как солдат, сухое лицо монахини – аскетки, большие серые глаза, скрытые в тёмных ямах, одета она в чёрное платье, в шёлковую старомодную головку, в её ушах дрожат серьги с камнями ядовито – зелёного цвета.

商人太太是个干巴女人，瞧她那平板板的胸脯，直挺挺的姿势活像一个兵士，脸儿冷冷的又像一个绝欲的老修女。她那两只灰溜溜的大眼睛陷在黑眼窝里。她身穿一件黑色连衫裙，戴着老式丝绸头巾，耳朵下面耷拉着两只镶宝石的耳环，颜色是贼绿贼绿的。

А её тонкий голосок звучал весело, она была одета в голубое платье, голубая лента на светлых волосах.

杰连科娃说话的柔细声音充满着快乐，她穿着天蓝色长衣，黄头发上系着天蓝色丝带。

Он был одет в серое пальто гимназиста, но светлые пуговицы отпороты и заменены чёрными, костяными, на изношенной фуражке заметен след герба.

他身穿一件中学生的灰大衣，原来的灰色衣扣已经脱落，补缀上几个黑骨扣，破旧的学生帽还残留着帽徽的痕迹。

Душа его, окрашенная яркими красками юности, освещала жизнь фейерверками славных шуток, хороших песен, острых насмешек над обычаями и привычками людей, смелыми речами о грубой неправде жизни.

他的心里充满着青春的美，他的嘴上会讲绝妙的笑话，会唱动听的歌曲，敢于讽刺人世间的旧风俗和坏习气，敢于揭穿生活中最大的谎言，使人们的生活豁然闪出一线光亮。

Несколько раз в день его аккуратно вытесанная фигура являлась на дворе.

他全身装束得像刀削出的一样整整齐齐，每天一定要来这里巡查几遍。

Артель, человек полсотни, угрюмо расположилась на палубе пустой баржи, кутаясь рогожами и брезентом.

搬运组有五十来个工人，身上披裹着草席或帆布，都阴沉着脸儿蹲在空船的甲板上。

Её тёмные, ласковые глаза налились слезами, она смотрела на меня, крепко прикусив губы, а щёки и уши у неё густо покраснели.

她那挺温情的黑眼睛里噙着泪花，直望着我，紧紧咬住嘴唇，脸庞跟耳朵变得通红了。

Он предложил мне полтинник, молча и задумчиво отсчитав деньги мелкой медью, а когда я сказал, что это мне не нужно, – сунул медь в карман своих брюк, но – не попал, и деньги рассыпались по полу.

他接过信签，打算给我五十戈比，默默地数出一把小铜币，等他听到我说不要报酬的时候，就把小铜币放回他的裤袋里，可是没有放进去，零钱哗啦啦全撒落在地板上了。

Сухое лицо его строго нахмурилось, но смотрел он не на меня, а в медное зеркало ярко вычищенного самовара.

他那冷酷的脸皱得紧紧的，眼睛并不看我，只是望着那擦得像镜子一样明晃晃的铜茶炊。

На носу дощаника, растопырив ноги, стоит с багром в руках батрак Панкова, Кукушкин, растрёпанный мужичонка в рваном армяке, подпоясанном верёвкой, в измятой поповской шляпе, лицо у него в синяках и ссадинах.

潘科夫的雇工库库什金手握篙竿，笨拙地叉开两腿站在船头上。这是一个蓬头垢面的矮个儿庄稼人，穿着破旧的粗呢外衣，腰间系一条绳子，头上戴一顶揉皱的旧神父帽，满脸是乌青的伤痕。

Изот тоже улыбался, точно пьяный, он похудел, глаза его провалились в тёмные ямы, лицо стало ещё строже, красивей и – святей.

伊佐特像醉汉似的也在微笑，他瘦了，眼睛陷进黑眼窝里，面容更显得严峻、清秀，更像个圣徒了。

Дождь стал гуще, холоднее, ветер усилился, рвал рубахи, закидывая подолы на головы, обнажая животы.

这时候雨下得更大，天气变得更冷，风也吹得更凶，吹开人们的贴身衣衫，衣襟翻卷到头上去，下面露出肚皮来了。

Мне казалось, что каждый вопрос, поставленный Ромасём, пустил, как мощное дерево, корни свои в плоть жизни, а там, в недрах её, корни сплелись с корнями другого, такого же векового дерева, и на каждой ветви их ярко цветут мысли, пышно распускаются листья звучных слов.

我觉得罗马斯所提出的每一个问题，像是一棵大树，深深扎根到人们的生活土壤里，到了生活土壤深处又和另外一些古老大树的树根结合在一起，于是在大树的每条树枝上就鲜艳地开出了思想的花朵，茂盛地茁长出响亮的语言的叶子。

Я вышел на двор; там лениво, почти бесшумно сыплется мелкий дождь, но все-таки душно, воздух насыщен запахом гари — горят леса. Уже далеко за полночь. В доме напротив булочной открыты окна; в комнатах, не ярко освещенных, поют:

我躲到院子里去，院子里正缓缓无声地落着牛毛细雨。我依然感到憋闷得很，不知道是哪里的树林着火了，满院飘来一股焦臭气。时间已经到后半夜了。面包房对面屋子的窗户还敞开着，有几个房间透出暗淡的灯光，里面有人在哼唱：

Надо мною лениво плывут чёрные клочья облаков, между ними золотым мячом катится луна, тени кроют землю, лужи блестят серебром и сталью.

在我头上缓缓地浮动着一片片的云朵，云朵之间滚动着金球般的月亮，云影掠过大地，有几处水坑闪着银灰色和蓝钢色的光亮。

Волга только что вскрылась, сверху, по мутной воде,

тянутся，покачиваясь，серые，рыхлые льдины，дощаник перегоняет их，и они трутся о борта，поскрипывая，рассыпаясь от ударов острыми кристаллами.

伏尔加河刚刚解冻，在浑浊的河面上漂滚着嚓啦嚓啦直响，冰块被碰得像针状结晶体似的散开了。

Яблони цветут，селоокутано розоватыми сугробами и горьким запахом，он проникает всюду，заглушая запахи дёгтя и навоза.

苹果树开花了，全村充满了粉红色的云雾和苦涩的香气，到处都闻到花香，它把油烟和大粪的气味也冲淡了。

На реке гудел пароход，снизувозносилась визгливая песня девиц，подыгрывала гармоника.

伏尔加河上轮船在呜呜吼叫，伴着手风琴的演奏，从下面河边飘来姑娘们尖锐清脆的歌声。

Почти каждую ночь，вместе с песнями соловьёв，разливался в садах，в поле，на берегу реки высокий，волнующий голос Мигуна.

几乎天天一到黑夜，就有米贡的高亢而动人的歌声，伴着夜莺的啼啭，在果园、田野和伏尔加河河岸上飘荡。

Уже наступала пора снимать скороспелые сорта яблок. Урожай был обилен，ветви яблоньгнулись до земли под тяжестью плодов. Острый запах окутал сады，там гомонили дети，собирая червобоину и сбитые ветром жёлтые и розовые яблоки.

已经到摘早熟苹果的时候了。今年苹果丰收，苹果树枝被果子压得垂到地上。扑鼻的香气充满了果园，孩子们在那里叽叽哇哇地叫嚷，捡着生虫的和吹落的又黄又红的苹果。

Снова вбежав в сарай，я нашёл его полным густейшего дыма，в дыму гудело，трещало，с крышисвешивались，извиваясь，красные ленты，а стена уже превратилась в раскалённую решётку. Дым душил меня и ослеплял, у меня едва хватило сил подкатить бочку к двери сарая, в дверях она застряла и дальше не шла, а с крыши на меня сыпались искры, жаля кожу.

我又跑回板棚来，看见板棚已是一团浓烟，浓烟里发出噼噼啪啪的响声，从房顶垂下几条悬空飘动的红色火带，墙壁已经烧得变成白热的栅栏了。烟熏得我呼吸困难，睁不开眼睛。我勉强把油桶滚到板棚门口，可是油桶被门卡住了，从房顶上落下来一团团火星子，烧伤了我的皮肤。

В открытые окна, через головы зрителей, вливались отблески вечерней зари, в красноватом свете этом кружились, как слепые, мужчина и женщина. В саду, во дворе, на улице хохотали, кричали, а в душной комнате становилось всё тише. Туго натянутая кожа бубна бухала каким－то темным звуком, верещала гармоника, в тесном круге парней и девиц всё еще, как обожженная, судорожно метались двое; девицы и парни смотрели на их пляску молча, серьезно, как на необычно важное дело, солидные люди частью ушли во двор, остались только осовевшие, неподвижно пьяные. (М. Горький, 《 Дело Артамоновых 》)

晚霞的残辉从敞开的窗口，从看客们的头上照进来。那一男一女在这淡红的光辉里像瞎子似的旋转着。园子里，院子里，街道上，人们在欢笑，喊叫；可是这个闷热的房间却越来越静了。铃鼓的绷紧的皮面有点沉闷的咚咚响着，手风琴呜呜地叫。那两个人裹在小伙子和姑娘们合成的密密层层的一圈人中间，仿佛给火烫着了似的，旋转得越来越有劲。小伙子和姑娘们一声不响地瞧着他们跳舞，神情严肃，倒好像瞧着什么不同寻常的重大事情似的。一部分老成持重的大人已经到院子里去了，剩下的净是些迷迷糊糊、醉得不能动弹的人。（汝龙 译）

应该指出，在对人物、景物、天气等的描写中，汉语句式的使用灵活多样，主动被动句式均可能采用，或一如原文，或发生句式转换。汉译文中的描写句也有用被动句式的，而这被动句或者可能不是译自俄文的被动态句，而是俄文的主动态句。

Посмотрев минуту, две на труд людей, солнечный луч не одолел тяжкой толщи облаков и утонул среди них, как ребёнок в море, а дождь превратился в ливень.

太阳对人们的劳动才照耀了一两分钟，又被浓密的乌云遮住，就像一个小孩坠入大海一样，完全淹没到深厚的云层里了。倾盆的大雨漫天泼了下来。

У меня странное ощущение: как будто земля, подмытая тяжёлым движением тёмной, жидкой массы, опрокидывается в неё, а я – съезжаю, соскальзываю с земли во тьму, где навсегда утонуло солнце.

我产生了一种奇怪的感觉：好像大地已经被这脚下滚滚的黑水所冲翻，我也随着大地往下滑落，滑落，一直滑落到永远沉没太阳的那个黑暗的地方。

Обжигался, прихлёбывая чай, лицо его морщилось, круглые глаза пугливо мигали.

他喝着茶，被热茶烫得脸皮皱缩起来，圆眼睛惊慌地眨巴着。

Слова его звучали беспокойно, он смотрел на меня недоверчиво, взглядомзатравленного.

他说话的声音显出不安，用一种像受了害似的疑惧眼光望着我。

Комната была тесно заставлена вещами, тёплый странный запах наполнял её, усыпляя мысль. Вот Жорж явился, пошатываясь, держа в руках лампу, абажур её дробно стучал о стекло.

屋子里被家具塞得满满的，奇异地洋溢着暖融融的气息，使人沉沉欲睡。乔治终于出来了，他摇摇摆摆，两手捧着灯盏，灯罩也被摇晃得直碰灯泡子。

俄语的被动态意义或由形动词，或由带 ся - 动词表示。俄语的被动态句也常译成汉语的 "是……的" 结构句，主语为受事，"是……的" 是被强调的部分。

Сложенная из полушарий различных размеров, она похожа на мешок арбузов.

她全身是由各种大小不同的半圆球拼凑起来的，很像一个装满西瓜的布袋子。

Фантазия моя была возбуждена пережитым и прочитанным. Очень немного нужно было мне для того, чтоб из обыденного факта создать интересную историю, в основе которой капризно извивалась "незримая нить".

我的想象力是由自身的经历和读过的书籍激发起来的。我用不着怎么费力就能把日常的生活素材变成有趣的故事，在这故事里面变化万端地穿插上那种 "看不见的线"。

Он, пытливо глядя на меня, помолчал, а потом заговорил отчётливо и веско, видимо - очень продуманные мысли.

他用探究的眼光默默地打量着我，随后，就郑重地明确说出他的意见，那显然是经过深思熟虑的。

Это - выдумано, всё выдумано, вся жизнь выдумана, однако - меня не обманешь!

这一切，是人们捏造出来的，全是捏造的。连我们的全部生活也是捏造的，这些都骗不过我！

Она (стена хлева) была сплетена из толстых сучьев и уже украшена алыми лентами пламени.

这堵篱笆是用很粗的树枝编成的，而且已经点缀上鲜红的火焰条带。

　　Действительно новый человек создаётся в борьбе.
　　真正的新人是在斗争中炼成的（造就的）。

　　雅各布森曾有言："语言差异本质上体现在它们所必须传达的内容，而不是它们所能传达的内容。"（Якобсон，1978：21；雅各布森，2005：144）主动句与被动句的选择，有时是因为语言的差异（制约性），不得不然。有时则取决于译者，有时与修辞、语篇有关，可以灵活变化。

　　俄语被动形动词、带 ся 的反身动词、不定人称句（无主句）等表达被动态意义，译成汉语最基本的句式便是被字句（被动句）和无标记被动句，但也有句式转换。大概可以说，只要前后文和修辞上能顺理成章，自然行文，采用哪种句式表达被动态意义几乎都是可行的，不一定非要用被动句表达被动态意义不可。或者被动态句译成主动态，或者主动态译成被动态，或者汉译文是没有标志的被动句，或是字句被动句（强调句）。俄汉语是一样的道理，上下文的关系、主语规约、篇章衔接和修辞上的需要，可能成为句式选择的依据。翻译艺术产生于译者笔下，叙事、写景、抒情，在双语间的句式重构，得失把握在于译者寸心。

第四节　汉语包孕句与俄语相应句式互参探译

　　王力说："一个句子里，除了无主句和不用主语的句子之外，至少须有一个句子形式，然而一个句子形式却不一定就是一个完整的句子；一个谓语里，除了由一个单词构成的谓语之外，至少也须有一个谓语形式，然而一个谓语形式却不一定就是一个完整的谓语。凡句子里包孕着句子形式，我们把它叫做包孕句。"（王力，1985：41）包孕句中的句子形式嵌接得那样紧，以致咱们不能在那被包含的句子形式的起点或终点作语音的停顿，这叫做包孕句。例如："我们不知道张先生来"，不能念成"我们不知道，张先生来"。但有些句子形式是主从的，或等立的，则称为复合句，不称为包孕句。"如果我们把包孕句的母句和子句拆开，子句还可以成句，母句却不一定成句，即使成句也毁坏了句意，可见包孕句只是简单句的一种特殊构造，不应该属于复合句的范围之内。"（胡附、文炼，1990：137）可见，包孕句是单句，而非复句。"在王力之后的复句研究中，把包孕句排除于复句研究之外已经成为一个共识了。"（许凤才，2013：39）在单句中，句子形式作主语，则叫做主语包孕句，句子形式作定语，则叫做定语包孕句，句子形式作宾语，则叫做宾语包孕句。

　　按照"品"来划分，定语包孕句属于次品句子形式，主语包孕句和宾语包孕句则是首品句子形式。而末品句子形式只在复合句中涉及到，此处不涉及。凡谓语里包孕着谓语形式者，叫做包孕谓语。这另一谓语形式可以是首品，可以是次品，可以是末品。我们需要更详细地知道，什么是句子的品？王力以"飞鸟"为例进行了解释。"鸟"是主要词，而"飞"只是"鸟"的属性。可见，它们的地位是有等级的，我们把这种地位叫做品，在例子中我们把"鸟"叫做首品，把"飞"叫做次品。再如，"高飞之鸟"一词中，"高"黏附于"飞"，表示飞的方式，它的地位比飞更次一等，因此叫做末品。（《王力文集》第二卷，第42页）在一个简单句中，主语和宾语是首品，谓语及修饰主语和宾语的叫次品，修饰谓语的叫末品。

　　当一个句子形式不能成为真正的句子的时候，在理论上它只能有一个单词的用途（谓语形式也可以划出首品、次品和末品来，在理论上它也只是一个单词的用途）。这样，包孕句就变得简单易懂了，它与俄语句式之间的联系也就容易显现出来。汉语的定语包孕句与俄语相应句子成分（который从句、形容词、形动词短语等），汉语的主语、宾语包孕句与俄语相应句子成分（说明从句或名词性短语），汉语的包孕谓语与俄语相应结构等对应关系的比堪与翻译问题研究，构成本节的重点内容。

　　为了简便起见，以及为了便于与俄语相关句式的互参对照，本课题倾向于把汉语包孕句视为单句，现在绝大多数语法学家也基本上认定包孕句为单句①。不过，包孕句被视为一种过渡现象也值得我们重视，这对于我们深刻认识俄汉语的句式具有重要的意义。

一　汉语定语包孕句与俄语相应句式

高名凯说："任何结构，只要是名词性的，不论其为句子的主语，或谓语（述谓）中的具有名词功能的词，或规定结构中的规定部分或动宾结构的宾语部分，都可以用句子形式。不是名词性的句子成分，如动句的具有动词功能的词和纯粹形容句的具有形容词功能的词，就不能够用句子成分。"（高名凯，1986：422）任何一个单句（当然这个单句是一个复杂句），只要其中还含有一个句子形式的，就叫作包孕句，凡谓语里包孕着谓语形式者，叫作包孕谓语。我们所说的定语包孕句，其中的定语，即所谓的次品句子形式，只相当于一个词的用途，可作为主语的定语或宾语的定语等。从广义上讲，则包括高名凯说的句子形式作句子成分（附加语），大致相当于俄语中的 когда，где，который 从句等，而 который 从句乃是最基本的对应形式。例如：

> 方其鼓刀屠狗卖缯之时，岂自知附骥之尾垂名汉庭德流子孙哉！（《史记·樊哙传》）
> 你是我认为最聪明、最能了解人的女人。（曹禺）
> 一九二四年，孙中山亲自领导的有共产党人参加的国民党第一次全国代表大会，通过了一个著名的宣言。（毛泽东）

Который 从句通常是表示限定修饰关系，在俄语中置于主导词之后，但其所对应的汉语句式应该首先就是定语包孕句，即为修饰首品

---

① 许凤才的俄汉语复合句对比研究很有特点，他认为俄语属于简单句与复合句过渡现象的结构有：同等谓语句、主体连动式句、客体双边联系句、从句谓语句、具有半述谓性意义独立短语的句子、溶合结构；汉语单、复句对立与纠结的现象更为复杂，包孕句、复谓语（同等谓语）句、连动式句、兼语句、紧缩句等，属于单、复句过渡现象的结构。（许凤才，2013）

的次品句子形式，尤其是在定语部分不很长的时候。王力说："西文的次品句子形式放在其所修饰的首品的后面，而且有关系代词或关系副词（俄语中叫连接词或关联词——笔者注），故便于造成长的句子；中文的次品句子形式放在其所修饰的首品的前面，而且没有关系代词或关系副词，故不便于造成长的句子。"西文可以方便地接续从句，汉语却要担心定语部分太长，尤其是"双重的次品句子形式，除非把它拆成一种 parataxis（散漫的结构），否则翻译几乎是不可能的"（王力，1985：57）。

> Дом，где（в котором）мы жили，уже разрушился.
> 我们住的房子已经坍塌了。
>
> Франция выражает беспокойство иранским реактором，который теоретически может производить оружейное ядерное топливо и судьбой высокообогащенного урана.（2013 – 11 – 11 05：32МСК）
> 法国对理论上可以生产核武器燃料的伊朗核反应堆及高浓缩铀问题表示担忧。
>
> Который 从句与定语包孕句之间在某种意义上具有一定的对应关系，但并非完全如此。如果 Который 从句内容特别长，不便于提前，就不能译成定语包孕句。
>
> Без электроэнергии остались 359 населенных пунктов，в которых проживают более 6 тысяч 600 человек.（2013 – 10 – 30 05：50МСК）
> 有着6600多居民的359个居民点停电。
> 359个居民点停电，受影响居民6600多人。

Который 从句内容既可提前，译成定语包孕句，又可不提前，在前半句译完后跟着译出。为了使我们的研究切合翻译实际，所以随机举例论述，以便从杂多的翻译语料中理出头绪，而发现一些有趣的翻译现象。故请原谅我们叙述中的些许的杂乱感。

В тот день участники заседания подписали совместное заявление, в котором говорится, что пять стран будут сотрудничать в области сельского хозяйства и развития сельских районов и прилагать усилия по выработке проекта решения путем углубленного обсуждения на основе общих интересов. (2013 – 10 – 30 05：28МСК)

当天与会者签署了一个联合声明："金砖五国"将在农业和农业区域发展领域开展合作，努力从共同的利益出发深入讨论制订解决方案。

На закрывшемся сегодня 3 – м пленуме ЦК КПК 18 – го созыва было опубликовано коммюнике, в котором отмечается, что к 2020 году Китай достигнет решающих успехов в важнейших областях и ключевых звеньях реформ и создаст совершенную, научную и эффективную институциональную систему, что сделает системы во всех областях более зрелыми и стабильными. (2013 – 11 – 13 05：58МСК)

今天闭幕的中国共产党第十八届三中全会发布公报：到2020年，中国在重要领域和关键环节改革上将取得决定性成果，形成系统完备、科学规范、运行有效的制度体系，使各方面的制度更加成熟定型。(译文参考了党的十八大三中全会报告)

Резиденция президента франции в среду обнародовала коммюнике, в котором сообщила, что президент франции франсуа Олланд, президент США Барак Обама, канцлер Германии Ангела Меркель, премьер – министр Великобритании Дэвид Кемерон и премьер – министр Иатлии Маттео Ренци в тот день во второй половине дня провели видеоконференцию, посвящённую обсуждению борьбы с экстремистской организацией 《 Исламское государство 》 в Ираке и Сирии, ситуации в Украине и обуздания распространения вируса Эбола. (2014 – 10 – 17 05：58МСК)

法国总统办公室周三发布公报称，法国总统奥朗德、美国总统奥巴马、德国总理默克尔、英国首相卡梅伦以及意大利总理伦齐当天下午召开了视频会议，讨论国际社会如何对抗伊拉克和叙利亚的伊斯兰国家极端组织，讨论乌克兰局势和遏制埃博拉病毒扩散。

Который 与前置词一起构成从句的处所或时间限定语时，汉译往往有所省略，以避免重复啰唆，有时还须疏通语句。

"Наши отношения носят не просто дружественный и стратегический, а совершенно особый характер, который сложился благодаря нашим народам на протяжении столетий", – сказал Путин. "Россия остается одним из основных торгово - экономических партнеров Сербии", – напомнил он. (2013 – 10 – 31 07：25МСК)

普金说："我们的关系不仅具有战略友好性质，而且具有完全特殊的性质，这是数百年来依靠我们两国人民而形成的，俄罗斯始终是塞尔维亚的主要经贸伙伴之一。"

Который 从句有强调意义的作用，进一步说明或陈述新的内容，译成汉语独立成句，直接黏附于彼以承接前文。有时译文使用破折号，可收准确简明之功效。

Согласно последним данным, в октябре этого года общий валовой объем импорта и экспорта Китая по сравнению с аналогичным периодом прошлого года увеличился на 6，5 проц，что значительно выше темпов роста в сентябре, которые составили 3，3 проц. (2013 – 11 – 13 06：04МСК)

据最新消息，今年十月中国进出口总产值比去年同期增加6.5%，远远高于九月的增速——3.3%。

В Национальном музее Китая выставили уникальный экспонат – миниатюрную копию знаменитого Храма Неба в соотношении один к восьми, который выполнен из санда'лового дерева. ...Эта миниатюрная версия храмово – монастырского комплекса бесценна в духовном плане, ведь она показывает всё уважение, с которым китайский народ относится к этому месту. Работа бесценна и материально. Красный сандал является наиболее ценной породой дерева, которую специально подбирали и доставляли из Индии для этого производства шедевра. (2013 – 11 – 01 10：02МСК)

中国的国家博物馆展出了一件稀世珍品——著名天坛微雕作品，用檀香树按 1：8 的比例雕成。……这件庙宇群微雕作品是一笔无价的精神财富，它表达了中国人对天坛怀有的崇敬之情。该作品也是一件无价之宝，红檀香树是最贵重的树种，专门从印度选材并运来制作的这一杰作。

中间一个 который 从句，因为修饰关系紧密译成了定语包孕句。而另外两个 Который 从句，修饰关系并不那么紧密，旨在补充说明，便可以独立成句。

На заседании было подчеркнуто, что осуществление политики реформ и открытости является "великой революцией", которую ведет китайский народ в новую эпоху под руководством Компартии, а цель всестороннего углубления реформ — совершенствовать и развивать социализм с китайской спецификой. (2013 – 10 – 30 05：22МСК)

大会强调，实行改革开放是中国共产党在新时代领导中国人民进行的一场"伟大革命"，而全面深化改革的目的是完善和发展中国特色的社会主义。

Который 从句修饰关系紧密，译成定语包孕句比较好。

Председатель КНР Си Цзиньпин направил в среду в адрес филиппинского президента Бенигно Акино III телеграмму, в которой выразил свои соболезнования в связи с многочисленными человеческими жертвами и материальным ущербом, который был причинен Филиппинам разрушительным тайфуном "Хайянь". （2013 – 11 – 14 06：11МСК）

中国国家主席习近平周三致电菲律宾总统阿基诺三世，对菲律宾遭受强台风"海燕"重创造成大量人员伤亡和财产损失表示关切。

前一个 который 从句管控着大句子的从句，相当于一个说明从句，而后一个 который 从句则是该从句里的一个分句，作为人员伤亡和财产损失的原因译出，译文疏朗自如而又紧凑。

Лаврецкому такое множество народа было не по нутру; особенно сердила его Беленицына, которая то и дело глядела на него в лорнет. （Тургенев,《Дворянское гнездо》）

拉夫列茨基不喜欢人多的场合，加之别列尼岑娜又不时地举长柄眼镜来打量他，使他格外恼火。（戴骢 译）

Хотя орудия Тушина были назначены для того, чтоб обстреливать лощину, он стрелял брандскугелями по видневшейся впереди деревне Шенграбен, передкоторой выдвигались большие массы французов. （Л. Толстой,《Война и мир》）

虽然图申炮队的任务是射击谷地，但他却用燃烧弹射击前面看得最清楚的申格拉本村，因为村前有大批的法军正在出动。（刘辽逸 译）

虽然土申的几尊炮受命射击谷地，他却用燃烧弹轰击前方看得见的申格拉本村，因为大批法军正在村庄前推进。（草婴 译）

Который 从句作为修饰语或说明原因，通常前移译出，不一定是定语包孕句。若起着后补说明作用，即使是说明原因，也不必前移。

Супертайфун "Хайянь", который перешёл в тропический шторм, продолжает бушевать на юге Китая. ...По словам местных жителей, тайфун "Хайянь" стал самым разрушительным стихийным бедствием, которое произошло здесь за последние 30 лет. (2013 – 11 – 13 05：39МСК)

超强台风"海燕"转成热带风暴以后，继续在中国南方登陆。……当地人说，台风"海燕"是这里最近三十年来遭遇的最大破坏力的自然灾害。

Ещё до восхождения солнечного Лиза встала, сошла на берег Москвы – реки, села на траве и подгорюнившись смотрела на белые туманы, которые волновались в воздухе и, подымаясь вверх, оставляли блестящие капли на зелёном покрове натуры. (Н. Карамзин, 《Бедная Лиза》)

在太阳还未升起的时候，丽莎就起床了，来到莫斯科河岸，坐在草地上，愁容满面望着重重白雾在空气中袅袅升腾，在大自然的花草树木上留下滴滴闪光的露珠。

正如蔡毅所言："带 который 的定语从句和形动词短语中所表示的动作与主句中的动作上递下接，紧密相连，这时可采取递序而下的办法译为连动式或兼语式。"（蔡毅，2006：93）

Ленин не соглашается с Каменевым, который переоценивал роль мелкобуржуазной демократии.

列宁不同意加米涅夫过高地估计了小资产阶级民主派的作用。（《俄译汉教程》上）

可以更译为：列宁不同意加米涅夫过高估计小资产阶级民主派的

作用。为了更加明确起见，还可以译为：列宁不同意加米涅夫对小资产阶级民主派作用的过高估计。增减助词"了"字和"地"字，似乎句意就起了细微的变化。

Опуская глаза и беспрестанно вспыхивая, она сказала ему, что очень жалеет о бывших между ними недоразумениях и что теперь не чувствует себя вправе ничего просить, разве только позволения, после постигшего ее удара, остаться на несколько недель в доме, который она так любила и где столько принесла' жертв. （Л. Толстой, 《Война и мир》）

她耷拉着眼皮，不住地喘气，对他说，她对过去他们之间的误会感到十分遗憾，现在她觉得她没有权利要求什么，只请求在她遭到这次打击之后，允许她在这所她喜爱的和付出很多牺牲的房子里停留几星期。（刘辽逸 译）

她垂下眼睛，脸上一阵红一阵白，对他说，她为过去他们之间的误会感到遗憾，现在她知道自己无权要求什么，只要求在她受了这次重大打击后再在这家里逗留几星期，因为她那么热爱这个家，并曾为它做了那么多牺牲。（草婴 译）

Который 从句修饰关系紧密，且可以一气呵成的，适合提前以表达成定语包孕句。如果被视为原因解释句，则无须提前，如草婴的译文。

Но все размышления внезапно пресеклись, исчезли, спугнутые страхом: Артамонов внезапно увидал пред собою того человека, который мешал ему жить легко и умело, как живёт Алексей, как живут другие, бойкие люди: мешал ему широколицый, бородатый человек, сидевший против него у самовара. （М. Горький, 《Дело Артамоновых》）

可是一切思虑忽然中断，消失，被恐惧吓走了。阿尔塔莫诺夫忽然看见那个妨碍他像阿列克谢那样，像别的活跃的人那样轻

松而精明地活下去的人就在自己面前，这个妨碍他的人长着四方脸膛，一把大胡子，坐在他对面茶炊那边。（汝龙 译）

为了不译断连贯的语气，有时候即使定语包孕句很长，也要尽可能地前置译出。请看沈从文的小说《菜园》中的句子，感受一下其连贯的气势，修饰语（定语或状语）一口气连续念完，才觉得好和畅快似的[①]。

母亲见一对年轻人，在菊圃边料理菊花，便做着一种无害于事极其合理的祖母的幻梦。（沈从文：《菜园》）
一面同母亲说北平栽培菊花的，如何使用他种蒿草干本接枝，开花如斗的事情，一面便同蹲在面前美丽到任何时见及皆不免出惊的夫人用目光做无言的爱抚。（沈从文：《菜园》）

再看小说巴金的《复仇》里的一个句子，感觉像是翻译过来尚属通顺的汉语句子。

一想到那个屠杀犹太人的刽子手而且是我底仇人的鲁登堡底死，我觉得这是莫大的幸福。（巴金：《复仇》）

正如王力说："那些极度形容语，放在首品的前面，可以描写得更生动些。"（王力，1985：111）

Рабочие ткут великолепное полотно, одеваясь в лохмотья, живя в грязи, пьянствуя; они в массе околдованы тоже какой - то особенной глупостью, дерзко открытой, лишённой даже той

---

① 夏志清在《中国现代小说史》中说："在他（沈从文）成熟的时期，他对几种不同文体的运用，可说已到随心所欲的境界。具有玲珑剔透牧歌式的文体，里面的山水人物，呼之欲出。这是沈从文最拿手的文体，……此外还有受了佛家故事影响的叙述体，笔调简洁生动……"

простенькой, хозяйственной хитрости, которая есть у каждого мужика. (М. Горький, 《Дело Артамоновых》)

工人织出极好的麻布，却穿得破破烂烂，住在肮脏的地方，不断地灌酒。总括说来，他们也被一种特别的愚蠢迷住了。他们满不在乎地表现出那种愚蠢，甚至失去了每个农民应有的那种单纯而又精打细算的狡狯。（汝龙 译）

试更译为："……他们也像中了邪似的，表现得特别愚蠢，还满不在乎，连每个农民应有的那种单纯而又精打细算的狡狯也没有了。"

如果 который 从句或修饰限制语足够长，如王力先生所言"双重次品句子形式，除非把它拆成一种散漫结构，否则难以组句"。或因为无法全包含在内提前，那么可以把部分内容译出，没有包含在内的部分，不论提前还是在后，要符合汉语规范地译出。这个时候仍然可能造就"文通字顺"的长句子。

Он только понял, что женщина, которую он знал ребенком, про которую он рассеянно говорил: "да, хороша", когда ему говорили, что Элен красавица, он понял, что эта женщина может принадлежать ему. (Л. Толстой, 《Война и мир》)

他只知道，有人向他提起他从小就认识的女人海伦是个美人儿的时候，他曾漫不经心地说："是啊，她长得很好看。"他知道，这个女人可能属于他。（刘辽逸 译）

他只明白一点：他从小就认识的女人（以前人家对他说起海伦是个美人，他总是漫不经心地回答："是的，她长得很美。"），如今可能属于他了。（草婴 译）

草婴笔下的括号内的文字，恰是原文的 которую 从句的内容，相当于一个长长的定语包孕句，我们尝试去掉括号，看看是什么效果？

他只明白一点：他从小就认识的女人，以前人家对他说起"海伦是个美人"时他总是漫不经心地回答"是的，她长得很美"的这个女人，他知道，如今可能属于他了。

这样表达的一个句子稍觉有些异样，但基本上是通顺的，因为先译出了一小部分"他从小就认识的女人"，余下的作为同位语长结构译出（"……这个女人"），其作用相当于一个定语包孕句。

用定语包孕句来再现托尔斯泰的长句子，有时候倒不失为一种好办法。如果 который 从句的内容足够简短，几乎近似于一个单词（谓语形式），那么更要提前，译文会显得紧凑，常见译成汉语谓语形式的定语包孕句。

Он сидел под окном, не шевелился и словно прислушивался к теченью тихой жизни, которая его окружала, к редким звукам деревенской глуши. (Тургенев, 《Дворянское гнездо》)

他坐在窗前，一动也不动，仿佛在谛听周遭宁静的生活如何流逝，谛听这座荒村偶尔传出的声音。（戴骢 译）

Она испуганно отняла два пальчика, которыми поддерживала юбку, и сказала виновато: (М. Горький, 《Дело Артамоновых》)

她惊慌地把提着裙子的两个手指头松开，抱愧地说：（汝龙 译）

当 который 有所指代时，通常需要把它之所指代明确地翻译出来，这就是所谓的还原。

Паншин начал с комплиментов Лаврецкому, с описания восторга, с которым, по его словам, все семейство Марьи Дмитриевны отзывалось о Васильевском, и потом, по обыкновению своему, ловко перейдя к самому себе, начал говорить о своих занятиях, о воззрениях своих на жизнь, на свет и на службу. (Тургенев, 《Дворянское гнездо》)

　　于是潘申先是恭维拉夫列茨基，向他描述，用他的话说，玛丽亚·德米特里耶夫娜阖府上下谈到瓦西里耶夫村之行时无不兴高采烈，然后故伎重演，巧妙地把话题转到自己身上，开始谈他的事业，谈他的人生观、世界观和对官场的看法。（戴骢 译）

该句戴骢采用了蒙后省略和还原法，达到了炉火纯青的境界，译笔简练而生动。

　　Однако, разговаривая с Ильёю, он боялся даже вспоминать о его товарище, боялся случайно проговориться о преступлении, которому он хотел придать облик подвига. (М. Горький, 《Дело Артамоновых》)

　　但是他跟伊利亚讲话的时候，甚至不敢提到伊利亚的朋友，生怕一不小心会说出那件罪行，他是希望给那件罪行披上大功劳的外衣的。（汝龙 译）

　　Старушка, сидевшая с Марьей Дмитриевной под окошком, была та самая тетка, сестра ее отца, с которой она провела некогда несколько уединенных лет в Покровском. (Тургенев, 《Дворянское гнездо》)

　　同玛利亚·德米特里耶夫娜一起坐在窗前的老妇人是她父亲的妹妹，就是当年曾和她一同在波克罗夫斯克村度过好几年寂寞时光的那个姑姑。（戴骢 译）

　　А у изголовья висел образ 《Введение во храм пресвятой богородицы》, - тот самый образ, к которому старая девица, умирая одна и всеми забытая, в последний раз приложилась уже хладеющими губами. (Тургенев, 《Дворянское гнездо》)

　　床头挂着圣母入殿圣像，那个被人遗忘的孤独的老处女在弥留之际用她的已经冷了的嘴唇最后一次吻了这张圣像。（戴骢 译）

这里 Который 从句译成了一个补续叙述句，也可用一个补充定语包孕句译出：……那个被人遗忘的孤独的老处女在弥留之际用她的已经冷了的嘴唇最后一次吻过的圣像。

Который 从句起着补充、强调作用时，可以不用提前，或译成"是……的"强调句式，或带定语包孕句的同位语，或补续叙述句。

На стройке трудно найти объект, на котором продолжительное время работа шла бы без простоев. (А. Вампилов,《Математика разгильдяйства》)

在建筑工地，很难找到一个工程没长期停工的。

汉译不把主导词（首品词）后移，不把次品修饰语前移，而是直接仿造俄语书写译文。从而使译文与原文达到高度一致，行文显得自然贴切。

Его произведения, написанные с конца 80 - ых годов по 1904 год, уже не смешные, а серьёзные, критические рассказы и повести, которые, с одной стороны, изображают все пассивное, пошлое, равнодушное в среде интеллигенции, разоблачают деспотизм и произвол. И, с другой стороны, отбражают нравственные поиски и искания социальных идеалов положительных героев. (任光宣等，2003：192)

他（契诃夫）从 80 年代末到 1904 年写就的作品，已经不是一些笑话文字，而是严肃批判性的短篇、中篇，一方面反映知识分子中的一切消极、庸俗、冷漠，揭露专横恣肆；另一方面反映正面主人公们的道德探索和社会理想探索。

汉译文中，首句的次品定语必须提前一部分（因为是严格限定关系），但又不好全部提前，因而分列于"作品"（首品词）两边。这样一来，汉译文如同俄文一样显得匀称、协调、自然。而 Которые 从句直接译为补语，是进一步说明短篇、中篇的，也不可能提前。

Между тем, в последние два десятилетия 19 века в России, которая《прислушивалась к каждому новому слову Европы》начали распространяться философские мысли Аргура Шопенгауэра и Фридриха Ницше, которые подчеркивают роль субъекта в познании мира и считают, что гений искусства — благодаря чистому созерцанию и необычной силе фантазии — способен познать вечную идею и выразить её в поэзии, изобразительном искусстве, музыке. (任光宣等, 2003：209)

与此同时，在19世纪最后二十年里，听信欧洲每一句话的俄罗斯开始流行叔本华、尼采的哲学思想，他们强调主体在认识世界中的作用，认为艺术天才——靠纯粹的直观和非凡的想象力——能够认识永恒的思想，并用诗歌、美术、音乐表达出来。

紧密限定关系的次品定语前置，其余部分基本上袭用俄语的语序，顺序译来，显得流畅自然，而为了明确起见，中间添加"他们"以复指叔本华、尼采。

В гостиной же стояло любимое кресло хозяйки, с высокой и прямой спинкой, к которой она и в старости не прислонялась. (Тургенев,《Дворянское гнездо》)

客厅里还有一张靠背又高又直的圈椅，女主人生前爱坐这张椅子，不过她即使到了老年，也不曾靠在椅背上过。(戴骢 译)

Который 从句是承接 с высокой и прямой спинкой 的，翻译时可以独立成句，不用提前，不要忘记，它是进一步说明的修饰语句。

我们再举几个例子，来领略一下 Который 从句丰富的表达力。

Юнкер был Ростов. Он держал одною рукой другую, был бледен, и нижняя челюсть тряслась от лихорадочной дрожи. Его посадили на Матвевну, на то самое орудие, с которого сложили мертвого офицера. На подложенной шинели была кровь，в которой запачкались рейтузы и руки Ростова. （Л. Толстой，《Война и мир》）

这个士官生是罗斯托夫。他用一只手托着另一只手，面色苍白，下巴颏像发疟疾似的哆嗦着。人们扶他上了马特维夫娜炮车，这就是安放过那位阵亡军官的炮车。铺在下面的大衣有血迹，染污了罗斯托夫的马裤和手。（刘辽逸 译）

这个士官生就是尼古拉。他一只手托住另一只手，脸色苍白，下巴颏因发烧不断颤动。他们让他坐在"马特维夫娜"也就是刚才载过阵亡军官的那辆炮车上。垫在下面的大衣血迹斑斑，尼古拉的马裤和手臂上也沾满了血。（草婴 译）

- Это офицер, ваше благородие, окровянил, - отвечал солдат - артиллерист, обтирая кровь рукавом шинели и как будто извиняясь за нечистоту, вкоторой находилось орудие. （Л. Толстой，《Война и мир》）

"这是那个军官流的血，大人。"一个炮兵回答，他一面用大衣袖子擦血，似乎因为弄脏了大炮而感到歉意。（刘辽逸 译）

"大人，这是那位军官流的血。"一个炮兵回答，用军大衣袖子擦着血，仿佛因为炮车肮脏而感到负疚。（草婴 译）

不是炮手自己把炮车弄脏，而是因为前面载过的那位军官的鲜血，炮手替那军官感到歉意。上面两段俄译汉，可以说明 который 从句多样化的作用，它在俄文中具有很强的表意功能，翻译时需要灵活行文。

Фабрика опустела, обездушела и точно сморщилась под ветром，который тоже бунтовал，выл и свистел，брызгая ледяным дождём，лепил на трубу липкий снег；потом сдувал его，смывал. （М. Горький，《Дело Артамоновых》）

工厂空了，没有人影，仿佛迎着大风皱起了眉头。风也造

反，尖叫，洒下带冰渣的雨，把黏雪粘在烟窗上，然后又把雪吹掉，把烟窗洗干净。（汝龙 译）

Который 从句乃是对风的描写，起补充说明作用，而汉译文另造多个句子，译文流畅，文义贯通，其实就是王力所说的次品补语。王力说："依中国语的习惯，次品如果很长，总是放在其所修饰的首品的后面。因为先说出了首品，它的修饰品无论怎么长，附在后面，就不觉得累赘了。"（王力，1985：111）

Молодые люди зашли в скве́рик и сели на скамейку, против которой стояла такая же, но уже занятая кем – то вроде них. (А. Вампилов,《Страсть》)
　　两个年轻人走进小公园，坐在长凳上。对面的一张这样的长凳，已被像他俩一样的人占着了。
　　两个年轻人走进小公园，坐在长凳上。就在长凳的对面，站着他们这样的一对儿情侣，已经在热烈地亲吻。

Который 从句不是表修饰限制关系，而是扩展说明的，这里不能译成定语包孕句。顺便说明一下，第二个方案乍看去觉得好，仔细推敲就看出毛病了。因为 такая же 显然是承前有所省略的，只可能是省略了 скамейка，而不会是 пара。

Спасибо, конюх Николай Шалаев, спасибо, директор Колесников, за ещё одну пахучую, солнечную дольку прекрасного, из которых слагаются дни и из которых мы составляем наши лучшие воспоминания. (А. Вампилов, 《Голубые тени облаков: История одной поездки》)
　　谢谢，伺马员尼古拉·沙拉耶夫，谢谢，科列斯尼科夫经理，单因那芳香馥郁沐浴在阳光下的那份美丽，就该说声谢谢，它装点了我们的生活，我们用它来编织我们最美的记忆。

万比洛夫对 который 从句的运用很特别，不仅在其复数形式，而且在其进一步的抒情铺叙。汉译文是断难前置的，依序译成准次品补语，似乎更能求达神似。

　　Пьер полтора месяца после вечера Анны Павловны и последовавшей за ним бессонной, взволнованной ночи, в которую он решил, что женитьба на Элен была бы несчастие, и что ему нужно избегать ее и уехать. （Л. Толстой, 《Война и мир》）

　　皮埃尔从安娜·帕夫洛夫娜的晚会回来后，度过了一个心情激动的不眠之夜，认定和海伦结婚是没有幸福的，他应该摆脱她，远远地走开。（刘辽逸 译）

　　皮埃尔参加了安娜·舍勒的晚会，激动得通宵失眠，但断定同海伦结婚是不会幸福的，他得避开她。（草婴 译）

Который 从句并不是表达修饰限定关系，而是时间从句，в которую 相当于 когда 或 тогда，不可前移译出；否则难以表达，很不协调。刘辽逸和草婴均视其为时间从句，两种译文相互补充，相得益彰。应该注意，与 который 从句类似的其他从句句构，可以视同 который 从句一般如法炮制地翻译。

　　Я понимаю восторг, ужас и счастье двенадцатилетнего пацана, когда он, побросав наворованные огурцы, скрывается от погони, несётся, исчезает в тёмную ночь. （А. Вампилов, 《Как там наши акации?》）

　　我能理解一个十二岁的男孩躲避追赶而扔下偷来的黄瓜，飞跑进黑夜藏起来的那种惊喜、恐惧和幸福。

　　时间从句译成了定语包孕句，具有一气呵成的效果，仿佛令人紧张得喘气的感觉，其中的刺激和喜悦不难体会。

　　Четыре немецких средних танка на полном газу прошли

мимо меня туда, откуда я со снарядами выехал... (Шолохов, 《Судьба человека》)

有四辆德国中型坦克开足马力从我旁边驶过, 直奔我载着炮弹驶出的地方。(草婴 译)

Ему всё – таки не верилось, что дворник так глуп, каким он показал себя там, в бане. (М. Горький,《Дело Артамоновых》)

他仍旧不相信那个扫院子的仆人真像他当时在浴室里所表现的那么笨。(汝龙 译)

"那么笨"的"笨", 属形容词名物化。为了避免"他"可能被歧义理解, 可略去后面的"他"字。

Он закрыл глаза, но в то же мгновение в ушах его затрещала канонада, пальба, стук колес экипажа, и вот опять спускаются с горы растянутые ниткой мушкатеры, и французы стреляют, и он чувствует, как содрогается его сердце, и он выезжает вперед рядом с Шмитом, и пули весело свистят вокруг него, и он испытывает то чувство удесятеренной радости жизни, какого он не испытывал с самого детства. (Л. Толстой,《Война и мир》)

他闭上眼睛, 但耳边立刻响起排炮声、步枪声、车轮声, 火枪手拉起一条线从山上又冲下来, 法国人在射击, 他觉得他的心在颤抖, 他和施米特并肩驰向前去, 子弹在他周围欢快地呼啸着, 他体验到一种自小从未体验过的增大十倍的生之欢乐。(刘辽逸 译)

他闭上眼睛, 但耳边立刻响起炮声、枪声和车轮的辘辘声, 火枪手又成单行从山上冲下来, 法军又在射击, 他觉得心在颤抖, 他跟施密特一起骑马走在前头, 子弹在他们周围欢快地呼啸, 他十倍地体验到生的欢乐, 那是他自小从未体验过的。(草婴 译)

刘辽逸把从句部分译成了定语包孕句，而草婴则更好地译成了次品补语。

Он слишком хорошо знал, что такое жена, и у него не было причин думать, что любовница может быть чем – то или как – то лучше женщины, чьи пресные, обязательные ласки почти уже не возбуждали его. （М. Горький,《Дело Артамоновых》）

妻子是怎样一个人，他知道得太清楚了。他没有理由认为情妇会在哪方面比他的妻子高明，而他妻子那种平淡的、尽责的爱抚差不多已经不能打动他的心了。（汝龙 译）

Чьи 所引导的从句，相当于 который 从句（пресные, обязательные ласки которой），没有前移译为定语包孕句，而译成了王力所谓的准次品补语（参见后文）。

翻译实例考察（几乎是随例随释）表明，Который 从句与汉语定语包孕句具有很好的对应关系，尤其是表示修饰限制关系时。Который 从句或可译成定语包孕句，或可译成次品补语及变体形式。如果修饰限制语足够长，有时可能会成就很生动很有气势的定语包孕句（在允许的情况下），也可能部分前置，剩余部分符合汉语规范译出，或者译成"是……的"强调句式，或带定语包孕句的同位语，或接续叙述句。Который 从句在俄文中是具有丰富表现力的一个句式，当表示补充说明或强调作用时，汉译文通常可不改变原文的语序直接译出，有时可臻于神似之境。Который 或是连接词（尤其是带前置词的 который 从句），或有所指代而作为从句里的有机成分，可能还原译出，或者省略不译，有时则是上承下接，紧密相连，递序而下译为连动式或兼语式，行文应灵活富于变化，前后引衬以显其意。与который 从句类似的其他从句，如 какой, когда, чей, откуда, куда 等词引导的从句，可仿照（视同）который 从句一般如法炮制地翻译。

二　汉语主语、宾语包孕句与俄语相应句式

汉语中句子形式行使主语功能，就是主语包孕句。俄语句子形式的主语，可以译作汉语的主语包孕句，但也未必尽然。我们先看一个译例。

　　– Врёт кто правду знает，– балагурил он，– а я врать не могу, я правды не знаю.（М. Горький,《Дело Артамоновых》）

　　"只有知道真理的人才会说谎，"他说笑道，"我没法说谎，因为我不知道真理。"（汝龙 译）

俄语是句子形式作主语，但没有译作汉语的主语包孕句。但究竟哪些俄语句式可能译成汉语的主语包孕句呢。

俄语的具有完整主客体的动名词词组相当于句子形式，但直观紧凑得如同一个词的用途，可能译成汉语的句子形式作为主语，即主语包孕句，可能译成句子形式作为宾语，即宾语包孕句。或者把俄语句子的主谓宾补结构顺势译成汉语，俄语的主谓宾部分形成了汉语的主语包孕句，而补语部分则变成了汉语的述谓。

　　Подчинение меньшинства большинству—это организационный принцип партии.

　　少数服从多数是党的组织原则。

　　Мы украшаем окружающую среду вокруг завода не для одной только видимости.

　　我们美化厂区周围的环境并非单纯为了好看。

俄语为了突出强调主语内容（这种结构均译作汉语的主语包孕句），主语句子形式之后经常用"—это…""это…"来续写述谓部分（程荣辂，2003）。

Кто кем руководит—это очень важный вопрос.

谁领导谁是一个非常重要的问题。

Чувство должно подчиниться рассудку—это весьма важно.

感情要服从理智，这是很重要的。

俄语可能一起句就是述谓或述谓式评介语，然后跟着一个句子形式，它通常可以译作汉语的主语包孕句，或宾语包孕句。

Отнюдь не случайно его так хвалят.

大家这样赞扬他绝不是偶然的。

Знаете, что наши крестьяне выкупают свои наделы у помещиков. （Ленин）

我国农民向地主赎买自己的份地，其实你是知道的。

Не решаясь начать беседу с главного, Артамонов заговорил о том, как быстро портится народ, раздражая своей ленью, пьянством, распутством; （М. Горький, 《Дело Артамоновых》）

阿尔塔莫诺夫不敢一开头就谈正事，他先谈到人们正在很快地堕落下去，他们那种懒惰、酗酒、放荡实在使人气愤。（汝龙 译）

Княжна видела, что отец недоброжелательно смотрел на это дело, но ей в ту же минуту пришла мысль, что теперь или никогда решится судьба ее жизни. （Л. Толстой, 《Война и мир》）

公爵小姐知道父亲不赞成这事，但她同时想到，她的前途现在不解决就永远没有机会解决。（草婴 译）

公爵小姐看出父亲不乐意这件事，然而就在这一刻，她想到她一生的命运要么现在就决定，要么就永远地错过了机会。（刘辽逸 译）

俄文的说明从句很有规律地译成了宾语包孕句。有时候俄文不是

说明从句，而是连续多个词组构成长宾语，相当于说明从句的，可如
法炮制地翻译成宾语包孕句。

Поглядев на мост, он видел столь же однообразные живые
волны солдат, кутасы, кивера с чехлами, ранцы, штыки,
длинные ружья и из - под киверов лица с широкими скулами,
ввалившимися щеками и беззаботно - усталыми выражениями и
движущиеся ноги по натасканной на доски моста липкой грязи.
（Л. Толстой,《Война и мир》）

他望了望桥上，看见是同样清一色的波涛——士兵、带饰、
带布罩的高筒军帽、背囊、刺刀、长枪，还有军帽下宽颧骨、凹
腮帮、没精打采的面孔，以及踏着被带到桥板上的泥泞行走的
脚。（刘辽逸 译）

他望望桥上，看见士兵、肩章、带布罩的高筒军帽、背囊、
刺刀、长枪和军帽下宽颧骨、凹脸颊、没精打采的脸和在桥板的
烂泥上移动的脚，这一切也像单调的河水那样流动着。（草
婴 译）

- Сын мой, Мирон, умник, будущий инженер, сказывал:
в городе Сиракузе знаменитейший ученый был; предлагал он
царю: дай мне на что опереться, я тебе всю землю переверну!
（М. Горький,《Дело Артамоновых》）

我的儿子米龙是个聪明孩子，将来要做工程师。他说：从前
在叙拉古城有一个顶顶有名的学者，他向皇上建议：只要给我一
个支点，我就可以把整个地球转来转去给你看！（汝龙 译）

这个译例表明，俄语说明从句被视为一个词的用途，将极方便于
我们理解，尤其是说明从句以冒号引出时，俄汉语可以达到高度一
致。但汉语的宾语包孕句，也可能不是译自俄语的说明从句，而是译
自其他结构，譬如作为宾语（有时是倒装的主语）的主导词犹带修
饰限定语或补充说明句（如 который 从句）等。

Не доехав еще до строившегося укрепления, он увидел в вечернем свете пасмурного осеннего дня подвигавшихся ему навстречу верховых. (Л. Толстой,《Война и мир》)

还没有走到构筑工事的地方，在阴霾的秋天的落日余晖中，他看见迎面来了一队骑马的人。(刘辽逸 译)

他还没有到达构筑工事的地方，就在秋天苍茫的暮色中看见几个人骑马跑来。(草婴 译)

В то время как он подъезжал, из орудия этого, оглушая его и свиту, зазвенел выстрел, и в дыму, вдруг окружившем орудие, видны были артиллеристы, подхватившие пушку и, торопливо напрягаясь, накатывавшие ее на прежнее место. (Л. Толстой,《Война и мир》)

正当他走过去的时候，那门炮发射了一颗炮弹，震得他和侍从们耳朵发聋，硝烟顿时把大炮包围起来，从硝烟里可以看见炮手们把炮托起，急忙用力把它推回原来的位置。(刘辽逸 译)

他刚走过去，那尊炮就发出一声巨响，震得他和他的随从们耳朵发聋，硝烟一下子笼罩住大炮，从硝烟里可以看见炮手们扶住炮，急急地把它推回原位。(草婴 译)

在两位翻译家的笔下，汉语的组句与俄语明显地有所变化，但语序仍基本保留着。看来，汉语的宾语包孕句不一定对应着俄语的说明从句（若想当然），很有可能对应着俄语的动名词词组，或者一个主导词跟着从句或修饰语等。

И гораздо правее, за драгунами, свитский офицер указывал князю на обходившую наш фланг колонну французов. (Л. Толстой,《Война и мир》)

侍从武官指给公爵看，右方更远的地方，在龙骑兵背后，一个法国纵队正向我们的侧翼迂回。(刘辽逸 译)

更右一点，在龙骑兵后面，随从军官指给巴格拉基昂公爵看

一个正在包抄我们右翼的法军纵队。（草婴 译）

应该指出，刘辽逸将原文的处所词组后移并用宾语包孕句来再现原意是合理的。而此处草婴的译文则容易发生误会，产生歧义。

Он заметил впечатление, произведенное этими словами на дочь. （Л. Толстой,《Война и мир》）

他看出这句话在女儿身上发生的效果。（刘辽逸 译）

他看出这两句话对女儿刺激太大。（草婴 译）

Анна Михайловна, узнав（как она и все знала, что делалось в доме）о получении письма, тихим шагом вошла к графу и застала его с письмом в руках рыдающим и вместе смеющимся. （Л. Толстой,《Война и мир》）

安娜·米哈伊洛夫娜得知有信来（家中不管发生什么事，她全知道），就悄悄到伯爵那里，碰见他手里拿着信又是哭又是笑。（刘辽逸 译）

德鲁别茨基夫人得知（她知道家里的一切事）有信来，就轻轻走进书房，看见伯爵手里拿着信又是哭又是笑。（草婴 译）

Она шла прямо перед собой через зимний сад, ничего не видя и не слыша, как вдруг знакомый шопотm – lle Bourienne разбудил ее. Она подняла глаза и в двух шагах от себя увидала Анатоля, который обнимал француженку и что – то шептал ей. Анатоль с страшным выражением на красивом лице оглянулся на княжну Марью и не выпустил в первую секунду талию m – lle Bourienne, которая не видала ее. （Л. Толстой,《Война и мир》）

她穿过花房一直往前走，什么也看不见，什么也听不见，可是忽然间，耳熟的布里安小姐的低语声使她猛醒过来。她抬起眼睛，在离她两步远的地方看见了阿纳托利，他搂着那个法国姑娘，正向她低声说话。阿纳托利那张俊秀的脸露出可怕的表情，他望望玛丽亚公爵小姐，头一秒钟没有松开布里安小姐的腰，布

里安小姐没有看见她。（刘辽逸译）

她穿过花房一直往前走，什么也没看见，什么也没听见。突然，布莉恩小姐熟悉的低语声使她吃了一惊。她抬起眼睛，看见两步外的地方阿纳托利搂着法国女人，正对她喁喁低语。阿纳托利回头看了看玛丽雅公爵小姐，俊俏的脸上露出吃惊的神色，但没有立刻放开布莉恩小姐的腰，而布莉恩小姐还没有看见她。（草婴译）

Память уверенно отвечала, что он никогда не чувствовал в своём отце близкого, любимого человека, а только строгого хозяина, который гораздо более внимательно относился к Алексею, чем к нему. （М. Горький,《Дело Артамоновых》）

回忆坚定地回答他说：他从来没有感到过他父亲是一个体贴的、亲切的人，只感到他是一个严厉的主人，那人对阿列克谢比对他关心得多。（汝龙译）

回忆坚定地回答他说：他从来没有感到过他父亲是一个体贴的、亲切的人，只感到父亲是一个严厉的主人，对阿列克谢比对他关心得多。

后一种译文，整个段落变得脉络清晰，不会造成"他"字指代不明，这个问题前面已谈过。

Она только почувствовала нежную руку, твердо взявшую ее, и чуть дотронулась до белого лба, над которым были припомажены прекрасные русые волосы.

她只感到那只柔软的手紧紧握住她的手，她用嘴唇轻轻地碰了碰他那涂着油的浅黄色美发下面的白净的前额。（刘辽逸译）

她只觉得有一只柔软的手紧握着她的手，她微微碰到他那覆盖着搽过油的亚麻色头发的白净前额。（草婴译）

在俄文句子中，感到、看见等动词或其他述谓后面的宾语（有时是主语）带修饰限定语或补充说明语，不论它是什么结构，都可以当作说明从句一样处理，译成汉语的宾语句子形式，构成了宾语包孕句。

三　汉语包孕谓语与俄语相应句式

汉语的包孕谓语在俄译汉中也是很有用途的。因为，汉语的包孕谓语在俄语中可能具有规律性的对应。王力说："所谓包孕谓语，就是谓语之中还包孕着另一谓语形式。这另一谓语形式可以是首品，可以是次品，又可以是末品。……凡两种行为同时说出，其中有一种行为是主要的（后说），另一种行为可认为那一种行为的实现方法（先说）。"（王力，1985：271）须知，包孕谓语是一种谓语形式，而非句子形式，否则就可能与定语包孕句、宾语包孕句发生混淆。包孕谓语在句子中不作主语，但可作述谓部分的状语、定语、宾语、补语等。作为包孕谓语的动词及其变形形式，不可能很长，短至只有一个动词，长至不够一个完整句子形式。

　　　　我不喜欢赌钱。（"赌钱"是首品宾语）

汉语的首品包孕谓语，在句子中通常作宾语。在俄语中很可能是动名词，也可能是动词原形。

　　　　再不必起赎我的念头了。（《红楼梦》第 19 回）（赎我是次品谓语形式）

次品包孕谓语，因为是作修饰品的，而且有个首品等着它去修饰。所以，次品包孕谓语在俄语中很可能是动词原形或动名词等作不一致定语。

　　　　家母倚阑坐下。（《红楼梦》第 40 回）
　　　　我若死了时，变驴变狗报答你。（《红楼梦》第 72 回）

两种行为同时说出，其中有一种行为是主要的（在后），另一种行为可认为这一种行为的实现方法。那么，这非主要的一种行为就变成了末品谓语形式。末品包孕谓语是专用于末品的，这就是说，它们虽具有谓语的形式，却永远不做整句的谓语，只能用来修饰句中的谓语，通常作句子的状语（或者补语——当一个谓语形式不能独自胜任谓语之职，需由另一个谓语形式补全述谓）。末品包孕谓语在俄语中可能是副动词、五格名词或前置词（词组）结构等。

王力说："末品谓语形式最值得咱们注意，因为它是汉语语法的大特色。同样的一个谓语形式，在某一个句子里它是真正的谓语，在另一个句子里它只是一个末品。"

> 哥哥拿笔，妹妹拿针；哥哥拿笔写字，妹妹拿针缝衣裳。
> 我完全依照你的意思；我完全依照你的意思办理。
> 他画山水，她画人物；他画山水用重墨，她画人物用素描。
> 我们拿筷子，不用刀叉；我们吃饭拿筷子，不用刀叉。

前例是真正的谓语，后例是由谓语形式变成的末品——末品包孕谓语，实际上在句中作状语，或作补语。

可见，包孕谓语可以作首品、次品和末品，通常述谓部分有着共同的主语，典型的如汉语里的连动式。如果构成包孕谓语的两个谓语形式之间还有不同于主语的人称或事物，那么就是兼语式和使成式。

俄汉—汉俄翻译时，我们可以根据包孕谓语在句子中所据的品位，来进行相应的翻译。这样不仅能厘清句子结构，还能快速确定怎么译，也提高了翻译的速度。当然，这样的翻译，也许有时只是翻译的初步而已。

（一）包孕谓语作复合谓语

常见汉语的使成式、连动式和兼语式，在句中作复合谓语。汉语的谓语包含了两个动作行为，或能愿动词与实义动词一起构成复合谓语。

В ноябре месяце 1805 года князь Василий должен был ехать на ревизию в четыре губернии. （Л. Толстой,《Война и мир》）

一八〇五年十一月,瓦西里公爵要到四个省份去视察。（刘辽逸 译）

一八〇五年十一月,华西里公爵要到四个省视察。 （草婴 译）

俄语能愿动词＋动词原形,可译成汉语的包孕谓语,在句中作复合谓语。

Поэтому они совершенно искренно, с тем наивным и твердым убеждением женщин, что наряд может сделать лицо красивым, принялись за ее одеванье. （Л. Толстой,《Война и мир》）

所以她们完全是出于真心诚意,并且怀着女人们所具有的那种天真而坚决的信念,认为衣裳可以使面孔变得漂亮,于是就动手给她穿戴起来。（刘辽逸 译）

女人们往往天真而固执地认为服装能使脸变得漂亮,布莉恩小姐和玛莎就动手替她换衣服。（草婴 译）

俄语中“动词＋前置词＋动名词”固定词组,常可译成汉语的包孕谓语。连动式属于典型的包孕谓语,所谓的连动式,就是连续动作的复合谓语形式。

Князь Андрей повернул лошадь и поскакал назад в Грунт отыскивать князя Багратиона. （Л. Толстой,《Война и мир》）

安德烈公爵掉转马头,驰回格伦特去找巴格拉季翁公爵。（刘辽逸 译）

安德烈公爵拔转马头,驰回格伦特去找巴格拉季昂公爵。（草婴 译）

Он промычал что – то и покраснел. Вернувшись домой, Пьер долго не мог заснуть, думая о том, что с ним случилось. (Л. Толстой,《Война и мир》)

他嘟囔了一句，脸红起来。皮埃尔回到家里，久久不能入睡，老想着他遇到的事。（刘辽逸 译）

他嘟囔了一句，脸红了。皮埃尔回到家里，回想刚才发生的事，久久不能入睡。（草婴 译）

Она позвонила горничную и попросила ее лечь в ее комнате. (Л. Толстой,《Война и мир》)

她打铃把使女叫来，要她睡在她的房间里。（刘辽逸 译）

玛丽雅公爵小姐打铃唤使女，叫她睡到屋里来。（草婴 译）

Он кликнул Тихона и стал раздеваться. （Л. Толстой,《Война и мир》)

他把吉洪唤来，开始脱衣裳。（刘辽逸 译）

他把吉洪唤来，动手脱衣服。（草婴 译）

两位翻译家几乎相同的组句反映了连动式的规律性。可以译成汉语连动式的俄语，除了动词谓语外还可能有表示时间、地点、方式、目的、原因、关系、条件等语言结构："前置词＋名词"词组，工具五格，动词不定式，чтобы 从句，形动词（词组）、副动词（词组）、并列的动词性谓语，见周允、王承时的《汉译俄教材》（1987：213 – 218）。可以译成汉语使成式的常见俄语：дать кому возможность что делать，позволить кому-чему что делать；заставлять，вынуждать，принуждать кого что делать；вызывать что；чтобы，для чего；благодаря，от，из-за；в результате，привести к，принести кому что，доставлять кому что，нанести кому что；具有使动意义的及物动词如интересовать，удивить кого，удовлетворить кого，беспокоить кого，огорчить кого，обрадовать кого，разочаровать кого，сделать кого кем，что чем；превратить кого в кого，что во что。参见周允、王承时的《汉译俄教材》（1987：206 – 210）。可以译成汉语兼语式的常见

俄语，除了动词谓语外后面还可以跟动词不定式，前置词短语，形动词短语，表原因、目的、限定等关系的从句或前置词短语［参见周允、王承时的《汉译俄教材》（1987：222 - 227）］。汉语的兼语式和使成式可看成宾语从句的变体，如果把前一个动词当作全句谓语的话。但实际上还是有所区别的，兼语式实际上是动宾 + 主谓结构（中间的宾主同一），把"使"字作为动词看待，使成式实际上也是动宾 + 主谓结构（中间的宾主同一），不能切分出完整的宾语从句来，否则恐怕意思讲不通。所以，汉语的使成式和兼语式仍应归入包孕谓语，而不归入宾语包孕句（从句）。

（二）包孕谓语作末品状语（补语）

汉语句子的述谓部分，可能是在一个主干述谓（词组）之前嵌入或之后跟着别的谓语形式构成的，这所谓的"别的谓语形式"或为末品状语，或为末品补语。它通常是译自俄语的述谓的辅助部分，但汉译文的述谓有时竟难以分清孰是辅助孰是主干，出现翻译的交错现象。

Лемарруа（Le Marierois）с грозным письмом Бонапарта только что прискакал к Мюрату, и пристыженный Мюрат, желая загладить свою ошибку, тотчас же двинул свои войска на центр и в обход обоих флангов, надеясь еще до вечера и до прибытия императора раздавить ничтожный, стоявший перед ним, отряд.（Л. Толстой,《Война и мир》）

勒马鲁瓦带着波拿巴的那封严厉的信刚刚驰到缪拉那里，羞惭的缪拉为了补救自己的错误，立刻调动军队向中央推进并向两翼迂回，打算趁皇上还没有到达，在天黑以前，就把他面前这支渺不足道的小部队吃掉。（刘辽逸 译）

勒马拉带着拿破仑那封措辞严厉的信刚赶到缪拉那里。缪拉十分惶恐，急于补过，立即把军队调到中央阵地，并包抄俄军两翼，企图在天黑以前，不等皇帝驾临，就消灭面前那支力量薄弱的部队。（草婴 译）

Князь Багратион произносил слова с своим восточным акцентом особенно медленно, как бы внушая, что торопиться некуда. Он тронул, однако, рысью свою лошадь по направлению к батарее Тушина. (Л. Толстой, 《Война и мир》)

巴格拉季翁公爵带着东方口音，说话特别慢，好像是暗示没有着急的必要。然而，他还是策马向图申的炮垒驰去。（刘辽逸 译）

巴格拉基昂公爵带着东方口音，话说得特别慢，仿佛表示不用着急。不过，他还是催动坐骑，向土申的炮垒跑去。（草婴 译）

Воспользовавшись первым предлогом, она встала и своею лёгкою, решительною походкой пошла за альбомом. (Л. Толстой, 《Анна Каренина》)

她抓住第一个机会，就站起来，迈着她那轻盈而有力的步子去取照相簿。（草婴 译）

Князь Андрей остановился, ожидая его. Князь Багратион приостановил свою лошадь и, узнав князя Андрея, кивнул ему головой. (Л. Толстой, 《Война и мир》)

安德烈公爵停下来等他。巴格拉季翁公爵勒住马，认出是安德烈公爵，向他点了点头。

Другой, не оглядываясь и как будто боясь развлечься, разинув рот, кричал и проходил. (Л. Толстой, 《Война и мир》)

另一个士兵没有回过头来看，他似乎怕分散精神，张开嘴喊叫着走过去。（刘辽逸 译）

另一个士兵没有回顾，好像怕分散注意力，张大嘴叫着走过去。（草婴 译）

Однако, как обыкновенно, в 9 - м часу князь вышел гулять в своей бархатной шубке с собольим воротником и такой же шапке. (Л. Толстой, 《Война и мир》)

虽然如此，公爵仍然按照平时的习惯，一到八点多钟，就身

穿黑貂皮领短皮衣，头戴黑貂皮帽出来散步。（刘辽逸译）

不过，八点多钟，公爵还是身穿貂皮领丝绒大衣，头戴貂皮帽，照例出来散步。（草婴译）

Она сидела в кофточке и чепце на кресле. Катя, сонная и с спутанной косой, в третий раз перебивала и переворачивала тяжелую перину, что‒то приговаривая. （Л. Толстой, 《Война и мир》）

她身着短衣，头戴睡帽坐在圈椅里。卡佳睡眼惺忪，辫发散乱，一面叨唠着，一面第三次拍打和翻转沉重的羽毛褥子。（刘辽逸译）

她穿着短袄，戴着睡帽，坐在安乐椅上。卡嘉发辫松散，睡眼惺忪，第三次拍打和翻转沉重的羽绒褥子，嘴里嘀咕着。（草婴译）

Князь прошел по оранжереям, по дворне и постройкам, нахмуренный и молчаливый. （Л. Толстой, 《Война и мир》）

老公爵到花房走走，然后又到下房和其他房舍走走，他一直紧皱眉头，默默不语。（刘辽逸译）

公爵皱着眉头默默地穿过花房、下房和披屋。（草婴译）

Анатоль, заложив большой палец правой руки за застегнутую пуговицу мундира, с выгнутой вперед грудью, а назад‒спиною, покачивая одной отставленной ногой и слегка склонив голову, молча, весело глядел на княжну, видимо совершенно о ней не думая. （Л. Толстой, 《Война и мир》）

阿纳托利用右手大拇指勾住制服扣子，挺着胸，身子向后倾，一只伸出的脚摇晃着，微微偏着头，一声不响，快乐地望着公爵小姐，看样子，他心中所想的完全不是她。（刘辽逸译）

阿纳托利把右手大拇指伸到制服纽扣下，挺起胸膛，轻轻晃动一条向后伸的腿，微微低下头，快乐地默默瞧着公爵小姐，其实心里根本不在想她。（草婴译）

Анна Михайловна с письмом на цыпочках подошла к

комнате графини и остановилась. （Л. Толстой, 《Война и мир》）

安娜·米哈伊洛夫娜拿着信蹑手蹑脚走到伯爵夫人门前，停下来。（刘辽逸 译）

德鲁别茨基公爵夫人手里拿着信，踮着脚尖走到伯爵夫人房门口站住。（草婴 译）

И, не в силах выдержать обратившиеся на нее взгляды, она побежала в залу, разбежалась, закружилась и, раздув баллоном платье свое, раскрасневшаяся и улыбающаяся, села на пол. （Л. Толстой, 《Война и мир》）

她受不住向她投来的目光，向大厅跑去，她跑着，旋转着，衣裳鼓得像气球似的，她满脸通红，面带笑容，坐在地板上了。（刘辽逸 译）

她受不了向她射来的目光，往大厅跑去，一边跑，一边旋转，转得衣服像气球一样鼓起来。她满面通红，笑盈盈地往地板上一坐。（草婴 译）

Княжна Марья подходила в этот день с особенным трепетом к двери кабинета. （Л. Толстой, 《Война и мир》）

这天马丽亚公爵小姐向书房门口走去时，心跳得特别厉害。（刘辽逸 译）

玛丽雅公爵小姐那天走到书房门口，心情特别紧张。（草婴 译）

Он постоянно фыркал, говоря про него. （Л. Толстой, 《Война и мир》）

他提起他来总是嗤之以鼻。（刘辽逸 译）

一谈到华西里公爵，他总是嗤之以鼻。（草婴 译）

汉语的末品状语或末品补语，可能是一个或多个带扩展成分的谓语形式，动词标记比较明显，可以对应于俄语的副动词、形动词、前置词短语等。当汉语的述谓部分是连动式，更准确地说是连续发生的动作行为或相伴而生的动态时，前嵌谓语形式可视为末品状语，后跟谓语形式则可视为末品补语，可作为修饰说明语看待。这样述谓部分主干与辅助层次分明，可以与俄语的句式结构形成高度的对应，如此分析之后，翻译也便容易入手了。

当然也存在如下情况，俄汉语述谓的主干和辅助并不对应，可能主干变成了辅助，辅助变成了主干。这就是说，俄文中的辅助、扩展修饰语（如五格方式），译成汉语后可能变成主干谓语形式，或辨认不出是辅助还是主干了。

Нельзя было ей лечь ни на бок, ни на грудь. （Л. Толстой,《Война и мир》）

害得她侧卧也不是，俯卧也不是。（草婴 译）

－Не за чем, не за чем... － быстро проговорил князь и, всунув ноги в туфли и руки в халат, пошел к дивану, на котором он спал. （Л. Толстой,《Война и мир》）

"没什么，没什么……"公爵急急地说，脚伸进拖鞋，手伸进睡袍，向他睡的长沙发走去。（草婴 译）

Князь Андрей верхом остановился на батарее, глядя на дым орудия, из которого вылетело ядро. （Л. Толстой,《Война и мир》）

安德烈公爵骑上马，站在炮垒上眺望那尊发射的大炮冒出的硝烟。（刘辽逸 译）

安德烈公爵骑马站在炮垒上，望着那尊刚刚射击过的古炮冒出的硝烟。（草婴 译）

Князь Василий нахмурился, сморщил рот на сторону, щеки его запрыгали с свойственным ему неприятным, грубым выражением; он, встряхнувшись, встал, закинул назад голову и решительными шагами, мимо дам, прошел в маленькую гостиную. Он скорыми шагами, радостно подошел к Пьеру. Лицо князя было так необыкновенно － торжественно, что Пьер испуганно встал, увидав его. (Л. Толстой,《Война и мир》)

　　瓦西里公爵皱起眉头，把嘴一噘，撇到一边，他的腮帮跳动着，露出他那特有的令人讨厌的粗俗表情。他抖擞精神，站起来，步履坚定地经过太太们身旁向小客厅走去。他兴高采烈地快步走到皮埃尔跟前。公爵的面孔是那么异样地喜气洋洋，皮埃尔看见他，吓得连忙站起来。(刘辽逸 译)

　　华西里公爵皱起眉头，撇撇嘴，双颊跳动起来，露出不高兴的粗鲁表情。他打起精神站起来，头往后一仰，迈着坚定的步子，从太太们面前走进小客厅。他高兴地快步走到皮埃尔面前。公爵的脸色十分得意，以致皮埃尔一看见他，就惶恐地站起来。(草婴 译)

　　Пьер снял очки, и глаза его сверх той общей странности глаз людей, снявших очки, глаза его смотрели испуганно - вопросительно. Он хотел нагнуться над ее рукой и поцеловать ее; но она быстрым и грубым движеньем головы перехватила его губы и свела их с своими. Лицо ее поразило Пьера своим изменившимся, неприятно - растерянным выражением. (Л. Толстой,《Война и мир》)

　　皮埃尔摘掉眼镜，他的眼睛除了具有一般戴眼镜的人常有的那种怪相外，还带有惊疑的神情。他想弯身吻她的手，可是，她的头又快又粗鲁地一摆，截住他的嘴唇，让它凑到自己的嘴唇上。她那变得令人不快的惊慌神色，把皮埃尔吓了一跳。(刘辽逸 译)

　　皮埃尔摘下眼镜。他的眼睛不仅现出一般人刚摘去眼镜时的怪相，而且带着惊疑的神色。他想弯下腰去吻海伦的手；但海伦敏捷而粗鲁地一仰头，让他的嘴唇贴住自己的嘴唇。海伦脸上那种慌张难看的样子使皮埃尔大为吃惊。(草婴 译)

　　- Как мне вас понимать, mon père? - проговорила княжна, бледнея и краснея. (Л. Толстой,《Война и мир》)

　　"我应该怎样理解您的意思，爸爸？"公爵小姐脸色一红一白

地说。（刘辽逸 译）

　　"爸爸，我该怎么理解您的意思？"公爵小姐说，脸上一阵红，一阵白。（草婴 译）

　　Да или нет, да или нет, да или нет！－кричал он еще в то время, как княжна, как в тумане, шатаясь, уже вышла из кабинета.（Л. Толстой,《Война и мир》）

　　"行还是不行，行还是不行，行还是不行！"公爵小姐像坠入雾中，跌跌撞撞地走出了书房，而他还在大声地说。（刘辽逸 译）

　　"愿意还是不愿意，愿意还是不愿意，愿意还是不愿意！"当公爵小姐神志恍惚，摇摇晃晃地走出书房的时候，老公爵还在那里嚷嚷着。（草婴 译）

　　Услыхав это, Соня покраснела так, что слезы выступили ей на глаза.（Л. Толстой,《Война и мир》）

　　索尼娅听到这里，羞得眼泪都流出来了。（刘辽逸 译）

　　宋尼雅一听见这话，脸上飞起一片红晕，泪水涌上眼眶。（草婴 译）

　　Она видела и m-lle Bourienne с ее лентой и красивым лицом и оживленным, как никогда, взглядом, устремленным на него.（Л. Толстой,《Война и мир》）

　　她看见布里安小姐头上扎着绷带，容貌俏丽，用她那从未有过的兴奋的目光注视着他。（刘辽逸 译）

　　玛丽雅公爵小姐也看见布莉恩小姐，她头上扎着绷带，脸蛋长得很美，目光熠熠地盯着他。（草婴 译）

　　这里草婴的译文进行了代词还原，但两个译文"她"字的使用都有些模糊。

　　以上表明，包孕谓语作为末品状语或末品补语，运用在不同译者笔下时，可能出现不同的变化，在语序和位置上存在差别。甚至出现末品状语或补语与主干（次品）谓语难以区分的情况，也就是说，俄语中的辅助修饰语谓语形式，可能变成汉语中的主干谓语形式，难以分清。因为在跨语言的传译中可能发生变异。此外，在运用包孕谓语时，还要注意述谓部分与人称代词之间的清晰关系。

（三）包孕谓语作次品定语

包孕谓语作为次品定语，加在关系紧密的动宾结构之间。例如，"再不必起赎我的念头了"。"赎我"是加在"起……念头"之间。区别于定语包孕句，包孕谓语不包括句子形式，所以，包孕谓语部分是非完整句。

И прежде чем идти вниз, она встала, вошла в образную и, устремив на освещенный лампадой черный лик большого образа Спасителя, простояла перед ним с сложенными несколько минут руками. (Л. Толстой, 《Война и мир》)

在没有下楼之前，她站起来，走进供圣像的小室，她注视着被神灯照亮了的一大幅圣像的黑脸，双手交叉在胸前，这样在圣像面前站了几分钟。（刘辽逸 译）

下楼之前她先走进圣像室，凝视着被神灯照亮的救世主巨像的黑脸。她在胸前叠着双手面对圣像站了几分钟。（草婴 译）

Сначала к ней подошел князь Василий, и она поцеловала плешивую голову, наклонившуюся над ее рукою. (Л. Толстой, 《Война и мир》)

首先是瓦西里公爵走到她跟前，她在他吻她的手的时候吻了吻低下来的秃头。（刘辽逸 译）

华西里公爵走过来，玛丽雅公爵小姐吻了吻俯向她手上的秃头。（草婴 译）

这种起修饰限制作用的包孕谓语包含的动作行为或状态，尚不具备完整的句子形式，俄语常用动词原形、形动词短语、不一致定语（二格动名词）、前置词短语等来表达，通常不会很长，汉语包孕谓语仅仅是一个谓语形式，尚不足以构成一个完全的句子形式。否则就不是包孕谓语，而是定语包孕句，或别的什么句子形式了。

> Молодой император не мог воздержаться от желания присутствовать при сражении
>
> 年轻的皇帝按捺不住亲临战场的欲望。（刘辽逸 译）
>
> Она была так дурна, что ни одной из них не могла прийти мысль о соперничестве с нею. （Л. Толстой,《Война и мир》）
>
> 她长得太丑了，她们俩谁也不会有跟她斗妍比美的想法。（刘辽逸 译）

这是与宾语呈同一性的一种包孕谓语，即包孕谓语与其所修饰的宾语实质上是同一的，它道出了宾语的具体内容。

（四）包孕谓语作首品宾语

俄语的谓语动词后面跟着动词原形（词组）或动名词、动名词词组，可对译成汉语的包孕谓语，在句中做宾语。

> Князь Василий не обдумывал своих планов. Он еще менее думал сделать людям зло для того, чтобы приобрести выгоду. （Л. Толстой,《Война и мир》）
>
> 瓦西里公爵从来不考虑自己的计划。他更没有想到要做损人利己的事。（刘辽逸 译）
>
> 华西里公爵对自己的计划从来不多加考虑，对损人利己的行为考虑得更少。（草婴 译）
>
> 瓦西里公爵并非深思熟虑于自己的计划……他也很少反省是否损人利己了。

这里草婴的译文应该说更接近俄文，译文 3 又在草婴的基础上顺应了俄文的语序做了更确切的表达。这里所探讨的包孕谓语作首品宾语，与前文的俄语句子形式等译成汉语的宾语包孕句，可以互相参看，其实处理方法可以一样。只不过这里的包孕谓语仅仅是一个谓语形式，尚不足以构成一个完全的句子形式，而前面所谓的宾语包孕句乃是一个完全的句子形式。故不多举例论证。

第五节　汉语次品（末品）补语与俄语相应句式互参探译

一　汉语次品补语、末品补语

我们来看一看次品补语，把它作为一种特殊的句式，通过与俄语相应句式的比较，希望从诸多翻译现象中探寻翻译问题及解决办法。

王力说："一般人以为中国语的次品总是放在它所修饰的首品的前面的，所以每逢有西文译成中文的时候，总是把一切的次品往首品的前面堆砌，连很长的次品句子形式或次品谓语形式也搬到首品的前面了；其实中国的次品也有后置的，并非一律都要前置。"（王力，1985：148）王力所论的后置的次品，即后置的定语，他称之为次品补语。这种汉语句式用在翻译中，可以在一定程度上解决定语过长的问题。王力说："句中如果有语音的停顿，这次品补语就等于西洋的'关系子句'或'同位分词'。"例如：

又有邢夫人的嫂子，<u>带了女儿岫烟来投邢夫人的</u>。（《红楼梦》第 49 回）
里头却也有两个姊妹 <u>成个体统的</u>。（《红楼梦》第 61 回）

王力说："凡认'的'字为代词的语法家，都会说这种'的'字和前置的首品是处于同位（apposition）。我们虽认这种'的'字为修饰品的记号，然而并不否认带'的'字的次品短语当后面没有首品的时候实有首品的性质。不过，普通所谓同位，也就和修饰次品（追加语）的性质相类似。"（王力，1985：150）这就是说，后置的次品补语与首品具有同位关系，或具有修饰关系。但为什么要后置，据王先生的解释，这有点"追加"的性质。"这种补充的判断语，在形式上显得是不重要的，因为不曾用它造成了一个句子形式；在意义上恰恰相反，它显得比前置的次品更为重要，因为若不重要就用不着追加了。既是追加的，在结构上就不算十足的次品。所以‘成个体统的’一类的判断语又可称为‘准次品补语’。"（王力，1985：150）

何谓汉语的末品状语或末品补语？在汉语的复杂句中，末品状语是前置以修饰说明述谓的，末品补语是后置以修饰说明述谓的。末品可能是一个或多个扩展成分的谓语形式，动词标记比较明显，可以对应于俄语的副动词、形动词、前置词短语等。参见前文的包孕谓语的翻译问题。

二　俄语的后置形容词（形动词）结构与汉语的次品补语

这里的小标题，或许不能准确概括本小节的内容。实际上，将从俄语的后置形容词、后置形动词短语及近似意义结构出发，探讨其与汉语的对应，进而探讨与汉语次品补语相对应的俄语句式的翻译问题。

前面已经论述了 который（或 какой）从句的翻译问题，后置形容词（形动词）短语是与 который 从句语义结构相当的，翻译应有相通之处。我们从随举的几个译例开始，来探讨与汉语次品补语相关的翻译问题。

　　Разговор шел общий и оживленный, благодаря голоску и губке с усиками, поднимавшейся над белыми зубами маленькой княгини.（Л. Толстой,《Война и мир》）

　　大家谈些一般的话题，但谈得很热闹，这多亏小公爵夫人那一口清脆的声音和翘在雪白牙齿外面的、生有绒毛的两片嘴唇。（刘辽逸 译）

　　大家一起谈得很热闹，这得归功于小公爵夫人的清脆声音和露出雪白牙齿、长着毫毛的嘴唇。（草婴 译）

　　Лестница наверх, в её комнату, выходила на площадку большой входной тёплой лестницы.（Л. Толстой,《Анна Каренина》）

通往她房间 的楼梯正对着大门的台阶。(草婴 译)

　　И этот кто - то был он - дьявол, и он - этот мужчина с белым лбом, черными бровями и румяным ртом .

　　这个人就是他，就是魔鬼，而这个魔鬼就是 白额头、黑眉毛、红嘴唇 的男人。(刘辽逸 译)

　　这人是个魔鬼，也就是那个 额头白净、眉毛乌黑、嘴唇鲜红 的漂亮男人。(草婴 译)

　　不但后置的形动词短语类似于 который（或 какой）从句，而且后置的前置词短语作修饰限定语时，如果限定关系紧密，都要提到前面译作定语。

　　Через полчаса Пётр Артамонов не торопясь шёл на фабрику, приятно опустошённый （М. Горький, 《 Дело Артамоновых》）

　　过了半个钟头，彼得·阿尔塔莫诺夫不慌不忙地走到工厂去了，感到愉快的瘫软 。(汝龙 译)

　　"感到愉快的瘫软" 可视为次品补语，权当作修饰彼得·阿尔塔莫诺夫的，起突出强调的作用。

　　Ещё более невыносимо и тяжко глуп угрюмый отец, старый медведь, не умеющий жить с людьми, пьяный и грязный . （М. Горький,《Дело Артамоновых》）

　　至于愚蠢得更叫人受不了、更厉害的，要算是阴沉的父亲，那头老熊了。他跟什么人都处不好，总是醉醺醺，肮里肮脏(的) 。(汝龙 译)

　　俄语的后置形容词结构被译成次品补语，是进一步说明"那头老熊"的，但组句是完整的句子形式，而不是非得要采用形容词性

"的"字结构不可，这样译文显得自然流畅。

Он отошёл в сторону, стал шагать по тротуару медленнее, пропуская мимо себя поток людей, <u>необыкновенно чёрный в этот день, на пышном, чистом снегу</u>. (М. Горький, 《Дело Артамоновых》)

他走到一旁去，在人行道上放慢脚步走着，让人群的洪流走到他前面去，<u>这群人今天被松软洁白的雪衬托着，显得特别黑</u>。（汝龙 译）

俄语后置形容词短语译成了次品补语，比较妥当。通常，俄语表修饰关系的形容词短语与前面的人、事、物等保持同格一致，相当于汉语里的次品补语，有补充说明的作用。

В этом Яков видел нарастание всеобщей глупости, сам же он жил страхом не выдуманным, а вполне реальным, всей кожей чувствуя, что ему на шею накинута петля, <u>невидимая, но всё более тугая и влекущая его навстречу большой, неотвратимой беде</u>. (М. Горький, 《Дело Артамоновых》)

亚科夫从这一点就看出普遍的愚蠢正在增长，至于他自己生活中的恐惧，却不是空想出来，而是十足真实的，他全身的皮肤都感到自己的脖子上套着一个绳索，<u>虽然肉眼看不见，它却越收越紧，拉着他去迎接没法避免的大灾难</u>。（汝龙 译）

Его страх возрос ещё более месяца через два, когда снова в городе явился Носков, а на фабрике – Абрамов, гладко обритый, жёлтый и худой. (М. Горький, 《Дело Артамоновых》)

过了两个月光景，他的恐惧越发加重了，因为诺斯科夫又在城里出现，而且阿布拉莫夫也到工厂里来了，又黄又瘦，胡子剃得精光。（汝龙 译）

俄汉语后置修饰语正相对应，俄语的后置形容词（形动词）短语作为补充、强调的修饰语时，与汉语的次品补语非常接近，翻译常译成次品补语。

По дороге к комнате сестры, в галлерее, соединявшей один дом с другим, князь Андрей встретил мило улыбавшуюся m – lle Bourienne, уже в третий раз в этот день <u>с восторженною и наивною улыбкой попадавшуюся ему</u> в уединенных переходах. (Л. Толстой,《Война и мир》)

　　安德烈公爵在去妹妹房间的路上，走到连接两幢房屋的走廊的时候，遇见面带笑容的布里安小姐，这一天她已经是第三次<u>带着兴奋和天真的微笑</u> 在僻静的走廊里 <u>跟他相遇</u> 了。（刘辽逸译）

　　安德烈公爵在去妹妹房间的途中，在连接两座房子的走廊里遇见了满脸笑容的布莉恩小姐。这天他已第三次在无人的过道里<u>遇见这位带着兴奋而天真的笑容的</u>小姐了。（草婴 译）

俄文最后一句的形动词短语结构，确实是修饰布里安（布莉恩）小姐的。虽然进行了断句，译文仍可看出是补充说明她的。而попадавшуюся 一词的被动态意义，既是被遇见，又何尝不是不由得要去遇见呢。所以，刘辽逸和草婴的译文均好，一个译得直接，一个译得含蓄。

Через несколько дней Артамонов младший, проезжая застоявшуюся лошадь, увидал на опушке леса жандарма Нестеренко, <u>в шведской куртке, в длинных сапогах, с ружьём в руке и туго набитым птицей ягдташем на боку</u> . Нестеренко стоял лицом к лесу, <u>спиною к дороге и, наклоня голову, подняв руки к лицу</u> , раскуривал папиросу; его рыжую кожаную спину освещало солнце, и спина казалась железной. （М. Горький,

《Дело Артамоновых》)

    过几天，小阿尔塔莫诺夫正在遛一头很久没走动过的马，却在树林边上看见宪兵涅斯捷连科，<u>穿着瑞典式的扣领短外衣和长筒靴，手里拿着枪，腰上挂着一个装满飞禽的猎袋。涅斯捷连科站在那儿，脸对树林，背对大路，低着头，把手举到脸那儿</u>，正在点一根烟卷。太阳照着他那短外衣的背上的棕色皮子，仿佛那背是铁打的一样。（汝龙 译）

    后置的带前置词的短语结构，修饰前面的人、事、物等，可译成汉语的次品补语。顺便说一下，上例中修饰动词谓语的副动词短语或五格短语，译成了汉语的末品状语。

    俄语不仅一致定语，而且非一致定语（后置二格），也可能译为汉语的次品补语。

    Теперь офицер смотрел в лицо Якова пристальным, спрашивающим взглядом <u>серых глаз с какой – то светленькой искрой в центре зрачка</u> (М. Горький,《Дело Артамоновых》)

    这时候军官带着探问的神情定睛瞧着亚科夫的脸，<u>灰色眼睛的瞳仁中心闪着一点亮晶晶的火花</u>。（汝龙 译）

    汉语画线部分如果视为修饰动词"瞧着"（смотрел），则是末品补语，这是稍作变通的俄汉对译；如果视为"神情"的修饰语，则是次品补语，高度一致的俄汉对译。

    Лаврецкий холодно слушал разглагольствования Паншина: не нравился ему этот красивый, умный и непринужденно изящный человек, <u>с своей светлой улыбкой, вежливым голосом и пытливыми глазами</u>. (Тургенев,《Дворянское гнездо》)

    拉夫列茨基冷淡地听着潘申夸夸其谈，他不喜欢这个漂亮、聪明、从容不迫的文雅的人，不喜欢<u>他开朗的微笑、彬彬有礼</u>

的声调和探究的目光。(戴骢 译)

汉语画线部分仍可视为说明潘申这个人的，具有限定语的作用，"不喜欢"几个字的添加，只是为了汉语的语意连贯和灵活表意。亦可作为同位语译出：……这个有着开朗的微笑、彬彬有礼的声调和探究的目光的人。后置同位语与次品补语几乎是一样的效果，只是句式不同。

Он нередко встречал в доме брата Попову с дочерью, всё такую же красивую, печально спокойную и чужую ему . (Дело Артамоновых)

他在弟弟家里常遇到波波娃，她带着女儿。她依旧那么美，那么忧郁沉静，对他也依旧疏远。(汝龙 译)

《Стало быть, - решил Калитин, большой неохотник до сельской тишины , - в деревню таскаться незачем》. (Тургенев, 《Дворянское гнездо》)

"这一下，"对僻静的乡居生活绝无好感的卡利京说，"我们就毫无必要再往乡间跑了。"(戴骢 译)

与形容词短语具有类似修饰作用的同位语结构，如果不长，有时适合前置译成次品定语，以免译文松散。

Потом приехала и любительница музыки, Беленицына, маленькая, худенькая дама, с почти ребяческим, усталым и красивым личиком, в шумящем черном платье, с пестрым веером и толстыми золотыми браслетами ; приехал и муж ее, краснощекий, пухлый человек с большими ногами и руками, с белыми ресницами и неподвижной улыбкой на толстых губах ; (Тургенев, 《Дворянское гнездо》)

不一会儿爱好音乐的别列尼琴娜也乘车来了。这位夫人娇小，清瘦，美丽的脸庞总是带着倦容，而且小巧得像孩子一般，她穿一身窸窣作响的黑连衣裙，手里拿把花花绿绿的扇子，手上戴着沉甸甸的金手镯；她的丈夫也来了，这是个红脸膛的胖子，手很大，脚也很大，睫毛呈白色，厚嘴唇上老是挂着呆滞的微笑。（戴骢 译）

俄文里的多个混合成分作为后置修饰语，译成汉语自然往往不可能都前置。所以，只好搁置于后，或者只好部分或大部分搁置于后，于是就成为次品补语或末品补语了。这便可以避免出现汉译文的"大肚子"修饰语结构。

Ольга встретила их на дворе, она ходила от сарая к воротам туда и обратно, в белой юбке, в ночной кофте, при свете луны она казалась синеватой, прозрачной, и было странно видеть, что от её фигуры на лысый булыжник двора падает густая тень. (М. Горький,《Дело Артамоновых》)

奥莉加在院子里迎接他们。她从车房走到门口，又从那儿走回来。她穿着睡衣，系一条白裙子，在月光底下显得发蓝、透明，因此看到她的身体在院里光秃的卵石地上印下浓黑的影子，反而使人觉着奇怪。（汝龙 译）

俄文带前置词的短语，作为代词 она "她" 的修饰限定语，译成汉语虽变成了一般主谓句，但可视为"她"的次品补语，后面再跟着述谓成分（句子成分），而形成连贯的语段。

- Смир - р - р - р - на! - - закричал полковой командир потрясающим душу голосом, радостным для себя, строгим в отношении к полку и приветливым в отношении к подъезжающему начальнику. (Л. Толстой,《Война и мир》)

"立—正！"团长发出一声惊心动魄的口令，这声音对他是一

种快乐，对团队是一种威严，对前来的长官是一种欢迎。（刘辽逸 译）

"立—正！"团长发出一声惊心动魄的口令。<u>这声音流露出他内心的快乐，但对全团弟兄显得严厉，对即将光临的总司令则表示欢迎</u>。（草婴 译）

不同的译者在运用（准）次品补语时，并不是千篇一律，组句可以灵活变化。刘辽逸的译文工整匀称如俄文，似更胜一筹。

　　Она видела лицо князя Василья, <u>на мгновенье серьезно остановившееся при виде княжны и тотчас же улыбнувшееся</u>, и лицо маленькой княгини, <u>читавшей с любопытством на лицах гостей впечатление</u>, которое произведет на них Marie. （Л. Толстой,《Война и мир》）

　　她看见瓦西里公爵在她刚进来时，<u>脸沉了一下，但立刻就堆出笑容</u>。她看见小公爵夫人那张脸，<u>带着好奇的神气从客人脸上察看马丽亚给客人的印象</u>。（刘辽逸 译）

　　她看见了华西里公爵的脸。<u>华西里公爵一看见公爵小姐就绷紧了脸，但又立刻露出微笑</u>。接着她又看到小公爵夫人的脸。<u>小公爵夫人好奇地观察着客人们的脸，看玛丽雅给了他们什么印象</u>。（草婴 译）

刘辽逸注重译文的顺序连贯一气，但也带来一个缺憾，大句主语和小句主语与后面谓语的承接上似有些含混不清。如果把前后两处"她看见"省略主语，变成"只见""又见"，且省略"那张脸"，在前后文的照应下就更好些。而草婴的译文则通过另起句，适当重复人物主体，几乎只能隐约可见次品补语的影子（组句采用了一般主谓句），但脉络清晰可辨，实现了"文从字顺的直译"。

王力说："次品补语后面如果不用'的'字，就是叙述句中的判断语。譬如某一个句子的主要任务是叙一个事件，中间插入若干描写语或判断语，表面上似乎插入若干句子，其实若认为次品补语，就可以把句子的结构看得简单了许多。"（王力，1985：110）汉语的次品补语就相当于后置定语，完全可以用来对译俄文的定语从句、后置的前置词短语、形动词（形容词）短语等，从而打破前置封闭结构而呈现出开放态势。

另外，后置的形容词性结构在译成汉语时，有时也可前置采用汉语的末品状语，或其他变通译法，以求文意畅达。例如：

Дело не только в неизбежных потерях, связанных с трудностями передачи особенностей поэтической формы, культурных или исторических ассоциаций, специфических реалий и других тонкостей художественного изложения, но и в несовпадении отдельных элементов смысла в переводах самых элементарных высказываний. （ Комиссаров, 《 Современное переводоведение》）

问题不仅在于因传达诗歌形式特点、文化或历史联想、特有事物及其他艺术描写细节等困难，而造成不可避免的损失。而且在于翻译最基本的语句时各个含义单元的不一致。

Его изумил гнев маленькой старушки в очках, всегда тихой, никого не осуждавшей, в её словах было что－то поражающе искреннее, хотя и ненужное, жалкое, как мышиный писк против быка, который наступил на хвост мыши, не видя этого и не желая. （М. Горький,《Дело Артамоновых》）

这个戴眼镜的老太婆素来文文静静，一向不批评什么人，因此她的愤怒使他暗暗惊奇。她的话显得多余，可怜，好像公牛踩到耗子尾巴，既没有看见耗子，也不怜惜它，那耗子只能吱吱地哀叫一样，不过那些话还是带着惊人的诚恳意味。（汝龙 译）

俄语二格不一致定语在译成汉语时，可以保留后置，也可前置，视情况而定。但无论如何，不难分辨，它就是王力所说的次品补语或其变体（如独立的外位定语等）。

Старичок вошел в кабинет, и его морщины легли сложными складками недоумения и недоверия. За столом вместо пожилого, хорошо знакомого врача, сидела девушка . . .

老头儿走进诊室，眉头紧锁，脸上流露出疑惑与不信任。桌子后面坐着的不是熟悉的老医生，而是一位姑娘。

眉头紧锁，就是表示疑惑与不信任的，后句具有补叙说明前句的作用，可视为次品补语。

Каждый из них был уверен в том, что он влюблён, и сомневался во взаимности; это было нервное, но счастливое время мучений, восторгов, сомнений, догадок, желания увидеть друг друга во сне и сразу после сна. (А. Вампилов, 《Шёпот, робкое дыханье, трели соловья. . .》)

他们每个人都相信自己热恋上了，相互爱慕又有些疑虑。这是神经质的幸福的时刻，痛苦、欣喜、猜疑、渴望，思绪缠绕，愿梦中相见，醒来又约会。

Он 的语法所指是 Каждый из них，而 "神经质的幸福的时刻" 后面跟着次品补语 "痛苦、欣喜、猜疑、渴望，思绪缠绕"，亦如同位语补叙。

Губы её, распухшие от укусов, почти не шевелились, и слова шли как будто не из горла, а из опустившегося к ногам живота, безобразно вздутого, готового лопнуть. (М. Горький, 《Дело Артамоновых》)

她的嘴唇咬肿了，几乎不能动。那些话好像不是从嗓子里，而是从肚子里发出来的。肚子大得不像样儿，一直垂到腿上，眼看就要炸开了。（汝龙 译）

后置二格结构译成了汉语的次品补语，也可以说是外位补语。因为这个补语是后置进一步说明已译在前面的"肚子"（живот）的。

Звук то замиравшей, то опять усиливавшейся ружейной перестрелки под горою представлялся ему чьим – то дыханием. Он прислушивался к затиханью и разгоранью этих звуков.

山下步枪互射，时起时伏，他把它想象成某人在那里呼吸。他倾听着时起时伏的枪声。（刘辽逸 译）

山下步枪对射，时起时伏，他觉得好像是什么人的呼吸。他倾听着这时起时落的枪声。（草婴 译）

汉译文以外位形式表达俄文二格，看似略去了 Звук 一词，但该词实际已包含在译文里了，"山下步枪对射，时起时伏"就是"山下步枪对射，时起时伏的声音"之省略，加之后文有"枪声"呼应，省略是妥当的。汉语通常不具形变的语法特征，是否由俄语二格译来，不细加分析看不出来。如果这种结构很长而复杂，势必要断句，就会译成汉语的次品补语或其变体了。准确地说，如果后置不一致定语结构太长，可以外位形式前置或保留后置译出。它与次品补语作用相当，可以很好地传译原文的意思结构，以解决定语过长的"大肚子"问题。

Старик Болконский всегда был невысокого мнения о характере князя Василья, и тем более в последнее время, когда князь Василий в новые царствования при Павле и Александре далеко пошел в чинах и почестях. （《Война имир》）

博尔孔斯基老头一向看不起瓦西里公爵的人品，特别是近

来，当瓦西里公爵在保罗和亚历山大两个新朝中飞黄腾达之后，
更加看不起他了。(刘辽逸 译)

保尔康斯基老头儿一向瞧不起华西里公爵的人品，近年来华
西里公爵在保罗和亚历山大宫廷飞黄腾达，他就更加瞧不起他
了。(草婴 译)

由于上下文的自明作用，俄语不一致，定语前面也可以承前省略
人、事、物、现象名（человек，дело，предмет，явление），此时的二
格通常会表示性质、特征、人品等含义，运用起来简洁明快。译成汉
语，往往二格动名词性质结构则变成述谓语句，几乎看不到次品补语
的影子了。

三　俄语的后置副动词结构与汉语的末品补语

我们将针对俄语的后置副动词短语或近似意义结构，举要探讨其
与汉语的对应及其翻译问题。

　　– Что ж делать？ – ответил Яков, не находя иных слов.
(Дело Артамоновых)
　　"怎么办呢？"亚科夫回答，<u>找不出别的话说</u>。(汝龙 译)

俄语副动词只能用于副动词动作与动词谓语动作属于同一主体的
时候，所以后置副动词短语结构就是对主体发出的动词谓语动作的进
一步补充说明，用于补充说明述谓的，是为了进一步说明主体的动作
行为的，通常译成汉语的末品补语。汉语的末品补语，通常是述谓后
面的谓语形式或句子形式。顺便说一下，后置动词动作与动词谓语动
作属于不同的主体时，不能使用副动词，句子谓语用被动形动词表示
时，主语不表示发出动作的主体，此时也不能使用副动词短语（张会
森，2010：308）。

　　Это ощущение он ценил выше всего в жизни, видя в нём

весь её смысл. Оно являлось одинаково приятным и после вкусного обеда и после обладания женщиной. (М. Горький, 《Дело Артамоновых》)

他把这种感觉看得比生活里的什么东西都贵重，正是在这种感觉里他才看见了生活的全部意义。不管是吃过一顿可口的饭以后，还是占有一个女人以后，总会同样愉快地产生这种心满意足的感觉。(汝龙 译)

整段话俄汉语的组句以"感觉"（ощущение，Оно）一词作为语义衔接，组句灵活，条理清晰。俄语的副动词短语译成汉语的末品补语，以解释他如此看重这种感觉的原因。再后面的另起长句，紧扣着"感觉"（Оно 代指 ощущение）一词在深化延伸意义，称之为外位成分也好，次品补语也好，末品补语也好，反正有一个明确的语义中心，对于深入揭示人物的品行特征十分重要。

Дворецкий, с салфеткой на руке, оглядывал сервировку, мигая лакеям и постоянно перебегая беспокойным взглядом от стенных часов к двери, из которой должен был появиться князь. (Л. Толстой,《Война и мир》)

手臂上搭着餐巾的管家察看着餐具的布置，向仆人递眼色，时时把不安的目光从挂钟移到公爵进入餐厅的那扇门上。(刘辽逸 译)

管家臂上搭着餐巾，检查着桌上的餐具，向听差们使眼色，不安地时而看看挂钟，时而望望公爵将要进来的门。(草婴 译)

俄文的后置副动词短语"мигая лакеям и постоянно перебегая..."译成汉语的末品补语，这些举动的描写是对主要行为"检查着桌上的餐具"的补充说明。俄语副动词表示句中的次要动作，通过副动词来说明句中的主要动作（谓语表示的动作），在句中可能说明主要行为发生的时间、方式、原因、条件、让步关系等。这类副动词结构只要是后置的，均可以考虑译成汉语的末品补语。

副动词（短语）可能不表示疏状关系，而只是表示次要动作，此时很难说它们作什么状语，也根本不能用相应的从句来代替，语法上称之为次要谓语；有时副动词所表示的动作是谓语动词所表示的动作的内涵，它们是一个整体，这时候副动词也是次要谓语（张会森，2010：307）。请看张会森举的两个译例。

> Входят люди, снимают верхнюю одежду, <u>складывая</u> её на прилавки.（М. Горький）
>
> 人们走进来，脱下外衣，放在柜台上。
>
> Сутки тащился эшелон, <u>приближаясь</u> к станции Иваново.
>
> 军车开了一昼夜，逐渐驶近伊万诺沃站。

前一例的谓语动作可以说是并列的先后两个动作，而后一例则有所不同，军车运行和向伊万诺沃站驶近是同一回事，后一例的副动词短语译成汉语，更像是我们所谓的末品补语，它是用于补充说明前一个动作的。

> Небольшой сутуловатый человек, офицер Тушин, <u>споткнувшись</u> на хобот, выбежал вперед, <u>не замечая</u> генерала и <u>выглядывая</u> из - под маленькой ручки.
>
> 一个微微驼背的小个子——军官图申，没有留意将军到来，他向前跑去，被炮架尾绊了一下，他用小手在额上搭个棚，细细地眺望。（刘辽逸 译）
>
> 矮小而略显佝偻的军官土申在炮尾上绊了一下，向前跑去，没注意将军来到，只管用小手遮着眼睛向前眺望。（草婴 译）

副动词短语在两位翻译家笔下均译成了汉语的末品补语，译文通顺流畅，但译文处理有所不同。刘辽逸的译文调整了语序，把表示原因的副动词短语提前译作状语，而保留其一个副动词短语和后移一个副动词短语一并译为末品补语。而草婴的译文则力图完全保持俄文的语序，仅添加"只管"二字以衔接语义。

В дыму, оглушаемый беспрерывными выстрелами, заставлявшими его каждый раз вздрагивать, Тушин, не выпуская своей носогрелки, бегал от одного орудия к другому, то прицеливаясь, то считая заряды, то распоряжаясь переменой и перепряжкой убитых и раненых лошадей, и покрикивал своим слабым тоненьким, нерешительным голоском.

不断震耳欲聋的射击声每次都使图申打战，在硝烟弥漫中，<u>他叼着烟斗从这尊炮跑到那尊炮，时而瞄准，时而计算弹药，时而下令换掉死伤的马匹，另套新马</u>，他用他那尖细无力而且不够果断的声音不住地喊叫。（刘辽逸 译）

俄文多个副动词短语表示的一连串动作，与主干谓语动作 бегал，покрикивал 几乎同时发生，既可以认为是用以说明主要谓语动词的末品状语，也可以认为是逐次发生的动作行为。所以，刘辽逸依序译成汉语，获得了自然通顺的译文。

Но прокуратор, по - прежнему не шевелясь и ничуть не повышая голоса, тут же перебил его:

总督立即喝住他，身子仍然没有动，嗓门也没有提高：（戴骢 译）

прокуратор... тут же перебил его 乃是主干部分，先译出，而后译附属部分。

"副动词按体分类，没有独立的时间意义，但在句子中表示相对时间，即通过和另一动词的关系表示同时或先后的动作。"（张会森，2010：305）正因为副动词没有独立的时间意义，有时候可以调整语序，又因为它毕竟可以表示相对的时间，所以译者在处理副动词结构时，需要根据具体情况，尤其是在进行语序调整时要慎重处理，不能出现混乱。

四　次品补语、末品补语之用于俄汉翻译再论

我们这里将要探讨的问题，涉及复杂、多样化的情形。这个问题，在前面讨论 который 从句与定语包孕句的对应时已有所涉及，我们再看看次品补语、末品补语在俄汉翻译中的活用情况。

— Ну, помогай Бог, — сказала Настенька и подсадила Евгению Станиславовну, когда та ставила ногу на первую самую высокую ступеньку. （Антон Уткин,《Настенька》）

"好吧，上帝保佑，"娜斯佳一边说着，一边搀扶了一把一只脚正踏在最高的一级踏板上的叶甫根尼亚·斯达尼斯拉沃夫娜。

"好吧，上帝保佑，"娜斯佳一边说着，一边搀扶了一把叶甫根尼亚·斯达尼斯拉沃夫娜，她正一只脚踏在最高的一级踏板上。

因为修饰品不太长，尚可提前译得比较紧凑（第一种方案）。但也可采用第二种译文方案，只是"她"字所指有少许模糊，究竟是指的娜斯佳还是叶甫根尼亚，有些混乱，但因为有上下文的缘故，语义也还是清楚的。这表明定语包孕句与（准）次品补语可以作为同义结构进行转换，在允许的条件下可以互换着表意。

Александр Вампилов （1937 — 1972）принадлежит к поколению писателей, представляющих сегодня《золотой запас》отечественной культуры. （Гушанская. Е. М., Almater, p11）

亚历山大·万比洛夫属于当今俄罗斯文学黄金宝藏的一代作家。

亚历山大·万比洛夫这一代作家，堪称当今俄罗斯文学的"黄金宝藏"。

后一种译文"堪称当今俄罗斯文学的'黄金宝藏'"显然是必要的"追加",但却成了整个句子的语意中心。

　　Тут на глазах Лизиных блеснула радость, которую она тщетно сокрыть хотела; щёки её пылали, как заря в ясный летний вечер: она смотрела на левый рукав свой и щипала его правою рукою. (《Бедная Лиза》)
　　丽莎眼中闪烁着快乐,掩也掩不住(的)。她的脸颊绯红,像那晴朗夏日傍晚的红霞:她看着自己的左袖,用右手不停地揪着。

"丽莎眼中闪烁着快乐,掩也掩不住(的)"也可表达为"丽莎眼中闪烁着掩也掩不住的快乐",但这样似乎少了些许强调与"追加"的意味。

准次品补语,可以不必只是"⋯⋯的"字结构,还可以有其他变例形式,例如描写语作附属地位。王力说:"当描写语或判断语插入叙述句里面的时候,句子的主要任务既在于叙述一个事件,则此描写语或判断语只算是处于附属的地位,也可称为'准次品补语'"(王力,1985:110)翻译如果能借助准次品补语,补充扩展的成分就尽可以延长,从而达到语义弥足丰满的目的,而不必像前置修饰品那样受拘束与限制。例如:

　　正走之间,见路旁一座大土山子,约有二十来丈高,上面是土石相挽的,长着高高矮矮的丛杂树木,却倒是极宽展的一个大山怀儿。(《儿女英雄传》第四回)

我们继续举例看"准次品补语"造成译文顺畅通达的效果。这种"追加"的准次品补语用于组织译文,顺句操作,表意舒展自如,层层剖析,颇有娓娓道来之感。

Конечно, станция была не какой – то, а имела название, но Евгения Станиславовна упустила ее салатовое здание с высокими арочными окнами, медленно проплывшее в припылившемся окне... Это был упитанный, средних лет мужчина, листавший без стеснения такие газеты, которые Евгения Станиславовна погнушалась бы просто взять в руки. (Антон Уткин, 《Настенька》）

当然，这不是什么大站，只是有一个站名罢了，但叶甫根尼亚·斯达尼斯拉沃夫娜差不多忽略了它，<u>高高的拱形窗户的淡绿色建筑物，在满是灰尘的玻璃窗前徐徐掠过</u>……这个养得胖胖的中年男人，厚颜地翻阅着 <u>那种</u> 报纸，<u>叶甫根尼亚·斯达尼斯拉沃夫娜连拿在手里都感到厌恶的那种</u> 。

译文中的"它"后面的句子，乃是对"它"的具体化以及补充说明，可称为准次品补语。而最后的 которые 从句，译成准次品补语，其突出的效果强于定语包孕句。老舍先生在小说《月牙儿》里有这样的句子：

有一天，我碰见 <u>那个</u> 小媳妇，像磁人似的 <u>那个</u> 。

Однажды я встретилату маленькую женщину, похожую на фарфоровую куклу. （Лао Шэ, 453）

这里本可以置于前面的修饰品"像磁人似的"仍然后置，具有补充强调的作用，似乎有画龙点睛的艺术效果。所以，俄译汉不要老想着把修饰品前置，而应积极使用准次品补语来增强译文的表达效果。

Мне показалось, что смотрит она на меня внимательно, с теплотой. Такие глаза бывают у доброго учителя, когда он смотрит на способного малыша. （см.《Успех》）

我感到她在端详着我。这样专注的眼神，<u>通常是一位慈爱的</u>

老师欣赏一个有才能的小孩的眼神，让人感觉温暖 。

上面各例句中的修饰品比较长，不便于前置，考虑采用汉语后置的准次品补语，可以使语句表达得疏朗自如。这种后置结构为译文的准确和优化提供了便利，应适当地采用这类结构来使译文语义明确，生动传神。

К луне крадется тяжелая черная туча. Становится темно. Девушка идет от станции в гору, туда, где светятся окна поселка. (А. Вампилов. 《Конец романа》)

一片黑压压的乌云悄悄地移近月亮。天黑下来。姑娘从车站朝山里走，山村人家的窗户正亮着灯光 。

姑娘从车站朝山里走，是一步步走向光明，其心境随之敞亮，运用后置的准次品补语正好符合俄文句子的含义结构，不宜译为前置定语。

Но вот из автобуса выходят смущенные влюбленные, выходят семьи, счастье которых, казалось, могло быть омрачено лишь поездкой за город на автобусе, и небольшие группы приятелей – сослуживцев, приехавших сюда выпить и закусить. (А. Вампилов, 《Финский нож и персидская сирень》)

可是你瞧，走下车来的一对一对的情侣 犹面带羞涩 ，一家一家的人们 洋溢着幸福，看来只是挤车到市郊稍稍蒙上了一点阴影 ，还有少部分的同事哥们 是到此一游，图个吃喝玩乐的 。

Последней страницей альбома оказался вклеенный в него небольшой листок, исписанный мелким почерком. Когда - то измятый, теперь тщательно выровненный, скленный из двух частей, выцветший, этот листок заинтересовал меня своей интимностью.（А. Вампилов，《Листок из альбома》）

　　诗集的最后一页是粘贴在上面的一小张纸，<u>密密麻麻写满了小字。皱巴巴的，又平整过了，是两块纸粘贴在一起的</u>，这一页虽然褪色了，但因为其私密的缘故而让我特别感兴趣。

　　以上几个译例表明，汉语后置的"准次品补语"有时候是判断句和叙述句，起着"追加"扩展信息的作用。这时"准次品补语"与其说是因为无法前置的缘故，倒不如说是为了强调、追加和扩展信息的。当然，这时所表达的语义，不是用一个"……的"的前置结构所能办得到的。汉语的（准）次品补语正好用来传译俄文的后置定语结构，不仅可以补充强调语义，而且方便于自然扩展，上承下接，前后相应，两种语言可谓契合不隔。

　　王力说："有时候，次品句子形式所修饰的就是它自己的动词的目的语（注：或宾语）。"（王力，1985：276）前置修饰品有些就属于这一类。

　　我见 <u>二爷时常带</u> 的小荷包儿有散香。（《红楼梦》第43回）
　　昨日冯紫英荐来 <u>他幼时从学过</u> 的一个先生。

　　这一类的次品修饰句子一般是尽可能地前置，即放在被修饰品的前面。这对我们做翻译也很有启发，一是因为简短，一是因为紧凑，不要把语义译断了。

　　Он увидел ту，которую ждал с таким нетерпением（А. Вампилов,《На второй день》）
　　他看见了那个 <u>他急切等待的</u> 女人。

　　（准）次品补语在翻译组句中应当灵活运用，有时为了汉语行文的通畅自然，有时也可以从整体效果上考虑灵活组句与准确表意，而突破前置后置的樊篱。

Он догнал Лилю и очутился в классической позиции влюбленного— между возлюбленной и дверью. （А. Вампилов, 《Глупости》）

他追上莉莉娅，拦住她，站在她与门之间——不觉正好是恋人所处的经典位置。

他追上莉莉娅，拦住她，不觉正好站在恋人所处的经典位置——在她与门之间。

两种译文均可，因为它们都把事情本身所蕴含的悖谬表达出来了。

... Дорога снова вплотную прикоснулась к трассе （ЛЭП）, которая широкой полосой врезается в тайгу и чистым просветом в горизонте пропадает за дальним холмом. （А. Вампилов, 《Трасса ждёт монтажников》）

……道路又紧挨着输电线路，输电线路 犹如一条宽带伸入原始森林，似一道纯净的光明，消失在远方地平线的山冈外。

"输电线路"几个字几乎是必须还原译出的，否则译文会意义不明确，误以为后面准次品补语是用以说明"道路"的。

Есть такой родник в горах, из которого круглый год течёт в озеро горячая вода.

丛山中有一个泉眼，（从这个泉眼）终年有热水流进湖里。

或译为：丛山中有一个终年往湖里淌热水的泉眼。

前一种译文把信息结构都传达出来了："主位—述位，主位—述位"连接式，后句主位在语义上重复前句述位名词部分，被重复的名词部分可称为主导词（陈国亭，2014：126）。为了简洁起见，可以承前省略主导词，虽分译亦简练。当然，也可如后一种译文整合一句译出。

Она идёт уже по своей улице, но кругом тихо, как на дороге, которая осталась позади. (А. Вампилов, 《Весна бывает везде》)

她已走在自家的街道上，但四周静悄悄的，仿佛还走在大路上似的，<u>其实</u>大路已远在身后了。

"其实"二字是添加的，这是俄文语句内含的转折意。译者活用所谓的（准）次品补语，既可以忠实生动地传达俄文意思，又可以使汉语行文匀称。（准）次品补语具有"追加"和补充说明作用，合理地运用这种句式，可以提高译文质量，而且有助于传达原作品的信息结构。这里次品补语是后置修饰说明名词（短语）或人称的，还有一种（准）末品补语是后置修饰动词谓语的，也可取得类似的表达效果。

И уж тем более видела ее ничуть не страшнее той, когда приходилось брести в азовских плавнях под огнём немецкой артиллерии, между столбами взбаламу́ченной воды. (Антон Уткин, 《Настенька》)

而且她的状况看上去，丝毫不比当年千辛万苦穿行在亚速海滩的枪林弹雨中时更可怕，<u>当时德国炮兵的火力溅起一个个浑浊的水柱</u>。（笔者译）

汉语译文用一个末品补语把娜斯佳当年在亚速海滩的枪林弹雨中穿行的危险可怖突出来了，添加"当时"二字是为了疏通连接语义。

Эраст выскочил на берег, подошёл к Лизе и— мечта её отчасти исполнилась, ибо он взглянул на неё с видом ласковым, взял её за руку... А Лиза, Лиза стояла с потупленным взором, с огнёнными щёками, с трепещущим сердцем... （Н. Карамзин, 《Бедная Лиза》）

　　爱拉斯特跳上岸，走近丽莎——她的梦想部分地实现了，因为爱拉斯特亲热的目光凝视着她，拉着她的手……而丽莎呢，丽莎站在那里，<u>耷拉着眼皮，脸颊火烧似的，心口怦怦直跳</u>。（笔者 译）

　　俄文中带前置词的短语结构，可说是动词 стояла 的修饰语，译成汉语的末品补语，把丽莎站在那里的形象、心境和情绪状态补叙强调出来了。

　　На перроне мы увидели Пашку. Девчонку он держал за руки, будто на афише. У ног их валялись чемоданы. Пашка что-то говорил. Она слушала и вытягивала шею испуганно и беспомощно, как птенец, выпавший из гнезда. （А. Вампилов, 《Станция Тайшет》）

　　月台上我们看见帕什卡。他拉着姑娘的手，仿佛是在海报上。在他们的脚边，放着两个行李箱。帕什卡在说话，她在听，伸着脖子，<u>胆怯无助地，像一只从巢里掉下来的雏鸟</u>。

　　上面汉语译文的后置补语，不对照俄文，既可看成谓语动词（听，伸着脖子）的末品补语，又可看成人称代词（她）的次品补语。汉语中的次品补语与末品补语，其实有时候没有大的区别，都是后置补语，恰好解决了"大肚子"定语或"大肚子"状语的问题。表达未尽的部分，在一个句子说完后续在后面，从而确保意思完整而又不失匀称协调。但由于后置可能导致句意断裂，所以有时需要作必要的补充，或添词，或减词，以便连贯畅通。例如，"输电线路""其实""当时"等词语的添加，就起着连接和明确意义的作用。顺便再看几个后置补语的译例。

У него постоянно, смотря по обстоятельствам, по сближениям с людьми, составлялись различные планы и соображения, в которых он сам не отдавал себе хорошенько отчета, но которые составляли весь интерес его жизни. (Л. Толстой,《Война и мир》)

他在和人们交往中，经常看风使舵，产生各种计划和想法，这些连他自己也并非十分了然的计划和想法构成了他的全部生活情趣。(刘辽逸 译)

他总是根据不同环境，根据不同对象，决定不同的计划和打算。尽管他对自己的计划和打算从不深思熟虑，但制订计划却是他生活的全部乐趣。(草婴 译)

Которые 从句在刘辽逸笔下译成了后置补语，且不拆散整句，从而使得译文的语序和意义都极其接近原文，一气呵成，真精彩也。草婴的译文同样采用了后置补语，但拆句重组有些分散了精神，有失俄文贯通的气势。

Князь Андрей строго посмотрел на нее. На лице князя Андрея вдруг выразилось озлобление. Он ничего не сказал ей, но посмотрел на ее лоб и волосы, не глядя в глаза, так презрительно, что француженка покраснела и ушла, ничего не сказав. (Л. Толстой,《Война и мир》)

安德烈公爵严厉地看了她一眼，脸上突然露出恼怒的表情。他对她一言不发，不看她的眼睛，只向她的前额和头发瞥了一眼，神情是那么轻蔑，使这位法国女人面红耳赤，她一句话不说就走开了。(刘辽逸 译)

安德烈公爵严厉地看了她一眼，脸上突然现出愤怒的神色。他没有答理她，却避开了她的眼睛，轻蔑地望望她的前额和头发，弄得法国女人脸涨得更红，一言不发地走了。(草婴 译)

感觉刘辽逸的译文比草婴的译文更加贴近俄文，虽然俄文的副动词短语 не глядя в глаза, ничего не сказав 在两位翻译家笔下几乎都译成了前置状语，但他们在处理俄文的副词短语 так презрительно（那么轻蔑）时明显不同。刘辽逸的译文保留了它在俄文中的位置，译成汉语的末品补语（神情是那么轻蔑），承上启下，正与俄文暗合。而草婴则仍旧把它译作前置状语以修饰"望望她的前额和头发"，语句虽通，却缩小了修饰范围，因为不看对方眼睛，对于俄罗斯人来说或许就略带轻蔑无视感，所以"轻蔑"应当视为一并修饰不看对方眼睛的。译文可以多种多样，有所不同，常要考虑在语句和语义上贴近原文，尤其是在翻译经典名著时。

На выходе император Франц только пристально вгляделся в лицо князя Андрея, стоявшего в назначенном месте между австрийскими офицерами, и кивнул ему своей длинной головой. (Л. Толстой,《Война и мир》)

朝觐的时候，安德烈公爵在指定的地点站在奥地利军官中间，弗朗茨皇帝只是目不转睛地注视着安德烈公爵的脸，并且向他点了点他的长脑袋。(刘辽逸 译)

朝觐时，安德烈公爵被指定站在奥国军官中间。弗朗茨皇帝只是凝视着他的脸，长脑袋向他点了点。(草婴 译)

两位翻译家都将俄文的形动词短语提前，单独译成一句，然后翻译主句。俄文句子中作为定语或状语的次要部分，不论是前置的，还是后置的，在翻译转换过程中，如果既不能前置作为包孕句，又不能后置作为次品补语或末品补语，也可能单独提前译成句子。俄语二格、带前置词的短语等修饰结构，夹杂在俄文句子中表示原因的，尤其可能单独提到前面译成句子。

В то время как он говорил, будто невидимою рукой потянулся справа налево, <u>от поднявшегося ветра</u>, полог дыма, скрывавший лощину, и противоположная гора с двигающимися по ней французами открылась перед ними. (Л. Толстой,《Война и мир》)

正当他说话的工夫，起了一阵风，就仿佛一只看不见的手，把遮掩河谷的硝烟帷幕从右边拉到左边，于是对面的山以及山上移动着的法军就暴露在他们的面前了。（刘辽逸 译）

他说话的时候，风从右向左刮来，好像一只无形的手把遮住谷地的烟幕拉开。于是对面山上移动着的法军就呈现在他们面前。（草婴 译）

И разгоряченная чуждая физиономия этого человека, который со штыком наперевес, сдерживая дыханье, легко подбегал к нему, испугала Ростова. (Л. Толстой,《Война и мир》)

那人端着刺刀，屏住呼吸，轻快地向他跑来，他那狂热的、陌生的面孔，使罗斯托夫大吃一惊。（刘辽逸 译）

这人端着刺刀，屏住呼吸，轻快地向他跑来，他那激动得陌生的相貌使尼古拉害怕。（草婴 译）

我们在翻译中就是要求最佳近似或遵循极似律。有时甚至是最大近似，诚如科米萨罗夫所指出的，译文总的来说有一个特点，不仅内容近似于原文，而且结构近似于原文，采用译入语的一定单位来传达原语的某单位并非偶然，这便是所谓的对译法（Комиссаров，2004：174；Комиссаров，1990：135）。

（准）次品补语和（准）末品补语用于翻译俄语表示"追加"性质的补充说明关系的定语从句（后置定语）、形容词（形动词）短语、带前置词的短语、副动词短语及多重短语等后置结构，是很称职的。汉语的次品补语相当于俄语后置定语（包括一致定语和不一致定语），可以打破前置"大肚子"封闭结构而呈现出开放态势。有时几乎就是比照俄文依序译出的，汉语不常使用连接词，为了衔接语义习惯于重复主导词，时有省略。翻译不是机械复制，而是为了紧贴原文重写出符合译入语规范的译文。汉语的次品补语和末品补语就为依序传译俄文的后置结构提供了方便，虽然不一定涵盖得全，但这是一条可行可用的翻译规律。但有时候可能遇到既不能前置译成包孕句，又不能直接后置译成次品补语和末品补语，尤其是遇到不一致定语（俄语后置二格）、带前置词结构表原因的，则可以前置单独译出句子。当然，翻译并不归结为唯一的答案，不同的译者可能有不同的翻译方案。

通过俄汉互参式考察，发现了一系列句子层面的翻译对应、翻译转换规律。上下文（语境）的关系（主语规约）、篇章衔接和修辞需要，可能成为句式选择的依据，而句式转换又是化解翻译难题的一种有效方法。

第四章　俄汉语语序翻译问题

　　语序（词序）问题是翻译中的重要问题，它涉及小句、句群（句组）、语段、语篇中的先后次序。切尔尼亚霍夫斯卡娅说，"语句既有形式语法结构，又有反映内容组织规律的信息结构，这两种结构互为基础，同时并存……所谓信息结构，是指意群中意义关系所构成的语句内容结构。信息结构具有自己固定的表达手段——语义词序。正是语义词序这一俄英语中共同遵守的词序规则奠定了翻译模式的基础。"（Черняховская，1976：14 - 42；吴克礼，2006：386 - 387）可见，翻译必得要顾及原文的语义词序，在译文中再现出信息结构，但译入语和原语表达信息结构的句法（语法）结构很可能不尽相同。道安早有言及佛经翻译时"胡语尽倒""时改倒句"，俄罗斯巴尔胡达罗夫在《语言与翻译》一书中阐述了翻译的移位法或称重组法，他说"移位法作为一种翻译转换形式，就是与原文相比，在译文中改变语素（языковые элементы）的分布位置。可以移位的语素常是一些词语、词组、复杂句的分句，以及语篇结构中的独立句子。翻译过程中最常见的是改变句子结构中的词和词组的顺序"。（Бархударов，1975：191）这都源于语言的差异，不能逐句呆译之故。郭沫若说："原文中的字句应该应有尽有，然不必逐字逐句的呆译，或先或后，或综或析，在不损及意义的范围以内，为气韵起见可以自由移易。"（罗新璋，1984：331）因为双语差异，翻译中的语序调整是常见的现象，但具体两种语言之间的翻译，语序究竟如何变化，尚须仔细探讨。俄汉语中的语序与翻译问题，还远未得到清楚解释。所以，有必要探究俄汉语小句、句群和语篇中的语序与翻译问题。

第一节 俄汉语小句词序翻译问题

一 俄汉语小句词序与语义、修辞、交际（功能）理据

汉语小句的词序不能随意改变，可以说"我做作业"，不能说"作业做我"，但可以说"我把作业做了""作业我做（了）"，这说明汉语的词序不是固定不变的，但也不是随意自由的。又如"他喜欢她"和"她喜欢他"意思不同，这是靠词序来表达语义的，不能随便改变词序，尤其是不能对换主语和宾语的位置。汉语小句的正常词序是主语＋述谓（谓语＋宾语），主语在前谓语在后通顺，谓语在前主语在后通常就不通顺，汉语在这一点上具有词序规约性。汉语由于缺乏严格意义上的形态变化，所以词序在表达词与词的句法联系方面起着重要的作用。

"我吃饭"是正常词序，而"我把饭吃了"和"饭（被——可用可不用）我吃了"则是反常词序，这是因为有所强调和出于修辞上的考虑。汉语小句词序的变化可能导致逻辑语义关系的变化，但可以根据上下文的需要来选择词序。

俄语依靠词尾变化，主语和宾语的位置对换以后，只要有词格变化，仍可确保语句成立，且基本语义不变。例如，я читаю книгу，книгу я читаю，читаю книгу я，я книгу читаю，книгу читаю я，читаю я книгу 这些句子都通顺，语义相同，但有细微差别，这细微差别便是由词序引起的。俄语谓主词序是通顺的，而汉语谓主词序别扭不通，读者可尝试把上面几个简短的俄语句子按照词序对译法直译成汉语，就会感到多么别扭了，甚至译不成句，如 читаю книгу я 读书我，читаю я книгу 读我书。

"（俄语）有时为了强调谓语，可以把谓语放在句首，并且逻辑重音落在谓语上。为了强调主语，可以把主语放在句末，逻辑重音落在主语上。这是主谓语的倒装。"（张会森，2010：524）例如：

Вывели лошадей. Не понравились они мне. （Тургенев）

Пойдёмте тише.　Задыхаюсь я.（Павленко）

读者可否按俄文小句依序译成通顺的汉语？办不到，因为汉语通常习惯于采用主谓句，谓主语序与汉语格格不入。

俄语的词（实词）有丰富的词尾变化，通过词尾变化来表达词与词之间的句法联系，小句中的词序可以灵活多样，但基本语义不变，而在修辞上有所差别。所以，词序在汉语中的作用似乎比在俄语中更为重要。但这并不意味着词序在俄语中不重要，俄语词序同汉语词序一样重要，甚至一样必要。恰如张会森所说："俄语各类句子中各种成分还是有自己通常的、习惯的位置。词序的变化往往会引起修辞上或大或小的变化。在某些情况下，词序变化可能引起句法关系的重大变化，从而引起句子意思的改变。"（张会森，2010：521）

俄汉语小句的词序均与语义有关，应该引起译者的高度重视。从修辞的角度看，俄汉语均有正常词序和反常词序；从言语交际的角度看，俄汉语言语皆有主位和述位之分，不同的语序形式有着不同的交际价值。这便是我们进行俄汉翻译时处理词序问题的语义修辞理据。俄汉语小句词序在主谓语序上和句法联系上的差异，也应该引起译者的高度重视。

二　俄汉语小句词序趋同对译

俄汉语小句词序有同亦有异，一般而言，趋同则可保留词序，进行词序对译，趋异则需变通达意。我们来举例分析，探讨一下俄汉语小句词序的翻译问题。

首先，我们对一个俄语小句进行多种词序变化，并尝试进行汉语对译与解析。

Тигр кусает（кусал）прохожего.
老虎咬过路人。（正常词序，回答发生了什么事情。）
Тигр прохожего кусает（кусал）.
老虎把过路人咬。（反常词序，回答老虎把过路人怎么啦。）

Прохожего кусает（кусал）тигр.

过路人竟然被老虎咬。（倒装词序，表示惊讶、不可思议，竟然发生过路人被老虎咬的事情。）

Прохожего тигр кусает（кусал）.

过路人，老虎竟然把他给咬了。（反常词序，回答过路人怎么啦。）

Кусает（кусал）тигр прохожего.

老虎竟然把过路人咬。（反常词序，表示惊讶、不可思议，竟然发生老虎把过路人咬的事件。）

Кусает（кусал）прохожего тигр.

是老虎咬过路人或咬过路人的是老虎。（反常词序，回答咬过路人的是什么。）

除了第一个句子是正常词序外，其余几个句子都因为某种修辞原因或其他原因而变成倒装词序或反常词序。俄语词序的变化不改变句子的基本语义："老虎咬过路人"，只是不同的词序可能具有修辞上的差别和意义上的强调，或因语义重心略有差别，或因上下文的需要而选择词序。俄语小句的词序可以自足表意，而汉语小句常需词序和虚词共同作用来表意。俄语的词尾不仅标明句法联系，而且具有语义值，可以标明过去、现在、将来等时间意义，而汉语没有表示时间的语法范畴，有时还得依靠词汇来帮助表意。

由于俄语是依靠词形变化来确定词语的句法位置，所以俄语的词序可以比汉语宽松自由得多，组句灵活多样，这是词形变化的句法优势所在。俄译汉时，如果考虑保留俄语的词序，与此同时保持语义、修辞、交际等值，恐怕还得借助多种语言手段才行，如添加词汇，借助虚词和语调表意等。

汉语组句无词形变化，限制了词序的随意安排和词语的自由调动，如不添加词汇，如不借助虚词和语调表意，特殊词序难以言传其意，甚至不成句子。例如，Прохожего кусает（кусал）тигр 译成"过路人 竟然 被老虎咬"，Прохожего тигр кусает（кусал）译成"过

路人，老虎竟然把他咬了"，Кусает（кусал）тигр прохожего 译作
"老虎 竟然 把过路人咬"。"竟然"二字不是凭空添加，而是为了确
切表意的，一般不能去掉。虚词协助表意，这个容易理解，例如，可
以说"老虎把过路人咬"，但绝不能说"老虎过路人咬"，必须加上
"把"字才算通顺的句子。俄语词序之意，有时得用汉语的重音语调
来传达。例如：Прохожего тигр кусает（кусал）译作"过路人 被老
虎咬"，或者"过路人，老虎把他 咬"；Кусает（кусал）прохожего
тигр 译作"咬过路人的是 老虎"。汉语译文中画线的字，是强调的成
分。这说明汉语可以通过重音语调，来表达俄语词序的细微意蕴。在
上下文中，汉译文还可能涉及句式的选择，或用被动句，或用主动
句，还可能有其他译法。Прохожего кусает（кусал）тигр 译成"过
路人竟然被老虎咬"，这是针对过路人和所发生事件而言，用的是被
动句；Прохожего тигр кусает（кусал）译为"过路人，老虎竟然把
他给咬了"，针对上文的过路人而言，用的是主动句。

　　语序问题译者当慎之又慎，佛经翻译"梵语（胡语）尽倒"虽不
无道理，恐怕也是粗疏笼统之言。原文的词序直接关乎语义，对文体学
有着深刻研究的利奇，就是在谈论语义学问题时都念念不忘美学功能，
强调不同的语序形式有着不同的交际价值（王东风，2009：136）。

　　俄汉语小句词序对译表明，由于俄语词形变化的强大组句功能，
俄语小句的词序排列可以非常自由，有时我们都感叹汉语因缺乏词形
变化，其形式上的表现力远不及俄语，翻译稍有不慎，便发生意义走
转。俄语"书面语中，散文的词序比较严谨，诗歌的词序则比较自
由，口语的特点是在词的排列上有更多的灵活余地，若这一点反映在
书面语中就成为模拟语体的手段。"（信德麟，2001：517）译者须慎
重，并尽可能在译语中再现俄文的词序语义及修辞色彩。

　　应当指出，俄语在表达语义时，词序的自由不是绝对的，有时候
词序也是非自由的，词序与语义有关。再看一些词序趋同的译例。

　　　　Пришёл гость.
　　　　来了客人了。

Гость пришёл.

客人来了。

俄汉语实义切分词序一致，需对译才能确切表意，但要符合译入语规范。前一例表示来的是未知的人，或所谓的不速之客；后一例表示熟悉的人、料想的人、希望的人、邀请的人来了。

Её дочь любит свекровь.

她的女儿爱婆母。

汉语译文中的"她"，可能指儿媳妇，也可能指儿媳妇的亲妈，须有上下文才能明确。俄文似乎也有这两种可能。

Свекровь любит её дочь.

婆母爱她的女儿。

汉译文中的"她"可能指婆母，也可能指儿媳妇，须有上下文予以明确。俄文似乎也有不确定，但倾向于指婆母，如果把 её 换成 свою，则确指婆母无疑。我们在这里发现，不仅在汉语中，而且在俄语中，主宾位置交换均可能发生明显的意义差别。因为 дочь、свекровь 的主格和宾格同形，故而词形不能标示主语和宾语（补语），词形变化无法显示词语的句法位置，只好根据词序来确定语法、语义关系了。这与汉语依靠词序来确定词汇的句法关系毫无二致。因此，翻译不可不注意词序与语义的紧密关系。

Он помог найти брата друга.

他帮助找到了一位朋友的兄弟。

他帮一位朋友找到了兄弟（该句回译成俄文 он помог другу найти его брата）。

Он помог найти друга брата.

他帮助找到了兄弟的一位朋友。

他帮兄弟找到了朋友（该句回译成俄文 он помог брату найти его друга）。

上面两个俄文小句，分别有两个汉译文，前者贴近俄文语义，更近于词序直译。后者更近于意译，看似译得很好，但无意中把词序给弄混了，而发生了意义偏差。词序显然可以决定词汇的功能，因为词序不同，词与词的句法联系就会有差别。

不仅小句主要成分的词序影响句意，而且次要成分（定语、状语、补语）的词序不同，其修饰关系也会不同，自然也会有意义上的差别。

Выступавший у нас артист вчера уехал.

在我们这儿演出的一位演员昨天走了。（张会森：《当代俄语语法》）

Вчера выступавший у нас артист уехал.

昨天在我们这里演出的一位演员已经走了。（张会森：《当代俄语语法》）

俄汉语各自有其规范，但意义差异体现在小句成分的词序上。恰如陈国亭所言，"俄语的词序变化所带来的语义和交际功能上的变化，汉语都可以由一个内容基本相同但却是另外的句式（可以说与俄语对应的句式）来表示。即使词序不能变，也可通过逻辑重音位置的改变来表示"。（陈国亭，2014：72）汉语句子可以因为句子的预设不同、话题不同、交际功能不同、构式格式不同，可以有一些交际变式，给表达俄语词序变化（及同时产生的交际功能变化）提供了有限的可能（陈国亭，2014：181）。另外，从主语和谓语的位置，定语的位置，补语（宾语）的位置，状语的位置，有心的读者可以尝试进行俄汉互比，会发现诸多有趣的词序特点，对于翻译实践是很有助益的。

没有包月，他就拉整天，<u>出车早，回来的晚</u>，他非拉过一定的钱数不收车，不管时间，不管两腿。

Когда не было постоянной работы, возил кого придётся. <u>Выкатывал коляску рано, возвращался поздно</u>, не жалея ног, бегал до тех пор, пока не набирал определенной суммы. （Лао Шэ. 1981：33）

祥子的拼命，<u>早出晚归</u>，当然是不利于他（指刘四爷）的车的。

Сянцзы работал, не щадя сил, <u>выезжал рано, возвращался поздно</u>, а это не шло коляскам на пользу. （с. 51）

汉语的"出车早，回来的晚"与"早出晚归"一个意思，两种词序，这或许是老舍在探寻汉语的同义表达，以拓展语言的表现力。而俄译文则采用了同一词序，为了强调，状语后移，既生动有力，又与整个句子的数个谓语动词呼应，显得齐整匀称。这里的词序对译，与语言的修辞效果不无关系。

我们再举几个俄语反常词序的句子，看看它们的汉译文。

Со спинкой диван мне не нравится, хочу купить диван без спинки.

带靠背的沙发我不喜欢，我想买一个不带靠背的沙发。（张会森：《当代俄语语法》）

Любви, надежды и тихой славы недолго нежил нас обман. （Пушкин）

爱情、希望和低微的名声，并没有长久地把我们欺骗。（张会森：《当代俄语语法》）

Выдающуюся роль сыграла конференция.

会议起了显著的作用。（张会森：《当代俄语语法》）

如果说前两种汉译文与俄语基本上相当，那么最后一个译文在反映俄语的反常词序上似乎有些乏力。最后一个汉译文与译自俄语的正常词序有何区别？汉译就不能反映外语词序上的修辞色彩吗？如果译成"是会议起了显著的作用"是不是更佳贴近原文倒装语序之所强调呢。但有时不得不承认，因为汉语词汇没有形态上的变化，限制了它们在词序上的任意调动，从而在翻译中不知不觉地损失掉意义差别和修辞色彩。

例如：如果说 Уже не пью（вина）. 我不喝酒了。Вина я уже не пью. 酒我不喝了。Я（вина）уже не пью（, а ещё курю.）我酒不喝了（，烟还抽。）俄汉语基本上可以对应的话，那么 Не пью уже вина я. Не пью я уже вина. Вина уже не пью я. 汉语却无法通过相应词序来表现（陈国亭，2014：187）。

当然，每一个语言自有其特有的语法系统，虽然不能对译，但可以变着法子恰当地表意，如汉语可以借助虚词（助词）、句法和增减词汇，来实现别的语言用词形变化的表意（高名凯，2010：84 - 86）。语法范畴的缺乏，并不意味着语言的贫乏，雅各布森说"语言的差异本质上体现在它们所必须传达的内容"（Якобсон，1978：21）。词形变化造成了俄文词序上的自由与修辞运用，但汉语词汇也有它的生动形象和虚词丰富的特点，不但能达意，也能传神。而且，一个作品的好坏是从整体上衡量的，而不是专看局部的每一个句子，虽然每一个局部都很重要。所以，总的来说，翻译是可能的，也是可以有所为的。这方面还可以深入探究。

三　俄汉语小句词序趋异变译

俄汉语小句在主谓语序上和句法联系上存在明显的词序差异，我们针对这些差异来探讨一下词序变译问题。

俄汉语中皆有主谓句，它们之间对译，通常不构成特别的困难，所以也不必多费笔墨。首先我们来看前面举过的两个俄语小句其汉译如何，从俄汉主谓语序差异角度探讨一下翻译问题。

Вывели лошадей. Не понравились они мне.（Тургенев）

马牵出来了，都没中我的意。（张会森：《当代俄语语法》）

Пойдёмте тише. Задыхаюсь я. （Павленко）

咱们慢点儿走吧，我连气都喘不上来了（喘不上气呀）。

（张会森：《当代俄语语法》）

俄语把谓语动词置于句首，以达到强调的目的，而汉译文通过承前省略主语（они，я），或采用主谓句，变着法子来传译俄文中被强调的前置谓语，因为汉语采用谓主倒装语序实在是太别扭了。

Повизгивали медные колёсики, скрипел пол, гулко бухал барабан；（Дело Артамоновых）

小铜轮子吱吱地叫，地板嘎嘎地响，大鼓咚咚地敲。（汝龙 译）

Ветром, зеленью и морем шумело лето. （К. Паустовский）

夏天里风、树木和大海都在喧啸。（陈国亭，2014：184）

Поёт море, гудит город, ярко сверкает солнце, творя сказки. （М. Горький）

大海在歌唱，城市在轰鸣，太阳在明亮地闪烁，创造着连篇的童话。（陈国亭，2014：185）

俄语习惯于谓语在前、主语在后的强调语序，而汉语由于缺乏词形变化，表达这种句子的能力是有限的，通常采用主谓句。所以，汉语译文在不影响表意情况下，常用一般主谓句，又如，наступило лето 通常译成"夏天到了"。

接着，我们从老舍的《骆驼祥子》中摘取几个句子及其俄语译例，来直观地大略感受一下俄汉语词序之异，进而反观翻译的实际情况。

"怎么办呢？"老头子 指着那些钱说 。（老舍：《骆驼祥子》）

- Что думаешь с этим делать? - спросил Лю Сые, указывая на деньги .

"俄语的作者引入语位于直接引语之中或直接引语之后时，其主语永远位于谓语之后。"（张会森，2010：524）而汉语正好相反，习惯采用主谓词序。在这种情况下，俄语的次要谓语 указывая на деньги 通常在主要谓语 спросил 之后，即形成谓语＋主语＋补语的顺序，而汉语习惯于采用正序，即主语＋状语＋谓语，不能与俄语语序一样。因为汉语除了存现句可能与俄语一样采用倒装词序外，凡是表达主体做什么，主体都必定位于谓语动词之前。

刘四爷的大圆眼 在祥子身上绕了绕，什么也没说。祥子戴着新草帽，走在他对面。

Большие круглые глаза Лю Сые непытующе оглядели Сянцзы, от тапочек до новой соломенной шляпы, но старик ничего не сказал... （с. 46）

"一个名词有数个用不同词类表示的定语时，词序基本是：代词→数词→性质形容词→关系形容词→被说明词。"（张会森，2010：524）这条法则对于俄汉语都能适用，例如，"他的一双大圆眼睛"译成 его большие круглые глаза。但汉语的"刘四爷的一双大圆眼"译成俄语却变成了 Большие круглые глаза Лю Сые，Лю Сые 作为不一致定语是后置的，将俄译文回译成汉语，刘四爷就变成了起补充强调作用的次品补语，如"一双大圆眼睛，刘四爷的"，这显然与"刘四爷的大圆眼"大异其趣。可见，两种语言之间既有有趣的对应，也有各自的特点。翻译则要遵循相关双语各自的特点，寻求意义上的契合，译者须具有重新书写出符合译入语规范的双语能力。

他自己 年轻的时候，什么不法的事儿也干过。

В молодостион сам занимался всякими тёмными делишками. （с. 47）

祥子自己 可并没轻描淡写的随便忘了这件事。

Однако сам Сянцзы не мог так легко и быстро забыть обо

всём случившемся.（c. 49）

汉语的"自己""本人""本身"在句中只有一个词序，必须位于人称代词和名称之后，俄语中作"自己"解的 сам 常依附于名词和人称代词，但可居于前，也可居于其后。而当 сам = самый 时，则只能居于前，这是与汉语明显不同的。

> Верните эту книгу самому Петру Ивановичу.
> 把此书还给彼得·伊万诺维奇本人。
> Сам его приезд уже означает примирение.
> 他的到来本身就表示和解。

最后，我们再来看两个俄语小句的不同汉译尝试，品味一下词序翻译的微妙。

> Лю Сые Спросил, указывая на деньги.
> 刘四爷指着钱问了。
> 刘四爷问了，指着钱问的。

前译语义重心在于问，指着钱乃是描摹问话时的姿态。前译虽与俄文词序有别，但符合汉语规范；而后译与俄文词序相同，但汉译略显啰唆，且具有补充强调的作用。

> Спросив（спрашивая），Лю Сые указывает на деньги.
> 刘四爷问过话后（问话时），指着钱。
> 问过话后（问话时），刘四爷指着钱。

前译强调问过话，语义重心在于问，后译强调的是指着钱，语义重心在指着钱，应该说后译与俄文词序语义更为接近。

可见，小句词序翻译是很微妙的，也是辩证的，不能固执于某一种译法，而要变通地看待词序翻译问题。俄汉语小句的词序在一定程度上是相通的，这反映了思维上的共通性，这为同序对译提供了可能性，但也有差异，语言之间词序的差异必定会从翻译中反映出来，因为翻译得符合译入语规范，从而引起诸多有趣的变化，这是语法差异所致，值得仔细探讨。

俄语因丰富的词形变化，可赋予其灵活的组句功能，词序似乎可任意调动，而基本语义不变，小句的词序似乎无关紧要，但那是表面现象，词形变化遮蔽了词序的重要性。探究不深入，粗疏草率，就会得出笼统的结论，便无助于翻译实践。

汉语由于缺乏词形变化，造句除了必须依靠词序表意外，还得借助虚词、词汇、句法，所以似乎不能随意调动词序，似乎组句不够灵活，这也是表面现象，有了助词（虚词）、句法、语调等的帮助，汉语的词序变化和组句也是变化多样的。

从思维上看，各民族的语言具有共通性，我们发现俄汉语小句词序具有共同点，词序具有某种普遍语言学的功能，或者说在语言中具有一定的普适性。词序既关乎语义，也关乎修辞，还关乎交际功能或信息结构（主述位语序）。在俄汉双语之间词序对译规律有之，但词序趋同对译时，有时尚需其他语言手段的辅助，如添加词汇，借助虚词、句法、语调，以及根据上下文的需要进行句式选择等。俄汉语小句之间也存在词序差异，主要是句法联系上和主谓语序上的差异，这时采用的异序变译，主要是由于语言的规约性之故，需根据译入语规范在词序上有所变化。因为语言规范具有一定的强制性，差异必然从词法、句法（语法）、修辞等方面反映出来。接着，我们进一步探讨俄汉语中更大单位的句构——超句体（句群）的语序与翻译问题。

第二节　俄汉语超句体(句群)语序翻译问题

一　俄汉语中的超句（句群）概念

俄语学界有所谓超句体（сверхфразовое единство）、复杂的句法整体（сложное синтаксическое единство）、句际统一体

（межфразовое единство）、篇章要素（компонент текста）、句群
（группа предложений）、散文段（прозаическая строфа）等多种概念
并行使用着（陈洁，2007：49），这些概念预示着这种句构的复杂性
与划界、定名的多样性。

在汉语学界，句群又叫句组或语段。我们取其之一名称——句
群。有人认为句群中的群字，容易让人产生"乌合之众"感（高更
生，1990），其实这正说明了句群这个概念的复杂性和开放性，同时
又很形象。句群，散文段之谓也，犹如汉语所谓散文，形散而神不
散，有着一定的内在联系。

在本研究中，句群不分单句复句，句群更进一步可称为句段（语
段）和片段，可能包含多重句群。郝长留（1983）说："语段也叫句
群，是介乎句子与篇章段落之间的语言单位……所谓语段就是指在口
头语言和书面语言中，由两个或者两个以上的句子构成的，在形式和
内容上与上下文互相关联而又相对独立的一段话，即一个语言片段。
这种语言片段，句子与句子之间在意义上有一定的逻辑关系，在结构
上有较为密切的语法关系，在形式上常以一定的语言手段作为组合的
标志。因此，它是人类语言思维的一个基本环节。"吴为章（1987）
对句群的看法是："句群是在语义上有逻辑关系、在语法上有密切联
系、在结构上衔接连贯的一群句子的组合，是最大的语言单位。在语
言运用中句群是相对独立的语义—句法单位，它以一定语法手段为组
合标志，可以从语流中切分出来。"（转自陈洁，2006：35，39）句
群（группа предложений）与语段（абзац）可以看成没有多大差别，
如果硬要有所区别的话，通常可以把语段（абзац）和片段
（фрагмент）看成包含一个或多个句群的更高级别的语言单位。汉语
的一个句群，大致相当于俄语的一个超句体。句群、语段和片段，均
为超句体，均可以句群命名，汉语叫作句群或多重句群，俄语叫作超
句体或多重超句体。句群是组成篇章的相对独立的语义—句法单位，
具有统一的语调，外延小至两个句子形式（或复杂述谓），大至文章
的意义段。汉语句群通常是按一定的语序排列的，而语序安排又能为
所谓的语义重心、铺叙、过渡、插入、关联、归结等功能服务。俄语

超句体的语序如何？在翻译中语序会怎样变化？须作一番仔细的考察。我们从俄汉语句群（或超句）的一致语序开始来探讨语序与翻译问题，译例随举随释。

二　语序趋同顺译

双语之间语序趋同是译者不得不留心的。俄汉语句群或超句中的语序一致与实义切分（主述位顺序）、时空顺序、事理逻辑顺序、自然语序等有关。超句体或句群，至少包括两个句子形式或复杂谓语形式，所以超句体的语序翻译，可能个别长句还会涉及（复杂）小句的词序。

通常，翻译从前向后依序进行，这符合人的自然习惯。所以，在翻译的语序问题上，首先就是考虑同序翻译，这是基本的语序规则。"语序转换有两种基本方法：同位转换与同序转换。同位转换注重位置，强调句子成分的对应，有时会改变源语的语序。同序转换注重语序，但译文和原文的句子成分通常很难对应。当然，也存在既变位又变序的现象。"（秦洪武、王克非，2010：120）

Сотник закурил, <u>долго протирал вынутый из чехла бинокль</u>. Перед ними, тронутая полуденным зноем, лежала равнина. Справа зубчатилась каёмка леса, в нее вонзалось отточенное жало дороги. Версты за полторы от них виднелась деревушка, <u>возле</u> <u>нее изрезанный глинистый крутояр речки и стеклянная прохлада</u> <u>воды</u>. Сотник долго смотрел в бинокль, щупая глазами омертвелые в безлюдье улицы, но там было пусто, как на кладбище. Манила зазывно голубеющая стежка воды. (Шолохов, 《Тихий дон》)

中尉点上烟，把从皮套里拿出来的望远镜擦了半天。他们眼前，是一片被正午的暑热蒸烤着的平原。右面是高高低低的树林的边缘，有几条道路伸进树林。离他们约一俄里半的地方有一个小村庄，村庄附近，有一道小河冲刷出来的黄土陡岸和一湾平静如镜，透着凉意的河水。中尉用望远镜看了半天，眼睛搜索着死气沉沉、连个人影子都没有的街道，但是那里空空如也，像坟地一样。只有那闪着蓝光的流水令人神往。（金人 译）

中尉抽起烟来，把望远镜从套子里掏出来，擦了半天。他们面前是正午的阳光烤热了的平原。右边是参差不齐的树林的边缘，一条道路直插进树林。离他们一俄里半远处，有一个小村子，村边有一条小河，有陡立的河堤和镜子一般的水面。中尉用望远镜看了半天，用眼睛探索着死静、无人的街道，然而街道上无声无息，就像坟地上一样。只有一道令人神往的蓝湛湛的流水。（力冈 译）

总体而言，两位翻译家都用了同序翻译，在同序翻译的同时，但却各有所变化。金人甚至尽可能采用了同位翻译，译文语句还通畅，而力冈则有多处没按照同位翻译，而是进行了断句和重组句。例如，画线部分进行了意义分解，译得清晰明了，尤其是不一致定语的翻译值得注意。不一致定语 речки 被单独提出来译成一句"村边有一条小河"，这是很有见地的。试想如果不一致定语很长，单独提出来译成句子形式，就很有必要了。另外，в нее вонзалось отточенное жало дороги，两位译家都有所忽略俄文二格 дороги 与其前面被说明词 жало 之间的比喻修饰关系，试译为："一条道路如利刃一般，直插进树林。"对于同序翻译原则的遵守，可保持原文的基本叙述顺序，对同序翻译原则的违反，则可能因为译文必须采用不同的体现方式。

在小说翻译中，体现语序诗学功能最有效的翻译方法就是"同位转换"，即以无标记对无标记，以有标记对有标记的方法。所以，在"同序转换"的原则下，也要重视"同位转换"，亦即尽可能同序转换与同位转换并用，但二者并非总是一致的。当"同位转换"难以获得合法的表达时，采用一种以序换位的变通方式，即保留语序特征，而放弃对位置常殊或标记值的等值体现。（王东风，2007：149－150）

В деревне не было ни одной души. <u>Разъезд вброд переехал речушку, вода подходила лошадям по пузо, они охотно шли в воду и пили на ходу, взнузданные, понукаемые всадниками.</u> Григорий жадно всматривался во взмученную воду; близкая и недоступная, она тянула к себе непреодолимо. Если б можно было, он соскочил бы с седла, лег, не раздеваясь, под дремотный перешепот струй так, чтобы холодом и ознобом охватило спину и мокрую от пота грудь.

村子里的人全都逃光了。侦察队骑马蹚过小河，河水一直漫到马肚子，被骑士们勒紧缰绳和鞭催着的马匹很高兴地走进水里，边走边饮着河水。葛利高里贪婪地看着搅浑的河水；它近在咫尺，却可望而不可即，太诱人啦。如果可以的话，他会立即从马鞍子上跳下来，衣服也不脱，就这样躺下去，听着催人欲睡的流水声，任凭河水把脊背和汗淋淋的胸膛浸得发冷、发抖。（金人译）

村子里一个人也没有。小分队蹚着水过河，河水抵到马肚子，马匹虽然戴着嚼子，挨着骑马人的鞭子，还是高高兴兴地在水里走着，一面走一面喝水。格里高力十分眼馋地看着搅浑了的河水；这可望而不可即的河水实在吸引人。如果可能的话，他最好从马上跳下来；不脱衣服就躺下来，听着像梦话一般的流水声，让河水冰一冰脊背和汗湿的胸膛。（力冈译）

两位译者都采用了同序翻译和同位翻译的原则进行顺译，但难以实现所有局部的同序翻译和同位翻译。例如，两位译者对画线部分的处理是一致的，均把后置的形动词短语前置译出。力冈运用断句和意义分解法，用一连串的动词，将过河时的情景译得清晰分明，避免了拖沓冗长。力冈的译文显得精练、贴切、生动，例如，"十分眼馋""让河水冰一冰脊背和汗湿的胸膛"等。这说明语序、词序固然重要，但词语和句子的锤炼也很重要。

再举一个俄汉语均为倒装语序的例子。

Почему бы не быть артистом, если за это неплохо платят? Но я могу быть и бухгалтером, и швейцаром в ресторане, и директором бани — только заплатите мне больше... Конечно, получать и дурак может. Я такой человек, что мне никогда никто не даст, если я сам не возьму. (А. Вампилов,《Успех》)

为什么不当演员呢，如果薪酬不错的话？但我也可能去做会计，餐厅的门卫，或者澡堂的经理——只要给我更多的报酬……当然，也可能是个傻瓜把钱挣去。我是这样的人，任何时候任何人不会给予我什么，如果我自己不拿的话。

这是剧中人的话，说话人在未来丈母娘面前夸耀自己，虽有些玩世不恭，话却说得入情在理，几个假设句位于句末，大凡率性又有所顾忌时，在似乎冒失的讲话之后，又常加补话自圆其说或自我辩解，以增强说服力，而不至于唐突。这样的语序，把一个人说话思考的过程反映出来，正好可以揭示出人物的特点。俄汉语均为倒序，翻译求同，顺序译出，即所谓的同序转换。

我们需要分门别类，细致观察俄汉语句群（超句体）的语序（词序）。大致而言，在同序转换和同位转换原则下，译者须注意时空顺序、因果关系、事理逻辑、实义切分等语序，它们作为句群（超句体）的句际关系接应和主位推进模式，对于翻译中产生连贯一致的译文语篇很重要。

1. 时空顺序

任何事物现象的存在、发展、消亡都必然与时间、空间有关，所以按照时空顺序来组织语句，这是最基本的语序原则，俄汉语皆然。时空线索几乎是显在的，译者容易发现文中的时空标记，须理出头绪，建立起时空图或坐标系，这样组织译文就会线索清晰，意思明了。

Наступило лето, сухое и знойное, за Окою горели леса, днём над землёю стояло опаловое облако едкого дыма, ночами лысая луна была неприятно красной, звёзды, потеряв во мгле лучи свои, торчали, как шляпки медных гвоздей, вода реки; отражая мутное небо, казалась потоком холодного и густого подземного дыма. (М. Горький, 《Дело Артамоновых》)

夏天来了，干燥而炎热；奥卡河对岸的树林着起火来。白天，地面上浮着辛辣刺鼻的蛋白色烟雾。晚上，光秃的月亮红得难看，星星在烟雾里失去光芒，像一颗颗铜钉帽似的凸出来。河水映着浑浊的天空，像是地底下冒出来的一缕冰冷的浓烟。（汝龙 译）

汉译文中的"夏天""白天""晚上"分别对应着俄文的时间词汇，翻译时一般不改变时间顺序，为了反映出情景、事件、过程的时间及先后次序。

За Тулуном километров пять дорогу сопровождают пёстрые от проталин поля, стелются зелёные ковры озими.

Но вот справа мелькнуло село Ермаки, к дороге тотчас же сбежались полчища сосён, берёз, осин, и Братский тракт уже стиснут зелёными лапами тайги. Если где-нибудь сквозь прозрачный апрельский березняк и покажется вдруг чистый холм, то это не поляна. Это трасса, вырубленная строителями просека, по которой трёхсотметровыми шагами железобетонных опор от Братска до Иркутска шагнет ЛЭП-500. (А. Вампилов, 《От горизонта к горизонту》)

过了图隆后，约五公里的道路两旁是雪化后露出的五彩斑斓的田野，田野上长着秋播越冬后一片片绿毯似的庄稼。

眼看右边耶尔马卡村庄一晃而过，路旁迎面飞跑着一棵棵松树、白桦、山杨，原始森林的绿枝都快挤到布拉茨克道路上来了。透过四月明亮的桦树林，忽见一片纯净的山丘，那可不是林中空地。那是建设者开凿出的林间通道，是为了从布拉茨克到伊尔库茨克架设混凝土支架间距为 300 米的输电线路 ЛЭП-500。

汉语译文中的"过了图隆后""约五公里的道路两旁""眼看右边""路旁迎面""忽见"等语汇，与俄文中表示方位的语汇对应，富有动感地传译出沿途的情形与见闻。

В Кутулике, возможно, вы никогда не бывали, но из окна вагона вы видели его наверняка. Если вы едете на запад, через полчаса после Черемхово справа вы увидите гладкую, выжжённую солнцем гору, а под ней небольшое чахлое болотце; потом на горе появится автомобильная дорога и на той стороне дороги — берёзы, несколько их мелькнет и перед самым вагонным окном, и болотце сделается узким лужком, разрисованным руслом высыхающей речки. От дороги гора отойдёт дальше, снизится и превратится в сосновый лес, тёмной стеной стоящий в километре от железной дороги. И тогда вы увидите Кутулик: на пригорке старые избы с огородами, выше — новый забор с будкой посредине стадион, старую школу, выглядывающую из акаций, горстку берёз и сосён за серым забором — сад, за ним — несколько новых деревянных домов в два этажа, потом снова два двухэтажных дома, каменных, побеленных, возвышающихся над избами и выделяющихся среди них своей белизной, — райком и Дом культуры, потом — чайная, одноэтажная, но тоже белая и потому хорошо видимая издалека. (А. Вампилов, 《Прогулки по Кутулику. Прогулка первая. Сентиментальная.》)

库图利克，也许您从未去过。但您很可能从车窗远望过它。如果乘车西去，过了切列姆霍沃站半小时后，您会望见右边太阳暴晒的光滑的山坡。山下是干涸的不大的沼泽地。然后进入山中的汽车路，路边——稀稀疏疏的白桦树从车窗前晃过，而沼泽地则变成了一带狭窄的草地，那是干涸的小河床。从汽车路远望，山势绵延、降低、最后变成一片松林，像一堵黑墙似的森然而立，距离这里一公里处便是铁路。您会看见库图利克：山丘上一家一家的旧式小木屋连着一片一片的菜园子，更高处是一围新栅栏——中间有一个亭子——那是一个操场，一所旧学校从槐树丛中显露出来，灰色的栅栏后面是一个花园，不多的几棵白桦树和松树，花园后面——几所新建的二层木房子，然后还有两所二层楼房，比小木屋更高大，石头砌的，粉刷过的，白得格外显眼——那是区委会和文化宫。然后是一个茶馆，一层平房的，也粉刷成白色，远望清晰可见。

汉语译文中，"乘车西去，过了……后""望见右边""山下是""然后""路边""从……远望""距离这里一公里处""山丘上""更高处""栅栏后面""花园后面""然后"这些表示空间方位的语汇，把乘车望库图利克的情景展现出来。它们必然与俄文的空间方位语汇很好地对应，译者心中一定是先有了一幅库图利克市镇概貌图，像作家万比洛夫对自己家乡那样了然于心，方能清晰、有条不紊地表达出来。

顺便指出的是，时空顺序也包括行为时序，现实世界的现象和动作及状态的出现、持续或消失，互相间都有时间上的同时或先后关系，这种关系语法界称之为时序范围或时序关系（таксис）（张会森，2010：231）。在俄汉语词序趋同顺译时，译者尤应注意行为间的先后关系依序传译，不能随意移动词序（语序）。例如，未完成体动词的同一时间形式可能表示先后关系（按动词排列的先后），完成体副动词也常表示先后关系。

Прихожу вчера домой, сажусь за работу, вдруг кто - то звонит...

昨天我回到家，坐下来工作，突然有人打来电话……（张会森 译）

Умывшись холодной водой, сели за работу.

用冷水洗过脸就坐下来工作。（张会森 译）

2. 逻辑顺序

文章的意义建构除了考虑时空关系外，还有事理—逻辑关系。通常，时空顺序是显在的线索，逻辑顺序是内在的线索，二者均与语篇的含义结构密切有关。译文和原文语篇的逻辑—主题结构总是要吻合的，因为这种结构上的相似是包含在交际等值概念里的，交际等值把翻译与其他语言中介形式区分开来（Космиссаров，1984）。

逻辑因素对句子变形（词序变化）的制约表现得十分明显的是判断句，这在俄汉语中情况基本相同（陈国亭，2014：182）。这里的俄汉语均不能颠倒词序，因为判断句系词两边的种属概念要达到相等的程度才可互换位置；否则前位词的概念是种（小）概念，后位词的概念是属（大）概念，判断句才成立。

Отец — врач. 父亲是医生。

Брат — ученик. 弟弟是（中、小）学生。

"逻辑因素对于句子词序的制约在俄、汉语中有时是不同的，其原因是语言本身的特点使然"（陈国亭，2014：184），换句话说，由于汉语没有词形变化，仅靠词序而不借助其他语言手段则无法准确表达逻辑关系，而俄语因词形变化词序可逆，逻辑关系可保持不变。

Облако закрыло солнце.

云彩遮住了太阳。

Солнце закрыло облако.

太阳被云彩遮住了。

Дождь освежил лес.

雨使森林变得清新了。

Лес освежил дождь.

森林因雨而变得清新了。

Солнце закрыло облако. 亦可译为：云彩遮住了太阳。但不可译为：太阳遮住了云彩。而 Лес освежил дождь. 不可译为：森林使雨变得清新了。因为这样导致汉语中词序与逻辑关系相矛盾。实际中究竟采用哪个句式，要根据上下文的需要，参见后文的实义切分。

Старуха подходит к умирающей и накрывает полотном её лицо.

老太太走到（女）死者跟前，用白布盖上她的脸。

行为（подходит, накрывает）间的时序关系，是通过动词所表示的行为间的逻辑—语义关系来确定的（张会森，2010：233）。

在连续翻译原文的各个单位时，要考虑每个单位在原文语篇总的内容结构中的位置，相应地建构译文语篇的含义结构。保留原文所用的总的逻辑图式来构建译文语篇，是为达到翻译等值所必需的，但通常这还不够，因为这种图式的含义结构描述本身在翻译转换中可能发生显著差异（Комиссаров, 1988：8）。

Лесковский ходит, потом заложив руки назад и прислонившись к холодной печке, останавливается перед Тениной. (А. Вампилов, 《В сугробах》)

译文 1：列斯科夫斯基踱起步来，然后停在杰妮娜的面前，他双手背在身后，斜靠在冰冷的灶台上。

译文 2：列斯科夫斯基踱起步来，然后双手背在身后，斜靠在冰冷的灶台上，就这样停在杰妮娜的面前。

Потом 承接前面的 ходит，遥续着后面的 останавливается，而表示完成体状态的动词短语，可视为 останавливается 的修饰语。从逻辑上讲，只有踱步停下来后，才能靠在灶台上。所以，汉译文 1 没有拘泥于俄文语序而做了语序调整，达到逻辑畅通。译文 2 则力图保留俄文的语序，但添加了"就这样"几个字，译文才显得自然顺畅。

可见，译者应该重视译文语篇的语序与原文语篇一致，既不能忽略它，也不要盲目照搬。在翻译中正确理解语法意义很重要，同时要保证逻辑正确。

3. 自然语序

"在一个句子之内，在小句之间，通常要由连接成分来把它们联系起来，表示小句之间的逻辑—语义关系和相互依赖关系（Halliday，1985/96）。如果没有连词，则必须有标点符号来表示它是一个相对独立的单位，与其他相同地位的单位具有一定意义连接关系。"（张德禄，2015：79）标点符号包括冒号、分号、逗号、破折号等，具有独特的表意和衔接关系，常见根据自然语序原则组句成篇，而无须连词。

那么，什么是自然语序呢？这样的顺序在语篇内表现为语篇信息流动的方向是自然向前的；在语篇外，它表现为客观世界中事物发展的顺序，或心理过程顺序。讲话者按照某种顺序自然地言说（插话），听话者自然而然地把语义联系起来，从而获得真切、生动的感受。

这里仅以破折号（括号、插入语）为例，来探讨俄汉自然语序及翻译问题。汉语破折号在传译俄文破折号的内容时很是方便。破折号在连接语义上具有特殊的作用，既顺应语序，又保持语义衔接连贯，可以达到高度的对应。

> Он привык нравиться всем, старому и малому, и воображал, что знает людей, особенно женщин: он хорошо знал их обыденные слабости. (《Дворянское гнездо》)
>
> 他习惯于博得所有的人——不论老少——的喜爱，认为自己深知人的心理，特别是女人的心理，他对她们的通病了如指掌。（戴骢 译）

破折号中间的插入语，具有及时补意的作用，但不破坏整个句子的连贯，显得精练、周到、巧妙。

Поклонник Баха и Генделя, знаток своего дела, одаренный живым воображением и той смелостью мысли, которая доступна одному германскому племени, Лемм со временем – кто знает? – стал бы в ряду великих композиторов своей родины, если б жизнь иначе его повела; но не под счастливой звездой он родился! (《Дворянское гнездо》)

莱姆这位巴赫和亨德尔的崇拜者，不但精通乐理，而且富有活跃的想象力及德意志民族所特有的大胆思想，如果生活使他有另外一种境遇，那么说不定有朝一日——有谁知道呢？——他能跻身于他祖国伟大作曲家之列，可惜福星没有照到他！（戴骢译）

破折号内及时补叙一笔，强调了一个身在俄国的德国艺人杰出的音乐禀赋和伟大潜力不为人知的遭遇，也寄予了作者对德国音乐家遭遇的同情。

На другой день Иван Петрович написал язвительно холодное и учтивое письмо Петру Андреичу, а сам отправился в деревню, где жил его двоюродный брат Дмитрий Пестов с своею сестрой, уже знакомою читателям, Марфой Тимофеевной. (《Дворянское гнездо》)

第二天，伊万·彼得罗维奇给了父亲一封冷冰冰的、语含挖苦而又恭恭敬敬的信，便投奔他的远房表兄德米特里·佩斯托夫和表兄的妹妹——读者已经认识的马尔法·季莫费耶夫娜——去了。（戴骢译）

作者这里似乎是轻描淡写的一笔，却仿佛具有画龙点睛的效果，让人读书至此，立即对马尔法·季莫费耶夫娜这个人物关注起来，肃然起敬（对这个身材矮小、鼻子尖削、目光犀利、说话毫不留情的老太婆心生好感，她其实是个好心肠的人）。译者可能正是心领神会作者的这一妙笔，所以采用破折号特意地使之醒目，叫读者不要漏掉了作者的这一交代。

如果补充解释的句子不止一个，足够长的话，那么破折号可改为括号。

За два, три мятежных года Яков не заметил ничего особенно опасного на фабрике, но речи Мирона, тревожные вздохи дяди Алексея, газеты, которые Артамонов младший не любил читать, но которые с навязчивой услужливостью и нескрываемой, злорадной угрозой рассказывали о рабочем движении, печатали речи представителей рабочих в Думе, — всё это внушало Якову чувство вражды к людям фабрики, обидное чувство зависимости от них. (М. Горький, 《Дело Артамоновых》)

在动荡不安的那两三年当中，亚科夫没有发现工厂里有什么特别危险的迹象，可是米龙的话啦、阿列克谢叔叔的忧虑的叹息啦、报纸啦（讲到报纸，小阿尔塔莫诺夫是不爱看的，可是报纸却带着讨厌的殷勤以及毫不遮盖的、幸灾乐祸的恐吓口气叙述工人运动，刊载国会里工人代表们的演说），所有这些都使得亚科夫对工厂里的工人生出敌意，还由于不能不依赖他们而感到痛心。（汝龙 译）

汉译文括号里的内容即两个 которые 从句的内容，括号相当于破折号，有时原文就加有这样的括号。破折号与括号有助于译者顺应原文语序而译，并保持译文前后连贯，文通字顺。

Вежливо поклонившись ему (он кланялся всем новым лицам в городе О...; от знакомых он отворачивался на улице — такое уж он положил себе правило), Лемм прошел мимо и исчез за забором. (《Дворянское гнездо》)

莱姆向来人彬彬有礼地鞠了个躬（在 О 市，凡见到陌生的人，他都鞠躬；在街上遇见熟人，他却掉过头去，不予理睬——这是他给自己定下的规矩），同他擦肩而过，消失在栅栏后面。（戴聪 译）

括号里面的文字不破坏原文的整体叙述顺序，但却很好地说明了德国音乐师莱姆的性格，作为一个怀才不遇的音乐家，不善于周旋应付，不会奉承讨好。

俄文中还有一种情况：既不是括号，也不是破折号，而是简短的插入语或呼语，由逗号与前后文隔开。汉语也有这样的插语法，它就像一个夹注，在文章里可用逗号也可用破折号隔开（王力，1985：110）。例如：

再将吾妹一人，乳名兼美、表字可卿者，许配于汝。

忽见隔壁葫芦庙里寄居的一个穷儒，姓贾名化、表字时飞、别号雨村者，走了出来。

译文运用插语法，对于再现说话的停顿与思考过程很重要，而且仿佛是带表情的。"在一句话的中间，本来没有呼名的必要，而偏要插进一个称呼，目的就在于使这话更富于情绪。"（王力，1985：323）此外，汉语还有更多种插语法。王力说："各种插语法都有一个共同之点，就是若把插入的话去掉，并不因此丧失了那一句的意思。这种插语似乎是一个赘疣，然而对话人（或读者）并不觉得讨厌，就因为插语往往能使语言生动有力的缘故。"（王力，1985：325）王力在《红楼梦》里发现了九种插语法，例如呼吁法、撇开法、推进一层法、先自辩护法、断定法、反诘法、统括法、感喟法、准插语。这些插语法在现代汉语作品里广泛存在，均可应用于俄汉翻译中，以便顺应原文语序，不但不减弱文字的表现力，反倒能使语言更加鲜活、生动、有趣。留个研究的余地，就不一一举译例了。

4. 主—述位顺序

主—述位顺序在俄语界又称实义切分（актуальное членение，

смысловое членение）顺序或交际切分顺序，主位为已知信息，述位为新信息。句子实义切分理论是布拉格学派的马泰休斯创建的。句子的实义切分，就是研究句子以何种方式与上下文的具体情境发生联系，而句子也正是在这种具体上下文中形成的。俄罗斯语言学家维诺格拉多夫早在 20 世纪 50 年代就肯定，实义切分研究把句子的一般形式—语法分析即结构分析和实义切分区分开来，对于摆脱赤裸裸的形式—逻辑的巢臼，对于更深入地理解俄语的表情手段（包括词序）无疑是有很大帮助的（吴贻翼等，2003：1 - 2）。

切尔尼娅霍夫斯卡娅在研究俄英翻译的信息结构传译时指出（Черняховская，1976：250，254）：俄语词序是比较自由的，主要听凭于信息结构成分表达，即从主位到述位。她所研究的从俄语到英语的所有言语结构转变模式表明，在英语和俄语中，信息结构成分从主位到述位的分布原则是居于主导的。为了在翻译中保留信息结构的成分，必须首先保留它们在语句中的位置，而这些成分的句法构成可能有所变化以适应英语语法的需要，英语语法要求固定的句子成分顺序。翻译时的句法变化不是自发的（стихийны），应在所述结构转换模式所勾勒的一定框架内，因为在翻译中必须保留语句的信息结构成分不变。

同样，俄语译成汉语，也需要保留从主位到述位的语义词序，即保留信息结构成分不变，它们在汉译文语句中的位置不应改变，但可能不时地需要更换信息结构成分的句法构成，以符合汉语语法的规范。

За Роской никто не погнался, а Шурочку даже охотно уступил Марфе Тимофеевне ее дядя, пьяный башмачник, который сам недоедал и племянницу не кормил, а колотил по голове колодкой. С Настасьей Карповной Марфа Тимофеевна свела знакомство на богомолье, в монастыре. （Тургенев, 《Дворянское гнездо》）

罗斯卡领回来后，没有人来讨过，至于舒罗奇卡，她的叔叔，一个以鞋匠为业的酒鬼，甚至很乐意把这个小姑娘送给马尔法·季莫费耶夫娜，因为他连自己都吃不饱肚子，哪还有什么给侄女吃，他能做的就是用鞋楦敲她的脑袋。至于娜斯塔西娅·卡尔波夫娜，是马尔法·季莫费耶夫娜在一次朝圣的时候，在修道院认识的。（戴骢 译）

从汉语的行文看出，译者考虑到了叙述顺序的问题，从已知到未知的顺序，从前文已经提到的人、物起句，构成译文的主位推进模式。"至于"等字的添加，则是为了表达上的顺畅起见。译文保留原文连续式主位推进模式，采用同序翻译把原文有标记主位句的主位突出，从而保留了原文的诗学价值。这便保留了语用意义或交际功能，但原文的句式结构和语义结构，却未必能保留下来。

由于汉语缺乏词形变化，且惯用主谓句，当俄语因词形变化而自由调动语序（词序）时，汉语却难以尽如所愿。除非俄文语句的主体、主语和主位同一，恰与汉语常见的主体、主语、主位同一相吻合。陈国亭先生有段话可做个注解："俄语中主体、主语和主位是三个层次上的不同概念，而且都有形式特点，不可混为一谈。而汉语的情况则不然，一个最大的问题是语义结构没有形态标记做支撑，故而很难与句法结构严格区分开来，再加上交际功能往往通过句法手段表现出来，所以句法、语义和交际功能（语用意义）三者之间很难截然分清，它们在句子中往往是同一的。俄汉语中总体上说可以有结构相同的句子，但语义相同的句子在句法结构上未必相同，而交际功能相同的句子在句法结构和语义结构上也未必相同。实践证明，俄汉语句只需或可能在交际功能上达到对应，而不必也不可能要求所有句子在三层次上都对应。"（陈国亭，2014：294）在这种情况下，保留交际功能可能是唯一可行的办法，而尽可能从译入语中选择最接近的句法和语义结构去表现。

С течением времени с телами в природе производят различные изменения. Примером таких изменений является движение тел относительно друг друга ... (А. В. Перышкин)

　　随着时间的推移，自然界中的物体发生着各种变化，这种变化的一个实例就是物体之间的相对运动（物体之间的相对运动就是这类变化的一个实例）。

　　俄语不可逆，汉语译文可逆，括号里的译文（口语）也可，但表达效果似不如前者，因为原文中的（主位—述位）顺序乃是实义切分的顺序，从已知到未知，这可是笔语应遵守的实义切分的规则（陈国亭，2014：183）。汉语因缺乏词形变化，其表达力往往受限。例如，俄语复合句中有一种首尾或尾首呼应的结构属表情变体，也是汉语不能表达的（陈国亭，2014：291）。

　　В комнате сумрачно, и сумрачно было на улице. （Ю. Бондарев）

　　房间里光线昏暗，街上也是光线昏暗。

　　Горько было мне, по многим причинам горько.

　　我感到痛苦，因为很多原因感到痛苦。

　　"汉语不能表达"并不是无法表达，而是说汉语因受到限制而须有别于俄语，变种说法去表达，但贴近原文选择译入语中最接近的句法和语义结构去表现，仍是一种可行的原则。汉语口语似乎仍可以不拘于形地这样表达为：痛苦呀我，因为很多原因而痛苦。

　　实义切分时，须把意义主位（смысловая тема，言语对象）与起点（исходная точка）区分开来。"意义主位实质是一个事物名称索引栏目，由人将句子中所包含的信息顺便带入其中，通常位于句首，但并非永远如此。"（赵爱国，2012：306）

　　Искусствоведы и археологи обнаружили новые факты, свидетельствующие о своеобразии (《рема》) культурного развития Руси (《смысловая тема》).

艺术理论家和考古学家们发掘了证明罗斯文化发展（意义主位）独具特色（述位）的全新事实。

在该例中，Искусствоведы и археологи 是整个句子的情景结构起点，但并不是意义主位，而作为言语对象的意义主位 культурного развития Руси（罗斯文化发展）位于句末，却不是述位成分（Падучева, 1985: 109 - 120）。

这一点对于俄罗斯人来说可能不易理解，但对于汉语译者来说则容易理解。俄语的不一致定语通常是后置的，而译成汉语往往前置，符合人们从已知到新知的认识顺序，正是主述位顺序。

巴尔胡达罗夫和切尔尼亚霍夫斯卡娅等人，把主位—述位顺序与语用意义联系起来早就有过论述。巴尔胡达罗夫认为，语言成分在句子结构中承担的交际功能任务（这是指句子结构中的已知和新知信息，正确传达句子的交际功能切分是求得翻译等值的不可或缺的条件，它们是由交际活动参与者双方对句中所传达的信息的了解程度、对句中所描述的环境的态度决定的）应当归入语用意义（吴克礼，2006: 353）。

翻译理论家哈蒂姆在论及实义切分时，指出人们容易忽略实义切分顺序，尤其是主位的接续及其特定的修辞目的："主位性抑或已知性是一种话语现象，而不仅仅是句子的一种特性。语篇作者缘何在整个语篇中发展特定的主位—述位或已知信息—新信息型式？相对来说，这几乎未曾引起人们的注意。大多数研究工作是聚焦于各单一句子的内部排列。可是，如果说主位—述位分析与译者有任何关联的话，那么就必须说明为取得特定修辞目的而出现的主位的接续（thematic progression）这一情况。主位的接续将某一语篇中各种主位跟述位连接在一起的方式与该语篇的层级组织联系起来，并最终将这种方式与修辞目的联系起来。假如主位的接续在翻译中改变，那么这不应该以任何形式损害源语语篇的修辞目的。"（哈蒂姆、梅森，2005: 336，337，361）这是把主位的接续（在语篇中主位—述位可能不断接续着向前翻新，而新知不断地变为已知，从而形成一层级接着一层

级的链接方式）与语篇的层级组织和修辞目的联系起来，结合双语互
参考虑翻译问题，将是一个很有意义的研究课题。

　　以上所述是顺应俄文语序，尽可能地依序而译，以便最大限度地
再现原文语序的交际结构。总体而言，汉语似乎容易实现与俄文"最
佳近似"，这是因为两种语言在诸多语序方面有共通性，例如，时空
顺序（包括行为间的时序）、逻辑—语义顺序、自然语序、主—述位
顺序（交际切分）等方面。但俄汉语毕竟有所不同，表现在俄汉语
句群语序的差异上，在翻译中须慎重处理，要重视语序上的诸多变
化。翻译中的语序差异，前面的探究也略有反映，我们来专门探讨
一下。

三　语序趋异变译

　　俄汉语序既有共通点，也有差异点，它们在主语位置、意义重
心、行为次序、意义层次、语序倒置等方面既存在语序趋同，也存在
语序趋异的问题，但鉴于上文我们主要探讨了俄汉语在诸多方面语序
趋同的问题，下文主要探讨在诸多方面俄汉语序趋异及翻译问题，兼
及语序趋同。

　　1. 主语位置

　　在科学院的《俄语语法》中指出，句子成分的一般布局应该是
"状语、谓语、主语"模式（Алимов，2013：131），这是与汉语的常
见一般主谓句不同的。汉语的一般主谓句模式是"主语、状语、谓
语"，而变式为"状语、主语、谓语"。俄汉语存现句可以达到高度
一致，这是俄汉语中都有的一种特定主述位结构句。不过，虽然语序
保留了，但俄汉语句式可能发生变化，譬如俄语的存现句可能变成汉
语的主谓句：

　　　　Вчера в суде рассматривалось дело.
　　　　昨天法院审理了案件。

　　俄汉语句式主语位于动词谓语之前时，不构成特别的翻译困难。

汉语倾向于使用主谓语序，俄语习惯于谓主语序，这便是句式上的差别，从而导致翻译中的句法转换。接着，我们从主语位置差异上来探讨一下俄汉语超句（句群）的组句及翻译问题。

俄语通过把谓语动词置于句首予以强调，而汉译文通过省略主语以及借助虚词（助词）等方法，变着法子来传译俄文中被强调的前置谓语，因为汉语谓语位于主语之前实在是太别扭了。"来了客人"等倒装句式，可归于存现句之列，这是少有的正常倒装句。俄汉语主语位置不同，势必导致语序变译以适应译入语。

> Повизгивали медные <u>колёсики</u>, скрипел <u>пол</u>, гулко бухал <u>барабан</u>；（Дело Артамоновых）
>
> 小铜轮子吱吱地叫，地板嘎嘎地响，大鼓咚咚地敲。（汝龙 译）
>
> Приятно слушать её мягкийголос, и хороши её глаза, очки не скрывают их ласкового блеска（Дело Артамоновых）
>
> 她那柔和的嗓音很悦耳，她那双眼睛也好看，眼镜并没有遮住它们和蔼的光辉。（汝龙 译）

汉译常用一般主谓句，所以以上的多个俄语倒序都译成了汉语的正序。汉语多个句子构成一个句群，惯于把后面句子的主语提前而位于句群之首，这样一起句便有主语作为句群的起点或话题，统领着后面多个句子的谓语动词。而俄语常见副动词、形动词、前置词词组等各种副支结构起句，而超句的主语居中，甚或居于句末。在一些翻译中也不难见到俄汉语按照各自的常规组句，从而显示出双语之间的明显语序差别。

> Багровый от обиды, сын не заплакал, но пригрозил матери：（М. Горький,《Дело Артамоновых》）
>
> 儿子气得脸色发紫，并不啼哭，却对母亲威胁说： （汝龙 译）

Вопросительно поглядывая на мужа, Наталья спорила: – Помялов верно говорит: от ученья люди дичают. (Дело Артамоновых)

纳塔利娅用探问的眼光瞧着丈夫，争论说："波米亚洛夫说得对：人有了学问，就变野了。"（汝龙 译）

Там, где дорога круто загибалась в сосновый лес, Никита оглянулся, Тихон, сунув шапку под мышку, опираясь на лопату, стоял среди дороги, как бы решив не пропускать никого по ней (М. Горький,《Дело Артамоновых》)

尼基塔走到大路急拐进松树林的地方，回头看了一眼。吉洪把帽子塞进胳肢窝里，身子向前弯，手按住铁锹，站在大路中央，仿佛决定不放任何人走过他身边似的。（汝龙 译）

Потом, отойдя от кладбища с версту, Никита внезапно увидал дворника Тихона; с лопатой на плече, с топором за поясом он стоял в кустах у дороги, как часовой. (Дело Артамоновых)

后来，尼基塔走出墓园有一俄里远，突然看见扫院子的仆人吉洪。他肩膀上扛一把铁锹，腰带里别一把斧子，站在路旁灌木丛中，像个哨兵一样。（汝龙 译）

汉语句子一起句通常要有个主语，有时是译自俄语的主语，如果没有主语，也常见补个主语，或者把俄语的间接格（如不定人称句）译作主语，或者把俄文后面句子的主语提前，按照主谓顺序译出。

В дочери, рослой, неразговорчивой, тоже было что – то скучное и общее с Яковом. . . . поджимала туго налитые кровью, очень красные губы и часто, не подобающим девчонке тоном, говорила матери: – Теперь так не делают. Это уже вышло из моды. (М. Горький,《Дело Артамоновых》)

他那高大的、不爱说话的女儿有点跟亚科夫一样乏味。……

她那充血的红嘴唇噘起来，常常用一种不适合姑娘身份的口气对母亲说："现在人家都不这样做了。这已经过时了。"（汝龙 译）

　　Посидев несколько минут молча, Илья пошёл домой. （Дело Артамоновых）

　　伊利亚沉默地坐了几分钟，就回家去了。（汝龙 译）

　　Мигая и посапывая, Яков продолжал безмолвно жевать, а через несколько дней отец услышал, что он говорит кому – то на дворе, захлёбываясь словами: （Дело Артамоновых）

　　亚科夫眼睛一眨一眨的，嘴里呼哧呼哧地喘气，一句话也不说，仍旧嚼他的东西。过了几天，父亲听见他在院子里跟人说，说得上气不接下气：（汝龙 译）

　　通常汉语句群一起句便要有个主语，俄语则不然，不论是动作行为（副动词词组），还是形容状态，常位于句首或靠近句首，在译成汉语时往往因为主语前置或添加主语，或者间接格短语结构变译成主语，这样自然会形成新的组句，也不能完全复原俄文语序了。

　　不过，在遇着俄文句首的地点或时间短语时，经常保留其位置译作汉语的前置状语，俄汉语句序趋同。

　　Перед панихидой, стоя на кладбище, разглядывая вдали фабрику, Пётр сказал вслух, сам себе, не хвастаясь, а просто говоря о том, что видел: – Разрослось дело. （Дело Артамоновых）

　　在做安魂祭以前，彼得站在墓园里，远远眺望工厂，自言自语地大声说了一句话，他不是在夸口，只不过把自己所看见的说出来罢了："事业发展起来了。"（汝龙 译）

　　В эту ночь, под шорох и свист метели, он, вместе с углубившимся сознанием своего одиночества, придумал нечто, освещающее убийство, объясняющее его （Дело Артамоновых）

　　这天夜里，在风雪的呼啸和尖叫声中，他深深感到自己的孤

独，同时也想出了一种阐明他的凶杀行为，解释他的凶杀行为的
理由。（汝龙 译）

Как‐то вечером, войдя в контору, он увидал, что этот
мальчик выскабливает с пола ножом и смывает мокрой тряпкой
пролитые чернила. （Дело Артамоновых）

有一天晚上，他走进办公室，看见这个男孩用小刀刮地板，
用湿抹布擦掉泼翻的墨水。（汝龙 译）

如果俄语修饰限定语作用于整个超句体（句群），可直接译成汉
语的句首状语。但如果汉语的前置状语太长，就得适当调整句序，考
虑句子结构的均匀安排，例如：

На двенадцатый день после этой ночи, на утренней заре,
сыпучей, песчаной тропою, потемневшей от обильной росы,
Никита Артамонов шагал с палкой в руке, с кожаным мешком
на горбу, шагал быстро, как бы торопясь поскорее уйти от
воспоминаний о том, как родные провожали его （Дело
Артамоновых）

过了这一夜，到第十二天头上，朝霞刚升起来，尼基塔·阿
尔塔莫诺夫就手拿拐杖，驼峰上背着皮袋子，顺一条松软的、沾
了浓重露水而发黑的沙土小路走去，迈步很快，好像急于快点走
掉，免得回想家人们送行的情景似的。（汝龙 译）

汉语状语前置，是为了表达上的需要（黄汉生，1982：97‐
101）：有时为了强调状语所表达的内容；有时为了阅读方便（状语
较多或较长，如果都用在谓语前，势必使主语和谓语的距离拉长，读
者就不容易一下子看清楚全句的结构）；有时为了承接前文，使上下
语句搭配得当，流畅通达；还有在一段话里，上句下句都有状语，尽
管状语之间没有结构上的联系，但语意相通，互相照应，像一条纽
带，把语言连成一个整体，这样的状语，也往往前置。在翻译中，可

以灵活采用状语前置来传达俄文语序及语义结构。与此同时，需要考虑原语句的言意和诗学意图是否完好地保留了下来。

Преследуемая стотысячною французскою армией под начальством Бонапарта, встречаемая враждебно - расположенными жителями, не доверяя более своим союзникам, испытывая недостаток продовольствия и принужденная действовать вне всех предвидимых условий войны, русская тридцатипятитысячная армия, под начальством Кутузова, поспешно отступала вниз по Дунаю, останавливаясь там, где она бывала настигнута неприятелем, и отбиваясь ариергардными делами, лишь насколько это было нужно для того, чтоб отступать, не теряя тяжестей. （Л. Толстой,《Война и мир》）

在波拿巴指挥的十万大军追击下，库图佐夫统率三万五千名官兵，急急忙忙向多瑙河下游退却，沿途遭到当地居民的敌视。他们对盟军不再抱有信心，忍受着给养的不足，被迫在一切意想不到的作战条件下行动，只有当敌人追上时才停下来，仅仅为了在退却中不使重装备受到损失才打打后卫战。（刘辽逸译）

库图佐夫统率的三万五千俄军，遭到拿破仑所指挥的十万法军的追击，所到之处又受到各地居民的敌视。俄军给养不足，对盟军丧失信心，而且被迫在没料到的恶劣条件下作战，不得不沿多瑙河仓皇退却，只有在被敌人追上的地方才停下来，为保卫辎重进行后卫战。（草婴译）

草婴把 русская тридцатипятитысячная армия, под начальством Кутузова 这一句提到句首译作主语，其余部分基本上仍按照俄文语序次第译出。这样，库图佐夫及其所率领的俄国军队被置于句首作主位，便于主位推进模式组句，也便于多个被动语态的表达，把库图佐夫率军沿多瑙河退却的原因，以及如何退却的过程交代得清清楚楚，入情在理。被动语态营造的诗学价值也给保留了下来，这有助于显示库图佐夫率领的俄军的失利以及被迫退却的原因。而刘辽逸的译文由于消解了被动态的诗学价值，而增强了主动态意义，反而不利于刻画库图佐夫军队的遭遇及传达出作者沉痛的心情。

可见，前置状语位于句群之首，既是把句子形式协调安排，有时也是为了准确生动地表意。自然，这个法则的使用也得考虑具体情况，在跨语境的翻译中，如果语句通顺而逻辑情理不通，译文便缺乏神采，徒然顾到语序又有何意义呢？译者唯有立意高远，把作品从内容到形式都融会贯通地传译了，融入了自己的智识、才情与精神，才能达到翻译艺术的境界。

2. 意义重心

史锡尧在研究老舍《骆驼祥子》中多样化的句式及其表达效果时发现，汉语多个分句的主语相同时，主语所在的那个分句具有强调句意的作用。我们在《四世同堂》里也能找到类似的例子：

> 读了这些传单，瑞宣欣喜若狂，不知不觉地走到了学校。（老舍：《四世同堂》）
>
> 一阵寒风吹来，感冒了，一些人很快就死了。（老舍：《四世同堂》）

主语所在的句子是主句，即语义重心之所在，以上汉语句式与俄语述谓的主干副枝结构关系有一致之处。

有时，几个分句的语意没有侧重，老舍便将主语放在最前面，后加逗号，表示主语为后面的几个分句所共用。如果要对主语加以强调，作家便让主语在各分句中都出现（史锡尧，2007：350）。

> 扛起铺盖，灭了灯，他奔了后院。
>
> 祥子猛的立了起来，脸上煞白，对着那人问："出去说，你敢不敢？"
>
> 虎妞，一向不搭理院中的人们，可是把小福子看成了朋友。

他扫雪，他买东西，他去定煤气灯，他刷车，他搬桌椅，他吃刘四爷的犒劳饭，他睡觉，他什么也不知道，口里没话，心里没思想，只隐隐的觉到那块海绵似的东西！

以上各例句式，意义之各有所强调，这个特点颇可用于俄汉翻译，以求好的翻译效果。我们先来分析一下译例。

Бесцеремонен, как пьяный, он садился к обеденному столу раньше хозяев, судорожно перекладывал ножи и вилки, ел быстро, неблагопристойно, обжигаясь, кашляя. (М. Горький, 《Дело Артамоновых》)

他像醉汉似的不讲礼貌，比主人先坐到饭桌边上去，急急忙忙地拿刀子摸叉子，吃得很快，不像样子，时而烫了嘴，时而呛得直咳嗽。(汝龙 译)

"他不讲礼貌"是意义重心，其余可谓不懂礼貌的表现。但俄汉语在强调这一点上有所不同，俄语是靠谓语前置，而汉译则是靠主语前移到所强调的谓语动词之前。翻译时还有必要把俄语的谓语动词与附属动词（副动词、形动词等）区别开来。为了准确传译，汉译在添加主语或主语提前情况下，要考虑不破坏俄语分句的意义重心，即意义之所强调。

Держа в одной руке квач, а в другой ведёрко дёгтя, Тихон подвинулся к нему и, указывая квачом на тёмно - красное, цвета сырого мяса, здание фабрики, ворчал: (М. Горький, 《Дело Артамоновых》)

吉洪一只手拿着焦油刷子，一只手提着焦油桶，走到他跟前，用刷子指着颜色深红得像生牛肉一样的工厂厂房，嘟哝说：(汝龙 译)

俄文排布述谓动词主干与副动词短语时，考虑了句子的协调匀称，部分副动词修饰语前置于句首，避免了副动词修饰结构冗长，而汉语行文时，则把吉洪前置于句首，语序虽略有变化，但句子结构犹尚协调匀称，主语提前以便汉语顺畅行文，遥接着述谓语"走到他跟前"，其状语修饰语"一只手……一只手……"与"嘟哝说"的状语修饰语"用刷子……"形成对称结构。如此行文，似乎一定程度传译了俄文的句式结构呢，动作行为主次分明。

Возвращаясь домой с Яковом, отец спрашивал его: （М. Горький，《Дело Артамоновых》）

跟亚科夫一路回家的时候，父亲问他：（汝龙 译）

Выпив, Артамонов жаловался на людей, а плотник утешал его.（М. Горький，《Дело Артамоновых》）

阿尔塔莫诺夫喝了点酒，开始抱怨人们，木工就安慰他。（汝龙 译）

试比较：喝了酒，阿尔塔莫诺夫抱怨起人来，木工就安慰他。

Положив бумагу в карман сюртука, застегнувшись на все пуговицы, Воропонов начал жаловаться на Алексея, Мирона, доктора, на всех людей, которые, подзуживаемы евреями, одни – слепо, другие – своекорыстно, идут против царя （М. Горький，《Дело Артамоновых》）

沃罗波诺夫把那张纸放在礼服衣袋里，扣好所有的纽扣，开始抱怨阿列克谢、米龙、医生，抱怨一切甘受犹太人的鼓动、出于无知或者出于私心而反对沙皇的人。（汝龙 译）

试比较：把那张纸放在礼服衣袋里，扣好所有的纽扣，沃罗波诺夫开始抱怨……

副动词结构表示时间、地点、原因状语时，正可以与汉语的状语前置结构对应，而汉译主谓间距离缩短，读者便一目了然，句意重心落在后一分句。如果状语修饰语简短，那么，汉语也习惯于把状语置于主谓之间，可不用前置。形动词、副动词（非主语）起句与主语起句，语意稍有不同。主语所在的句子，便是超句体的语义重心，而形动词、副动词起句的附属句则起着修饰、限制、说明的作用，或是交代主语所在句子行为的前提、条件、原因、后续、补充、结果等。所以，翻译俄语超句体，在考虑主语前置译出时，一定要看句子的语序意义是否得到了保留。恰如王东风所谓，"否认或忽视语序的表意作用，就不能在翻译中准确地把握原文的语义意图，因而也就不能在译文中做出等效的反应"〔王东风、章于炎，1993：（4）〕。

Слушать его речи Артамонову было дважды приятно; они действительно утешали, забавляя, но в то же время Артамонову было ясно, что старичишка играет, врёт, говорит не по совести, а по ремеслу утешителя людей. Понимая игру Серафима, он думал: "Шельмец старик, ловок! Вот, Никита эдак – то не умеет."（М. Горький, 《Дело Артамоновых》）

对阿尔塔莫诺夫来说，听他讲话有双重快乐。他的话的确给人安慰，的确引人高兴。不过同时阿尔塔莫诺夫又清楚地看出这个小老头儿是在闹着玩，信口胡说。这些话不是出于真心，而是照着为人消愁解闷的本分说出口的。他看透了谢拉菲姆的把戏，暗自想着："这个滑头，真有两下子！是啊，尼基塔就没有这种本事。"（汝龙 译）

"他看透了谢拉菲姆的把戏，暗自想着"阿尔塔莫诺夫倒未必真能理解人，自以为看透了，并非真的看透。不妨译为："明白谢拉菲姆的把戏，他暗自想道：'……'"语义重心落在后面，正说与反讽可兼有。可见，因为主语所在的句子成为语义重心，翻译须慎用主语前置或添加主语，以免破坏原来语序所蕴含的诗学意图。

И, круто отвернувшись от дво́рника, Артамонов пошёл домой. (Дело Артамоновых)

阿尔塔莫诺夫猛地从扫院子的仆人面前扭转身去，回家去了。（汝龙 译）

试比较：陡然一转身，不顾扫院子的仆人，阿尔塔莫诺夫回家去了。

如果保留俄文语序，即语义重心在后面，似乎并不减弱前面的"陡然一转身"的印象。动作行为置于句首，在汉语里有时似乎也能像俄文那样，具有强调的作用。

Взглянув на хозяина с непочтительной, возмутившей Артамонова строгостью, он добавил: (М. Горький, 《Дело Артамоновых》)

他用不恭敬的、惹得阿尔塔莫诺夫不痛快的严厉眼光看主人一眼，补充说：（汝龙 译）

试比较：瞥了一眼主人，眼神严厉得有些不敬，都惹得阿尔塔莫诺夫不痛快了，而后他补充道：

俄文里，动感强的副动词作为句子起词的时候，似乎颇有些强调的意味，而后面的主谓句的语义也不会减弱。所以，只要汉译意义畅达，尽可能保留俄文语序，而无须一味地把主语提到句首，汉语可能取得同样满意的效果。

– Так, – сказал жандарм, гася папиросу о ствол ружья, и, снова глядя прищу́ренными глазами прямо в лицо Якова, внушительно начал говорить что – то не совсем понятное (М. Горький, 《Дело Артамоновых》)

"哦。"宪兵说，把烟卷在枪身上按灭，又眯起眼睛直直地瞧着亚科夫的脸，委婉地讲出一些不大听得懂的话。（汝龙 译）

应该指出，俄语副动词表示的动作主要是辅助的、伴随性的，有别于主干谓语动词。这里汝龙的翻译恰到好处，汉译语序几乎跟俄文一模一样。译文之好，不在只顾目的语而随意变序，而在遵循先后次序，跟动作或状态的先后顺序、事理逻辑关系有关。

3. 行为次序

多个动作行为次第发生，包含了时间的先后，翻译时也不能轻易改变词序。不然，就会发生混乱，影响句内和句际行为间关系接应。

首先看俄汉语行为次序一致的情况。虽然俄语动词有主干与辅助、伴随性之分，但动作行为发生的先后可能就是在句中出现的次序，参见前文的时空顺序。所以，俄语动词不论是主干还是副枝，有时译成汉语还遵从先后次序，好像没有了动词主干与副枝之分，消弭了二者的差别似的。

    – Чего они бесятся? – спрашивал Артамонов старший брата, – Алексей с лисьими ужимочками, посмеиваясь, говорил, что рабочие волнуются везде. (М. Горький, 《Дело Артамоновых》)

"他们发什么火啊？"老阿尔塔莫诺夫问弟弟，阿列克谢狡猾地皱皱眉尖，笑笑，说是到处的工人都不稳定。(汝龙 译)

    Говорить об этом стало скучно, он замолчал, шагая по комнате. (Дело Артамоновых)

这些话谈了一阵就无味了，随后他就一声不响，在房间里走来走去。(汝龙 译)

    Он взмахнул палкой и пошёл дальше, оставив Якова отупевшим. (Дело Артамоновых)

他拄着手杖，往前走去，撇下亚科夫一个人发怔。(汝龙 译)

    И, придерживаясь за забор, опираясь на палку, Носков начал медленно переставлять кривые ноги, удаляясь прочь от огородов, в сторону тёмных домиков окраины, шёл и как бы разгонял холодные тени облаков, а отойдя шагов десять, позвал негромко: (М. Горький, 《Дело Артамоновых》)

诺斯科夫扶着围墙,用手杖撑着身子,挪动罗圈腿慢慢走去。他离开菜园,向郊区的黑房子那边走去。他一边走,一边好像在赶散浮云的寒冷的阴影,可是他走出十步路以后,轻声招呼说:(汝龙 译)

Яков Артамонов шёл не торопясь, сунув руки в карманы, держа под мышкой тяжёлую палку, и думал о том, как необъяснимо, странно глупы люди. (М. Горький, 《Дело Артамоновых》)

亚科夫·阿尔塔莫诺夫不慌不忙地走着,双手插在衣袋里,把沉重的手杖夹在胳肢窝下,想到人们愚蠢得多么没法解释,多么古怪。(汝龙 译)

连续多个动作行为,不论是作为句子谓语动词,还是伴随副动词、形动词等,通常不随便打乱原来的语序。然而,因为形动词、副动词的缘故,动词在句中出现的次序可能变得复杂多样,翻译分清主干、副枝动词仍然很有必要。多个动词并用,也需注意究竟动作由谁发出,又是支配什么的,以及弄清动词与动词之间的关系如何。否则,可能在不经意中译错。

Он долго рассказывал о Льве Толстом, и хотя это было не совсем понятно Артамонову, однако вздыхающий голос попа, истекая из сумрака тихим ручьём и рисуя почти сказочную фигуру необыкновенного человека, отводил Артамонова от самого себя. (М. Горький, 《Дело Артамоновых》)

他讲了许久列夫·托尔斯泰的事,虽然阿尔塔莫诺夫不能完全听懂,可是从昏暗中像静静的小溪那样流出来的叹息声,这个不平常的人隐在昏暗中差不多像神话人物一样的神态,却把阿尔塔莫诺夫的心思岔开了。(汝龙 译)

神甫讲了许久列夫·托尔斯泰的故事，虽然阿尔塔莫诺夫不能完全听懂，可是神甫在昏暗中伤感的讲述，像静静流淌的小溪一样，几乎描绘出一个非凡的神话般人物的神态，把阿尔塔莫诺夫的心思岔开了。（笔者 试译）

Рисуя 的主语是 вздыхающий голос попа，它所支配的宾语则是 сказочную фигуру необыкновенного человека，即托尔斯泰的形象。汝龙的译文可能有误，究竟"不平常的人"是神甫还是托尔斯泰，译文模糊不清。弄清动作的发出者和接受者，是至关重要的。

Григорий не успел, нанеся удар, вы'дернуть ее（пику）и, под тяжестью оседавшего тела, ронял, чувствуя на ней трепет и судороги, видя, как австриец, весь переломившись назад（виднелся лишь острый небритый клин подбородка）, перебирает, царапает скрюченными пальцами древко. Разжав пальцы, Григорий въе'лся занемевшей рукой в эфес шашки.（Шолохов,《Тихий Дон》）

葛利高里扎下去之后，还没来得及把长矛拔出来，却不得不在倒下去的身体重压下，松开了矛杆，只觉得矛杆在哆嗦、抽搐，看见奥地利人倾身向后倒去（只看到那没有刮过的尖下巴颏），用弯曲的手指头乱拔、乱抓矛柄。葛利高里的一只麻木的手抓住了马刀柄。（金人 译）

格里高力刺过之后，还没有来得及把矛拔出来，就觉得长矛在抖动、在哆嗦，又看到那个奥地利人身子后向一仰（只看见那没有刮过的尖下巴），用抽搐的手指头乱抓、乱挠矛柄，而且那渐渐倒下的身子死死地把长矛拖住，格里高力只好把长矛放开。他松开手指，用麻木的手抓住了马刀的把儿。（力冈 译）

力冈的断句，解决了金人译文中的逻辑错误，既然"松开了矛杆"，为什么还"觉得矛杆在哆嗦、抽搐"？这是因为动词之间的关系未弄清的缘故。чувствуя, видя 都是说明葛利高里（格里高力）松开矛杆的原因，这是为了说明该句中的"字眼"ронял 的。力冈通过调整语序，重新排列，译出了神采，作家通过葛利高里（格里高力）的内心活动突出了人道主义的精神，战斗场面和人物形象跃然纸上。

总之，翻译遵循行为次序，并不是完全根据谓语动词（主干动词和副动词、形动词）在句中出现的先后次序，虽然有时候如此。但发现长句中的逻辑关系，弄清动词之间的前后关联，以及动词的（主谓和动宾）搭配关系，至关重要。

4. 意义层次

超句体（句群）的翻译涉及断句，即涉及语序和语音停顿问题，再复杂的长句，关键是厘清头绪，剖析意义，形成一定的事理逻辑和意义层次，就能顺理成章了。

> После освящения, отслужив панихиду над могилами отца и детей своих, Артамоновы подождали, когда народ разошёлся с кладбища, и, деликатно не заметив, что Ульяна Баймакова осталась в семейной ограде на скамье под берёзами, пошли не спеша домой (М. Горький, 《Дело Артамоновых》)

> 献神典礼举行之后，阿尔塔莫诺夫一家人在他们的父亲和孩子的坟前做完安魂祭，等到人们从墓园里走散，才不慌不忙地走回家去。他们识趣地让拜马科娃留在家庭墓地的桦树下的一张长凳上，不去管她。（汝龙 译）

俄语动词述谓由于有主干与副枝之区别，形成自然的形式区分，但在排布组句时，常常主干与副枝杂糅在一起，形成浑然一体的整体句式。汉语因为没有词形变化，这里汉译通过区分主干副枝而调整语序后，叙述显得有条有理，意义层次分明，避免了照俄文顺序逐句译来可能导致的中间长句文思阻塞。

> Черноволосая и быстроглазая даже в старости, маленькая,

востроносая, Марфа Тимофеевна ходила живо, держалась прямо и говорила скоро и внятно, тонким и звучным голоском. (Тургенев, 《Дворянское гнездо》)

马尔法·季莫菲耶夫娜身材矮小，鼻子尖削，虽说年事已高，还是一头乌发，目光犀利，身板硬朗，步履矫健，说话快而清楚，声音细而洪亮。(戴聪 译)

俄文喜欢把同类的语法句法成分并置一处，这样组句虽显得紧凑齐整，但意义错综繁杂，而汉语不习惯这样，往往需要有条不紊地把意思叙述清楚。或先总后分，或先分后总，或由整体到部分，或由部分到整体①。本例汉译首先是对人物总体印象，然后对其外貌情态描写，意义显豁，层次分明。

5. 语序倒置

俄汉语序有同也有异，甚至完全相反，翻译须酌情调整语序，或顺序而译，或重组句略变语序，或语序倒置。我们来看一看俄汉语序完全相反、倒置关系的情况。

Мне очень нравится, что Панков никогда не говорит грубо с Кукушкиным, батраком своим, и внимательно слушает забавные выдумки мечтателя. (М. Горький, 《Дело Артамоновых》)

潘科夫对他的雇农库库什金从来不说一句粗暴话，并且注意地听这位幻想家所杜撰的滑稽故事，这点使我很高兴。(汝龙 译)

Было и забавно и как-то неловко вспомнить, что этого задумчивого человека в солидном костюме он трепал за волосы

---

① 郭沫若早在 1923 年发表的《理想的翻译之我见》中这样表述道："我们相信理想的翻译对于原文的字句，对于原文的意义，自然不许走转，而对于原文的气韵尤其不许走转。原文中的字句应该应有尽有，然不必逐字逐句的呆译，或先或后，或综或析，在不损及意义的范围以内，为气韵起见可以自由移易。"(罗新璋，1984：331)

（М. Горький，《Дело Артамоновых》）

回想自己从前揪过这个装束大方、神态沉思的男子的头发，不由得使人发笑，而且叫人有点发窘。（汝龙 译）

Было что – то обидное в том, что Никита, вложив в монастырь тысячу рублей и выговорив себе пожизненно сто восемьдесят в год, отказался от своей части наследства после отца в пользу братьев. （Дело Артамоновых）

尼基塔在修道院里已经存下一千卢布，跟修道院约定他在这一生中每年取用一百八十个卢布，随后他就把父亲死后他应得的一份遗产送给兄弟们了。不知怎么，这件事有点使人不好受。（汝龙 译）

Это было то выражение, которое бывало на его лице в те минуты, когда сухие руки его сжимались в кулак от досады за то, что княжна Марья не понимала арифметической задачи, и он, вставая, отходил от нее и тихим голосом повторял несколько раз одни и те же слова.

每当马丽雅公爵小姐解不出算术题，老公爵恼恨得干瘦的双手握紧拳头，站起来从她身边走开去，嘴里不断嘀咕着同一句话的时候，他的脸上就会出现这样的表情。（草婴 译）

俄文归结句一起句就是总括语，然后跟着说明从句，而汉语通常要倒置过来，总括语位于句末，以表达对所陈述事情的评语和看法。当然，不排除其他译法的可能。汉语也有总括语起句的，也可以在翻译中适当运用。

　　幸而我的母亲也就进来。（鲁迅：《故乡》）
　　正经快把花埋了罢，别提那个了。（《红楼梦》第23回）
　　Давай лучше похороним цветы, а о книгах вспоминать не будем.

俄语的存在—倒装句是语法化的正常词序，而汉语主谓句是正常词序，俄语的存在句可能译成汉语的主谓句，有时候非得如此不可。

Сквозь　стену，　требующую　капитального　ремонта，проглядывает осенний вечер.（А. Вампилов,《Месяц в деревне，или гибель одного лирика》）

秋天的傍晚，透过需要大修的墙壁在窥视。

透过需要大修的墙壁，秋天的傍晚在窥视。

Тьфу! Когда я читал ей самые красивые и самые нежные свои вещи, она не улыбалась так, как улыбалась на комплимент Яшки － механизатора　насчёт　того，　что　она　сама　завела зернопогрузчик.（А. Вампилов,《Месяц в деревне，или гибель одного лирика》）

呸！机械手雅什卡恭维她亲自开粮食装载机，她笑得那么开心，但当我向她朗诵我写的最美最温情的诗篇时，她却不那么笑了。

汉语语序通常是从因到果，先因后果，翻译遇到这种情况常须改变俄文语序。应当指出，俄汉语在受事宾语位于句首时，则可以依序而译。

Эти　райские　цветы　хочется　потрогать　из　любопытства.（А. Вампилов,《Цветы и годы》）

这些天堂之花，人们因为好奇总想去摸摸。

"这些天堂之花"因为是受事宾语，尽管位于句首，但可以不译成汉语的被动句，尤其是在可加上施事主语的时候，而俄文语序一般不作改变。是否语序倒置，据上下文需要而定。

科米萨罗夫说："（翻译中）改变词序，也是一种常见的句法变异类型。选择这种变异的原因是两种语言中词序的功能有时不一致。例如，英语中相对固定的词序规定了各个句子成分的位置，而俄语的词序则随句子交际切分（主位—述位关系）的改变而改变——在英语中交际切分是由加冠词等方法来表示的。俄语简单句如果不含重读词，那么述位部分的位置总是趋向于句末。"（科米萨罗夫，2006：141）

汉语与英语一样，相对固定的词序规定了各个句子成分的位置，是习惯于主谓正序，而俄语的语序可以比较自由，随交际切分的改变而改变。根据科米萨罗夫的见解，这恐怕就是在跨语言翻译中常见的句法变异的原因之一。当俄文的述位部分恰好是原因、前提、条件等，或者恰好是行为或事态的主体，那么译成汉语的时候，为了符合汉语的规范，可能需要改变语序，甚至完全倒置过来。但只要准确传译了意义，或重塑了意义结构，前后文意贯通一致便好。

На районные соревнования съехалось что - то около пятнадцати команд, а игры продолжались три дня. Команды прибыли чуть ли не из каждого колхоза. （А. Вампилов,《Прогулки по Кутулике. Прогулка вторая. По асфальту》）

区比赛会聚了约十五个球队，比赛持续了三天。几乎每个集体农庄都派来了球队。

Я отправился туда в первый же вечер и попал на концерт. Зал был наби'т битко'м. На сцене молодая, красиво одетая женщина исполняла народные песни. Аккомпадировали ей на баянах два парня. Пела она славно, а парни - аккомпаниаторы время от времени радостно улыбались. （А. Вампилов,《Прогулки по Кутулике. Прогулка третья. Ночная》）

我第一天晚上来到那里，碰巧有场音乐会。大厅里人挤得满满的。舞台上，一个衣着漂亮的年轻女子演唱了几首民歌，两个小伙子拉着手风琴为她伴奏。她唱得很好，伴奏的俩小伙子不时开心地笑着。

科米萨罗夫说："还有一种句法变异，就是改变句子类型。我们在行文时，是用简单句，还是并列复句，还是主从复合句，这常常是

可以随机选择的。……对比分析表明，译者改变句子类型常常是考虑到语篇的语体修辞特点。"（科米萨罗夫，2006：141）

我们从俄汉语序差异探讨了翻译变序的问题，主要在主语位置、意义重心、行为次序、意义层次、语序倒置等方面，探讨了俄汉语序趋异—变序问题，时有涉及语序趋同的问题。超句中的语序与翻译问题无疑还远未得到完善的研究，而译者主体及其翻译策略的选择可能存在差别，翻译方案变数多，语序可能变化多样。以上我们考察了一些值得注意的超句中的语序及翻译现象，更多的语序问题尚待发现和深入研究。

语序（词序）是翻译中的重要问题，它涉及小句（简单句）、句群（超句）、语篇中的先后顺序。因为双语差异，翻译中的语序调整是常见的现象。从小句来看，俄语因丰富的词形变化，可赋予其灵活的组句功能，词形变化似乎遮蔽了词序的重要性。汉语因缺乏词形变化，造句必须依靠词序表意，但借助虚词、词汇、句法、语调等的帮助，词序和组句也是可以变化多样的。词序具有某种普遍语言学的功能，既关乎语义，也关乎修辞，以及交际功能或信息结构（主述位）。在俄汉双语之间词序对译规律有之，也有因为句法联系和主谓语序上的差异而采用变序法。俄汉语词序规范有所不同，这给译者的工作带来了困难，从而生发出大量有趣的语言变化，这应该成为科研深入探讨的对象。俄汉语句群（超句）的语序与翻译问题。汉语好像容易实现与俄语语序"近似"，因为两者在时空顺序（行为时序）、逻辑顺序、自然语序、交际切分（主述位）等语序方面存在共通性，可以进行对译。俄汉语在主语位置、意义重心、行为次序、意义层次、语序倒置等方面，可能涉及语序趋同问题，但应重视语序趋异—变译问题。

第三节　俄汉语引语书写翻译问题

一　五四新文化运动以前俄汉语对话引语书写的差异

一般而言，俄汉语对话引语书写顺序不同。俄语的引语通常在前，而引语说明语在后。汉语往往是引语说明语在前，引语在后，五四新文化运动以前的近现代白话文尤其如此。我们以《红楼梦》俄译为例，来看看俄汉语篇排列的情况。例如：

说着才要回去，只见一个小丫头扶了赖嬷嬷进来。凤姐等忙站起来笑道："大娘坐。"又都向他道喜。赖嬷嬷向炕沿上坐了，笑道："我也喜，主子们也喜。要不是主子们的恩典，我们这喜从何来？昨儿奶奶又打发彩哥儿赏东西，我孙子在门上朝上磕了头了。"李纨笑道："多早晚上任去？"赖嬷嬷叹道："我那里管他们？由他们去罢！……"

Затем все снова собрались уходить, но в этот момент на пороге появилась девочка – служанка, которая поддерживала под руку мамку Лай.

— Садитесь, тетушка! — воскликнула Фын-цзе, бросаясь ей навстречу, и начала поздравлять.

Мамка Лай опустилась на край кана и, улыбаясь, проговорила:

— Моя радость — это радость моих хозяев. Ведь если бы не милости хозяев, разве могла бы у меня быть радость? Вчера, когда брат Цай принёс от вас подарки, мой внук вышел за порог и низко кланялся в сторону вашего дома!

— Когда же уезжает ваш внук к месту новой службы? — спросила Ли Вань.

— Разве я могу им распоряжаться? — возразила мамка Лай. — Пусть уезжает когда угодно! ...

俄译进行了分段，似乎是直接排列对话引语，说明语紧跟于后，说明语显得并不抢眼。

凤姐儿道："这些事，再没别人，都是宝玉生出来的。"李纨听了，忙回身笑道："正为宝玉来，倒忘了他。头一社是他误了。我们脸软，你说该怎么罚他？"凤姐想了想，说道："没别的法子，只叫他把你们个人屋子里的地，罚他扫一遍就完了。"众人都笑道："这话不差。"

— Все это, наверное, выдумал Бао - юй! — крикнула им вслед Фын - цзе. — Кроме него, никому в голову ничего подобного не смогло бы прийти!

— Вот хорошо, что ты напомнила! — воскликнула Ли Вань, оборачиваясь. — Я как раз хотела поговорить с тобой о Бао - юйе. На первое же собрание общества он опоздал! Мы все очень слабохарактерны, вот ты нам и скажи, как с ним поступить, как его наказать!

— Самое лучшее наказание будет, пожалуй, если вы заставите его подмести ваши комнаты, — немного подумав, ответила Фын - цзе.

— Совершенно верно! — засмеявшись, ответили девушки.

俄译除了分段排列对话之外，引语还有分两半的，中间插入说明语，以交代情景或表明说话的情态。而汉语引语连贯而齐整，通常不被说明语隔成两半。俄译的排列突出了对话引语，对话性增强，感觉如闻人语声，仅顺便交代一下说话情态而已。而汉语恰恰相反，起首便是情景说明，引语在后。

正说着，宝玉和探春来了，都入座听他讲诗。宝玉笑道："既然是这样，也不用看诗。会心处不在远，听你说了这两句，可知'三昧'你已得了。"黛玉笑道："你说他这'上孤烟'好，你还不知他这一句还是套了前人的来。我给你这一句瞧瞧，更比这个淡而现成。"说着，便把陶渊明的"暖暖远人村，依依墟里烟"翻了出来，递给香菱。香菱瞧了，点头叹赏，笑道："原来'上'字是从'依依'两个字上化出来的！"宝玉大笑道："你已得了，不用再讲，要再讲，倒学离了。你就做起来了，必是好的。"探春笑道："明儿我补一个柬来，请你入社。"香菱道："姑娘，何苦打趣我？我不过是心里羡慕，才学这个顽罢了。"探春、黛玉都笑道："谁不是顽？难道我们是认真做诗呢？要说我们真成了诗，出了这园子，把人的牙还笑掉了呢！"宝玉道："这也算自暴自弃了。前儿我在外头和相公们商画儿，他们听见咱们起诗社，求我把稿子给他们瞧瞧，我就写了几首给他们看看。谁不是真心叹服？他们抄了刻去了。"探春、黛玉忙问道："这是真话么？"宝玉笑道："说谎的是那架上鹦哥！"黛玉、探春听说，都道："你真真胡闹！且别说那不成诗，便成诗，我们的笔墨也不该传到外头去！"宝玉道："这怕什么？古来闺阁中笔墨不要传出去，如今也没人知道呢。"

Пока происходил этот разговор, пришли Бао – юй и Тань – чунь. Они тоже присели и стали с интересом вслушиваться рассуждения Сян – лин о поэзии.

— Мне кажется, тебе больше незачем читать стихи, —с улыбкой заметил, наконец, Бао – юй. — Ты и так уже недалека от истины. Судя по твоим словам, ты уже постигла 《 три неясности》.

— Ты говоришь, что выражение 《 поднялся дымок одинокий》 великолепно, — возразила на это Дай – юй, — но ведь вся эта фраза не что иное, как подражание более древним поэтам. Вот я тебе сейчас прочту отрывок из другого стихотворения, перед которым эта строка окажется бледной и беспомощной.

С этими словами она процитировала стихотворение Тао Юань – мина:

Темнеет, темнеет

селенье далёких людей,

Струится, струится

над этой деревней дымок.

— оказывается, слово 《поднялся》 поставлено здесь вместо 《струится》! — воскликнула восхищённая Сян – лин.

— Ну, теперь ты поняла всё, — засмеялся Бао – юй. — Излишние объяснения могут только повредить. Попробуй сейчас сама сочинить стихотворение, и я уверен, что получится прекрасно!

— Завтра я пришлю тебе приглашение вступить в наше поэтическое общество! — с улыбкой сказала Тань – чунь, обращаясь к Сян – лин.

— Зачем вы надо мной смеетесь, барышня? — с обидой в голосе произнесла Сян – лин. — Я ведь хочу научиться сочинять стихи просто ради развлечения.

— А кто их сочиняет не ради развлечения? — засмеялись в ответ Дай – юй и Тань – чунь. — Неужели ты полагаешь, что мы всерьёз задумали сделаться поэтами? Ведь если разговоры о том, что мы сочиняем стихи, выйдут за пределы этого сада, нас осмеют!

— Не нужно чересчур скромничать! — улыбнулся Бао – юй. — Недавно я разговаривал со знатоками поэзии, и когда они узнали, что мы создали поэтическое общество, они попросили у меня несколько стихотворений. Я показал им, и они пришли в восторг. Думаю, что восхищение их было искренним, а то чего ради они стали бы снимать копии?

— Правда? — не удержавшись спросили Дай – юй и Тань – чунь.

— Врет только попугай! — с улыбкой ответил Бао – юй.

— Зачем ты занимаешься глупостями! — встревожились дувушки. — Пусть стихи хороши, всё равно не следовало разглашать их!

— А чего бояться? — спросил Бао - юй. — Если бы стихи, сочиненные женщинами в древности, не выходили за стены их покоев, разве мы знали бы о них?

汉语整个情景对话没有分段，引语和说明语浑然一体地排布在同一个语段里。俄译每个人的说话与说明语便占一个小语段，引语较长时，常由说明语在中间将其隔开两半。汉俄语在引语书写上的差异，以及分段的不同，这个规律可以适当应用于翻译中，在译文中有所借鉴，取长补短。

分段除了语言间的总差别外，还有作者间的个体差别，这与作者叙述风格有关。例如，列夫·托尔斯泰在自己的长篇小说中常把一些超句体合成大语段——多主题块，这样的语段有时甚至可能不止一页的篇幅。在陀思妥耶夫斯基的语篇中，例如，在《地下室手记》里，也可以发现多个小段形成一个统一大语段的现象（如第一章的第五、六小段）。但 H. 瓦尔金娜指出：现代俄语作家们比 19 世纪的作家们更多采用分段技巧，这不仅与作者个人喜好有关，而且与当代俄语句法总的趋势有关，如今的句法更多变化，分出小段，讲究实际效果（Валгина，2003：74）。

黛玉磕着瓜子儿，只管抿着嘴儿笑，可巧黛玉的丫鬟雪雁走来给黛玉送小手炉儿。黛玉因含笑问他说："谁叫你送来的？难为他费心。那里冷死我了呢！"雪雁道："紫鹃姐姐怕姑娘冷，叫我送来的。"黛玉接了，抱在怀中，笑道："也亏了你倒听他的话！我平日和你说的，全当耳旁风，怎么他说了你就依，比圣旨还快呢。"宝玉听这话，知是黛玉借此奚落，也无回复之词，只嘻嘻的笑了一阵罢了。宝钗素知黛玉是如此惯了的，也不理他。薛姨妈因笑道："你素日身子单弱，禁不得冷，他们惦记着你倒不好？"黛玉笑道："姨妈不知道：幸亏是姨妈这里，倘或在别人家，那不叫人家恼吗？难道人家连个手炉也没有，巴巴儿的打家里送了来？不说丫头们太小心，还只当我素日是这么轻狂惯了的

呢。"薛姨妈道："你是个多心的，有这些想头。我就没有这些心。"（《红楼梦》第八回）

Дай-юй щелкала дынные семечки и прикрывала рот рукой, чтобы не рассмеяться.

— Как раз в это время служанка Дай-юй, по имени Сюэ-янь, принесла своей барышне маленькую крелку для рук. Сдерживая усмешку, Дай-юй спросила у неё:

— Кто тебя прислал? Спасибо за заботу! А то я совсем замерзла!

— Сестрица Цзы-цзюань побоялась, что вам будет холодно, барышня, — ответила Сюэ-янь, — вот она и послала меня.

— Ведь она тебе столько хлопот доставила! — с язвительной усмешкой заметила Дай-юй. — Как же ты её послушалась! ... Мне иногда целыми днями приходится что-нибудь твердить тебе, а ты все пропускаешь мимо ушей. Никак не пойму все, что она приказывает, ты исполняешь быстрее, чем исполняла бы высочайшее повеление!?

Услышав эти слова, Бао-юй понял, что Дай-юй решила воспользоваться оплошностью служанки, чтобы позлословить, и он только захихикал. Бао-чай, хорошо знавшая эту привычку Дай-юй, пропустила её слова мимо ушей.

— У тебя всегда было слабое здоровье, — улыбнувшись, вставила тетушка Сюэ, — и холода ты не переносишь. Что ж тут плохого, если они о тебе позаботились?

—Вы ничего не знаете, тетя! — возразила Дай-юй. — хорошо, что я у вас! Будь я у кого-нибудь другого, ещё обиделись бы! Неужто у людей не нашлось бы для меня грелки, что мне свою из дому присылают? Что они чересчур заботливы, это ладно. А если обо мне скажут, что я избалована?

— Ты очень мнительна, у тебя всегда странные мысли, —

заметила тетушка Сюэ, — мне это даже в голову не пришло.

我们通过对《红楼梦》对话段落及俄译情况的观察，发现俄汉语各有特点，俄语更倾向于分段排列引语和说明语，有时引语中间会被作者话语或者说明语隔成两半，甚至引语单独成行，而汉语（《红楼梦》显示出的）更倾向于大语段书写，引语几乎没有单独成行或中间被说明语隔开的现象。可见，俄汉语对话引语的排列具有明显区别。

二 五四新文化运动以后俄汉语引语书写趋同现象

俄语引语之后跟着说明语，或者在说明语之后还有后续引语，这是其惯常的语序。但汉译语序是否要按照曹雪芹时代的汉语规范书写呢？当然不必，时代更新，文风在变。汉译可否适当借鉴俄语的语序而不做大的调整？适当借鉴俄语的引语语序，或许汉译会显得自然顺畅而富于变化？关于这个问题，我们需要继续探讨一下五四新文化运动以后的现代汉语引语书写结构。现代汉语已经与曹雪芹时代的语文有很大不同了，例如，在老舍的文章里，有许多类似俄语引语的语序。

      "打上海有什么可乐的？"她的厚嘴唇懒懒的动弹，声音不大，似乎喉眼都糊满脂肪。"我还没上过上海呢！炮轰平了它，怎么办？"
      ……
      "你别忙啊！"瑞丰小干脸上笑得要裂缝子似的，极恳切地说，"你等我事情稍好一点，够咱们花的，再分家搬出去呀！"
      "等！等！等！老是等！等到哪一天？"瑞丰太太的胖脸涨红，鼻洼上冒出油来。（老舍：《四世同堂》）

老舍爱把说明语插在引语中间，或者把说明语位于引语之后在句尾，这与俄文极其相似。这样的句式有一个好处，一眼便知是在描写会话，突出引语，而对情景气氛的说明似乎居于其次。汉语引语排列语序，按小引语进行分段，这与曹雪芹《红楼梦》中的叙述顺序大相径庭。可见，五四新文化运动之后的汉语发生了很大的变化，这恐怕在一定程度上是要归因于翻译所起的作用吧。

"这么晚还买什么油？快点，瓶拿来。"她伸出手来，被他一把抓住了。

"拉拉手。大姑娘，拉拉手。"

"死人！"她尖声叫起来。"杀千刀！"

他吃吃笑着，满足地喃喃地自言自语，"麻油西施。"

……

"可怜可怜我吧，大姑娘，我想死你了，大姑娘。"

"死人，你放不放手？"她蹬着脚，把油灯凑到他手上。锡碟子上结了层煤烟的黑壳子，架在白木灯台上，把手一缩，差点被他打翻了。

"哎哟，哎哟！大姑娘你怎么心这么狠？"

"闹什么呀？"她哥哥在楼上喊。

"这死人拉捞我的手。死人你当我什么人？死人你张开眼睛看看！烂浮尸，路倒尸体。"

她嫂子从窗户里伸出头来。"是谁？——走了。"

"是我拿灯烫了他一下，才跑了。"

"是谁？""还有谁？那死人木匠。今天倒霉，碰见鬼了。猪猡，瘪三，自己不撒泡尿照照。"（张爱玲：《怨女》）

以上会话语序与俄语毫无二致，甚至有单纯的引语自成一行的现象。

再看下面一段张爱玲另一个作品里的对话，却与《红楼梦》里的引语语序如出一辙，规规矩矩地交代谁说话及情态，接着是引语，连续不断的对话，浑然一体地排布在同一语段里。

再过了一站，他便下车。振保沉默了一会，并不朝她看，向空中问道："怎么样？你好么？"娇蕊也沉默了一会，方道："很好。"还是刚才那两句话，可是意思全两样了。振保道："那姓朱的，你爱他么？"娇蕊点点头，回答他的时候，却是每隔两个字就顿了顿，道："是从你起，我才学会了，怎样，爱，认真的……爱到底是好的，虽然吃了苦，以后还是要爱的，所以……"振保把手卷着她儿子的海军装背后垂下的方形翻领，低声道："你很快乐。"娇蕊笑了一声道："我不过是往前闯，碰到什么就是什么。"振保冷笑道："你碰到的无非是男人。"娇蕊并不生气，倒过头去想了一想，道："是的，年纪轻，长得好看的时候，大约无论到社会上去做什么事，碰到的总是男人。可是到后来，除了男人之外总还有别的……总还有别的……"（张爱玲：《红玫瑰与白玫瑰》）

在张爱玲的笔下，存在着两种情况，或与外语排列相似，或仍是传统的排列法。两种顺序并行不悖地存在于张爱玲的作品里。老舍笔下类似外语的排列顺序，更是比比皆是。说明这种排列顺序可行，完全可应用于翻译中。这样有一个优点，让人一目了然，予人疏朗清新的感觉，上承下接，显得灵活而富有变化。

钱锺书在《林纾的翻译》中论述林译并非纯粹的古文时如此写道："小说里报导角色对话，少不得'甲说''乙回答说''丙于是说'那些引冒语。外国小说家常常花样翻新，以免比肩接踵的'我说''他说''她说'，读来单调，每每矫揉纤巧，受到修辞教科书的指斥。中国古书报导对话时也来些变化，只写'曰''问''答云''言'等而不写明谁在开口。更古雅的方式是连'曰''问'等都省得一干二净，《史通》内篇《模拟》所谓连续而去'对曰''问曰'等字。"（钱锺书，2001）

下面我们举出丁玲作品中的对话排布作进一步的探讨。

　　"我就是来告诉你的，"她一下子就打断了我的话，"我明天也要动身了。我恨不得早一天离开这家。"

"真的么？"

"真的！"在她的脸上那种特有的明朗又现出来了。"他们叫我回……去治病。"

"呵！"我想我们也许要同道的，"你娘知道么？"

"不，还不知道，只说治病，病好了再回来，她一定肯放我走的，在家里不是也没有好处么？"（丁玲：《我在霞村的时候》）

这与俄语的对话语序毫无二致，并且有单独引语成行的现象。倒是感觉对话气氛强而真实，没什么不习惯，不自然的。再请看一段丁玲作品的例子，则是混合式的运用。

子彬将手向美琳做了一个样式说道：

"换衣去，我们看电影去。你好久不来了，不管你的意思是怎么进步了也好，我们还是去玩玩吧。现在身上还有几块钱，地方随你拣，卡尔登，大光明……都可以。"

他拣出报纸来放在若泉的面前。

若泉答说他不去。

子彬有点要变脸的样子，很生气的望着他，但随即便笑了起来，很嘲讽似的：

"对了，电影你也不看了！"

美琳站在房门边愣着他们，不知怎么好，她局促的问：

"到底还去不去？"

"为什么不去？"子彬显得很发怒似的。

"若泉！你也去吧！"美琳用柔媚和恳求的眼光望着他。

他觉得使朋友这样生气，也有点抱歉似的很想点头。可是子彬冷隽的说道：

"不要他去，他是不去的！"

若泉真也有点忍不住要生气，但是他耐住了，他装着若无其事的去看报纸。（丁玲：《一九三〇年春在上海》）

这种混合式引语书写形式，既可以把对话的上承下接表现出来，同时又把说话的情景神态交代清楚，绘声绘色，如在目前。这倒不妨作为翻译的借鉴。

五四新文化运动以后，由于翻译的作用，确实出现了许多新颖自然，富有变化的句构。例如前面提到的存在句与一般主谓句间杂着使用。此外，还有这里讨论的对话灵活排布，既生动活泼，又精练醒目，一改旧小说里那种比较单一的叙述方式，这恐怕是翻译所起的大作用吧。

母亲站起身，出去了。门外有几个女人的声音。我便招宏儿走近面前，和他闲话：问他可会写字，可愿意出门。

"我们坐火车去么？"

"我们坐火车去。"

"船呢？"

"先坐船……"

"哈！这模样了！胡子这么长了！"一种尖利的怪声突然大叫起来。(鲁迅：《故乡》)

前面四句对话，据前后文可以揣度出是我与宏儿的对话，无须赘言交代。而最后一句则是新到之人——杨二嫂在说话，所以在叙写其声之后，还得交代一句以便读者能分别出来。

在鲁迅的作品里，也有把一个人的话语在中间用说明语隔开作一下交代的情形。

"这好极！他——怎样？……"

"他？……他景况也很不如意……"母亲说着，便向房外看，"这些人又来了。说是买木器，顺手也就随便拿走的，我得去看看。"

……

"不认识了么？我还抱过你咧！"

我愈加愕然了。幸而我的母亲也就进来，从旁说：

"他多年出门，统忘却了。你该记得罢，"便向着我说，"这是斜对门的杨二嫂……开豆腐店的。"（鲁迅：《故乡》）

除了中间交代之外，还有灵活多样地运用说明语的，不拘在前、在后、在中间，只要把情形交代清楚。只要对话本身是清晰的，便可省却说明语。

他站住了，脸上现出欢喜和凄凉的神情；动着嘴唇，却没有作声。他的态度终于恭敬起来了，分明的叫道：

"老爷！……"

我似乎打了一个寒噤；我就知道，我们之间已经隔了一层可悲的厚障壁了。我也说不出话。

他回过头去说："水生，给老爷磕头。"便拖出躲在背后的孩子来，这正是一个廿年前的闰土，只是黄瘦些，颈子上没有银圈罢了。"这是第五个孩子，没有见过世面，躲躲闪闪……"（鲁迅：《故乡》）

在钱锺书的《围城》里，对于混合式的引语书写可谓杂陈齐全，各种形式都有了。

方鸿渐那时候心上虽怪鲍小姐行动不检，也觉得兴奋。回头看见苏小姐孙太太两张空椅子，侥幸方才烟卷的事没落在她们眼里。当天晚上，起了海风，船有点颠簸。

十点钟后，甲板上只有三五对男女，都躲在灯光照不到的黑影里喁喁情话。方鸿渐和鲍小姐不说话，并肩踱着。一个大浪把船身晃得利害，鲍小姐也站不稳，方鸿渐勾住她腰，傍了栏杆不走，馋嘴似地吻她。鲍小姐的嘴唇暗示着，身体依顺着，这个急忙、粗率的抢吻渐渐稳定下来，长得妥帖完密。鲍小姐顶灵便地推脱方鸿渐的手臂，嘴里深深呼吸口气，道："我给你闷死了！

我在伤风，鼻子里透不过气来——太便宜了你，你还没求我爱你！"

"我现在向你补求，行不行？"好像一切没恋爱过的男人，方鸿渐把"爱"字看得太尊贵和严重，不肯随便应用在女人身上，他只觉得自己要鲍小姐，并不爱她，所以这样语言支吾。

"反正没好话说，逃不了那几句老套儿。"

"你嘴凑上来，我对你嘴说，这话就一直钻到你心里，省得走远路，拐了弯从耳朵里进去。"

"我才不上你的当！有话斯斯文文地说。今天够了，要是你不跟我胡闹，我明天……"方鸿渐不理会，又把手勾她腰。船身忽然一侧，他没拉住栏杆，险的带累鲍小姐摔一交。同时黑影里其余的女人也尖声叫："啊哟！"鲍小姐借势脱身，道："我觉得冷，先下去了。明天见。"撇下方鸿渐在甲板上。天空早起了黑云，漏出疏疏几颗星，风浪像饕餮吞吃的声音，白天的汪洋大海，这时候全消化在更广大的昏夜里。衬了这背景，一个人身心的搅动也缩小以至于无，只心里一团明天的希望，还未落入渺茫，在广漠澎湃的黑暗深处，一点萤火似的自照着。

"滥觞于五四新文化运动的中国现代文学，虽然只有三十年的短暂历程，但在东西方文化浪潮的文汇与激荡之中，却风生水起、云蒸霞蔚，涌现出一代灿若星河的新文学作家，开启了中国文学现代化的伟大新纪元。"（王中忱，2010）这是从宏观上讲的中国现代文学，而上文列举的现代作品中的引语书写形式的变革翻新，恐怕也算是这"风生水起、云蒸霞蔚"奇观之一吧。既是翻译所起的作用，就应当再应用于翻译之中，以作为翻译文学的一种新颖书写变式。

三　俄汉语引语书写趋同对翻译策略选择的影响

俄汉语引语书写可以达到高度一致，但应指出，俄语引语后面的说明语采用谓主反序，汉语说明语采用主谓正序，这是俄汉互译时需要注意的。我们简单略举几个译例，切实感受一下俄汉翻译引语书写的状况。

– Едешь? – И он опять стал писать.

– Пришел проститься.

– Целуй сюда, – он показал щеку, – спасибо, спасибо!

– За что вы меня благодарите?

– За то, что не просрочиваешь, за бабью юбку не держишься. Служба прежде всего. Спасибо, спасибо! – И он продолжал писать, так что брызги летели с трещавшего пера. – Ежели нужно сказать что, говори. Эти два дела могу делать вместе, – прибавил он. (Л. Толстой, 《Война и мир》)

"你要走了？"他又写起字来。

"我来向您辞行。"

"吻我这儿吧，"他伸出面颊，"谢谢，谢谢！"

"您干吗要谢我？"

"因为你不拖延时日，没有被女人的裙带绊住脚。报国至上。谢谢，谢谢！"他继续写下去，只听飞溅着墨水的笔尖飕飕地响。"你有什么要说，只管说吧。我可以同时做两件事。"他补充说。（刘辽逸 译）

"你要走了？"他说着，继续写字。

"来向您辞行。"

"吻这里，"老公爵指指一边脸颊，"谢谢，谢谢！"

"您谢我什么？"

"因为你没有耽搁，没有被娘儿们的裙带绊住。公务至上。谢谢，谢谢！"老公爵继续使劲写字，墨水从沙沙响的笔尖溅开来，"你有什么话要说，尽管说吧好了。我可以一边写，一边听。"他补充说。（草婴 译）

两个汉译都很成功，均与俄文格式高度一致，保留了引语和说明语的语序位置，未有变动。刘辽逸的译文自然贴切，恰如俄文之本然。草婴译文中的"我可以一边写，一边听"把"可以同时做两件事"具体化了，非常恰当。外国语的布局顺序有它的精彩，有它的变化和好处，应当在翻译中适当借用，不必枉改它，这是可以有机融入汉语中的。

Ростов видел, что всё это было хорошо придумано ими. Соня и вчера поразила его своей красотой. Нынче, увидав ее мельком, она ему показалась еще лучше. Она была прелестная 16-тилетняя девочка, очевидно страстно его любящая (в этом он не сомневался ни на минуту). Отчего же ему было не любить ее теперь, и не жениться даже, думал Ростов, но теперь столько еще других радостей и занятий! 《Да, они это прекрасно придумали》, подумал он, 《надо оставаться свободным》. (Л. Толстой, 《Война и мир》)

罗斯托夫看出，这一切都是经她们深思熟虑过的。他昨天就为索尼娅的美而吃惊，今天一晃看了她一眼，他觉得她更美了。她是一个可爱的十六岁的姑娘，显然她在热爱着他，他对这一点没有丝毫的怀疑。他现在怎么能不爱她，甚至怎么能不和她结婚，罗斯托夫这样想，但是……现在还有那么多别的欢乐和要做的事！"是啊，她们想得很妙，"他想，"我应当保持自由。"（刘辽逸 译）

尼古拉看出，这事她们是好好考虑好的。宋尼雅的美昨天就使他吃惊。今天匆匆看到她一眼，尼古拉觉得她更加迷人。宋尼雅是个漂亮的姑娘，今年十六岁，显然热爱着他（这一点他从没怀疑过）。尼古拉想：他怎么能不爱她，不同她结婚呢？但现在还不到时候。现在他还有那么多别的活动和快乐的事！"不错，她们想得很妙，"尼古拉说，"但我要维护我的自由。"（草婴 译）

两位翻译家的汉译，基本上遵循了俄文语序，细心的读者可以看出，刘辽逸的译文一任俄语语序未作丝毫改变，草婴的译文在"尼古拉想：……的事！" 部分有语序调整，把作为独立成分的说明语 думал Ростов 前移了，并且把 подумал он 译成 "尼古拉说"，仿佛是 自言自语。这反映了不同译者各自独特的理解和翻译策略。

我们可以认为，原文引语排列格式在汉译中基本上可以不改动语 序和分段格式，必要时只做微调即可。例如：

– Удалить! – заявил он категорически.

– Зачем же удалить? – спросила Верочка испуганно. – Его лечить надо. Завтра можно продолжить.

– Если все дни будут походить на сегодняшний, то я не хотел бы, чтобы их было много, – упадочно сказал Коля, но согласился терпеть до завтра и, не попрощавшись, ушел. (А. Вампилов, 《Стомотологический роман》)

"拔掉！" 他决然地说。

"为什么要拔掉？应该治一治。明天可以继续治。" 薇罗契卡 胆怯地说。

"如果以后所有的日子都像今天这样，我再不想活了。" 科里 亚颓丧地说，但他同意忍耐到明天，没有道别便离开了。

— Что? — жутким шёпотом спросил Коля, пристально всматриваясь в Верочкин затылок. — Что? — повторил он голосом, рассчитанным на запугивание двух встретившихся ночью грабителей.

— Разве вы не заметили? — прошептала Верочка, повернувшись и сверкнув влажными уже глазами.

— А – а – а... — издал Коля звук, который обозначал приступ зубной боли и то, что он вдруг нашёл причину своих мучений. Три дня молчаливых страданий дурно отразились на его манера разговаривать, и он стал кричать громко и с чувством:

— Вы с ума сошли! Вы шутите! Как вы могли! — И,

судорожно цепляясь за край стола, он закричал полным голосом:
— Палач! Чудовище! （А. Вампилов, 《Стомотологический роман》）

"什么?"科里亚可怕地低声吼道,死死盯着薇罗契卡的后脑勺,又问,"什么?"仿佛是两个夜间相遇的劫匪在恐吓对方似的。

"难道您看不出来吗?"薇罗契卡低声细语地说着转过身来,眼里闪着泪花。

"哎哟……哎哟……"科里亚的呻吟声意味着牙痛发作了,他忽然间找到了自己苦痛的原因。三天沉默无声地受罪,恶劣地影响了他的说话方式,他忍着疼喊道:"你发疯了!你开什么玩笑!你怎么能这样!"他浑身痉挛地抓住桌子的边缘,扯开嗓门又喊道:"刽子手!恶魔!"

— Вот что, молодой человек, — сказал Владимир Павлович не поздоровавшись. — Не ходите вы, ради бога, по редакциям и не пишите стихов. Чтобы нравиться девушкам, не обязательно писать стихи. Я вам это давно хотел сказать, но не мог. А теперь могу. У вас не то что талант. У вас здравый смысл отсутствует.

— Рехнулся! — сказал посрамлённый поэт, глядя вслед уходящему Владимиру Павловичу. （А. Вампилов, 《Сумочку к ребру》）

"是这样的,年轻人,"符拉基米尔·巴甫洛维奇没有问好,开口便说,"看在上帝面上,您不要往各编辑部跑,也不要写诗了。要讨姑娘喜欢,不一定非得写诗。这话我早就想对您说,但是不能说。现在我可以说了。您不仅不具备那种诗才,您连健全的理智都没有。"

"你疯了!"受辱的诗人冲着走远的符拉基米尔·巴甫洛维奇的背影说道。

汉译完全照原文引语和说明语排列顺序,并且保留分段格式,几乎感觉不到异样，反而觉得译文排列明朗清晰，上承下接得自然，把对话的气氛和情景交代得很清楚。这就是说，俄文对话语序直接译出是完全可以的，只要汉语读者不觉得分段琐碎即可。

    ... Дружиников встретил капитан ГАИ Богачук.

— Кто такие? — спросил он очень сурово. — Зачем?

Ему все объяснили, показали лошадку и весёлого ездока, сказали, что очень торопятся.

— Не туда попали. Надо в Кировский отдел милиции. Ему объяснили всё снова.

— У нас рейд, — сказали ему. — надо срочно задержать двух преступников. Надо спешить.

— Забирайте лошадь, — повторял Богачук. Он оказался человеком твёрдым и раз принятое решение считал бесспорным, а объяснения его только раздражали. Ещё больше он не любил рассуждений, расценивая их, повидимому, как сверхурочный труд.

— Вы что не знаете, чем занимается автоинспекция? — спросил он презрительно.

— Знаем, — ответили ему, — знаем, чем занимается автоинспекция.

— Не знаете, — сказал он. — лошадь — не наше дело.

— Но ведь могла произойти авария. С машинами. Из - за лошади. Если бы произошла, тогда это было бы ваше дело?

— Тогда наше, — согласился вдруг Богачук, — тогда наше. И давайте без разговоров — забирайте лошадь.

— Но поймите. . .

Капитан не понимал и всё более раздражался. Он не кричал, но был дьявольски ироничен. Ирония как таковая, правда, ему малодоступна. И он нажимал в основном на интонацию. Попросту он разговаривал хамским тоном.

— А ну-ка, вы, — сказал он Сосунову, — ведите лошадь и пьяного в Кировский отдел.

— Я не могу, — ответил Сосунов. — Мы очень спешим. Кроме того, я не умею управлять лошадью.

— Ага-а! — сказал Богачук злорадно и схватил Сосунова за шиворот. — Не умеешь!

Тут же младший лейтенант ГАИ Ходорченко, сподвижник Богачука, вытолкал на улицу Москвитина.

— Идите отсюда! — сказал остальным. И выгнали остальных. (А. Вампилов, 《Лошадь в гараже》)

……接待几位纠察队员的是国家汽车行驶监督机构的上尉博加楚克。

他非常严厉地问:"你们是什么人?要干吗?"

几个人忙给他解释,并指给他看小马和乐呵呵的驭手,说他们非常着急要去办事。

博加楚克说:"不是这里。应该送往基洛夫警察分局那里去。"

几个人又向他解释道:"我们有急务在身,要马上逮捕两名罪犯。非常急。"

博加楚克不耐烦地命令道:"把马牵走!"他是个坚定的人,一旦作出什么决定,就认为是无可争议的,而解释只会使他恼火。而且,他不喜欢争辩,他把争辩显然看作分外操劳。

他轻蔑地问:"你们难道不知道,国家汽车行驶监督机构是干什么的吗?"

他们答道:"我们知道,知道国家汽车行驶监督机构是干什么的。"

"我看你们不知道,马——不关我们的事。"

"但要是可能出了事故呢。出车祸。因为马闯了祸,那就是你们的事吧。"

　　"那就是我们的事，"博加楚克突然同意了，"那就是我们的事。别废话——把马牵走！"

　　"您要明白……"

　　上尉不明白，越来越恼火。他不喊叫，但极尽讽刺之能事。讽刺，他确又不大能驾驭得了。他主要是加重语气，纯粹是说粗鲁话。

　　他对索苏诺夫说："喂，你们把马和醉汉带到基洛夫分局去。"

　　索苏诺夫回嘴："我不能，我们非常忙。再说，我不会管理马。"

　　博加楚克幸灾乐祸地一把揪住索苏诺夫的衣领："啊哈——哈！你不会?!"

　　这时，博加楚克的战友——国家汽车行驶监督机构的大尉——霍多尔琴科几下就把莫斯科维京推搡到外面。他又把其他人赶出门来，对他们嚷道："从这里滚！"

　　适当地合并引语，不必拘泥于固定的叙述顺序，顺势照外语对话语序，译出变化与精彩来，必能增色译文。汉译不仅问、曰、答等用在前面可省略，用在后面也照样可以省略，但翻译时还要特别注意一个问题，在省却说明语的时候，一定要把对话气氛和情态交代清楚，有时只见对话，而疏于交代情景气氛也不利于传情达意。这个问题，参见前文《红楼梦》俄译例，笔者在《文学翻译：意义重构》一书中就语用环境与意义的关系有过探讨，此不赘述。

　　综上，我们在语段（语篇）层次上探讨了俄汉语引语书写翻译问题。通过对现当代汉语一些著名作家作品中引语书写形式的探讨，结合翻译实践的印证，发现俄汉语之间虽然存在引语书写的诸多差异，但也存在趋同现象。俄语引语书写格式基本上都能直接对译过来，而不影响汉语的顺畅表达，这是符合五四新文化运动以来现代汉语与俄语语序趋同现象的。这便是翻译对现代汉语的影响，反过来又影响翻译吧。俄汉语不论是引语和说明语，还是语用分段，几乎完全一致，唯有引语后的说明语有别，俄语为谓主语序，而汉语为主谓语序。而当代俄语有细分语段的现象，有时甚至分段过于琐碎，在俄译汉时可以把过于细小的语段适当合并。译者的个人喜好和时代要求，可能影响语用分段，而合理恰当的分段将增强其表现力。引语段落的翻译，不论有无省却说明语，以不要影响译入语读者对情景情态气氛的准确感受为佳。

第五章 俄汉语语篇翻译问题

科米萨罗夫认为，原文和译文语篇的比较研究可能涵盖这些语篇的形式或内容结构的各个方面，翻译理论的中心问题是全面描写这些语篇之间的内容关系，以揭示翻译等值概念。（每一个）语篇单位的内容，它们之间的相互关系，它们在语篇中的分布序列，它们之间的近程和远程连贯性，它们与其他内容部分的复现关系（анафорические и катафорические отсылки）构建起语篇内容的水平结构，从而使语篇保持连贯有序（Комиссаров，1988：8）。俄语界把语篇的主要特征概括为连贯性（表层连贯、内在连贯）和完整性（Валгина，2003：13），科氏所谓的"水平结构"，主要指表层连贯。我国有英语学者在论述连贯类型时，合理地把连贯分为显性连贯和隐性连贯（莫爱屏，2015：59）。表层连贯或显性连贯，即大致相当于语篇衔接。

第一节 俄汉语语篇衔接翻译问题

一 语篇衔接概念

衔接，又称粘连，这一术语主要因为韩礼德和哈桑的系统深入的研究（1976）而得到流行，并在文学语体分析、翻译研究等领域得到广泛运用。句群、语段或语篇，通过采用各种语法、语义和篇章手段而形成一个有机统一体，作为语篇的有效得体的部分，在特定的语境中为某种交际目的服务。所用篇章组织手段便是篇章衔接手段，包括主述位结构、信息结构、句式结构等结构性手段，以及照应、替

代、省略、连接、词汇粘连等语义粘连手段（许余龙，2005：332 -
333）。五种粘连手段也用于句内的语言组织，但由于句内的各语言成
分已经由各类不同的语法关系将它们联系起来，因此只有句间的粘连
才真正显示出粘连手段的篇章纽带作用。主述位结构、信息结构、句
式结构等结构性手段可视为语篇组织结构，既是形式上的也是内容上
的，这可以成为一个专门的研究课题，前面在论述俄汉语不同句式和
句群对照时，已略有所涉及。而关于语义粘连手段，也仅只选择探讨
俄汉语照应和省略与翻译问题。俄汉语在组句连篇方面的同与异，可
参阅史铁强的研究（史铁强，2004：468 - 492），也可参阅吕叔湘的
《汉语语法分析问题》一书（1979）。吕叔湘强调了语法研究应突破
"句本位"的束缚，并明确了句际三种衔接手段：词汇、意义和句式
（转自陈洁，2006：34）。我们所选的语段或句群（超句体）均摘自
俄汉译品，可算是具有完整语义的小语篇，未注明的为本文作者
所译。

二 俄汉互参语篇衔接探译

（一）照应

照应是通过具有指称作用的语项与其所指项之间的语义联系而取
得的，发挥指称作用的语项可以是人称代词（他、她）、指示代词
（这个、那个）、比较词（这样、同样、其他）等，它们在篇章组织
中分别与其所指称或所比较的事物（广义上的）发生联系，从而构
成篇章粘连。我们举译例来看俄汉语代词照应。

1. 人称代词照应

　　Алеша запомнил в тот миг и лицо своей матери: он говорил,
что оно было исступлённое, но прекрасное, судя по тому,
сколько мог он припомнить. Но он редко кому любил поверять
это воспоминание. （Достоевский，《Братья Карамазовы》）

　　阿辽沙马上就能想起母亲的脸来：他说据他的记忆，那张脸
是疯狂却又很美丽的。但是他不大爱把这个回忆讲给什么人听。

（臧仲伦 译）

俄文 своей，多个 он 与 Алеша 照应，而 оно 与 лицо 照应，从而构成人称代词照应关系。汉译文基本上对应再现了俄文的照应关系，但汉语对译略有变化，有省略（своей），有代词还原（оно→那张脸）。俄文 оно 不能对译成"它"，在此"它"的使用会导致表意不清。

И вот довольно скоро после обретения могилы матери, Алеша вдруг объявил ему, что хочет поступить в монастырь и что монахи готовы допустить его послушником. Он объяснил при этом, что это чрезвычайное желание его и что испрашивает он у него торжественное позволение, как у отца. Старик уже знал, что старец Зосима, спасавшийся в монастырском скиту, произвел на его "тихого мальчика" особенное впечатление. (Достоевский,《Братья Карамазовы》)

阿辽沙在找到了母亲的坟墓不久以后，忽然对他（笔者注：阿辽沙的父亲）说，想进修道院去，修士们也肯收他做见习修士。他又解释这是他的迫切愿望，所以郑重地请求做父亲的许可。老人早就知道，当时正在修道院里修行的佐西马长老已经在他这位"安静的孩子"的心目中产生了很深的影响。 （臧仲伦 译）

俄语 Алеша 与 ему 对举，表明 ему 并非照应 Алеша，而说明从句中省略了的 он 才是照应 Алеша 的，并与后面的两个 его 和 он 形成照应关系，所指均为 Алеша。而 он у него...，как у отца 句式则把 он 与 у него 相区别，而 у него...，как у отца 同位结构表明所指同一，均为父亲，而 его "тихого мальчика" 中的 его 所指也是父亲。俄文人称代词照应关系明确，语意清晰。在臧仲伦的译文中，第一个"他"（ему）是指"父亲"，但因汉语缺乏词形变化，译文的代词照应不大清楚，多个"他"所指有些混乱。试译为：

> 阿辽沙在找到了母亲的坟墓不久以后，忽然对父亲说，想进修道院去，修士们也肯收自己做见习修士。又解释说这是自己的迫切愿望，所以郑重地请求做父亲的许可。老人早就知道，当时正在修道院里修行的佐西马长老已经在他这位"安静的孩子"的心目中产生了很深的影响。

一个段落中人称代词照应，为了避免所指不明，而活用"自己"和代词还原以明确表意。也可以采用代词零回指，即代词省略方式，以求行文紧凑自然。俄汉语之间的差别，也显现了出来。这就是说，俄文中的代词照应，在汉译文中可能变成省略（零回指）、代词还原或活用反身代词，以重建译文中的照应关系。

> Истинный реалист, если он не верующий, всегда найдет в себе силу и способность не поверить и чуду, а если чудо станет пред ним неотразимым фактом, то он скорее не поверит своим чувствам, чем допустит факт. Если же и допустит его, то допустит как факт естественный, но доселе лишь бывший ему неизвестным. В реалисте вера не от чуда рождается, а чудо от веры. （Достоевский,《Братья Карамазовы》）
>
> 真正的现实派，如果他没有信仰，一定会在自己身上找到不信奇迹的力量，即使奇迹摆在他面前，成为不可推翻的事实，他也宁愿不信自己的感觉，而不去承认事实。即使承认，也只是把它当作一件自然的事实，只是在这以前他不知道罢了。在现实派身上，信仰不是从奇迹里产生，而是奇迹从信仰里产生的。（臧仲伦 译）

俄文人称代词 он，ему 及其反身代词 себе 照应前面的 реалист，而 его 照应 факт，而非 реалист。俄语依靠人称代词及其变格形式和反身代词建立起句际间的照应关系。汉译文中的多个"他"字与俄文堪称字字对译，若尝试省略"他"字似乎也是通顺的，只是文章的语气和抑扬顿挫感或许少了些。当汉语一段话中有一个主语统领全段时，常用代词省略法，但反身代词"自己"通常不能省略。所以，代词照应除具有语意衔接功能外，还可以使行文流畅自然，有时代词照应要考虑语义联系和行文节奏。俄汉代词照应有所不同，要尽量避免意义偏差和意味损失。

> Апостол Фома объявил, что не поверит прежде чем не увидит, а когда увидел, сказал: "Господь мой и бог мой!" Чудо ли заставило его уверовать? Вероятнее всего, что нет, а уверовал он лишь единственно потому, что желал уверовать, и может быть уже веровал вполне, в тайнике существа своего, даже еще тогда, когда произносил: "Не поверю, пока не увижу". (Достоевский, 《Братья Карамазовы》)
>
> 使徒佛马说，他只要不是亲眼得见的就不能相信，但是看到了以后便说："我的神，我的上帝"，是不是奇迹使他有了信仰呢？大概不是的，他所以相信，只是因为他或自己愿意相信，也许还在他说"未看到以前不能相信"的时候，在他的内心深处就已经完全相信了哩。(臧仲伦 译)

俄文代词照应可以是隐性的，因为俄语动词第三人称变位形式，就意味着其主语是承前省略人称代词的，这时语意关系仍然清晰。而汉语动词没有形态变化，没法确保与主语的必然联系，为了显示出清晰的照应关系，有时需要添加人称代词，如本例。只要不引起歧义，当一个统一的主语统领全段时，后面的代词回指大多可以采用零回指方式，以求文字简练。有时汉译若尝试省略代词不译，似乎也是通顺的，但是文章的语气和抑扬顿挫感或许就少了些。代词照应除具有语意衔接功能外，还可以使行文流畅自然，有时代词照应要考虑语义联系和行文节奏。俄汉代词照应有所不同，对译或变通都要尽量避免歧义、偏差。

2. 代名词照应

俄语代词可能是代指事物名词或动名词，从而在句际间形成照应关系。

> Я думаю, что прекрасные ландыши, сорванные руками прекрасной девушки, стоят рубля. Когда же ты не берёшь его, вот тебе пять копеек. Я хотел бы всегда покупать у тебя цветы; хотел бы, чтоб ты рвала их только для меня. (Карамзин, 《Бедная Лиза》)

> 我认为由漂亮姑娘之手所摘的漂亮铃兰就值一卢布。既然你不要一卢布，就给你五戈比吧。我多想永远从你手中买花，多想你只为我摘花。

俄文 его 照应 рубля，而 цветы 是为避免重复而用的替代词（替代 ландыши），их 则是为了照应 цветы 以衔接语意的。汉译文中还原对译的"一卢布"和"花"，乃是为了表意明确，脉络清晰，朗朗上口。当然，"一卢布"也可以省略，这样汉语表述仍是通顺的。

> Лиза очутилась на улице, и в таком положении, которого никакое перо описать не может. Он, он выгнал меня? Он любит другую? Я погибла — вот её мысли, её чувства! Жестокий обморок прервал их на время. (Карамзин, 《Бедная Лиза》)

> 丽莎不知不觉走到街上，其状况难以用笔墨形容。"是他，是他把我赶出来的？他爱上了别人？我完了。"这便是丽莎的思绪，丽莎的感受！她突然昏厥在地，一时间中断了思绪，失去了知觉。

俄文 Мысли, чувства 与 их 照应关系清楚，如果仅仅把 их 对译成汉语"它们"，就显得生硬牵强，因而具体化作了代词还原。重复在汉语中是一种必要的衔接法，而省略则是为了避免累赘感。俄文因为词形变化的缘故，代词照应或替代从语言形式上丝毫不会有累赘感，而能显出组句表意严谨而富于变化的特点。

Заранее скажу мое полное мнение: был он просто ранний человеколюбец, и если ударился на монастырскую дорогу, то потому только, что в то время она одна поразила его и представила ему, так – сказать, идеал исхода рвавшейся из мрака мирской злобы к свету любви души его. И поразила – то его эта дорога лишь потому, что на ней он встретил тогда необыкновенное по его мнению существо, – нашего знаменитого монастырского старца Зосиму, к которому привязался всею горячею первою любовью своего неутолимого сердца. （Достоевский,《Братья Карамазовы》）

我先把我的意见说完全吧：他只是一个早熟的博爱者，所以撞到修道院的路上来，只是因为那时候唯有这条路打动了他的心，向他提供了一个使他的心灵能从世俗仇恨的黑暗里超升到爱的光明中去的最高理想。这条路所以打动了他，只是因为他在这里遇见了一位据他看来非同等闲的人物——我们的著名的修道院长老佐西马。他在自己那如饥似渴的心灵里对长老产生了一种初恋般的热爱。① （臧仲伦 译）

俄文中 Дорога 与其代词 она одна 构成该语段中的照应关系，而汉译文并未以代词照应相对译，而是采用了重复照应法，还原译成"唯有这条路"，把意思衔接关系表达得清楚明了。我们再举一例看

---

① 这里涉及俄语二格名词词组的翻译。俄语二格表意丰富多姿，既可表示主体意义，也可表示客体意义，还能表示非述状性修饰限定意义。本例即涉及表示主体意义的二格名词词组的翻译，可译成汉语句子局部的主语。例如，"……使他的心灵能从世俗仇恨的黑暗里超升到爱的光明中去……""他在自己那如饥似渴的心灵里对长老产生了一种初恋般的热爱"（或"他那如饥似渴的心灵对长老产生了一种初恋般的热爱"）。

代词还原法在物称代词翻译中的应用。汉语因为代词还原而形成重复衔接，有时重复也是一种修辞手法。

Бульдозерист прыгнул в кузов, мы поехали дальше. Мы собрали всех, бригадир был впереди. Он ломал сухую лесину, она тихо стонала и вдруг с треском выстелилась на снегу. Бригадир отвел бульдозер в сторону, выключил мотор, стало тихо, вывороченный пень осьминогом чернел на снегу, ошеломляюще пахло землей, закат бледными губами коснулся оцепеневших стволов, мы закурили. (А. Вампилов, 《Дорога》)

推土机手一跃身上了车厢，我们继续前行。我们接齐了大伙儿，队长还在前头。他要折断一根枯树，树无声地呻吟着，突然咔嚓一声，倒在雪地上。队长把推土机开到一边，关闭发动机，周围顿时安静下来，连根拔起的树桩活像黑章鱼一般趴在雪地上，散发出浓郁的土壤气息，晚霞用苍白的嘴唇触吻发呆的树干，我们点起了香烟。(笔者 译)

俄文的 лесина, она, пень, ствол 虽形态各异，但均与树一脉相连。汉译采用复现法（枯树、树、树桩、树干）即重复、同义、上下义衔接而构成连贯语篇。汉译里的"树"由代词还原译来，起着语义连贯的作用。此外，汉译运用比喻和拟人法，很好地再现了俄文的修辞方面。

В детстве и юности он был мало экспансивен и даже мало разговорчив, но не от недоверия, не от робости или угрюмой нелюдимости, вовсе даже напротив, а от чего – то другого, от какой – то как бы внутренней заботы, собственно личной, до других не касавшейся, но столь для него важной, что он из – за нее как бы забывал других. (Достоевский, 《Братья Карамазовы》)

他在童年和少年时不好动，甚至不大说话，这倒不是由于不信任人，不是由于怕生，或者性情阴郁，不善于跟人交往；恰恰相反，是由于一种别的情形，好像是由于一种个人的、内心的思虑，和别人不相干而对他很重要，以致为此似乎忘掉了别人。（臧仲伦 译）

俄文中 Забота 与 нее 构成照应关系，汉语则以指示代词（物称代词）相照应进行了转换。俄语人称代词或者说貌似人称代词可以代换事物名词（或具体，或抽象的），而汉语不可以，常用复指或省略，从翻译的角度看，复指即是对俄语代词还原（或可辅用指示代词以明确其义）①。翻译若既可代词还原，又可代词对译（或对转）时，只要不引起歧义，对译倒不失为一种简便易行的办法。对转与对译通常可不作区分，若要区分的话，对译乃是同词类的对应直译，如把 она 译作她，而对转则是词类对应的同时可能发生转换，如代词 она 转换为"它"或"此"。在代名词（尤其是物称代词）跨语际传译中，可能发生这种对转现象。

Прибавьте, что был он юноша отчасти уже нашего последнего времени, то – есть честный по природе своей, требующий правды, ищущий ее и верующий в нее, а уверовав требующий немедленного участия в ней всею силой души своей, требующий скорого подвига, с непременным желанием хотя бы всем пожертвовать для этого подвига, даже жизнью. （Достоевский,《Братья Карамазовы》）

---

①　陈国亭曾作如是解释：由于汉语的"他、她、它"在指称上有一定限制，汉语名词由无定转向有定时不用代词代换，而要在名词前加"这（个）些"表定指。如：五一节我到（一个）公园去了，（这个）公园现在很漂亮。［Первого мая я был в（одном）парке, он теперь очень красивый.］其实，在连贯言语中，汉语更多用的是省略，而俄语用代换。试比较：五一节我到公园去了，（公园）里面很干净。（Первого мая я был в парке. В нём было очень чисто.）我买了苹果，（它们）很好吃。（Я купил яблок, они очень вкусны.）我买了些苹果，（它们）在桌子上呢。（Я купил яблок. Они на столе.）这儿有个苹果，你（把它）吃了吧。（Здесь яблоко. Съешь его.）（陈国亭，2014：194）

　　此外，他已经多少有了我们这个时代的青年人的气质，这就是说：本性诚实，渴望真理，寻求它，又信仰它，一旦信仰了以后就全心全意献身于它，要求迅速建立功绩，抱着为此甘愿牺牲一切甚至性命的坚定不移的决心。（臧仲伦 译）

如不存在理解歧义，可以将俄语的物称代词对译为汉语的物称代词，以便译文与原文协调一致。

　　Бедный мальчик уже не помнит себя, С криком пробивается он сквозь толпу к савраске, обхватывает её мёртвую, окровавленную морду и целует её, целует её в глаза, в губы...（Достоевский,《Преступление и наказание》）

　　这时那可怜的男孩已经控制不住自己的悲愤了，他一边叫嚷，一边挤过人群跑到黑鬃黄马跟前，搂住它断了气的血淋淋的头吻啊吻啊，吻它的眼睛，吻它的嘴……

　　该例似乎代词照应对译（对转）更优于代词还原。当代词指代被动词支配的客体意义名词时，通常不能采用零回指（省略）方式，而如果代词指代句中的非客体意义名词，不论它充当句中什么成分，可视情况而省略。有时很难判断代词之所指代，究竟是指人还是指事物，可能涉及原文修辞上的模糊运用。

　　Николай Николаевич любил наблюдать эти встречи, привык к ним, думал о них. Почти каждый вечер он говорил Лидии Николаевне: "Лида, посади меня к окну, я опаздываю на свидание", – и смотрел в рощу до тех пор, пока сумерки не съедали и рощу, и две фигуры у старой березы. Они ему даже иногда так и снились: девушка сидела, прислонившись к стволу березы, а молодой человек стоял, упершись головой в толстый сук и держась за него обеими руками, и смотрел на девушку.

（А. Вампилов，《Последняя просьба》）

尼古拉·尼古拉耶维奇爱看他们约会，习惯看到他们和想象他们的情况。几乎每天晚上他都对丽吉亚·尼古拉耶夫娜说："丽达，快让我坐到窗口边，我看他们约会要迟到了。"他一直望着小树林，直到黄昏吞没了小树林和老桦树下的两个身影。他甚至有时还梦见他们：姑娘坐靠着白桦树干，而年轻人站着，头靠在一个粗树枝上，他双手扶着树枝，在凝视姑娘。

原文中的代词所指，很难说就是这里译文表述的样子，或可做别的解读。俄汉互比可见，解读代词之所指代，不仅是从前向后，有时是从后文映照的，或者说是前后贯通进行的。汉译也可以做到互相映照以显示意义，试想如果把"他们"统统换成"他们约会"，意思通顺，但却显得有些呆板了。原文之所以所指模糊，也是同样的道理吧。表达含糊有时也是一种美。

总之，俄语物称代词在翻译中如有可能即可对译或对转，而代词还原也是常用的译法，另外，因双语差异，省略和重复不失为有效的语篇衔接手段，可以适当采用。

3. 反身代词照应

俄语反身代词照应：既有回指人，也有回指事物，甚至回指动名词。俄汉语中的反身代词，具有回指限定的作用，经常可以对译，可译作"自己的"或其变体。

Она раскраснелась — быстро шла，и глаза её блестели восторженно. Рослая，стройная，Марьяна，амазонка！ Валя в прошлом году закончила десятилетку и осталась в Кетле，в своём селе，в своей тайге... （А. Вампилов，1982г.，с. 413）

她脸色通红——走得急，两眼惊喜得放光。高挑的个儿，匀称的身材，玛丽亚娜，女骑手！瓦利娅去年十年级毕业后，留在了家乡科乌拉村庄，留在了自己熟悉的原始森林里……

反身代词译成"家乡""自己熟悉的",这是变通处理。反身代词回指人,通常译成"自己的",在语境中也可能有所变化,视情况可译为"各自""分别""他们"等,这是"自己的"变体。

Трудно найти во всей русской литературе что – либо значительное, чего хотя бы в зародыше своём не находилось у Пушкина... Все образы 《 маленького человека 》 — от Башмачкина Гоголя, Девушкина Достоевского до Червякова Чехова — берут своё начало у Пушкинского Самсона Вырина. (任光宣等,2003:75)

整个俄罗斯文学中很难找到某种重要的东西不是从普希金那里萌芽的……所有的小人物形象——从果戈理的巴士马齐根,陀思妥耶夫斯基的杰武什金到契诃夫的切尔维亚科夫——(他们)都发端于普希金的撒姆松·维林。

《 Натура призывает меня всвои объятия, к чистым своим радостям 》, — думал он и решился — по крайней мере на время — оставить большой свет. (《 Бедная Лиза 》)

"大自然呼唤我投入它的怀抱,尽享它纯粹的欢愉。"他这样想着,于是决定——哪怕暂时——抛开上流社会。

反身代词回指事物,也有译作"自己的",有时这样对译不合适,而要译作物称代词"它""它们"或省略。

Это так и будет. Участь Толстого мыса решена. Белый снег доживает здесь последнююсвою зиму, метели отплясывают здесь на своих последних праздниках, никогда уже не вернётся ушедшая отсюда кабарга. Сдал свои ключи филин — бывший комендант Толстого мыса. (А. Вампилов, 《 Голумбы пришли по снегу 》)

以后亦将如此。大岬角的命运已定。白雪在这里度过自己最后一个冬天，暴风雪在这里狂舞过自己最后一个个节日，从这里逃走的香獐子将永不回来。大岬角的鸱鸮——前警备司令交了（自己的）钥匙了。

俄语反身代词回指，似乎更像是一种衔接手段，而没有实质性的语义，所以在译成汉语时时常省略。但反身代词回指，译作"自己的"，有时还可能具有语调上的效果，或自豪，或夸耀等。但有时候对译出来不大合适，如本例最后一句将"свои"译成"自己的"就显得别扭，所以翻译求变而省略。

4. 无定代词照应

汉语中除了使用"自己"来作反身回指或复指，还可以通过活用"人家"来指称人，以达到技巧的明确所指的作用。凡代词，其所指人物并无确定性者，叫作无定代词，例如，"人""人家""别的""别个""别人""大家"之类，都是无定代词（王力，1985：200）。

不妨在翻译中活用无定代词，这也是一种语篇衔接方式，似乎还具有修辞上的效果。汉语中的"人""人家"是泛指的，无定代词，但（在翻译中）活用"人""人家"来表示所指，可以使行文富有变化，增加情趣。

Трезвый Жучкин — хмурый, замкнутый человек, заговаривающий лишь для того, чтобы ругаться и грубить. Ругаясь много и охотно, он вспоминает чужих матерей чаще, чем это делают сами чужие. (А. Вампилов, 《На пьедестале》)

清醒的茹奇根——是个阴郁、封闭的人，他讲话只是为了骂人和粗暴。他经常喜欢骂人，比人家本人还记得人家的亲娘呢。

Чужих, чужие译成人家，基本上算是对译了。

Приятели встретились почти напротив пары, которая была теперь олицетворением любви, согласия и верности.

Влюбленные сидели лицом друг к другу и чуть наклонив друг к другу головы. Молодой человек перебирал в своих руках ее пальчики. (А. Вампилов,《На скамейке》)

　　两位朋友几乎是在那对恋人的对面相遇的，见证了人家的心心相印和忠贞爱情。两位恋人相向而坐，头微微靠在一起。年轻人双手拉着姑娘的手，抚摸着。

本例并非对译，"人家"是译者的选择与创造，但很恰当。这是一种特殊的代词，在翻译中不可不用它。也有可用可不用的时候，就取决于译者了。

　　Коля был молод и интересен. Верочка тоже была молода и никого еще не любила. И произошло то, что, несомненно, могло бы произойти в этом случае. В свободном сердце Верочки Беседкиной Коля вместился сразу и весь, начиная с непричесанных в это утро волос и кончая нечищенными в это утро туфлями. Верочка покраснела и стала вести себя так, словно не он, а она пришла к нему в кабинет и застенчиво ждет, когда он обратит на нее внимание. (А. Вампилов,《Стоматологический роман》)

　　科里亚年轻，有情趣。薇罗契卡也年轻，还从未爱过哪一个人。于是，发生了这种情况下注定会发生的事情。在薇罗契卡·别谢特金娜自由的心中，一下子装进了科里亚整个人——这天早晨他连头发都没有梳理，鞋子也没有擦干净。薇罗契卡脸红了，仿佛不是科里亚来到她这里就诊，而是她到了科里亚的办公室，腼腆地等候人家来关注自己似的。

本译例中，"人家"一词也可换成"他"。用无定代词来表确指，不仅表了意，而且语言仿佛透着一种幽默色彩。"人"和"人家"在某些情形之下，暗指"我"或"他"而言，意义变为确定，这是无定代词的活用（王力，1985：200）。例如，你只怨人行动嗔怪你，你再不知道你怄人难受。（《红楼梦》第 20 回）"人"就是指自己，即"我"。

顺便说一下，汉语中的"你""我""他"均可用作无定代词，并非一定是具体的你、我、他，这样活用可增加语言的生动有趣。即使在学术著作中，这类用法也显得活泼有趣，例如，"这说明中西方对同一部作品的取舍原则上的差异，你认为妙趣横生的，他觉得寡味，你认为平淡的，他认为离奇"（黄忠廉，2002：93）。

俄语的代词照应主要指用单数或复数代词来照应语境中提及的人、事物等。俄文代词照应使用得相当广泛，不但可以指称人，而且可以指称事物，还可以指称现象或过程。既为了衔接语篇，又为了避免重复，以求言语富于变化。俄语词汇的性、数、格范畴为代词照应提供了很大的便利。通常，只要用相应性、数、格的代词指称，便可以照应前面提到过的人、事物、现象等名词，甚至动名词。但汉语中代词照应法的使用频率远低于俄语，而且汉语里一般用作指代人和事物，绝少用作指代动名词。俄语代词照应一目了然，有明显的粘连痕迹，但汉语中照应的痕迹很可能是隐形不见的，即出现代词省略现象。在允许的情况下，翻译通常是代词对译和对转，而时有代词还原、复现（重复、同义、上下义）、代词活用、省略等，就是说在翻译过程中将发生语际间的词汇—语法转换和语篇组织的变化，这是因为俄汉语词法的差异导致代词照应的差异，值得我们详细探讨。

（二）省略

语言的经济原则是无处不在的，省略是常见的语言现象。省略不是为了减损意义，而是为了简练，避免冗余。省略也是一种重要的语篇衔接方式。我们运用俄汉互参法对语篇与翻译问题进行探讨。

1. 主语（宾语）省略

俄语由于动词谓语有变位，即使省略主语，也能确定动作是由谁发出，或由谁承受的，这就是说，省略的主语其实是可以明确的。而汉语由于缺乏形态变化，仅凭谓语动词不能确定主语，所以在遇到俄语无主语时，翻译通常要根据上下文补出主语，有时甚至补出不确定主语来。

Ударили меня, я едва на ногах устоял, треснул кого - то кистенём по башке, потом - другого, а третий убежал. (М. Горький, 《Дело Артамоновых》)

他们打我，我差点摔倒，我就用铁锤打碎一个人的脑袋，后来又打死一个，第三个逃掉了。(汝龙 译)

Пощупал глазами сноху и закричал: - Пухнешь, Наталья? Родишь мальчика - хороший подарок сделаю. (М. Горький, 《Дело Артамоновых》)

他用眼睛打量一下儿媳妇，叫起来："你肚子大了，纳塔利娅？生个男孩子吧，我要好好送你一件礼物。"(汝龙 译)

汉语有没有省略主语的情况？有的，但是否与俄语对应，却不一定。祈使句通常省略第二人称主语，俄汉语一致。汉语缺乏词形变化，而上下文或对话语境为省略提供了条件，也成为意义明确的主要依据。这种省略不仅不影响语意的表达，而且能增强语言的表达效果，可以使句子简洁、明快、语气畅达（黄汉生，1982：244 - 245）。汉语主语省略分承前省和蒙后省。凭借一定的语言环境，宾语也可以省略。

她们轻轻划着船，船两边的水哗，哗，哗。（ ）顺手从水里捞上一棵菱角来，菱角还很嫩很小，乳白色。（ ）顺手又丢到水里去。那棵菱角就又安安稳稳浮在水面上生长去了。(孙犁:《荷花淀》)

（ ）听清楚枪声只是向着外面，她们才又扒着船帮露出头来。(孙犁:《荷花淀》)

我愕然了。"不认识（ ）了么？我还抱过你咧！"我愈加愕然了。(鲁迅:《故乡》)

Он вдруг взял тысячу рублей и свез ее в наш монастырь на

помин душисвоей супруги, но не второй（　）, не матери Алеши, не "кликуши", а первой（　）, Аделаиды Ивановны, которая колотила его.（Достоевский,《Братья Карамазовы》）

　　他忽然掏出一千卢布捐给我们的修道院，以追荐亡妻的灵魂，但是 他追荐的 不是续弦，不是阿辽沙的母亲，不是"害疯癫病的女人"，而是他的发妻阿杰莱达·伊凡诺芙娜，常打他的那个。（臧仲伦 译）

　　俄文因有词形变化，词与词之间的关系清楚，省略的成分也看得分明。例如，второй，первой 后面承前省略了 супруги，它们均作为 помин души 的不一致定语，而具客体意义。本例相当于客体省略。而汉译分别采用完整的概念（亡妻、续弦、发妻等）准确地传译了俄文以性、数、格变形表示的概念 своей супруги, второй（　）, первой（　）, 并把不便前置的限定语添加"那个"予以确指，以对应于俄文的 которая 从句。

　　可见，俄汉语各有省略主语（宾语），以求精练，但各自符合其语言规范而有所不同。须进行变通处理，或添加补益，或省略冗余，以合乎译入语规范，而求达简洁、明快、畅达的效果。因为俄汉语词形变化上的差异，而不能一概对译；否则便会产生译语不通。

　　2. 述谓动词省略

　　俄语为求简洁，不但省略主语，而且常借助接格关系而省略动词。汉语造句很重视动词，可以说无动词不成句，因为没有词尾变化，省略动词的句子是很难靠词与词之间的连接关系而形成语义连贯的。

　　"Не плачет. Я его – не больно".（М. Горький,《Дело Артамоновых》）

　　"他没有哭。我没有打痛他。"（汝龙 译）

　　汉译文中的"打"字是万万少不得的，而俄语的 Я его – 通过词的变格形式可显示出所省略的谓语动词。

> 一碗吃完，他的汗已湿透了裤腰。半闭着眼，把碗递过去：
> "再来一碗！"（《骆驼祥子》）
>
> От таких приправ Сянцзы согрелся и весь вспотел.
> Полузакрыв глаза, он попросил:
> — Ещё чашку! (с. 43)
>
> 刘四爷打外，虎妞打内，父女把人和厂治理得铁桶一般。
> （《骆驼祥子》）
>
> Отец хозяйничал во дворе, дочь — в доме. У них во всем
> царил строжайший порядок. (с. 45)
>
> 亏了你是个大嫂子呢！姑娘们原是叫你带着念书，学规矩，
> 学针线哪。（《红楼梦》）
>
> А ещё считаешься старшей невесткой! — воскликнула
> Фынцзе. — Тебя приставили к барышням, чтобы ты помогала
> им учиться грамоте, правилам приличия, вышиванию!

汉语中的"打外""打内""念书""学规矩""学针线"结构齐
整，述谓动词一个都不能少；否则就不协调，不通顺了。而俄语动词
却可以依靠词形变化和接格关系而省略，这样反倒显得简洁明快。

> "过来先吃碗饭！毒不死你！两碗老豆腐管什么事?!"虎妞
> 一把将他扯过去，好像老嫂子疼爱小叔那样。（《骆驼祥子》）
>
> — Ты сначала поешь, не бойся, не отравишься. Доуфу
> разве еда? — Хуню потянула его к столу, как сестра любимого
> брата. (с. 46)

汉语的动词成为造句的核心，没有动词几乎很难成句，而且动
词运用也可富于变化，饶有趣味。有意思的是，如果把俄语回译成
汉语，上例中的最后一句便可能是："一把将他扯过去，好像老嫂子

扯可爱的小叔那样。"这个"扯"字译得非常刺眼，有些别扭，若像俄文那样省略又有些不通。表达着同样的意思，老舍的语句显得灵动，有味道。"好像老嫂子疼爱小叔子那样"，似乎是从"好像老嫂子疼爱地扯小叔子那样"或"老嫂子扯可爱的小叔子那样"这样的句子省略掉"扯"字化来的，或者说就是把"扯"字换成"疼爱"化来的。而俄译文借助词形变化而承前省略动词，语句显得精悍明快。

那么，汉语可不可以省略动词呢，像俄语那样？我们仍然从老舍笔下选取例子看看。

> 回来，分头送少爷小姐们上学，有上初中的，有上小学的，有上幼稚园的。(《骆驼祥子》)
> Возвратившись, стал развозить господских детей: одних в среднюю школу, других — в начальную, третьих — в детскую группу. (с. 52)

译者在译前是否把原文改成这样的语句"送有的上初中，送有的上小学，送有的上幼稚园"不得而知，省略后面两个"送"字语句是通顺的，而俄译文似乎就是省略语句中的"送"字而译成的。俄译文与汉语原文如出一辙，又各自符合其语法规范。如果这一点还不足以说明汉语可以有条件地省略动词的话，那么请再看一例。

> "你要是还没有吃了的话，一块儿吧！"虎妞仿佛招待个好朋友。(《骆驼祥子》)
> — Поужинай с нами, если ещё не ел, — пригласила его Хуню, как близкого брата. (с. 46)

"一块儿吧"是"一块儿（吃）吧"的省略，"虎妞仿佛招待个好朋友"是"虎妞招待他仿佛招待个好朋友"省略前面的"招待他"而来。可见，汉语省略动词会显得非常精练，例如，上面老舍地道的汉语，非常接近俄文的句式，仿佛就是译自俄文而稍作变化的。像老舍那样从生活中信手拈来的省略句，有时正可用来对译俄语的动词省略句。

В комнате тепло, но Петр Васильевич ёжится, глядя на мертвую луну, на скованную холодными тенями улицу и на застывший за блестящими сугробами лес. （А. Вампилов, 《В сугробах》）

屋子里虽然暖和，可彼得·瓦西里耶维奇望着一轮惨月，望着寒光阴影下的街道，望着闪闪雪堆丛外的那片凝冻的森林，不由得打了一个寒战。

И я понял, что молодость моя проходит мимо счастья – мимо тех радостей и печалей, которые дает человеку одна любовь. "Как известно, – подумал я, – для души и сердца прошли эти пять лет..." И я вдруг ясно вспомнил свой отъезд в город, маленькую станцию, Веру и ее милое, заплаканное лицо. （А. Вампилов, 《Моя любовь》）

于是我明白，我的青春与幸福擦肩而过了，与唯有爱情给予一个人的那些欢乐和悲伤擦肩而过了。我想，"我知道，对于灵魂和心灵来说，这五年白白过去了……"忽然我清晰地回忆起自己到城里去的情形，回忆起那个小站，回忆起维拉和她那哭成泪人儿似的可爱的脸庞。

俄文有省略动词，汉译文如果不添加后面的"望着""擦肩而过""回忆起"等，句意便不完整。

Я не оспариваю ни опыта, ни мудрости, ни правоты тех, кто утверждает, что любовь к одному человеку не может быть беспрерывной и беспредельной, но я твердо убежден, что моей единственной любви хватит на всю мою жизнь. （А. Вампилов,

《Моя любовь》）

有人说，只爱一个人的爱情不可能是长久无边的，我不想与他们理论谁的经验更可靠，谁的智慧更高超，谁的选择更公正。但我坚信我唯一的爱情足够我享用一生。

俄语一个动词可能支配多个成分，有时所支配的成分很有意思，看似一个词组（词）的作用，却不亚于从句。俄文的这类动词省略句，在译成汉语时，或者添补上所省略的动词译出，而形成很有气势的排比句式，如本例。

Он запомнил один вечер, летний, тихий, отворенное окно, косые лучи заходящего солнца（косые – то лучи и запомнились всего более）, в комнате в углу образ, пред ним зажженную лампадку, а пред образом на коленях, рыдающую как в истерике, со взвизгиваниями и вскрикиваниями, мать свою, схватившую его в обе руки, обнявшую его крепко до боли и молящую за него богородицу, протягивающую его из объятий своих обеими руками к образу как бы под покров богородице... и вдруг вбегает нянька и вырывает его у нее в испуге. Вот картина!（Достоевский,《Братья Карамазовы》）

他还记得夏天的一个寂静的晚上，从打开的窗户射进了落日的斜晖——斜晖记得最真切。屋里一角有个神像，（　）前面点燃着神灯，母亲跪在神像面前，歇斯底里地痛哭着，有时还叫唤和呼喊，两手抓住他，紧紧地抱住（　），勒得他感到疼痛；她为他祷告圣母，两手捧着他，伸到神像跟前，好像求圣母的庇护（　）。……突然，奶娘跑了进来，惊慌地把他从她手里抢走。真像一幅画面！（臧仲伦　译）

俄文利用词形变化，谓语动词与其所支配的第四格补语构成本段的语义粘连方式（在英语中形态变化也是一种语义粘连手段①）。虽然动词 запомнил 与所支配的四格相隔很远，但语义关系清楚，设想没有俄语格（如第四格）的运用，就没办法建立起本段句子成分之间的语义联系。所以，俄语的词形变化也成为一种句法语义联系的方式，不用单独另外起句，一个谓语动词 запомнил 便可以遥接多个宾格，如 вечер, окно, лучи, образ, лампадку, мать 等词汇分别与其修饰语，其作用犹如多个从句。汉语因缺乏词形变化，须另起句才能顺畅达意，有时为了简洁起见而有所省略。顺便说一下，代词照应也成为一个重要的语义联系的手段，例如，俄语代词 Он 在句中以变格形式出现，形成各种搭配关系，从而把阿辽沙与母亲反复地联系在起来，正因为此，不到四岁的阿辽沙才记住了早已故世的母亲的面容，慈母的样子成了永恒的记忆。俄文从形式上让我们体会到阿辽沙与母亲的亲近，而汉语呢，至少有两处省略的"他"是可以补充上去的，这样可能更有利于传达原意，以加强语义联系的印象。

俄汉语在上下文中常省略谓语动词，但并不完全一致。或者俄语省略动词，而汉译文须补上，否则不成句，或不合搭配。

　　　　— Я-то понимаю, а она едва ли поймёт.

　　　　— А ты сделай так, чтоб она. （М. Горький, 《Дело Артамоновых》）

　　　　"我倒明白了，她却未必能懂。"

　　　　"你要想法说得她懂才好。"（汝龙 译）

　　　　— Тятя, купи мне козла, — просил Яков; он всегда чего-нибудь просил.

　　　　— Зачем козла?

　　　　— Я буду верхом кататься.

---

　　① 汉语是思维对语言的直接投射，通过语序、虚词使词语对接生成语言，而英语是思维对语言的间接投射，通过程式整合（词的形态变化、SV 提携机制、话语应接）生成语言。（刘宓庆，2001：162－165）

- Плохо выдумал. Это ведьмы на козлах ездят. （М. Горький,《Дело Артамоновых》）

"爸爸，给我买一只山羊。"亚科夫要求说。他老是要求什么东西。

"为什么要买山羊?"

"我要骑它。"

"你胡想。巫婆才骑山羊。"（汝龙 译）

Артамонов всем существом своим чувствовал, что это не настоящие люди, и не понимал, зачем они брату, хозяину половины большого, важного дела? （М. Горький,《Дело Артамоновых》）

阿尔塔莫诺夫凭他的全身心感觉到这些人都不是真正的人，而且不明白他弟弟身为半个重要的大事业的主人，为什么要跟他们来往。（汝龙 译）

俄文 зачем они брату 省略了 нужны，这是凭着词格变化明意的，而汉译文如果不补上述谓动词则不成句，更别说传神了。"为什么要跟他们来往?"这是很活的译句，是在"为什么需要他们"基础上的化译。

其实，在上下文中汉语是可以像俄语那样省略谓语动词。这一点我们不要忘记了。例如：

政老爹便大怒了，说："将来酒色之徒耳!"因此便大不喜悦，独那史老太君还是命根一样。(《红楼梦》第二回)

可见，汉语虽没有词形变化，但在上下文中，仍然可以像俄语那样，既省略主语，又省略谓语，如"将来酒色之徒耳!"有时候可能孤零零剩下一个词，如代词、名词、副词等，但不是动词。虽只有名词、代词、副词，却是句子中的成分，俄汉语仍可实现对译，不过俄语可能有形态变化，而汉语看不出形态变化罢了。我们也可以设想以下对话与俄语的动词省略毫无二致。例如：

> 休养所的窗口有个妇女探出脸问："剪子磨好没有?"老泰山
> 应声说："好了。"

又如：

> "不过，这回他骂的不是我。"
> "骂谁?"
> "你!"
> "我!"

俄语是典型的形式语法，有词形变化，汉语几乎没有，这构成翻译中的问题。俄语句子成分之间依靠词的变格、变位建立起密切关系，不论次序如何颠倒，句子成分之间仍可看出联络的痕迹，而汉语常依靠意合法组句，语法结构"好像天衣无缝，只是一块一块地硬凑，凑起来还不让它有痕迹"（王力语）（转自都颖，2014：64）。所谓"硬凑"，就是指汉语句子成分之间看不出形态上的衔接痕迹，即有所省略也。

3. 连词省略

现略举一二例，来看看俄汉翻译中的连词省略。

> – Как хорошо! – сказала Лидия Николаевна, в первый раз
> открывая окно, когда роща уже чуть повеселела издалека еще
> незаметной зеленью. （А. Вампилов,《Последняя просьба》）
> "多么美啊!"丽吉亚·尼古拉耶夫娜说，第一次打开窗户，
> 隐约可见远处的白桦林透着翠绿，已经稍许有些欢快的色调了。

汉译紧扣俄文进行断句重组，俄文的连词 когда 未生硬译出，但却隐含在汉语的句子结构当中了。

Бригадир плотников Павел Ступак, прибывший на Толстый мыс с десятью демобилизованными солдатами, рассказывает, как вывел свою бригаду на снег, как поделили они между собой три топора и принялись за первые палатки. （А. Вампилов, 《Колумбы пришли по снегу》）

木工队长帕维尔·斯图帕克，是与十个复员士兵一起来到大岬角的，他讲述自己带领建筑队来到这雪域，大家共用随身带来的三把斧子，搭建起原始帐篷的故事。

汉译文中消失不见了俄文中的连词 как，俄文里的说明从句变成了汉语里带长修饰语的偏正词组似的。翻译还需讲究译文逻辑上的畅通、理顺，适当地添加、精炼等。

外面的谣言他不大往心里听，什么西苑又来了兵，什么长辛店又打上了仗，什么西直门外又在拉案，什么齐化门已经关了半天。（老舍：《骆驼祥子》）

Его не волновали слухи о том, что в Сиюань снова пришли солдаты, что в Чансиндяне идут бои, что за воротами Сичжимынь хватают людей и заставляют работать на армию, что ворота Цихуамынь закрыты. （перевод Е. Молчановой）

老舍笔下的多个"什么"都对译成俄语说明从句的连词，这是颇有意思的，莫非老舍笔下的"什么"结构是受了俄语的影响？然而，通常俄语说明从句译成汉语，是要省略连词 что 不译的，极少时候才对译成连词。这算是一个特例了，老舍从生活口语中顺手拈来这个用法，为我们翻译俄语的说明从句提供了一种新的可能。不妨再举一个老舍笔下的例子。

得了钱和当票，我知道怎样小心的拿着，快快回家，晓得妈妈不放心。（老舍：《月牙儿》）

Получить деньги и квитанцию и быстро вернуться домой, чтобы мама не беспокоилась.

该例采用反面着笔译法，把汉语中省略连词的原因从句变译成了俄语的目的从句，很有创意。也可见出老舍自然而贴切的语言。如果诸如本例的从句都能像老舍所写的那样，何愁没有好的译文呢。"晓得"二字用得传神，有生活，有余味，看似与 чтобы（免得，以免）相去甚远，实则是体贴入微，反扣得天衣无缝。

4. 别样省略

Сначала почернели натоптанные прохожими тропинки через рощу, потом стали появляться желтые пятна проталин, и наконец вся земля предстала перед глазами такой, какой застал ее первый снег... (А. Вампилов, 《Последняя просьба》)

最初是穿过白桦林的条条小道被过路人踩踏变黑了，然后是雪融化的地方开始露出黄色斑点，终于整个大地呈现在眼前，仿佛（地上）下了第一场小雪似的……

或可译为：…… 仿佛（天）降了第一场小雪似的……

汉译文中"地上"作状语，可以省略，甚至可以省略"天降"中的"天"字。俄语是典型的形式语法，后文的照应词语，都要与前文在词形变化上保持一致，句式结构严谨（вся земля предстала перед глазами такой, какой застал ее первый снег），不容轻易省略，不然衔接关系就可能发生混乱。此外，还反映出汉语和俄语在空间感受上的差别。莫非中国人对天更加敬畏，而俄罗斯人对大地更有切身感受？春秋天的大自然景色，在几乎所有的俄罗斯作家笔下都很迷人，充满了光明和温暖，而冬天则多是肃杀的凛冽的寒风与暴风雪。中国人则不同，天子统治中国数千年，秉承着上天的意志和恩威，所有中国人几乎都对天心存敬畏、感恩，而大地则居于次位了，天与地、乾与坤、阳与阴，主次分明。所以，在俄罗斯人的思维中，通常

是大地逢初雪或初雪逢大地（застал ее первый снег），而非天降初雪
或天下初雪（с неба упал первый снег）。两种汉译文前者提到地，更
贴近俄文，后者提到天，更贴近汉语，但都适应中国人的接受习惯。
即使省略"地上""天"等字样，中国人也能首先一下子想到天，而
非地，一个"下"字，一个"降"字，即可明确语义。于此犹可约
略想见俄汉文化观念之差异，而翻译双语双文化互参意义也可略见
一斑。

省略也是一种重要的语篇衔接方式。俄语由于动词谓语有变位，
省略的主语其实是可以明确的。而汉语由于缺乏形态变化，仅凭谓语
动词不能确定主语，所以翻译通常要根据上下文补出主语。俄语为求
简洁，常借助接格关系而省略动词。汉语因没有词形变化，可以说无
动词不成句，但也有与俄语动词省略毫无二致的。还有因为语言和文
化差异引起连词省略和别样省略。俄汉语之间既有有趣的省略对应，
也有因为语言差异无法对应的，就需要根据各自语言的规范重构起新
的语义衔接关系，恰当地补译出语里省略的句子成分。

语篇衔接还有别的方法，例如，替代、连接、词汇衔接等，就不
逐一探究了。笔者所谓的诸多衔接（照应或指称、省略、替代、连
接、词汇衔接），王东风在《连贯与翻译》一书中主要是作为语法连
贯，而把词汇衔接作为句际语义连贯探讨的。所以，我们这里所探讨
的衔接与翻译问题，从某种意义上讲，也是在探讨连贯与翻译问题，
因为已经涉及内在的语义联系，并非只是形式衔接而已（何况形式衔
接也是为了内在的语篇连贯）。

第二节　俄汉语语篇连贯翻译问题

一　语篇连贯概念

学界通常认为语篇最大的两个特征便是衔接（cohesion）和连贯
（coherence）。"篇章的连贯和粘连是密切相关的。篇章的连贯表现为
篇章成分之间的内在语义联系，而篇章的粘连是为连贯服务的形式手
段。"（许余龙，2005：228）连贯既是语言现象，又是心理行为（王

树槐，2013：48）。衔接和连贯没法截然区分，通常衔接可视为连贯的下义概念，不同语言的连贯语篇应该各自具有其衔接特点，表现出不同的连贯性。通常所谓汉语重"意合"，而英语、俄语等语言重"形合"，就是从语法衔接角度讲的语言连贯性。语篇中的连接关系可以由连接成分实现，也可以通过意义间的自然顺序表示（温金海，2013：110）不论是有形还是无形的衔接，都为了形成连贯的语篇。汉语的"硬凑"联句，虽看不到联络的痕迹，但不妨碍语篇连贯。我们上节在论及语篇衔接时，所举的译例都是语篇连贯的，亦即在语义和逻辑上连贯的。史铁强曾经研究过衔接与连贯的关系："衔接是语篇的具体意义关系，连贯则是产生的整体效应。或者说，前者是语篇的有形网络，后者是语篇整体意义的无形框架，二者共同作用，促成完整语篇的建构。"（史铁强，2010：26）"衔接资源的使用可以促使语篇的连贯，但在理论上既非充分条件，也非必要条件（De Beaugrande & Dressker，1981）。然而，由于人类短时记忆能力的限制，在现实中，当语篇达到一定的长度时，衔接资源的使用往往成为必要。"（朱长河、朱永生，2011：37）俄语界把语篇的主要特征概括为连贯性（表层连贯、内在连贯）和完整性（Валгина，2003：13）。我国有英语学者在论述连贯类型时，合理地把连贯分为显性连贯和隐性连贯（莫爱屏，2015：59）。学界所谓的衔接与连贯，即大致相当于表层连贯（或显性连贯）与内在连贯（或隐性连贯）。

二　俄汉互参语篇连贯探译

在《连贯与翻译》一书中，王东风采用连贯范式而不是衔接—连贯范式作为理论探讨的基础，把衔接只看作连贯系统下种种连接关系中的一个副类，认为连贯作为各类关系的上义概念在意义的理解与转换中所起的重要作用不容忽视（王东风，2009：16）。王东风提出了翻译连贯论的四个基本假定（连贯是一个多重关系网络，意义产生于连贯，连贯是文学语篇必不可少的特征，连贯是翻译必须要体现的特征）（王东风，2009：30 - 32），作为其全书论证的出发点，并分别就语法连贯、语义连贯、文体连贯和语用连贯做了详细论述。

在翻译过程中，原文语篇的语法连贯、文体连贯、语义连贯和语用连贯会发生变异，除了因为译者与作者在意识、能力上的冲突外，还可能有语言差异的缘故。科米萨罗夫早就指出："译者最重要的任务是准确传达各语句之间的连贯（связь）特征，这样既是对原文语篇各个单位的内容的最充分再现，也是对语篇言意统一体的完整保留。然而，这样的连贯法（在翻译中）可能发生变异，因为每种语言都是按照各自不同的方式在语篇中组织所要传达的信息。"（Комиссаров，1988：8）什维策尔就语篇连贯问题也有过研究："语篇作为一个整体，确保其连贯性有许多联系手段：同指关系（照应、回指等），同位关系（语义相近的语言单位）……翻译时需要把原文的连贯性转换过来。之所以要转换，是因为不同的语言在表达这些关系时所运用的语言手段并不相同，以及不同的语言对语篇有不同的建构方式。"（吴克礼，2006：310）什维策尔以名词、代词同指链单元在翻译中的变形和语篇单位之间的言意连贯法在翻译中的变形为例，对如何确保语篇连贯性进行了研究，他注意到不同语言在使用专有名词、普通名词和代词来表示相同所指上是有差别的，不同语言的语篇组成片段的言意独立性程度（автосемантика）也有差别。各个句子与语篇其他片段在语义上的依存关系，经常要求在翻译时补充信息，使所译句子在符合译入语规范的同时语义独立（автосемантичный）（Комиссаров，2002：82）。考虑语篇片段的语义独立性程度或组合语义（синсемантия）具有重要意义，为此经常必须考虑作为语篇基础的各种预设，这就需要导入广泛的语言和情景背景（контекст）（Швейцер，1988：207）。俄汉语篇翻译中的连贯重构将如何？我们不妨以语法连贯、语义连贯、语用连贯为纲目，以俄汉互参（互比）法来探讨一下语篇连贯翻译问题。所举译例均为完整的语段或超句体，若无注明，乃笔者所译。

（一）语法连贯

语法连贯，这是从语法衔接与连贯的联系的角度来观察语篇连贯。翻译首先得从语法入手，而且是双语，这是译者的语言基本功。只有双语都好，才谈得上译文与原文语篇的连贯一致。有时候因为译者的疏忽，低级的语法错误也屡屡发生，这会影响译文的准确性。当然，有时因为必要的语言或背景知识的缺乏，而无法进行互比和正确阐释"意群"（词汇和句法结构）（Комиссаров，1988：9）。

同前面章节一样，我们将以俄汉译例作为双语互参比较的语料，采用翻译语料为好，而且是优秀译品中的语料，这样才具有可比性，不然像是对错了靶子似的。这样互参比照，既可以反映出俄汉双语语篇的异同，又可以直接服务或指导翻译实践。

Невольно вспоминая всё прошедшее своей жены и ее отношения с Долоховым, Пьер видел ясно, что то, что сказано было в письме, могло быть правда, могло по крайней мере казаться правдой, ежели бы это касалось не его жены. (Л. Толстой, 《Война и мир》)

皮埃尔不自觉地回忆起他妻子过去的一切，以及她与多洛霍夫的关系，皮埃尔清楚地看出，匿名信中所说的，如果说的不是他的妻子的话，可能是真的，至少，可能像是真的。（刘辽逸 译）

他不由得回忆妻子的往事和她跟陶洛霍夫的关系。他清楚地想到，匿名信里的话说不定确有其事，至少不是没有可能，如果这事指的不是他的妻子。（草婴 译）

Ежели бы это касалось не его жены 这一句，是皮埃尔在几乎相信匿名信中所说的真实性后，心存侥幸的假设。然而，这种假设只能是虚拟的，犹如英语中的虚拟句一样，它不是条件句。所以，或许两位翻译家未能确切理解这一点。试译为："……皮埃尔清楚地看出，匿名信中所说的可能是真的，至少可能像是真的，如果这事与他的妻子无关就好了。"译文像俄文那样语法连贯，逻辑畅通，真切地反映了皮埃尔的侥幸心理，以及托尔斯泰的同情态度。

Раз к нему заходил сын Сергей. Сергей Николаевич был

очень серьезный и очень занятой человек. Часто приходить он не мог.

Он пришел поздно вечером, с папкой под мышкой, ( ) не разделся, а только снял шляпу и смял ее в своих сильных руках.

Перед его уходом Николай Николаевич расхрабрился на шутку, которая, в сущности, была вовсе не шуткой.

– Не хочу умирать зимой, – сказал он. – Хочется покинуть этот мир в цвету, чтобы оставить о нем хорошее впечатление.

– Ты еще молодец. Мы с тобой еще на уток пойдем, – улыбнувшись, сказал Сергей, но Николаю Николаевичу показалось, что говорил он это вяло и бесчувственно...
（А. Вампилов,《Последняя просьба》）

有一次，儿子谢尔盖顺便来看他。谢尔盖·尼古拉耶维奇非常认真，是个大忙人，他（ ）不能常来。

他晚上很晚来了，腋下夹着文件夹。他（ ）没有脱外衣，只是取下帽子，把它（ ）紧紧地攥在有力的双手里。

尼古拉·尼古拉耶维奇在儿子离开前，鼓起勇气开玩笑，实际上根本就不是玩笑。

"我不想死在冬天，"他说，"希望在花开时节离开人世，想要留下（ ）好印象。"

"你还硬朗，我和你还要去打野鸭，"谢尔盖笑着说，但尼古拉·尼古拉耶维奇觉得，儿子说得无精打采，而且冷漠无情……

俄译汉时，代词翻译要注意明确表意，因为语言差异，俄文的代词照应与汉语并不完全对应，衔接方式有所不同。代词 его, он 不对译成"他"而还原译为"儿子"，避免了歧义，也成为跨语段的衔接手段，使译文语篇清晰连贯。第一句如省略代词对译的"他"，似乎更加明快。"想要留下（ ）好印象"省略代词，是关于自己的印象，还是关于儿子的印象，含义模糊，这样可能更贴近俄文。"把它"二字乃是翻译对转生成的，可以省略，可以保留，但保留似乎更好些。

汉译文把 молодец 译为"硬朗",这是译者考虑到文中的父子关系而作的准确选词。这就是说,代词照应、还原、省略等衔接手法的运用,使译文与原文连贯一致,同时译文语篇本身也保持连贯畅达。俄汉语篇之间要达到几乎同样的连贯效果,衔接手段有同有异,不能复制,这是语言之间的差异所决定的。

Но как-то Николай Николаевич заметил, что молодые люди вдруг стали посещать рощу в разное время. По всем признакам это была ссора.

"Какие глупые и какие счастливые ( ), – думал Николай Николаевич. – Они страдают, ходят в разное время в одну и ту же рощу, но они молоды, и... звезды над ними одни и те же".
(А. Вампилов,《Последняя просьба》)

但有时尼古拉·尼古拉耶维奇发现,两个年轻人突然开始不同时来到小树林了。各种迹象表明,他们这是吵架了。

"多傻多么幸福的一对儿啊,"尼古拉·尼古拉耶维奇想,"他们痛苦着呐,不同时间走进同一片小树林,但他们年轻,而且……他们拥有同样一片星空。"

俄文 Какие глупые и какие счастливые 后面省略了复数名词,即指"两个人"或"一对儿",这是不言自明的。而汉语似乎非添加词"一对儿"(пара)不可。汉译文中添加的语气词"着呐",既是蕴含在俄文句子中的,也是为了增音,增加谐趣的。俄汉语依着不同的衔接手段,达到近乎相同的连贯效果。

Николай Николаевич возненавидел зиму за то, что зимой хорошо только здоровым и сильным, за то, что зимой нельзя открыть окно, за то, наконец, что зима так долго тянется. Ему стало казаться, что не старость, а зима отняла у него все и оставила одни только воспоминания, которые тоже отнимают силы, но от которых становится грустно и хорошо. (А. Вампилов,《Последняя просьба》)

尼古拉·尼古拉耶维奇憎恨冬天，因为冬天只有健康和强壮的人才过得好，因为冬天不能打开窗户，最后因为冬天漫长难熬。他开始感到，不是衰老，而是冬天剥夺了他的一切，只留下无尽的回忆，回忆也伤神，但因为回忆而变得忧郁而美好。

在 зимой хорошо только здоровым и сильным 中，хорошо 后面省略了状态动词 быть 或 жить，不解读出这一点，便可能误译。笔者最初曾误译为"冬天只有健康和强壮这一点好处"，就是因为没有领会原文省略了状态动词。俄文 становится 前可认为省略了 зима，又因为省略，把人的情绪也融入其中了，因为此处俄文也可认为省略了人称代词 он，于是汉语通过模糊处理，把这两层意思都包含在内，从而实现了俄汉语互文连贯。关联词 Которые 还原译为"回忆"，而俄语的 одни только воспоминания（名词复数）则译为"只留下无尽的回忆"，添加了词汇"无尽的"以表达复数义。总之，汉译文有别于俄文的语法衔接，但却是文意连贯的。

Николай Николаевич попросил устраивать его в кресле и подолгу просиживал теперь у окна. За окном зима одну за другой сдавала свои позиции. (А. Вампилов,《Последняя просьба》)

尼古拉·尼古拉耶维奇请求把他安排在一个椅子上，现在就让他长时间地坐在窗口。窗外的冬天一点一点地让出自己的位置。

尼古拉·尼古拉耶维奇请求把他安排在一个椅子上，现在他在窗口一坐就是好半天。窗外的冬天一点一点地让出位置。

译文语篇的连贯不是凭空来自译入语，而是来自原文，译文语篇的衔接关系应尽量与原文语篇吻合。上面两个译文方案，单从汉译文

很难评判优劣。对照俄文，方知后一种译文更为准确。因为
просиживал 前面省略的主语即动作的发出者 Николай Николаевич。
俄文常用反身代词照应，而汉语常省略反身"自己"，就本例而言，
省略掉"自己的"无害于意。

> В первый душный день, перед первой грозой, старость и
> болезни обступили постель Николая Николаевича, протягивая к
> нему свои костлявые руки. Николай Николаевич задыхался.
> (А. Вампилов，《Последняя просьба》)
>
> 　在第一个闷热天，在第一场大雷雨来临前，衰老和疾病围住
> 他的病榻，向他伸出瘦骨嶙峋的双手。尼古拉·尼古拉耶维奇不
> 禁叹息起来。

汉译文省略反身代词"自己的"，添加"不禁"二字，收到了连
贯通顺的效果。

> Дверь пропустила Петю и опять затворилась. За дверью
> послышался смех.（Л. Толстой，《Война и мир》）
>
> 　门打开放进彼佳又关上了，门外传来笑声。（刘辽逸 译）
> 　彼嘉走进屋里，又把门关上。门外传来了笑声。（草婴 译）

此处俄汉语连接方式有所不同，俄语以物为主语，通过词形变化
把词与词连接成句，显得结构严谨，很有章法。而汉语没有词形变
化，语法呈"硬凑"堆砌的特点，刘辽逸的译文努力保留语序，其
语义可这样解释：门打开了，放进彼佳，而后又关上了。想必是省略
了打开门的主体，或省略了"被"字。俄汉语各自连接的方式很不
一样，汉语似乎是随意堆砌词汇，毫无章法似的，其实却有着内在的
逻辑联系，正所谓好像看不出联络的痕迹来。草婴的译文不必说变换
了句式，截然不同的重组句，但译得似乎并不成功，因为打开门关上
门的主体变成了"彼嘉"，发生了意义"走转"。

　　可见，在确保语法解读正确无误，在语篇衔接的基础上考虑译文语篇的连贯，这是翻译的必然要求。除了有效运用照应、替代、省略、连接、词汇衔接等语篇衔接手段外，译者还要注意译文语篇连贯，译文从整体上、语义上、逻辑上保持连贯性，并使译文与原文保持互文连贯性。为了译文语篇的连贯，不能盲目地对译和转换，而要互参比照相关的双语，在此基础上研究可能的翻译规律，能对应的尽量对译或对转，不能对应的或可自由移译，以达到译文语篇连贯为基准。的确，译文应该成为连贯的语篇，并且尽可能如原文语篇那样连贯，但由于语言差异，各自的连贯方式将有所不同，原文的连贯方式如何体现在译文中，这是值得深入探讨的翻译问题。而且如何体现，可能还与译者主体有关，同样理解了作者的诗学意图，同样优秀的不同译者，也可能会有各自不同的行文。翻译之"靶心"，有时候可能直接瞄准，有时候（更多时候）也许无法直接瞄准。

　　（二）语义连贯

　　"Halliday 和 Hasan（1976）将英语的衔接分为语法衔接和词汇衔接，前者包括照应、省略、替代、连接；后者包括重复、搭配、同义/反义、上义/下义"。（王树槐，2013：48）前者我们在语法连贯中有过粗略探讨，而后者可归入语义连贯的范围。词汇衔接的机制是依靠相关词语之间的语义关联，因此词汇衔接是一种语义连贯。语义连贯分为句内和句际语义连贯，句内语义连贯可通过成分分析法和语义场分析进行研究，而句际语义连贯主要靠词汇手段来体现。我们的探讨将主要在于语篇的语义连贯，所举例为长句子或超句体（句群），完整的语段或小语篇。

　　　　Лицо Элен сделалось страшно: она взвизгнула и отскочила от него. Порода отца сказалась в нем. Пьер почувствовал увлечение и прелесть бешенства. Он бросил доску, разбил ее и, с раскрытыми руками подступая к Элен, закричал: "Вон!!" таким страшным голосом, что во всем доме с ужасом услыхали этот крик. Бог знает, что бы сделал Пьер в эту минуту, ежели бы Элен не выбежала из комнаты. (Л. Толстой, 《Война и мир》)

海伦的面色变得可怕，她尖叫一声从他身边躲开了。父亲的性格在他身上表现出来。皮埃尔感到狂暴的乐趣和魅力。他把石板扔出去，摔得粉碎，张开两只臂膀向海伦走过去，大喝一声："给我滚！"这一声是那么可怕，全院的人听到这声喊叫都吓坏了。如果海伦没有从屋里跑出去，谁晓得皮埃尔此刻会干出什么来。(刘辽逸 译)

海伦的脸色变得很可怕；她尖叫一声，躲开了他。父亲遗传下来的脾气在皮埃尔身上发作了。他忘乎所以，按捺不住怒气。他把大理石板一扔，把它砸个粉碎。他张开双臂向海伦扑去，嘴里叫道："滚开！"他叫得那么可怕，家里的人都恐怖地听到了他的叫声。要不是海伦逃了出去，天知道皮埃尔会做出什么事来。(草婴 译)

词汇衔接构成句际的语义连贯手段，通过重复、同义/反义、上义/下义的关联，把相邻和不相邻的语句连接起来，构成一个完整的语段。译文当如原文那样语义连贯。请看草婴译文中的词汇衔接：可怕，脾气，怒气，扔，砸，扑，可怕，恐怖，逃。词语搭配、重复、同义、同现关系均在译文里得以体现了，语义一脉贯通，融洽不隔。而刘辽逸的译文词汇衔接：性格，狂暴的乐趣和魅力（搭配不当），扔，摔，走过去，大喝一声，可怕，吓坏了，跑出去。相比之下，刘辽逸的译文语义连贯略逊一筹，个别用词显得随意而不准确。

通常原文语篇是连贯的，译者要善于发现原文里的词汇衔接关系，并找到其中的语义连贯的诸多形式。译文组织首先便是练词组句，连句成篇，考虑句内成分间的搭配关系，句际间的衔接关系和信息结构，以形成统一语义的连贯片段。信息结构所表现出的信息性是语义连贯性的一种表现。"信息性也属于心理现象，信息展开结构相当于语篇生成者发出的心智操作指令，要求接受者对语篇建立起相应的信息性，进而具有连贯性的心智表征。"（朱长河、朱永生，2011：37）我们在探讨语序时有所涉及这个问题，据说有人曾运用数据库方法证明，一般不能用源语的主位推进模式组织译文语篇（王树槐，2013：48－49）。但俄汉翻译中究竟如何，可通过专门课题来探讨，这里只能简单触及这个问题。

　　Княжна Марья подвинулась к нему, увидала его лицо, и что-то вдруг опустилось в ней. Глаза ее перестали видеть ясно. Она по лицу отца, не грустному, не убитому, но злому и неестественно над собой работающему лицу, увидала, что вот, вот над ней повисло и задавит ее страшное несчастие, худшее в жизни, несчастие, еще не испытанное ею, несчастие непоправимое, непостижимое, смерть того, кого любишь. (Л. Толстой, 《Война и мир》)

　　玛丽亚公爵小姐走到他跟前，看见他的脸色，她的心忽然沉下去了。她的眼睛模糊了。父亲的脸色不是忧伤，不是悲痛，而是气势汹汹，表情很不自然，她从这张脸看出，有一种可怕的不幸，她平生还未经历过的最大的不幸，不可挽回、不可思议的不幸，正悬在她的头上，压迫着她，这个不幸就是亲人的死亡。（刘辽逸 译）

　　玛丽雅公爵小姐走到父亲跟前，看见他的脸色，她的心往下沉。她的眼睛模糊了。她看见父亲脸上没有悲哀，没有沮丧，只有愤怒和痉挛，她明白了，她遭到一场空前的大灾难，而且无法挽回，就是说死了一个心爱的人。（草婴 译）

　　俄语原文可以称为典型的超句体总分总叙述结构。俄语依靠采用同位状语和同位主语，把父亲脸上的表情，把不幸反复强调，最后再用一个同位主语点明，这不幸即亲人之死。句式虽长，但脉络清晰，层次分明，语义连贯。刘辽逸采用了外位法先把父亲的脸色描绘一番，把诸多的不幸叙述清楚，然后以主谓句式行文，最后总括一句收束，而生成语义连贯的译文。而草婴则顺从俄文的语序，并把俄文中间多个状语成分精练译出，重写了语义连贯的汉译文。

> – Mon père！Andre？– Сказала неграциозная，неловкая княжна с такой невыразимой прелестью печали и самозабвения，что отец не выдержал ее взгляда，и всхлипнув отвернулся. (Л. Толстой,《Война и мир》)
> "爸爸！是安德烈吗？"体态不美、动作笨拙的公爵小姐说，她那难以形容的悲哀的魅力和忘我精神，使父亲受不了她的目光，抽泣了一声，转过身去。(刘辽逸 译)
> "爸爸，安德烈怎么样？"外貌不扬、动作笨拙的公爵小姐说，脸上现出无法形容的悲怆和激动，以致父亲一遇到她的目光，也忍不住抽噎一声转过脸去。(草婴 译)

俄汉翻译在遇到由连词或关联词衔接的长句或句群时，通常要断句，重构语义连贯的汉译文。俄文的 с такой невыразимой прелестью печали и самозабвения 在刘辽逸的译文中译为"难以形容的悲哀的魅力和忘我精神"，语义不通，令人费解。草婴则译为"无法形容的悲怆和激动"，人的悲痛欲绝还显出美感来，不是悲壮、悲怆又是什么？译文求美也。而将"体态不美"改为"外貌不扬"，这是对"其貌不扬"的化用。

> Она видела теперь брата в ту минуту，как он прощался с ней и с Лизой，с своим нежным и вместе высокомерным видом. Она видела его в ту минуту，как он нежно и насмешливо надевал образок на себя. (Л. Толстой,《Война и мир》)
> 她现在仿佛看见哥哥跟她和丽莎告别时，他那又温柔又高傲的神情。她仿佛看见他温柔地、嘲笑地把小圣像戴到自己身上的情景。(刘辽逸 译)

她回想起哥哥跟她和丽莎告别的情景，想到他那温柔而傲慢的神态，又想到他戴上圣像时亲切而嘲弄的模样。（草婴 译）

公爵小姐从父亲的口中得知哥哥安德烈可能已阵亡的消息后，她颓然倒在父亲旁边的椅子上哭起来。这时她的脑海浮现出的画面，便是她之所想或恍惚所见。所以这时的 видела，并非眼前实见，而是心中所想或仿佛看见。刘辽逸和草婴均在俄文基础上作了变译，一个变译为仿佛看见，一个变译为回想起（想到），从而重构起译文的语义连贯。本例中的 видела 不仅有看见之意，更有想象、意识到等意，准确解读该词的语境义是确切翻译的关键。另外，刘辽逸译文中的"嘲笑地把小圣像戴到自己身上的情景"，"自己"是指她还是他，不明确，草婴改译为"他戴上圣像时亲切而嘲弄的模样"，便忠实地再现了俄文语义。

На другой день, 3-го марта, во 2-м часу по полудни, 250 человек членов Английского клуба и 50 человек гостей ожидали к обеду дорогого гостя и героя Австрийского похода, князя Багратиона. (Л. Толстой,《Война и мир》)

次日，三月三日，中午一点多钟，二百五十位英国俱乐部会员和五十位客人在等待贵宾、奥地利远征英雄巴格拉季翁公爵来赴宴。（刘辽逸 译）

第二天，三月三日，中午一点多钟，英国俱乐部的两百五十名成员和五十位来宾在等待贵宾——奥地利战役的英雄巴格拉基昂公爵——光临宴会。（草婴 译）

草婴的译文添加破折号，起着明确语义的作用，不至于发生歧义。两相对照，译文语义连贯孰优孰劣，自不待言。可见，标点符号的作用也不可小觑，它虽小到不起眼，却有着很大的语义连贯的效用。

如果孤立地对待语篇中的语句而没有语篇观念，脱离语篇的语言环境，即使译文语篇在语法上正确规范，亦即保持了语法连贯，但也似乎只顾到了"表面"文章，它完全可能是语言手段的堆砌（Комиссаров，1988：9 – 10）①。翻译须从上下文（语境）去理解词义，考虑语境（上下文乃是微观语境，属于语篇内语境，而社会文化语境乃是宏观语境，属于语篇外语境）建立起译文语篇的语义连贯，使译文在译语读者中具有可接受性。就是说，译文的语义连贯须考虑社会文化背景，考虑译语读者的理解与接受。

　　Все оставили его, и он побежал к ней. Когда они сошлись, она упала на его грудь рыдая. Она не могла поднять лица и только прижимала его к холодным снуркам его венгерки. （Л. Толстой,《Война и мир》）

　　大家都闪开，他向她跑过去。当两人走到一起时，她一头栽到他的怀里，恸哭起来。她抬不起头来，一个劲地把脸贴到他的骑兵制服的冰冷绶带上。（刘辽逸 译）

　　大家都放开他，他向母亲跑去。两人走到一起，伯爵夫人立即倒在儿子怀里放声痛哭。她抬不起头来，把脸贴在他那冷冰冰的外套扣带上。（草婴 译）

　　这是从战场归来的罗斯托夫与母亲见面的场景。虽然从前后文看出，两个译文均可以得到很好的理解。但后一种译文仍然进行了词汇衔接与语义明确，从而使译文语义连贯。在两位译者笔下，为什么是"她抬不起头来"，而不是"她抬不起脸来"（如俄文）呢？恐怕只能

---

① 科米萨罗夫举过一个乍看非常具体的语句：вчера вечером Николай срубил дерево, которое росло перед нашим окном.（昨天傍晚尼古拉砍了我们窗户前面的一棵树）。该语句实际上只是概括指出行为的主体、客体、时间、地点。某人说一个叫尼古拉的人砍了说话人与人合住的房子窗前的一棵树，砍树之事发生在说话人告诉这一消息的头天傍晚。可以用这样的语句描写的类似情境很多。该语句通顺易解，可以在某个等值层次译成另一种语言。但是它本身只能保证相当"表面的"不完全交际，因为没有嵌入语篇，没有嵌入具体的交际情境，可以是对任何一个尼古拉，对于某人窗前的任何一棵树而言。这样的语句孤立地存在于交际情境之外，兹维根佐夫叫作"假句子"（Звегинцев，1976），认为它们并非是现实的言语单位。

从俄汉语文化背景上寻找原因，原文里"她抬不起脸来"是表现母子团聚抱头而泣的情景，而在汉译文里如此表达，则可能含有羞愧之意，易与"无脸""无颜"相混淆，显然与原意不合。将"抬不起脸"改成"抬不起头"，这是同义转换，是为了实现汉译文的语义连贯而避免歧义。草婴更明确地交代了人物之间的角色关系，甚至用伯爵夫人来称谓母亲，说明这母子团聚的令人感动。刘辽逸的译文虽然嵌入整个语篇也许可以被正确理解，但从这里微观语境的句群的语义连贯看，母子之间的久别重逢倒像情侣相会了，原因就在于译者把俄文的代词照应进行不恰当的对译，可能导致歧义。

科米萨罗夫说："语句的语境化是言语交际的基础，是语言作为人们之间的交往手段发挥作用的必要条件，也是将语言表达与所有操该语言的人特有的具体情景联系起来的技能。因为语句和整个语篇的具体语境义在很大程度上取决于交际者个人的知识、情感和联想，而每个交际者情况各异。但他们所有人（尽管不同程度地）在交往过程中都把语句的语言内容当作产生语境义的基础。"（Комиссаров，1988：11）正是语句的具体语境义是大多数言语交往行为的主要内容。译者（因人而异）再现原文的语言内容，构建起译文语篇的语境义和语义连贯，这体现了译者的语言能力、翻译技能甚至交际能力。

> – Василий Денисов, друг вашего сына, – сказал он, рекомендуясь графу, вопросительно смотревшему на него. (Л. Толстой,《Война и мир》)
> "这是瓦西里·杰尼索夫，你儿子的朋友。"他向正用疑问的目光看着他的伯爵介绍道。（刘辽逸 译）
> "我叫杰尼索夫，是令郎的朋友。"他向狐疑地望着他的伯爵自我介绍说。（草婴 译）

两个译文都是语义连贯的，各有特色。一个语言贴近原文，一个语言远离原文，不同程度再现了语言内容。草婴的译文感觉语义连贯优于刘辽逸的译文，没有生硬的痕迹。杰尼索夫看见罗斯托夫一家人团聚，又是亲吻又是拥抱的情景，作为朋友的他一点也不被注意，仿佛受了冷落似的。为了融入一家团聚的亲情当中，他对伯爵声明自己是罗斯托夫的朋友，自称瓦西里·杰尼索夫，态度不卑不亢，自尊自重。刘辽逸的译文紧贴原文译出语言内容，而草婴的译文则揣摩人物的语言灵活运用汉语表现出人物谈吐的不俗，以达到更高的语义连贯效果。

> Теперь он – гусарский поручик в серебряном ментике, с солдатским Георгием, готовит своего рысака на бег, вместе с известными охотниками, пожилыми, почтенными. (Л. Толстой, 《Война и мир》)
> 现在他是披着银丝镶边的披肩、戴着圣乔治勋章的骠骑军中尉，正在和德高望重的知名猎手们一起训练走马。(刘辽逸 译)
> 如今他可是个骠骑兵中尉了，他穿着有银饰的骠骑兵披肩，佩着士兵的圣乔治勋章，同德高望重的老骑手们一起训练他的走马。(草婴 译)

不约而同地都译作"走马"，而非"奔马"，搭配妙称也。古汉语的"走马"即"马之善走者"，走即奔、跑也。现代汉语中仍用"走马"，例如，孙犁的《风云初记》九："再不就叫他们备上一匹走马，脚手不沾地，就送你到了高阳城。"又，Охотник 刘辽逸译为猎手，而草婴更译为骑手，善于创新也。字眼用好了，进而自然可以语义连贯传神。

> Для него была бы особенная прелесть в том, чтобы осрамить мое имя и посмеяться надо мной, именно потому, что я хлопотал за него и призрел его, помог ему. Я знаю, я понимаю, какую соль это в его глазах должно бы придавать его обману, ежели бы это была правда. (Л. Толстой, 《Война и мир》)
> 我为他奔走过，供养过他，帮衬过他，正因为如此，才使得

他觉得败坏我的名誉，讥笑我，是一桩特别有趣的事。我知道而且了解，如果这是真的，在他看来这就会在他的欺骗上更增添一层趣味。（刘辽逸译）

正因为我为他出过力，接济过他，帮助过他，他侮辱我嘲弄我就觉得格外好玩。如果确有其事，我知道，我明白，这种忘恩负义的行为会使他感到多么过瘾。（草婴译）

两位翻译家的译文在语义连贯上可能出了问题，致使译文逻辑不畅。两个译文从因到果的顺序，仿佛真如所译言之凿凿，仿佛忘恩不义之事倒是应该发生似的。必须找到译文内在的逻辑联系。多洛霍夫战后一直留宿在家里，皮埃尔还借钱予他，不料发生这暧昧不义之举，所以 особенная прелесть（特别有趣，特别好玩）必是反语。如何行文把这反语表达出来，如何把握好整段话的虚拟反讽语调，便成为汉译重构语义连贯的关键。侮辱、嘲弄为下流之人添加"过瘾"之盐的同时，却是往受伤者的疼处撒一把盐，这一内在逻辑应该从译文中品读出来才是。试译为：

怪哉，妙哉，辱没我的名声，嘲笑我，倒是因为我为他出过力，接济过他，帮衬过他。我知道，我明白，在他眼里，这可真为他的忘恩负义之举再添一把过瘾的盐呢，如果确有其事的话。

语义连贯是建立在准确理解基础上的，语法解读不能出错，后文所要探讨的语用连贯也是如此。下面特地从《战争与和平》第二卷第一部第 13 章里选取大语段（语篇）为例，来说明译者对语义连贯的细究。

Два дня после этого, Ростов не видал Долохова у своих и не заставал его дома; на третий день он получил от него записку. "Так как я в доме у вас бывать более не намерен по известным тебе причинам и еду в армию, то нынче вечером я даю моим приятелям прощальную пирушку – приезжай в английскую гостинницу". Ростов в 10 – м часу, из театра, где он был вместе с своими и Денисовым, приехал в назначенный день в английскую гостинницу. Его тотчас же провели в лучшее помещение гостинницы, занятое на эту ночь Долоховым. Человек двадцать толпилось около стола, перед которым между двумя свечами сидел Долохов. На столе лежало золото и ассигнации, и Долохов метал банк. После предложения и отказа Сони, Николай еще не видался с ним и испытывал замешательство при мысли о том, как они свидятся.

那次舞会以后，罗斯托夫有两天未见多洛霍夫来自己家，去他家也未找到他。第三天罗斯托夫接到他一张便条。"由于你已知的原因，我不再造访尊府，并即将归队，今晚特约好友数人，设宴话别，请即来英国饭店一晤。"罗斯托夫当天在剧院里同家人和杰尼索夫看完戏，九点多钟如约前往英国饭店。他一到饭店，就被领到多洛霍夫那晚包租的最阔绰的房间。约莫二十个人围桌而坐，多洛霍夫坐在两支蜡烛之间。桌上摆着金币和纸币，多洛霍夫坐庄分牌。自从他向索尼娅求婚遭拒后，罗斯托夫还没和他见过面，一想到同他见面的情景，心中不免有些忐忑不安。（参见刘辽逸、草婴的汉译文）

这是该章的第一语段，第一句乃是章际间的连接句，承接着上章的舞会。该章一起句 Два дня после этого 显得自然顺畅，это 确指舞会（бал）无疑，承接着上章最后一句（Денисов, раскрасневшись от мазурки и отираясь платком, подсел к Наташе и весь бал не отходил от нее.）。это 译为"这""此"并不合适，这将导致所指不明，故而译为"那次舞会以后"。本段是作为该章的首段，为该章定下基调，俄文为一整段，没有分段，笔者所译也没有分段，尽管中间的一张便条被单独隔开了。俄文依靠代词照应达到了语义连贯，所指明确，但却不能进行代词对译，因为汉语没有俄语那样的词形变化，必须按照汉语规范来建立新的语义连贯。该段汉译的前半段起句以罗斯托夫为主语，后半段起句则主要以多洛霍夫为主语，似乎暗示角色作用力的转变。多洛霍夫在赌局中占据上风，罗斯托夫则一直被动，一输再输。而且整段话以"他"来指称多洛霍夫，以便所指同一（唯有中间"他一到饭店"的"他"是指称罗斯托夫）。Долохов метал банк（坐庄发牌）这一句的翻译，成为难点和关键，关系到该章后面各语段的语义连贯。该段最后一句，则开启了后面各语段，接着便续写了罗斯托夫到达饭店时的见面及赌博情景。

Светлый холодный взгляд Долохова встретил Ростова еще у двери, как будто он давно ждал его.

— Давно не видались, — сказал он, — спасибо, что приехал. Вот толькодомечу, и явится Илюшка с хором.

— Я к тебе заезжал, — сказал Ростов, краснея.

. . .

— Или ты боишься со мной играть? — сказал теперь Долохов, как будто угадав мысль Ростова, и улыбнулся. Из-за улыбки его Ростов увидал в нем то настроение духа, которое было у него во время обеда в клубе и вообще в те времена, когда, как бы соскучившись ежедневной жизнью, Долохов чувствовал необходимость каким-нибудь странным, большей частью жестоким, поступком выходить из нее.

. . .

— Да и лучше не играй, — прибавил он, и треснув разорванной колодой, прибавил: — Банк, господа!

Придвинув вперед деньги, Долохов приготовился метать. Ростов сел подле него и сначала не играл. Долохов взглядывал на него.

— Что ж не играешь? — сказал Долохов. И странно, Николай почувствовал необходимость взять карту, поставить на нее незначительный куш и начать игру.

— Со мной денег нет, — сказал Ростов.

— Поверю!

Ростов поставил 5 рублей на карту и проиграл, поставил еще и опять проиграл. Долохов убил, т. е. выиграл десять карт сряду у Ростова.

— Господа, — сказал он, прометав несколько времени, — прошу класть деньги на карты, а то я могу спутаться в счетах.

Один из игроков сказал, что, он надеется, ему можно поверить.

— Поверить можно, но боюсь спутаться; прошу класть деньги на карты, — отвечал Долохов. — Ты не стесняйся, мы с тобой сочтемся, — прибавил он Ростову.

Игра продолжалась: лакей, не переставая, разносил шампанское.

Все карты Ростова бились, и на него было написано до 800 рублей. Он надписал было над одной картой 800 рублей, но в то время, как ему подавали шампанское, он раздумал и написал опять обыкновенный куш, двадцать рублей.

— Оставь, — сказал Долохов, хотя он, казалось, и не смотрел на Ростова, — скорее отыграешься. Другим даю, а тебе бью. Или ты меня боишься? — повторил он.

Ростов повиновался, оставил написанные 800 и поставил семерку червей с оторванным уголком, которую он поднял с земли. Он хорошо ее после помнил. Он поставил семерку червей, надписав над ней отломанным мелком 800, круглыми, прямыми цифрами; выпил поданный стакан согревшегося шампанского, улыбнулся на слова Долохова, и с замиранием сердца ожидая семерки, стал смотреть на руки Долохова, державшего колоду. Выигрыш или проигрыш этой семерки червей означал многое для Ростова. В Воскресенье на прошлой неделе граф Илья Андреич дал своему сыну 2000 рублей, и он, никогда не любивший говорить о денежных затруднениях, сказал ему, что деньги эти были последние до мая, и что потому он просил сына быть на этот раз поэкономнее. Николай сказал, что ему и это слишком много, и что он дает честное слово не брать больше денег до весны. Теперь из этих денег оставалось 1200 рублей. Стало быть, семерка червей означала не только проигрыш 1600 рублей, но и необходимость изменения данному слову. Он с замиранием сердца смотрел на руки Долохова и думал: "Ну, скорей, дай мне эту карту, и я беру фуражку, уезжаю домой ужинать с Денисовым, Наташей и Соней, и уж верно никогда в руках моих не будет карты". В эту минуту домашняя жизнь его, шуточки с Петей, разговоры с Соней, дуэты с Наташей, пикет с отцом и даже спокойная постель в Поварском доме, с такою силою, ясностью и прелестью представились ему, как будто всё это было давно прошедшее, потерянное и неоцененное счастье. Он не мог допустить, чтобы глупая случайность, заставив семерку лечь прежде на право, чем на лево, могла бы лишить его всего этого вновь понятого, вновь освещенного счастья и повергнуть его в пучину еще неиспытанного и неопределенного несчастия. Это не могло быть, но он всё-таки ожидал с замиранием движения рук Долохова. Ширококостые, красноватые руки эти с волосами, видневшимися из-под рубашки, положили колоду карт, и взялись за подаваемый стакан и трубку.

— Так ты не боишься со мной играть? — повторил Долохов, и, как будто для того, чтобы рассказать веселую историю, он положил карты, опрокинулся на спинку стула и медлительно с улыбкой стал рассказывать:

— Да, господа, мне говорили, что в Москве распущен слух, будто я шулер, поэтому советую вам быть со мной осторожнее.

— Ну, мечи же! — сказал Ростов.

– Ох, московские тетушки! – сказал Долохов и с улыбкой взялся за карты.

– Ааах! – чуть не крикнул Ростов, поднимая обе руки к волосам. Семерка, которая была нужна ему, уже лежала вверху, первой картой в колоде. Он проиграл больше того, что мог заплатить.

– Однако ты не зарывайся, – сказал Долохов, мельком взглянув на Ростова, и продолжая метать. (Л. Толстой, 《Война и мир》)

罗斯托夫一进门，即见多洛霍夫用明亮而阴冷的目光迎接他，看来已等待他多时了。

"久违了，"他说，"谢谢大驾光临。我这就发牌，伊留施卡要带他的合唱队来。"

"我去找你了。"罗斯托夫红着脸说。

……

"你是不是怕与我赌钱？"多洛霍夫说，仿佛猜透了罗斯托夫的心思，微微一笑。罗斯托夫从他的笑容中看到了他的情绪。这种情绪表现在俱乐部宴会上，表现在最近一段时期里，仿佛多洛霍夫要用一种古怪的、多半是残酷的行为来排遣无聊的日常生活。

……

"你最好还是别赌，"多洛霍夫又补了一句，他把洗好的牌往桌上一拍，又说，"下注，诸位！"

多洛霍夫把钱往前一推，准备发牌。罗斯托夫坐在他旁边，起初没有赌。多洛霍夫老瞅他。

"你干吗不玩呢？"多洛霍夫说。说来奇怪，罗斯托夫觉得必须拿牌，下一个小注，于是开始赌起来。

"我没有带钱。"罗斯托夫说。

"可以记账！"

罗斯托夫押了五个卢布，输了，又押了五个，又输了。多洛霍夫一连杀了（就是赢了）罗斯托夫十张牌。

"诸位，"他（多洛霍夫）做了一阵子庄家，说，"请把钱放在牌上，不然我会算错的。"

其中一个赌徒说，他希望给他记账。

"记账是可以的，不过我怕算错；请把钱放在牌上，"多洛霍夫回答，"你不要不好意思，咱们以后会清账的。"他又对罗斯托夫说了一句。

他们继续赌下去，侍者不断送来香槟。

罗斯托夫的牌全给杀掉了，他已经欠了八百卢布。他本想在一张牌上押八百卢布，但在侍者送给他香槟的时候，他改变了主意，又改为一般的赌注——二十卢布。

"别改呀，"多洛霍夫说，虽然对罗斯多夫好像连看也没看，"你得快点赢回去呀。我输给别人，可是赢了你。你是不是怕我啊？"他重又说道。

罗斯托夫照办了，不改动已经写好的 800 卢布，押在他从地上捡起来的破角的红桃七上。而后他清楚地记得这张红桃七。他押上了红桃七，用粉笔头在这张牌上端端正正写上了 "800"；他喝干一杯侍者递给他的暖香槟，听到多洛霍夫的话笑了笑，盯着多洛霍夫拿着牌的手，心情紧张地等着发给他红桃七。这张红桃七的输与赢，对于罗斯托夫可是事关重大。上星期日伊利亚·安德烈伊奇伯爵给了儿子两千卢布，他一向不愿提到经济拮据，但这次还是对儿子说，五月以前只能给他这么多钱，要他节省一点。罗斯托夫说，这些钱对他已绰绰有余了，他保证开春以前不会再问父亲要钱。现在这笔钱只剩下一千二百卢布了。因此，这张红桃七不仅关系到一千六百卢布的输赢，而且关系到他的保证是否算数的问题，他紧张地瞧着多洛霍夫的手，在想："哦，快让我拿到这张牌吧！这样我就可以拿起帽子坐车回家去跟杰尼索夫、娜塔莎和索尼亚一起用晚餐。从此以后我再也不碰牌了。"此刻，家庭生活的情景——跟彼佳的玩笑，跟索尼亚的谈话，跟娜塔莎的二重唱，跟父亲的玩牌，甚至波瓦儿大街家里那张舒适的床铺——都生动而富有魅力地浮现在他的眼前，仿佛这一切都是一去不复返的无上幸福。他不敢设想愚弄人的运气会把这张红桃七先发到右边而不是左边，从而使他失掉全部新的幸福，坠入空前的灾难深渊。这是不可避免的，但他仍惴惴不安地期待着多洛霍夫的一双妙手①。这双骨骼粗大、颜色发红的手，从衬衫袖口露出长着汗毛的手腕，放下那副牌，接过侍者递给他的酒杯和烟斗。

"你真的不怕跟我赌吗？"多洛霍夫问，他仿佛要讲有趣的故事似的，把牌放下，往椅背上一靠，嘴角含笑，慢条斯理地讲起来：

"是啊，诸位，听说莫斯科流传着一个谣言，说我是个骗子手，因此奉劝大家对我留点神。"

"好啦，快发牌！"罗斯托夫说。

"嘿，这帮莫斯科的三姑六婆！"多洛霍夫说，笑着把牌抓起来。

"哎呀！"罗斯托夫差点叫出声来，举起双手欲扯头发。他所要的红桃七竟然就在皮面，那副牌的第一张。他输得无力付账了。

"可是你别不顾死活胡来！"多洛霍夫向罗斯托夫瞥了一眼说，然后继续发牌。

（参见刘辽逸、草婴 译文）

以上各段有涉及玩牌赌博的词汇，例如，Домечу（发完牌），играть（玩牌、赌钱），Банк（下注），Придвинув вперед деньги

---

① 这里的组句考虑了全章的语义连贯。此处刘辽逸和草婴的译文分别是："他不能设想愚弄人的运气竟然不得不把红桃七放在右边，而不是放在左边，以致使得他坠入从未体验过的不可知的灾难深渊。这是不可能的，但他仍然揪紧了心，等待着多洛霍夫两只手的动作。""他无法想象，由于不幸的意外这张红桃七发到右边而不发到左边，就会使他丧失全部新的幸福，从而使他掉进空前的灾难深渊。这种情况是不会发生的，但他还是提心吊胆地盯着陶洛霍夫的手。"一直是输家的罗斯托夫，他所押的想必是左边那张牌，他所期盼的就是红桃七发到左边。然而后文可知，他没有得到那张牌，那张牌竟然在那副牌的第一张。这也暗示着赌博先右后左的发牌顺序，厄运不可避免，如此逻辑上也讲得通，全篇阅读下来就不至于迷惑不解了。

（把钱往前一推），метать（坐庄、发牌），взять карту（抓牌、拿牌），поставить на нее незначительный куш（在牌上押注、下注），начать игру（开始赌起来），Поверю（记账），поставил и проиграл（下注后输了），убил т. е. выиграл десять карт（杀了即赢了十张牌），прометав несколько времени（坐庄发牌一阵子），класть деньги на карты（把钱放在牌上），спутаться в счетах（算错账），сочтемся（清账），мечи же（快发牌），взялся за карты（抓起牌），Семерка（红桃七），колода（一副牌），проиграл больше того, что мог заплатить（输得无力付账了），зарывайся（埋头，瞎冒险），метать（发牌）。这些词汇、短语常用于赌局中，它们以同义、近义、复现、相关等关系，使句子之间、段落之间产生衔接与关联，从而把该章的情节和语义连接起来。这些词汇都涉及赌博的概念，应准确再现于译文中，并且要注意它们之间的细微区别，以使译文精彩再现赌博与人物形象。

　　另外，红桃七在该章也是关键的语篇衔接词汇，红桃七关系着罗斯托夫在赌局中的命运，罗斯托夫对红桃七寄予了无限的希望和想象。一直是输家的他，唯有希望红桃七发到他所押的位置上，好为他扳回败局，这也寄予了他对多洛霍夫的盲信。我们在译文的"他不敢设想……这是无法避免的，但他仍惴惴不安地期待着多洛霍夫的一双妙手"此处加了脚注，以示意明和语义连贯。罗斯托夫期待运气，然而他所期待的多洛霍夫的一双妙手欺骗了他，这与后文所言红桃七竟然就在那副牌的第一张遥相呼应，也与后文多洛霍夫所讲莫斯科传言相照应，而形成深刻的反讽语篇。前后段落之间的语义衔接，构成逻辑上连贯一致的语篇。发牌肯定是从右到左进行的，红桃七自然是先发到右边了，一直是输家的罗斯托夫他所期待的红桃七也就落空了，其中的逻辑关系和语义连贯读者一看便知。而在下一章，多洛霍夫对罗斯托夫说"'情场得意，赌局失利'，你的表妹爱上你了。这我知道"终于透露了多洛霍夫阴险扭曲的心态，并与前一章多洛霍夫向罗斯托夫的表妹求婚遭拒情节发生了联系。可见，赌博正是庄家多洛霍夫特意的安排，赌博中牌技不精、天真幻想的罗斯托夫被他的虚情假意所迷惑，百般依赖，处处被动，步步上当。顺便指出，本章文字之间把前面章节涉及多洛霍夫与罗斯托夫的交往，甚至与皮埃尔决斗等情节联系起来，形成了章节之间的语义连贯，从而达到对人物精神品质的深入揭示。读者心目中的多洛霍夫形象逐渐清晰起来，下一章罗斯托夫心里想"哦，我落在这个人手里真是可怕！"（"О! это ужасно чувствовать себя так во власти этого человека"）仿佛像读者声音一样显得自然了。

正如科米萨罗夫所言："语篇的全部内容往往不限于语言内容和具体语境义。在言语交际中语句的语言内容传达附加义的能力起着不小的作用，附加义与语言内容隐含相关，且由交际者从语言内容中获得。"（Комиссаров，1988：11）这附加义可能与语篇的主题思想有关，可能是隐含义或言外之意（潜台词），是在语言内容和具体语境义之上的深度发展，涉及言语行为的深层蕴含或文学语篇的诗学意图。翻译如果仅仅停留在语法连贯、语义连贯而不进入语用连贯，那么语篇的意义重构就难以触及语篇内容的深层，文学翻译尤其如是。我们已经快跨入语用连贯的门槛了，该是结合翻译问题对它作一番探讨的时候了。

（三）语用连贯

语用连贯体现在话语与语境交互作用的过程和结构上，交际时在社会语境下体现于语用推理之中；有些语篇的连贯不仅是语言形式的问题，而且是语用意图的理解与表达问题。话语作为交际行为，其连贯机制在于深层的语用联系。（张敬，2010）译者构建语用连贯，正是为了让读者在语言内容和具体语境所指义基础上理解到原文语篇深层的蕴含内容。科米萨罗夫早有关于语篇意义结构的深层蕴含论述如下（Комиссаров，1988：11－12）：

语言学文献中的蕴含（импликация）概念是从逻辑学引用来的，基于如下逻辑关系：如果 A（前件），那么 B（后件），但 B 不表达出来，只是暗示、意味。换句话说，蕴含乃是一种特别的意味（подразумевание）方式。而语篇的蕴含义（имплицитный смысл）是一种特别的蕴含。符号的意义不是蕴含义，错觉（иллюзия）或暗引（скрытая цитата）、省略（эллипсис）、预设①（пресуппозиция）等也不同于蕴含义。对蕴含义的研究常从两个方面进行，一是在语篇语言学框架内研究语篇蕴含的诸多情形，一是在词汇单位语义学中研究蕴含单元。语篇蕴含的研究与语文学或文艺学分析有关，主要与文学作品分析有关。文学作品通常是多层次的：除了表层情节的叙述，还有附加义层面由基本内容推导出来。意味义（подразумеваемый смысл）经常是作品中最重要的意义层面，是反映作者构思，促使作者拿起笔来的主要目的。这样的蕴含可能从整个语篇的内容产生，以及从其各个部分，各个片段、语段的内容产生。阿诺德建议把前者称为言外之意或潜台词（подтекст），后者称为语篇蕴含（текстовая импликация）本身，后者与微观语境（超句统一体，对话统一体或语段）的内容相关。不论哪种蕴含都不是直接给予交际者的，交际者将各自不同地形成补充义，有时是不同的解释，甚至有时根本没意识到补充义。语篇蕴含处于相当的语义"深度"（глубина），为了感受到它，单靠语言知识不行，更需要分析思维，敏锐的情感和艺术嗅觉。

所以，原则上要求翻译尽可能传达原文语篇各部分的语言内容，尽可能保持原文语篇的意味方式，保持译文语篇与原文语篇的语用连贯（但不可能完全相同），以期在翻译中保留显化信息与意味信息的关系而达到语篇蕴含，让译文语篇的读者"通过解读出作者'织补'在词语中的隐含义，并将其补充到语句的显性表述意义中，读者便可以得到相对完整的语句意义"（吴炳章、许盛桓，2011：Vii – Viii）。实际的翻译非常复杂，因为两种语言之间的差异，往往会发生语用连贯的变异，从而引起意义蕴含的变化。

我们举一些俄汉译例，来约略分析一下原文语篇和译文语篇的语用连贯。

---

① 例如：A. 玛丽真小气。B. 是啊，这是她的一个缺点。这里的预设是："过分地少花钱是种不好的行为"，而蕴含则是"玛丽不爱花钱"。再如：A. 你哪天请我吃饭？B. 2月30号。这里的预设是："2月只有28天"，而蕴含则是"我不会请你吃饭"。（王文博，2011：114 – 124）

Он на ходу выскочил из саней и побежал в сени. Дом также стоял неподвижно, нерадушно, как будто ему дела не было до того, кто приехал в него. (Л. Толстой,《Война и мир》)

他不等雪橇停好，就跳下来直奔过厅。房子一动不动，漠不关心，就好像不管谁来了都与它无关。(刘辽逸 译)

他不等雪橇停住就跳下来，跑进门廊。房子里依旧死气沉沉，仿佛根本不理会来了什么人。(草婴 译)

俄文中的代词照应（дом，ему，в него）建立起很好的语用连贯修辞效果，房子与故人无异，凝然不动地默默接受亲人的归来，不露声色，仿佛达到了物我两忘的境界。由于语言差异，汉译文要在语用上达到与俄文诗学效果相当，难矣。刘辽逸译文代词对译（对转），未免坐实而似乎缺少了物与人不分你我的灵动感。草婴译文代词省略，译文语篇欲同原文语篇一样语用连贯，深层的语用意义是否传译到位，读者自知。

Ростов, забыв совершенно о Денисове, не желая никому дать предупредить себя, скинул шубу и на цыпочках побежал в темную, большую залу. Всё то же, те же ломберные столы, та же люстра в чехле; но кто-то уж видел молодого барина, и не успел он добежать до гостиной, как что-то стремительно, как буря, вылетело из боковой двери и обняло и стало целовать его. Еще другое, третье такое же существо выскочило из другой, третьей двери; еще объятия, еще поцелуи, еще крики, слезы радости. (Л. Толстой,《Война и мир》)

尼古拉把杰尼索夫完全给忘了，不要别人通报，就自己拉下皮外套，踮着脚尖跑进黑暗的大厅。一切都是老样子：还是那几张牌桌，还是那个带罩的枝形吊灯。但显然有谁看见了他，不等他跑到客厅，就有一个人像一阵风似的从边门冲出来，一把抱住他，在他脸上吻着。接着又有第二个、第三个人从另一扇门冲出

来，又是拥抱，又是接吻，又是叫嚷，又是快乐的眼泪。（草婴 译）

Что-то 译成"有一个人"，而非"有一个东西"，这显然是从语用角度考虑的，大概非如此理解不可，或许可更译为"有一个身影"。俄文 что-то 乃是作家临时性的赋意，尚未看清是谁，但用以指人而非指物无疑。译者正是从语用角度来建立汉译文的连贯语篇的。

Тому, что Багратион выбран был героем в Москве, содействовало и то, что он не имел связей в Москве, и был чужой. В лице его отдавалась должная честь боевому, простому, без связей и интриг, русскому солдату, еще связанному воспоминаниями Итальянского похода с именем Суворова. Кроме того в воздаянии ему таких почестей лучше всего показывалось нерасположение и неодобрение Кутузову. (Л. Толстой,《Война и мир》)

巴格拉季翁之所以被选为英雄，还由于他在莫斯科没有人事关系，是一个陌生人。欢迎他，也就是欢迎战斗的、普通的、没有人事关系和阴谋诡计的、引起人们回忆苏沃洛夫远征意大利的俄国军人。此外，给他这样的荣誉，是对库图佐夫表示不欢迎和不赞成的最好办法。（刘辽逸 译）

巴格拉基昂被莫斯科人选作英雄，还因为他在莫斯科是个外人，超然于各党派之外。他身上体现了勇敢朴实、大公无私的俄国军人的美德，使人想起苏沃罗夫远征意大利的丰功伟绩。此外，给予巴格拉基昂这样的荣誉，正是贬低库图佐夫的最好办法。（草婴 译）

草婴的译文从文学语篇语用连贯来考虑，可谓达到了"化境"，语言简洁明快。草婴译文中的"超然于各党派之外"，虽不在俄文字面，却似在字里行间。刘辽逸的译文则在语言上贴近俄文，但汉译文的语用效果不如草婴的译文。例如，"欢迎他……俄国军人"冗长而拗口，而"对库图佐夫表示不欢迎和不赞成的"用于修饰"最好办法"显得语言平淡，不如"贬低"二字来得简劲明爽。

> Он шел, не зная куда девать руки, застенчиво и неловко, по паркету приемной. (Л. Толстой,《Война и мир》)
> 他在接待室的镶木地板上走着，样子腼腆而笨拙，两只手不知往哪儿放。(刘辽逸 译)
> 他拘谨地走在接待室镶木地板上，两手不知往哪儿放。(草婴 译)

俄文的两个互为同位语的独立成分 (не зная куда девать руки, застенчиво и неловко) 插入句内，二者相得益彰，显然是修饰谓语动词的，致使谓语动词 шел 突出，且与后续补语 (по паркету приемной) 隔得很开，仿佛故意延长人们的感受似的，从而把他 (巴格拉季昂) 走在镶木地板上的不自在与笨拙劲儿表现得淋漓尽致。汉语两个译文均打破了俄文的语序，或多或少失去了俄文的诗学效果，虽然重组句都很通顺，且句子成分之间的修饰关系未变。李运兴曾指出连贯的着眼点是语篇内在的逻辑层次，它是信息的线性排列模式 (王树槐，2013：48；李运兴，2001)。语序若是作家用以实现语用意图的一种手段，那么译者不应随意更改它，对原文的逻辑语义和诗学意图应予重视。但由于汉语动词谓语不能与后面的补语隔得太远，所以绝难完全照俄文语序译出，这正是两位翻译家变动语序的原因吧。不过，我们仍然可以更佳接近于俄文，试译为："他——两只手不知往哪儿放，腼腆而笨拙——走在接待室的橡木地板上。"借助破折号以保留动词谓语与其修饰成分之间的紧密关系，是否更接近原文呢。

> В дверях гостиной не было возможности пройти от

столпившихся членов и гостей, давивших друг друга и через плечи друг друга старавшихся, как редкого зверя, рассмотреть Багратиона. (Л. Толстой, 《Война и мир》)

客厅门口挤满了会员和客人，弄得无法通行，人们你挤我拥，竭力超过别人的肩头看着巴格拉季翁，就像看一头珍奇的怪兽似的。(刘辽逸 译)

客厅门口无法通过，因为挤满了俱乐部成员和来宾。他们互相拥挤，从别人的肩膀上观看巴格拉基昂，好像观看稀有动物一样。(草婴 译)

不知怎么两位译者都将 как редкого зверя 后置译出，而未采用俄文的本来语序。但似乎按照俄文译出更加传神："……他们互相拥挤，从别人的肩膀上，像观看稀有野兽一样观看巴格拉季昂。"如此写出了人们先入为主的围观猎奇心理，组句自然顺畅，如俄文那样。此外，也意味着从申格拉本战役凯旋归来的巴格拉季昂将军，其长相和姿势确有些怪异、笨拙，被莫斯科社交界达官显贵们待若上宾，视同怪兽宠物一般。

- Осмелюсь просить ваше сиятельство потесниться крошечку, вот для них, - сказал смотритель, входя в комнату и вводя за собой другого, остановленного за недостатком лошадей проезжающего. (Л. Толстой, 《Война и мир》)

"我斗胆请求大人让点地方给他老人家。"驿站长进来说，他引进一位因为没有备换的马而停留的旅客。(刘辽逸 译)

"我斗胆请求大人给这位先生让一块地方。"驿站长进来说，随身带着一位也因缺乏驿马而耽搁的旅客。(草婴 译)

常规的俄语应是 вот для него, 而非 вот для них, 后者属于异常运用，这是驿站长说话有技巧，圆滑，译时就要采用特殊处理，不能对译成"给他们"，明明只领进一个人，所以常规处理是不合适的。

两位译者均识别并传达了这语言变异中的附加义，从而译出了人物的角色关系。

从以上刘辽逸和草婴的译例可以看出：有时候，确保隐含义的传译可通过再现原文的语言内容（包括语序）；有时候，确保隐含义的传译须变通处理原文的语言内容；有时候，则须把隐含义显性表达。衡量译文是否在语用上连贯畅通，译者得考虑"再现原文的语言内容是否可以完全确保意味义（подразумеваемый смысл）的传译"（Комиссаров，1988：16），是否显隐得当，是否符合读者的认知能力，符合读者的认知心理状态，读者是否可以通过溯因推理而得出语用意义①。因为"无论是直显性话语，还是隐含性话语，其理解都依赖于交际人所具有的认知心理状态，并且通过推理得以实现"（周建安，2011：425）。"语用推理并不那么神秘，也不那么独特，它不过是溯因推理的一种，没有必要去刻意创立'语言使用的逻辑'。不论是 Grice 会话理论中的合作原则及会话准则还是关联理论中的关联原则，它们从性质上看都属于溯因原则在言语交际中的具体应用形式。它们为言语使用制定了具体的溯因原则，功不可没。"（蒋严，2011：403－429）

在语篇的具体语境中任何语句都可能获得附加义，就是说都可能产生语用上的蕴含。译文与原文达到相当的诗学效果，对等的语用连贯，所用的语言形式不一定相同。原文可能是借助语法、语义衔接而达到作者所意想的表达效果，译文语篇本身应是符合语义逻辑，在语用上连贯的，或对译，或变通处理［例如解释性翻译、加注释、舍弃所指传达语用功能（蔡毅，2006：132－135）］，以达到译文语篇的

---

① 科米萨罗夫认为语用意义就是情感意义、修辞意义、形象联想意义所表达的信息，语用意义的翻译对保障交际等值很重要；巴尔胡达罗夫认为，除了修辞特征、语域、感情色彩以外，语言成分在句子结构中承担的交际功能任务（这是指句子结构中的已知和新知信息，正确传达句子的交际功能切分是求得翻译等值的不可或缺的条件）也当归入语用意义，属于词的语用意义的还有含义，即词在使用某语言的人的意识中引起的补充联想。（吴克礼，2006：521，353）顺便说一下，蔡毅先生把词语的语体特征、语域、感情色彩和联想意义归入语用意义，并且举出了一些很有说服力的译例来论述语用意义的传译。（蔡毅，2006：127－134）

语用连贯。

　　值得注意的是，译者除了具备双语知识外，要善于解释语句的语言内容并由此推导出语境义和隐含义，在构建译文语篇时尽量保持原文语篇中的意味方式，以便译文接受者在此基础上独立地推导出具体语境义和隐含义，这是译者交际能力的体现。但是，这样又可能产生一定的困难，原文的语言内容实际上从来不可能完全再现于译文中，而达到对等是不可能的，原文语篇与译文语篇在不同等值层次上实际接近，个别意义单元将有所损失（Комиссаров，1988：14）。所以，翻译中有时可能发生意味义的显化，因为得考虑译文读者的理解与接受，得考虑译文读者的语言和背景知识，以及人们的审美需求。

　　"译者要努力从原文的语用潜能出发，而不是从自己对原信息的处理出发进行翻译。当等值翻译在语用上不对等时，译者须进行翻译的语用调适（прагматическая адаптация），对译文作出必要的改动。"（Комиссаров，1999：140）翻译因难见巧，译者千方百计寻找最佳接近原文的语篇连贯，在不同语言之间寻求那意义的对等，蕴含的相当，而保持显隐得当。意义显化与意义蕴含并不矛盾，皆为了同样的目标——译文语篇全权替代原文语篇，在交际效果或语用功能上接近原文语篇。

　　总之，翻译中的语法、语义、语用连贯问题，"需要把原文的连贯性转换过来"（什维策尔语），重构译文语篇的语法、语义、语用连贯，成为译者不可回避的任务。语法连贯，这是翻译的必然要求。语法理解必须准确，有效运用照应、替代、省略、连接等语篇衔接手段，还要从整体上保持其连贯性，使译文与原文保持互文连贯性。为了译文语篇的连贯，能对应的就对译或对转，不能对应的进行语法转换，以达到译文语篇连贯而不背离原文。我们探讨的语义连贯，涉及超句（句群），语段或语篇。双语之间在语义连贯上存在差异，故而要在译文中重构最佳接近原文的新的语义连贯。译文与原文语篇要达到相当的诗学效果和对等的语用连贯，所用的语言形式不一定相同。译文语篇应该如原文语篇那样，符合蕴含的逻辑，在语用上是连贯的，或对译，或变通处理。译者在构建译文语篇时尽量保持原文语篇中的意指方式，以便译文接受者能够独立地推导出具体语境意义和隐含意义，这是译者交际能力的体现。然而，翻译中时有发生意味义的显化，因为译文接受者语言和背景知识的缺乏而进行语用调适。

第三节　语篇中的意义与翻译问题

我们还须强调并明确两个概念，一个是语篇，一个是意义。翻译在本题中即为意义重构，但译者如何进行意义重构这个问题还未得到满意的回答，似乎非得要对语义问题再进行一番探讨不可。所以，我们要进一步探讨语篇和语义问题，并尝试对意义重构问题进行补充研究。

一　译者之语篇意识

译者在翻译一个作品时，首先得树立一个牢固的观念，他翻译的对象是完整的语篇，而不是孤立的词汇、句子、段落等。那么，如何认识语篇，语篇的主要特征是什么？这涉及语篇理论，有必要把俄语界普遍认可的语篇理论的相关要点简介一下，并结合语篇思考相关的翻译问题。

（一）语篇概念

语篇可定义为一个信息空间，一个言语作品，或一个由符号构成的连续体，等等。既然语篇具有一定的意思，那么语篇可视为一个交际单位。"'语篇'概念既可适用于完整的文学作品，也可适用于相当独立的作品的各个部分（从微观主题及语言外观看）。例如，可以说一章、一部分、一节等语篇，前言、结论等语篇。""作为最高一级的动态单位，语篇可定义为一个言语作品，它在信息、结构和交际方面具有连贯性（связность）、完整性（цельность）的特征。"（Валгина，2003：5－12）

（二）语篇最重要的特征

"语篇一词来源于拉丁语词 textus，其本身即是织物（ткань）、交织（сплетение）、联结（соединение）之意。在任何情况下，语篇都是意思联结好的符号单位连续体（последовательность），其主要特性是连贯性（связанность）和完整性（цельность）。"（Валгина，2003：

12）这样的符号连续体被认为是最高级别的交际单位，因为它作为完整的作品，意思表达完整，是一个完善的信息—结构整体。而整体不同于部分相加，整体总是具有功能结构的，整体之各部分则在其中发挥各自的作用。

连贯性和完整性作为语篇的特征而被独立研究，只是为了方便分析而已，由于这两种品质在实际语篇框架内是统一存在的，彼此预设了对方的存在，因此，语言连贯性（связность）同时也是意思完整性（цельность）的标志。"语篇就其产生形式而言，可以是书面语，也可以是口语，不论哪种形式，都要求各具'语篇性'（текстуальность）——表层连贯（внешняя связанность），内在通达（осмысленность），可接受性（направленность на восприятие）。"（Валгина，2003：13）这里的表层连贯和内在通达（内在连贯），可合称为连贯性。俄语界把语篇的主要特征概括为连贯性（表层连贯和内在连贯）和完整性，用以代替英语的衔接和连贯，是很有道理的。

读者可能发现，笔者在转述俄语界关于语篇特征时，把связность和связанность同时译作"连贯性"，以避免使用衔接、连贯二分法而导致含混歧义。但须说明，связность和связанность均与связать（动词）、связь（名词）、связной（形容词）密切相关，它们是同根词。所以，将这两个抽象名词译作连贯或连贯性是可行的。俄语界采用两个同根词（связность，связанность）来表示语篇的重要特征之一，或许是比照英语的cohesion（衔接）和coherence（连贯）而使用的概念？我们不得而知。其实，两个英语词也可视为同根词，表明它们之间的语义联系和概念相关。我国有英语学者在论述连贯类型时，合理地把连贯分为显性连贯（explicit coherence）和隐性连贯（implicit coherence）（莫爱屏，2015：59）。显性连贯的话语使用各种明显的衔接手段，把话语中的不同成分从意义上联系起来，相当于俄语界所谓的表层连贯，而隐性连贯则有赖于语境和语用知识的推导，相当于俄语界所谓的内在通达（内在连贯）与可接受性。使用连贯性（表层连贯和内在通达），或显性连贯和隐性连贯，以代替衔接和连贯作为语篇的重要特征，而把衔接作为连贯的下义概念，这样既可以使术语统一，又易于理解。完整性和连贯性，实际上是语篇的主要结构特征，反映了语篇的内容、结构实质。研究者还可区分出局部连贯和整体连贯。局部连贯，这是（语句、超句体的）线性序列的连贯。整体连贯，这是为了确保作为意思整体的语篇的统一及其内在完整性。"局部连贯取决于超句体的句法关系（插入语—情态词，代名词，动词的态—时形式，词汇重复，词序，连词等）。整体连贯（达致语篇内容完整性），则表现在通过关键词将整个语篇或其片段进行主题、概念联络。语篇的连贯性常通过表层的结构标志，通过语篇各组成部分的形式关系来体现。而语篇的完整性则取决于主题的、构思的、情态的联系（связь）。就是说，语篇的完整性概念导向语篇的内容、交际组织，而连贯性概念导向形式、结构组织。"（Валгина，2003：43）说到连贯性，结构联系可能是显性的，也可能是隐性的。例如：

> Стало душно. И поэтому мы вышли на улицу.
> Стало душно. Мы вышли на улицу.

前者结构联系呈显性，后者结构联系呈隐性。关于完整性，我们将在后文"语篇中的意义"中略有涉及。

（三）语篇类型

"语篇类型学，尽管在语篇总论中占据中心位置，但至今还研究得很不够。"（Валгина，2003：112）绝大多数研究语篇问题的学者在考虑实际交际因素时，根据交往领域和反映现实的特点，最初把所有语篇分为文学语篇和非文学语篇。非文学语篇的特点倾向于接受（восприятие）的单义性，文学语篇则倾向于非单义性。就表现形式而言，语篇可以是口语（主要是日常口语交往领域），也可以是书面语（正式的、专门的和审美的交往领域）。语篇特征免不了要涉及超语言因素（交往情景因素），交际行为和言语体裁之类概念。而功能修辞学研究各种功能语体在语篇中的言语实现，这对语篇类型学的探究将大有裨益。

所有语篇按其功能语体和修辞品质可归入口语语体和书面语体如公文—事务语体、科学语体、政论语体、文学语体等，由此可分出文学语篇、公文事务语篇、新闻政论语篇、日常会话语篇等（Валгина，2003：194）。最典型的一种书面语语篇就是文学语篇，这可能是人类交际中常见的最复杂的一种语篇类型。文学语篇是按照联想—形象思维规律建构的，而非文学语篇则是按照逻辑思维规律建构的（Валгина，2003：114－115）。文学语篇中占主导的是联想关系，不同的联想引起不同的"增意"（наращение смысла）（维诺格拉多夫的术语），甚至对象世界里同样的特有事物（реалия）在不同的艺术家那里，会有着不同的感受，引起不同的联想。

（四）语篇单位与结构

语篇概念不仅适用于完整成形的作品，而且适用于相当独立的语篇部分。例如，可以说一章、一节、一部之语篇，引言语篇，结论语篇等。"语篇，如果在概括的功能范畴系统中研究它，可以视为最高的交际单位，这一整体单位由交际功能单元构成并组织成一个系统，符合言语情景而实现语篇作者的交际意图。"（Валгина，2003：21）

语篇具有微观和宏观语义，具有微观和宏观结构。语篇的语义是由信息传递的交际任务所决定的（语篇是一个信息整体），语篇的结构是由语篇单位的内部组织特点，以及由整个语篇框架内这些单位的相互联系规律所决定的（语篇是一个结构整体）。

"语义结构层的语篇单位是语句（现实化的句子）和超句体（在语义和句法上结合成统一片段的一系列语句）。超句体再结合成更大的片段（фрагмент－блок），通过实现远程和邻接的意思、语法联系，以确保语篇完整。在篇章结构层（на уровне композиционном）则分出另一性质的单位——一段、一节、一部分、一章等。"（Валгина，2003：22）语义—语法（句法）层的单位与篇章结构层的单位相互关联，相互制约，偶尔它们甚至在"空间关系"上可能是重合的，彼此叠加的，例如超句体和语段。语篇的语义、语法、篇章结构与语篇的风格和修辞特性密切相关。

语篇作为言语作品，由连续结合的言语手段（语句、超句体）构成。但是，凝结在语篇中的意义，并非总是仅由言语手段传达出来，还有非言语手段。在语句和超句体框架内这可能是词序、同位（соположение）、标点符号；意义强调有突出法（斜体字，着重号，排松法等）（Валгина，2003：22）。在更加复杂的语篇组成中，这些非言语手段的意义可能是相当大的。戏剧作品中的情景说明，或散文作品中作者对相关身势语和面部表情的描写，均可能发挥有效作用，实现"哑语"的言语化（Валгина，2003：23）。

　　还可能有一种在语篇中传达意义的方法，例如，往统一组织好的语篇空间插入其他语篇单元——"语篇中的语篇"（洛特曼语），这可能是直接嵌入语——题词（碑铭）、引文、注解，还可能是其他情节的转述—粘贴，转向传说、"异域"故事等（Валгина，2003：24）。

　　К. И. Белоусов 所著的《语篇协同学：从结构到形式》，从语篇的本体品质（空间—时间维度，演变—共时组织，功能性和完整性）角度对语篇进行了描写，所提出的研究纲要在语篇总论领域开启了从模型前状态向模型研究过渡的可能性（Белоусов，2013：2）。

　　（五）语篇的语用目标与作者的语用目标

　　为了确定语篇的生成机制，有必要弄清语篇的语用目标和作者的语用目标。"语篇作为完整的言语作品有其生成规律。语篇生成是在其本身的语用目标和作者的语用目标作用下发生的。"（Валгина，2003：24）前者听从于语篇本身、其类型、其所要实现的任务，后者完全与作者情态有关，因为任何话语本身不仅包括信息，而且包括作者对话语信息的态度。后者在明确语篇的语用方面特别重要，因为与语篇解释有关。作者不仅构造语篇本身，也引导读者解释语篇。

　　语篇本身的语用目标决定着语篇的形式、材料的选择、总的修辞等。但作者在遵守语篇构造规范的同时，可能对语篇构造作出自己个人的调整，以实现作者的语用目标。语篇中的"艺术性"可感度越大，作者个性表现越多。甚至在语段这种小的语篇片段的建构中，即可见语篇目标与作者目标之差异，出现段落划分与超句体间的不一致（通常是一致的，以便揭示主题），这可能是作者欲借助语用分段来达到意想不到的效果，以增强语篇的表现力（Валгина，2003：25 - 26）。

　　译者作为译文语篇的构建者，不能不了解相关的语篇学知识，以上有关俄罗斯语篇学的简介，无疑有助于译者思考语篇层的意义重构。接着，我们继续来探讨语篇中的意义与翻译问题。

二　语篇中的意义与翻译问题

　　研究语言单位，从句子（超句）到词汇词素，其内容可统称为意义（значение）。而语词、语句、超句体作为基本的言语单位，因为与交际者和交际情景相联系，其内容层面相当复杂化，可称为言意、意思或含义（смысл）。语篇中的意义/言意问题，这是有关语篇内容方面的重要问题。

（一）语词之意与翻译

　　郭聿楷在《符号与词义》中（郭聿楷，1996）从符号关系出发观察词义，把词义区分为以下几种：概念意义（понятийное значение 或 сигнификативное значение）、结构意义（组合、聚合意义）、语用意义（包括感情评价色彩在内的修辞色彩、功能语体色彩、文化伴随意义等）、所指意义（денотативное，ситуативное значение）。他还进一步把词义区分为"词义实体"和"词义功能"，后者再区分为"体系功能"和"语境功能"。郭氏把语用意义划归词义实体似有不妥，语用意义似应理解为词义功能，应该是在语境中所指意义基础上产生的蕴含义或言外之意，即使是指小表爱后缀语词的使用，也是与交际情景密不可分的①。然而，词义实体和词义功能的

---

　　①　科米萨罗夫说："常见人们试图用（说明符号意义的）符号学概念来描写在翻译中要保留的原文内容。众所周知，在符号学中，符号意义的形成是因为它与所指客体的关系（符号的语义意义）、与其他符号的关系（符号的句法意义）以及与使用该符号系统的人的关系（符号的语用意义）。假定这样的关系也构建语句（语篇）的内容，那么翻译等值就在于保留原文所有这些意义或其中之几种意义。但应注意，上述符号学术语在语言学中远非单义。譬如，这三种意义与传统上把词义划分为所指意义和联想伴随义其对应关系就不够明确。一些人将语用意义归入情感丰富的、有表现力的、修辞的联想伴随义，另一些人将其视为与联想伴随义并列。所以，究竟把保留哪些意义作为翻译等值的基础，意见并不统一。"（Комиссаров，1980：54）我们借用科氏的话在此做个注解，但意义重构问题实在太复杂了，并非仅只保留所有这些意义或其中之几种意义而已，在言语篇章的翻译中还涉及意义与言意的关系问题。不过这些意义的划分，无疑有助于我们探讨意义（言意）重构的

划分，有助于我们准确理解意义与言意的关系，对于我们探究语篇中的意义问题，基于对语篇含义的深入理解而进行意义重构不无启发（参见后文"文学语篇中的意义"，我们把文学语篇中的意义区分为字面语义和人文意蕴）。

李洪儒的论文《认知链条上词的意义与指称对象》，关于词义做了更进一步的论述［李红儒，1999（1）］。李文正确全面地指出，通常词的意义主要包括词汇意义、语法意义和语用意义。词汇意义同非语言世界的事物、概念有关；语法意义"同一定的语法范畴、语法形式有关，是由语言内部因素决定的抽象的意义"（倪波、顾柏林，1995：4）；而语用意义，"即词汇意义的语用方面，从狭义上说也就是词的表情评价特点"（倪波、顾柏林，1995：15）。他将词的意义——内涵意义（сигнификативное значение）、外延意义（денотативное значение）和指称意义（референтное значение）置于人的认知链条和交际层面予以探讨。李文中的内涵意义、外延意义和指称意义可分别与郭文中的概念意义、所指意义和结构意义（组合、聚合意义）相资参阅。

李文和郭文促使我们思考语词的意义与指称对象的关系，促使译者更好地认知和再现非语言世界的事物——指称对象，这有助于语词翻译。译者的确应该更加了解语词的指称对象，重视其指称意义。"内涵意义和外延意义存在于语言系统，指称意义体现于言语之中"［李红儒，1999（1）］。译者应努力认知并重建语词、意义、指称对象之间的关系，以便在准确再现非语言世界事物的基础上传译语词之意。然而，形式、意义、指称对象三者之间不存在着"……决定……"的关系，意义与指称对象之间也不能存在等同关系，是认知使三者之间凸显出上述关系的［李红儒，1999（1）］。李文在对弗雷格、胡塞尔、罗素、维特根斯坦等人的相关理论思考基础上得出如下结论："词（指号）有意义，与意义对应的是指称对象；意义与指称对象不同，而且呈非对称关系；不同意识方式产生同一指称对象的不同名称；语言游戏说使我们发现，词的意义与指称对象之间存在着'家族相似性'。"［李红儒，1999（1）］那么，译者在双语之间该如何正确地传译语词及语词之所指称呢？这是一个很有意思的课题，它与情景语境和文化语境有关，译者正是在这样一种特殊的跨文化交际中进行意义（确切地说是言意）传译的，他们要在译文语篇的意义重构中架起理解的桥梁，努力唤起译文接受者的情景感受与意义联想。

这必然涉及在译文中如何确定名称，定名之难，严复早有"旬月踟蹰"之警句。严格意义上的翻译，便是执着于原文中的词义与指称对象之间的关系，再现原作者之所赋意，虽然这几乎是办不到的理想。很有可能在译入语中找不到与原文契合无间的名称能够既具相同词义又暗合其指称对象的。因为，词与指称对象不同，二者间无直接关系（弗雷格语）。但毕竟又存在大量与意义对应的指称对象，例如，大量通名、专名、人名、地名，以及广泛熟知的事物名称（包括约定俗成的）等。词是一些代表它们自身之外某些东西的符号（罗素语），名称的对象就是名称的意义（维特根斯坦语）。在日常应用文、科技文献中，有指称对象的词的意义通常就是其指称对象，译词便是传译指称对象。译文读者如果有了同样的指称对象感受，便能获得大致相同的认知。翻译中词义与其指称该如何对应，又该如何变换的问题，值得深入探讨。在前面的章节已略有涉及，例如名词的翻译。现代词汇语义学尤其重视词汇意义与外部世界的关系、词汇意义与人类认知（如范畴、原型、指称等）、词汇与句法的对接等［束定芳，2000（7）］。利用词义与义素分析、结构关系、原型范畴、指称方面的理论，探究词义将如何重构的问题，可以形成专门的译学研究课题。但本书不作详论。

（二）语句之意与翻译

语句不同于句子，它属于言语范畴中的概念，表述为"语句的意义"并不科学，称之为语句的意思（言意）更为恰当。华劭曾研究过语句意思的组成模块［华劭，1998（4）］：语句中的命题内容 P［命题中谓词与题元之间的关系可以用 P（x，y，z）代表］，实义切分所产生的意思 R（它反映了言语交际中的信息结构），语句中的情态 M（包括客观情态即句子与现实的关系和主观情态即说话人对话语的态度和评价），语句中的指称意思 D（与语境直接联系的、具体的所指意义），语句可能蕴含的潜在意思 Q（交际中可推导的蕴含意义）。语句意思的各组成部分，不仅互相区分，也有着密切联系，例如，P 的内容在很大程度上决定 R 与 M 的变异可能性，P 是产生一切意思的出发点，M 是支配所有其余部分的灵魂。

其实，语句的意思组成模块对于理解语词的意思也是可以借鉴的，语词何尝不是在言语情境中有其指称，并产生蕴含意义的呢。例如，Вот тебе и друг! 此处的 друг 在具体语境中可表示反义。这种反义正是以 друг 的词义实体（直义）为基础和参照，无此基础和参照，反义无从产生［郭聿楷，1996（4）］。

前面章节俄汉句式互参与翻译问题探讨，就涉及语句意思，句意组成模块将有助于双语语句意思比较与翻译分析。对句子意义的研究是现代语义学的一个重要内容，对句义研究影响最大的理论是形式语义学、言语行为理论和含义理论［束定芳，2000（7）］，这些理论均可运用于译学研究，尤其是语篇与翻译研究。

（三）语篇（话语）之意与翻译

现代语义学将研究的领域开拓到了句子以上的层次，开始对语篇意义的研究。研究重点包括：语篇的标准；语篇的衔接；语篇的连贯。俄语学界采用的术语略有不同，衔接和连贯被代之以语篇的连贯性与完整性，参见前文。为了说明语篇的内容，弄清"意义"（значение）和"言意"（смысл）概念的关系是很重要的。

语篇最小单位即某语句的言意，被理解为该语句的整体内容，而非其组成部分（单元）的意义之和，整体内容本身决定着这些意义（Валгина，2003：244）。既然每个语词都是作为语句的一部分或一单元而表现其可能的一种意义，那么总言意的诞生就是针对某语境的必需意义的选择过程。而语词的使用必然带有个人主观性。

语言学家邦达尔科基于对意义表层和深层的解释，而提出"重构原则"问题，即通过在表层结构上的操作手段来恢复深层语义结构的问题。通过对同义表达的分析，邦达尔科发现同时存在"深层语义"（思想）层面的等值和包括阐释成分在内的"表层语义"层面的非等值。为了达到最佳近似的效果，"通过对表层结构的处理重构深层语义结构"，想必就是跨语言交际中的重构原则。不同语言中阐释成分往往不能达到完全恰当的对等，因为无论在语内还是语际间，都存在思想的一种体现方式与另一种体现方式之间的细微差别，由此造成等值翻译的困难。不同语言的意义阐释成分可能表现出个性特点，在结构内容（结构功能）域中同时存在着阐释成分的典型共性和内容体现方式的变体差异，在语法意义域中显而易见句子意义相同而阐释成分呈语际间变形趋向（邦达尔科，2012：73－74）。可以想见，汉语中某些句式与俄语相应句式不会完全相同，汉语表达手段与俄语表达手段不尽相同，翻译有必要基于意义对等的理想，而进行双语互参探译，以寻找最佳近似的优化表达。

　　语篇作者可通过运用语言单位的意义，而构思他所要表达的言意。不过，个人赋意具有临时性和不确定性，譬如语篇的模糊多义，表层与深层的区分。语篇表层的言意，比较客观地依赖于各组成句的意义。深层的言意，较有个性，呈不可预见性。文学语篇常蕴含深意或言外之意，具有文学价值和独特个性。尤其是诗歌语篇，确定性部分消失，不确定性增强，从而导致深文内蕴，含义丰富。

　　语篇中的意义（言意），除了用言语手段（语句、超句体等）表达外，还有诸多非言语手段。把外部表层意义层转为内部言意层的手段可能多种多样，常见一些非言语手段，如背景知识、停顿、语调、标点符号，还有特别的句法结构，尤其是分割结构（парцелляция）等（Валгина，2003：245）。作为语篇最高层次的全文，往往被研究者忽略。在全文研究基础上，《语篇语言学概论》一书重点分析了信息性、主观情态性、回眸与前瞻、语义独立片段、谋篇与修改等语篇宏观问题。（史铁强，2012：146－228）译者在跨语言、跨语境交际中进行语篇意义重构，既可能有形式上的求似，也可能涉及诸多言语手段和非言语手段的转换，须考虑语篇的完整性和连贯性。

　　简略介绍了俄罗斯的语篇理论，有助于译者树立比较正确的语篇观念。因为即使是语词、语句层的翻译，也要考虑语篇的衔接与连贯（或者说连贯性与完整性），并从语序、主述位结构、信息结构等角度考虑语篇的意义重构。另外，语篇的语体类型和体裁特点、语篇宏观问题也是不可忽视的。所以，译者必须具备一定的语篇学常识，以便使自己的译文既与原文和谐一致，又通顺畅达，自成篇章，这是毋庸置疑的。

我们对语篇、意义（言意）与翻译问题的探讨，可谓基于文献资料的形而上考察，而未涉及译例解析。但我们为语篇、意义、言意等概念所进行的辩证思考，有助于双语互参式意义重构译学研究框架体系的建构。强调了译者应具有语篇意识，译者熟悉和运用语篇类型学和语篇特征，在深入辨析语词之意、语句之意、语篇之意基础上，结合语篇特点进行意义重构，这样仿佛已经勾勒出了意义重构的大致路径。

语篇性、完整性、连贯性，这是语篇重构中须臾不可忽视的问题，而语篇不同单位层的意义解释，则是实现全篇意义重构的必要步骤。该部分在本研究中起着结构骨架的作用。置放于此，在此腰腹位置，权当是为了引出下一节的文学语篇的翻译问题研究吧。

第六章　文学翻译中的意义重构问题

我们从语言（语法）的角度，从双语互参中探索总结了一些翻译规律，既涉及翻译的客观性，也涉及翻译的主观性和创造性。

译者不仅要具备良好的相关双语（互参）能力，而且要具备阅读、书写技能，把一个语篇在词汇、小句、超句、语篇等层次的意义，用另一语言恰当地表达出来，建构起另一个与原语篇密切关联、足以替代它的新语篇。通常，译者要考虑译文与原文在句法、语义、语用、风格（语体）上的对等问题。但由于语言的差异，完全对等实际上不可能，而只能求达"近似"。因相关双语的差异，通常只能把对等保留在双语之间的某个范围，亦即在双语之间而非双语之任一端寻求最佳译文方案，而且与译者的选择和创造密切相关。接着，我们主要从译者的翻译行为角度讨论文学翻译中的意义重构，深入探讨语篇、意义与翻译问题。

第一节　文学翻译：意义筹划与突显论

文学翻译同任何别种的翻译一样，都要经过理解和表达两个阶段。然而，文学翻译更多复杂变化，更须译者具有广博的学识和文学修养，更须译者发挥创造性。在《文学翻译：意义重构》一书中，研究者从译者主体的角度，论述过作为文学翻译重要特征的意义筹划与突显。但有必要从理论上补充阐明和结合双语互参作进一步的探讨。

一　文学语篇中的"意义"

文学语篇是一个开放的意义系统，而"意义"被视作一个动态的多维度构成（Martine Sekali, 2012：4－6）。文学语篇中的意义，大致可分为字面—语义和人文意蕴，而字面与意蕴应该高度统一。

1. 字面语义

字面语义乃是在语言和语篇客观化内容层面上，指语篇所表达的较为确定的意义。语义意义通常是字面的，例如，字典上的义项，包括语言和所指对象之间的关系所决定的客观意义，以及由语言系统中符号与符号的关系所决定的语言意义等。金岳霖在论及语言和翻译问题时提出了"译意"和"译味"两个概念，所谓的"意"是指"思议底内容"，多为指称意义，还指词组、句子、语段的语义信息或语义内容（朱湘军，2006：141），类似于这里的语义意义。而"译味"则指向意蕴。顺便说一下，翻译理论家科米萨罗夫所谓的语言内容层面（Комиссаров, 1988）大概相当于我们所说的字面语义。但可以这样理解，通常原文相对于原文读者来说，通过语言内容不仅可以直接获知其语义，而且可以领会其意蕴。这是语言背景的作用使然，然而在跨语言交际中，如果直接移译语言内容，译入语读者未必能领会其意蕴了。语言内容层面的传译，只是起码的字面—语义意义的传译。译者在传译原文的语言内容层面时，尚须考虑译文读者是否可以领会其中的人文意蕴。"通过对表层结构的处理重构深层语义结构。"（邦达尔科，2012：66）

2. 人文意蕴

人文意义，这是与语言使用者及其意向活动有关的精神意义（首先便是生存意义、生命意义）和社会意义（广义上的社会意义），它指引到意蕴，表现意蕴。意蕴与含意①类似，这个概念是朱光潜在翻

---

① 含意可分为一般含意和特殊含意。前者是指其含意约定俗成地依附于句子的某些词汇意义或潜存于语句所表述的事理逻辑中。后者是指其含意有赖于特定的语境或上下文并要运用合作原则的某一准则才能推导出来。（牛保义，2009：105）

译黑格尔《美学》第一卷时创造的。意蕴是现代术语，但在《文心雕龙·隐秀篇》中就是概念"隐"。所谓"情在词外曰隐"，文章要"内明而外润，使玩之者无穷，味之者不厌""深文隐蔚，余味曲包""隐也者，文外之重旨也""隐以复义为工"，等等。文学的意蕴层面，是指文本所蕴含的思想、情感等，属于文本结构的纵深层次，具有多义性和不确定性。它一般分为历史内容、哲学意味、审美情韵三个层面（顾祖钊，2000：116）。意蕴可以是对隐而不提的常规关系的解读，既包括向纵深层次的意义深藏，又包括转义、隐喻、象征等修辞意义。俄语界曾用 коннотация 一词来概括各种修辞色彩（Кожина，1993：37），对应英语 connotation，指一个词的概念物象意义之外补充的、不大清晰的、暗含的伴随意义（张会森，2002：31）。在文学作品统一整体的背景上，人物的言语、各种语体等作为构筑成的（声音）形象也将获得附加意义①。"文本通过隐喻、象征、空白等传意方式所蕴含的潜在意义和有待进一步揭示重构的言外之意，可以称为'蕴意'（即意蕴），对蕴意的解读构成文学的人文意义。"（汪正龙，2002：206）所以，在字面—语义意义之外，特地分出人文意蕴。

有必要提及利奇（Leech）所说的联想意义，它是语言符号唤起的联想及暗示的概念和印象。在利奇的《语义学》中，联想意义是一个概括性的术语，包括反映意义、搭配意义、情感意义、社会意义和内涵意义，可用"联想意义"这一名称来概括（利奇，2005：25）。利奇分出的社会意义，是很值得关注的。一定社会标记的语言形式，有着一定的社会内涵，包括方言、俗语在内的语言变体具有修辞色彩和审美价值（Виноградов，1930）。一些研究者将地位、威望、

---

① 巴赫金说：作品作为统一整体的背景。在这个背景上，人物的言语听起来完全不同于在现实的言语条件下独立存在的情形：在与其他言语、与作者言语的对比中，它获得了附加意义，在它那直接指物的因素上增加了新的、作者的声音（嘲讽、愤怒等），就像周围语境的影子落在它的身上。在一部完整作品的统一体中，一个言语受其他言语框定，这一事实本身就赋予了言语以附加的因素，使它凝聚成为言语的形象，为它确立了不同于该领域实际生存条件的新边界。（巴赫金，1998：283）

社会角色等视为影响语言修辞变化的因素，根据社会特征和情景特征来区分不同类型的说话者，这是现代修辞学领域的新的研究特点（Крысин，2004：306；Ерофеева，2000：88）。文学语篇中的语言变体所具有的社会—修辞色彩或社会意义，自然归入意蕴—人文意义。哈蒂姆说得好：一个人的语言使用具有个人言语风格，与其有选择地使用标准方言、地理方言、社会方言抑或时代方言不无关系。它也与言语目的有关，并最终体现出具有社会文化的意蕴，在更为一般的层面上，对各种各样的口音和不同地理方言的词汇语法特征具有敏感性，这是国际会议上能干的译者的标志（哈蒂姆、梅森，2005：59，64）。在我们看来，这就是在考虑社会色彩（意义）。

3. 字面与意蕴的统一

Sebastian Löbner（2013：2 – 39）分出了表达式意义（expression meaning）、语段意义（utterance meaning）、交际意义（communicative meaning）等意义层面，认为语段意义和交际意义都是建立在表达式意义基础上的，而每一个层面从表达式意义这一基础层面继承描写意义、社会意义、表情意义（expressive meaning）等意义维度。如果一个表达式（词、词组、语法形式、句子）具有描写意义，只要一提及，将不仅激活它潜在的所指（potential referents），而且一起激活进一步的联想。有些联想是惯例的（conventional），称作联想—伴随意义（connotation），通常认为是某种附加在原初词汇意义之上的附加（secondary）意义，一个词的联想—伴随意义经常是变化的，而基本词义（meaning）保持不变①。

孤立的表达式的意义（贝尔称作语义意义），在语言学上属于传统语义学的研究范畴，限于词和句子层面，涉及命题意义和小句结构，而语段意义和交际意义（参见贝尔所谓的社会或交际值），在语

---

① 一个词的 connotations 经常是变化的，而基本词义（meaning）保持不变。例如，计算机一词的 connotations 从 20 世纪 60 年代以来发生了巨大变化（当初的计算机是指危险的超级智能机，是人类控制不了并受其控制的凶兆）。最近五十年，该词发生的戏剧性变化是该词的实际外延（denotation），正是这些变化引起了 connotations 的变化。（Sebastion Löbner，2013：36 – 37）

言学上属于语用学研究范畴，涉及语篇和话语（贝尔，2005：105）。文学语篇中的字面—语义意义和意蕴—人文意义，应该考虑文学篇章、话语的情景语境以及论域①。即使是最小的翻译单位——词（词组）或小句，也须在语段（语篇）层面予以考虑。译者既要了解字面—语义意义，又很有必要弄清意蕴—人文意义，这两类意义可用 Sebastian Löbner 提供的意义层面与维度（"意义"是一个开放的多维度系统）作进一步的解释。意蕴—人文意义建立在字面—语义意义基础上，恰如语段意义和交际意义建立在表达式意义基础上。在文学语篇中，字面表层与意蕴深层之间应该高度统一，字面与意蕴的重叠暗合构成文学上的妙用。但因为在跨语言传译中，经常难以同时呈现字面—语义意义和意蕴—人文意义（因为读者背景知识的缺乏），所以有时必须进行词汇的、语法的、语义的、语用的转换，从而可能使意义的显隐关系发生变化。为了提供切实可行的语言学解释，必须对双语（原语和译入语）在不同单位层次上（词汇、句式、句群、语篇）和语序上的同与异进行互参比照，俄汉互参式译学问题研究正为达此目的。我们这就来探讨一下文学译者的理解与表达。

二　理解—意义筹划

文学语篇中的"意义"已经勾勒出了一个大致轮廓，为语篇理解提供了参考指南，而译者的理解是一种意义筹划，且存在是否合理的问题。

1. 理解的筹划性质

区分"意义"和"言意"，使我们可以辨清语篇认识的诸阶段（Валгина，2003：248－249）：①认识本身（对意义的直接认识，即讯息的接受）；②理解（通过分析表层语言形式理解讯息的意义）；

---

①　在展示词和句子如何相互关联（同义、蕴含、矛盾等），以及说明语言中的句子是如何理解、阐释并与宇宙中的状态、过程和物体相联系的目标上，译者与语言学家本质上显然是一致的，都有必要从以下两个方向来描写和解释意义：理解语码范围内形式与形式之间的关系，以及语码的形式结构与交际语境之间的关系，译者尤其需要后者。（贝尔，2005：135）

③解释（揭示讯息的内在言意）。理解与解释密不可分，翻译的理解首先便是根据语篇中直接给出的语言单位得出语篇的一般含义，并弄清语言单位之间的关系，进入解释阶段。解释则意味着语篇认识过渡到更深层的理解，与逻辑推导和得出结论有关，与语言单位、非语言单位的相互关系有关。

格莱斯的一种观点已广为人所接受：理解一个言语并不单单是一件对业已编码的信息进行解码之事，而是一件力图解读"说话人意义"的事，听话人推想出说话人的说话意义（哈蒂姆、梅森，2005：139）。理解总是一种创造的过程。译者如果心中模糊不清，只在字面上打转转，而不从意义上去深究，是断难译出好作品的。所以，翻译的深入理解必不可少。上文为文学语篇中的"意义"勾勒出两大类，提供了可资参照的意义模式。文学翻译中实现的意义与文学语篇中的意义一脉相承，但不是一回事，理解（解释）具有筹划性质。

文学译者从一定的文化语境出发，透彻理解语篇，就是在进行意义筹划。加达默尔说："理解就是此在（Dasein）的存在方式，因为理解就是能存在（Seinkönnen）和'可能性'。（海德格尔）揭示了一切理解的筹划性质……理解一般人为的事情和理解生命的表现具有不同的标准——即使这样，情况仍然是：所有这种理解最终都是自我理解（Sichverstehen），谁理解，谁就知道按照他自身的可能性去筹划自身。任何促使和限制此在筹划的东西都绝对地先于此在而存在。"（加达默尔，1999：333－340）在加达默尔看来，解释学过程的真正实现不仅包容了被解释的对象，而且包容了解释者的自我理解。他说："理解一个文本就是使自己在某种对话中理解自己。通过以下事实可以确证这个论点，即在具体处理一个文本时，只有当文本所说的东西在解释者自己的语言中找到表达，才开始产生理解。解释属于理解所具有的本质的统一性。"（加达默尔，1999：58）何为"本质的统一性"？他的另一句话可以做个注解："只要我们进行'理解'，尤其是当我们识破偏见或揭开隐藏现实的虚假理由时，这种解释的过程就会发生。在这种场合，理解才成为真正的理解。"（加达默尔，1999：33）理解不能不是一种合理的、辩证的过程。"筹划"一词，在很大程度上肯定了译者创造性的理解及解释（辩证）对意义重构的贡献。筹划是人生存的本质规定，"此在作为此在一向已经对自己有所筹划，只要此在存在，它就筹划着"。在《存在与时间》中，现身或情绪、领会或理解、话语这三种同样源始的展开方式，它们在"此的生存论建构"中可以说具有同等的优先地位（曹志平，2005：126）。从生存论看，人的存在总是领会着、理解着的存在。正因为理解具有筹划的生存论结构，理解才成为译者生存论意义上的存在。译者对原作有了新颖独特的理解，有了融会并超越前人的发现，这恐怕就是翻译的真谛吧。

2. 意义筹划的合理性

文学翻译中的意义筹划，就是译者将自我理解融入作品的阅读之中，从而发现意义的过程。不同的译者可能对同一个作品有着共同的理解，也可能有着不同的理解。请看下面这段俄文（选自肖洛霍夫《静静的顿河》），译者对于生命（生存）意义进行了特别的筹划。

После первого же залпа, сбитый с ног пулей, Григорий, охнув, упал. Он хотел было перевязать раненную руку, потянулся к подсумку, где лежал бинт, но ощущение горячей крови, шибко плескавшей от локтя внутри рукава, обессилило его. Он лёг плашля и, пряча за камень затяжелевшую голову, лизнул разом пересохшим языком пушистый завиток снега. Он жадно хватал дрожащими губами рассыпчатую снежную пыль, с небывалым страхом и дрожью вслушиваясь в сухое и резкое пощелкивание пуль и во всеобъемлющий грохот выстрелов. Приподняв голову, увидел, как казаки его сотни бежали под гору скользя, падая, бесцельно стреляя назад и вверх. Ничем не объяснимый и неправдываемый страх поставил его на ноги и также заставил бежать вниз, туда, к острозубчатой прошве соснового леса, откуда полк развивал наступление. Григорий опередил Грошева Емельяна, увлекавшего за собой раненного взводного офицера. Грошев бегом сводил того по крутому склону; сотник пьяно путал ногами и, редко припадая к плечу Грошева, блевал чёрными сгустками крови. Сотни лавиной катились к лесу. На серых скатах остались серые комочки убитых; раненные, которых не успели захватить спозали сами. Вслед резали их пулеметы.

　　一阵枪声响过，格里高力就中了子弹，哎呀一声，倒在地上。他想要绑扎一下受伤的胳膊，就探手到军用袋里去摸绷带，只觉得袖子里有一股热辣辣的血从肘部汩汩地直往外冒，身子就软了下来。他趴在地上，把沉甸甸的脑袋藏到一块石头后面，用干燥的舌头舔了一下毛茸茸的雪团。他用哆哆嗦嗦的嘴唇拼命啜吸松散的雪粉，倾听着尖厉刺耳的子弹啸声和一片轰隆轰隆的枪声，感到非常恐怖，全身哆嗦得非常厉害。他抬起头来，就看见同连的哥萨克们在往山下跑，滑滑跌跌，踉踉跄跄，胡乱地朝后或朝上放着枪。一种无法说明、也无法解释的恐怖，使格里高力站起身来，又使他朝下面参差不齐的松林边缘跑去，他们的团就是从那儿发起进攻的。格里高力跑到了搀扶着受伤的排长的叶麦里扬·格洛舍夫前头。叶麦里扬搀扶着排长在很陡的山坡上跑着，排长的两条腿摇来晃去，像醉汉一样，有时还趴在叶麦里扬的肩膀上，吐几口黑黑的血块子。一支一支的连队像雪崩一样朝松树林滚去。灰灰的山坡上留下一堆堆灰灰的尸体；没来得及带走的伤号就自己往下爬。机枪在后面对着他们扫射。（力冈 译）

　　作家在这段描写中，突出了战争的残酷，生命的价值与宝贵以及伟大的救助精神。译者在筹划意义时，突出了格里高力和他的战友们面对死亡时的求生欲望和作家对生命的讴歌。读者可一并参看金人和力冈的译文及分析（赵小兵，2011：173 – 175），两个译文非常接近，句构也基本相同，这表明译者对生命意义的共同识解与筹划。

　　更有可能译文之间存在意义差别，筹划意义各不相同，源于译者对作品不同的理解。

А главное — сухота у него есть . . . — безжалостно ехидничал Митька.

"顶要命的是他不会心疼人……"米佳毫不心软地刺激她说。
（金人 译）

"最糟的是他正爱着别人……"米吉卡毫不怜悯地挖苦说。
（力冈 译）

两个译文意义差别明显，两位译者对 сухота 的词义进行了具体化，显然带有各自的理解。Сухота 在俄文里是民诗谚语一样的转义用法和韵味，表示操心、焦虑，或者常指爱情上的烦恼、忧伤，令男子或女子相思的人（《大俄汉词典》，2006：2303）。例如：От милого сухота, от постылого тошнота.（谚语）为心上人憔悴，见讨厌鬼恶心。Высокий да румяный, кудрявый да весёлый. Одним словом, сухота девичия. 高高的个儿，红扑扑的脸儿，卷曲的头发，快乐的性格——一句话，真是个令姑娘们相思憔悴的小伙子。

这么看来，两个译文似乎均有失味，但又各有道理。金人侧重于葛利高里对妻子的态度和人生幸福去筹划意义，而力冈则从《静静的顿河》的情节发展去筹划意义，的确葛利高里（格里高力）一生爱着情人阿克西妮娅，而不爱自己的妻子。两个译文与情节的发展和主人公的命运是一致的，意义筹划虽有所不同，却又是合理的。

意义筹划与译者对意义的期待直接相关，而这种期待应由原作得到证明［这是通过努力倾听语篇向我们述说的内容开始对话过程而纠正偏见或前见解，但这种对偏见所作的纠正不再被视作对所有偏见的超越而达到对文本无偏见的理解，偏见并非必然是不正确的或错误的，并非不可避免地会歪曲真理（加达默尔，2004：9-11）。正因为偏见可以被纠正，或可以是积极的偏见，而不是永远故步自封的事实，使我们能在真正的创造性、揭示性中理解语篇］，译者对意义的期待恰好与原作契合无间，原作也能向我们开放新的、不同的、真实的东西，就是有效合理的意义筹划。译者在作者与其异域读者之间做个媒介居间人，非离间人，就是要始终追求这样的意义契合，以促成文学和文化的交流传播。"译者首要的任务是达到翻译的效度：使原文作者的意图与译文接受者的期待相吻合，其次有责任提高译文的信度，使译语文本最大限度地向原语文本趋同。"（赵彦春，2001：146）因此，译者首先要达到对原作有效的理解，传译原文的意义结构，高明的译者因其独特的视角和眼光，能见人所未见而发现新意——在字面—语义意义之外，更有意蕴—人文意义。意义存在于词汇、语法、语篇、语序中，以及语言空白中，译者循着意义踪迹去发现意义，去探寻文本的意蕴。译者的感知、想象、情感和理解在意义筹划中起着重要的作用，敏感敏锐和研究查考皆不可少，然后微言大义可能显露出来，作品中的精神情趣印现在译者心灵的"蜡块"上（高秉江，2000：92），从而被译者真切地捕捉到。

> Прибивались, и с Хопра сваты и с Чира, но жениха и Наталье не нравились и пропадала даром сватовская хлеб – соль.
>
> 译文 1：从霍皮奥尔河和奇尔河那边也来过媒人，但是娜塔莉亚不喜欢那些求婚的新郎官，所以都白赔上了求婚的面包和盐。
>
> 译文 2：从霍派尔河畔和旗尔河畔也来过求亲的，但是娜塔莉亚没有看中那些求婚的小伙子，所以媒人的一番心血都落空了。

Сватовская（口语）是 сватовство（做媒、求婚）的形容词。两个意思有所不同，但有内在的联系。сватовская хлеб – соль 一解为"媒人的一番心血"，一解为"求婚的面包和盐"，实际上这里是求婚者的殷勤示意。求婚带来的面包和盐，表示的是求婚者的心意。译文 1 保留了文化象征，由于有"求婚"二字修饰"面包和盐"，读者虽有疑问，也能明白，甚至有人可能想探个究竟——求婚者为何要送上面包和盐？窃以为译文 1 的译者筹划意义是合理的。译文 2 舍弃文化形象进行模糊表达，不料却失去了准确性。这里的 хлеб – соль 应当说具有象征意义，大概是俄罗斯人（顿河哥萨克）求婚时的常备之物。

译文 2 中的"所以媒人的一番心血都落空了"可改译为："求亲者带来了面包和盐，美意都落空了"。这样既可保留文化意象，又可保持小说中这些细节的连贯衔接，汉语读者从前后文即能感受到特有的民族风俗。

> Вот мы и приехали, значится, Мирон Григорич, с тем, чтобы узнать, как вы промеж себя надумали и сойдемся ли сватами, али не сойдёмся...

> "米伦·格里戈里耶维奇，我们这一趟来，是想知道，你们这边儿商量得怎么样啦，咱们能结亲，还是不能结亲……"（金人 译）

> "这不是，我们又来啦，就是说，米伦·格里高力耶维奇，是来听一听，府上是怎么定的，咱们能结亲呢，还是不能……"（力冈 译）

俄语代词 вы 并不简单等同于汉语的"你们"或"您"，而是具有很强的社会色彩。Мирон Григорич 和 вы 并用来称呼对方，是为了表示尊敬、恭维之意。金人译出了基本意思，但没有考虑到 Мирон Григорич 和 вы 具有的社会意义，筹划意义不够。译者将 Мирон Григорич 音译成米伦·格里戈里耶维奇，并将 вы 译为"你们"，显不出提亲的郑重其事和尊敬恭维来，读者难以体会到这层含意。力冈显然注意到了这一社会语言学因素，将 Мирон Григорич 仍然音译，接着用"府上"来对译"вы"，这是新颖的译法，属于词汇转换法，既译出了社会意义，也是对音译含义不明的补偿，向汉语读者传达了人物之间的角色关系和说话人的恭维之意。

文学翻译中单独句子意义与语段意义之间如不相符，则将构成跨语言跨文化传播的困难，这是明显的语言不可译现象。译者如果只是在字面—语义意义上处理语篇，那么就可能冒很大风险（译语读者可能不知所云），这时候需要进行语境化处理，而语境化反过来又预设了语言外知识的存在，理解（因而也是翻译）不仅取决于语篇知识，也取决于话语知识（贝尔，2005：148）。

译者有时难以筹划到意义，文学语篇中的意义不显现出来，不在译者的期待视野中，这是很可能的。原作中的一切和译者必须认识的东西是陌生的，而非译者的见识，在不能去分享认同这些见识时，往往对理解形成障碍。请看下面一例：

Постоянно мрачный и нелюдимый Гетько почему - то привязался к Михею, изводил его одной и той же шуткой:

— Михей, чуешь? Ты якой станицы? — спрашивал его, потирая длинные, поколенные чашечки, руки, и сам же отвечал, меняя голос：《Мигулевский》. — А що ж це ты такой хреновский? —《Та у нас уся порода такая》.

译文 1：

一向忧郁，而且不爱管理人的格季科，不知道为什么却跟米海成了好朋友，他总是用一个从不换样的玩笑逗他：

"米海，你听见吗？你是啥地方人？"他一面问，一面擦着两只长得可以够着膝盖的手，接着自己又变换着声调回答，"'我是米古列夫斯克人。'——可是你怎么长成这个德行？'——'俺们那儿的人统统是这个德行。'"

译文 2：

一向阴沉着脸、不肯答理人的盖奇柯，不知为什么却跟米海伊要好起来，并且老是这样跟他开玩笑：

"米海伊，听见吗？你是哪个镇上的？"他搓着长得可以及膝的两手一面问，一面又变换着腔调回答，"'我是米古林镇的呀。'——'你为什么这么浑？'——'我们那儿都是这种料嘛。'"

在译文 1 中，"我是米古列夫斯克人"与"可是你怎么长成这个德行？"之间似乎有一种内在的联系，但中译文看不出这种内在联系。在译文 2 中，"我是米古林镇的呀"和"你为什么这么浑？"我们也看不出有什么关系。本来是 Мигулевский（米古列夫镇），变异出一个音节"лев"来，俄语"лев"是"狮子"之意，另外 уся 可能是 вся，模仿人家说话口吃不清、带有家乡口音，可见盖奇柯是针对米海伊的特点在开玩笑。从针对这位喝点酒就哭就流泪的黑脸膛长工开玩笑、调侃的语气来看，两个译文均达到了比较满意的效果。但均未将说话时的语言变异特点译出来。两位译者不可能没注意到其中的语言变异，但均未细加考虑和传达其中的含义，译文 1 仅进行了音译，而译文 2 则在音译上舍去了语音变异，显然对语音变异这一"异质"存在未加重视，因而译文出现语义联系缺失。如果将 Мигулевский 改译为"米古狮子镇"，那么读者可能品味得出其中的幽默色彩，整个译文前后也便具有内在的逻辑联系。可见，译者要想对作品中的细微处的"意义"都"明察秋毫"，首先就要对语篇中的"异质"存着敏感和宽容的态度，使其显现出来，不至于消解掉。文学语篇中的"异质"成分（例如语言变体），往往是具有修辞作用的"特质"，有时是作家的点睛之笔或"陌生化"表现法，译者在进行文学性重构时应引起重视。译者就是要循着文学文本的意义踪迹进行意义筹划，把人文意义和精神意义筹划出来，这是一种合理的意义筹划和预期出现。作品的情节、细节、意象、意境、作者意图和作者声音，甚至人物的语言等都会留下意义踪迹，参见拙著《文学翻译：意义重构》第四章的论述。

"理解是人生发生意义的方式，同时也是人的历史存在方式。理解中永远包含着创造。在文学意义的生成中，理解置于核心位置。"（金元浦，1998：309）用意义筹划来表征翻译的深层理解，正是为了强调翻译的再创造性，也是为了强调译者独特的新意发现。文学译本中不仅有来自原作的思想艺术之光，也有译者的本真表现与再创造。作家在有限的语言文字里盛装了丰富的内容，思想的光辉播撒在语言形象之间。文学作品有构思和结构之美，翻译之后永远得不到相同的文本了，不论在语言层面，还是在意义层面。译本以"延异"的方式在表现原作，意义不断地被筹划出来。恐怕即使译者"隐身"（异化 foreignization）（劳伦斯·韦努蒂，2004）也不可避免留下筹划的痕迹。

      Благославляя, уронил Пантелей Прокофьевич слезу и засуетился, нахмурился, жалея, что люди были свидетелями такой его слабости.

译文1：

潘捷莱·普罗柯菲耶维奇在给他们祝福的时候，流下了眼泪，他觉得不该让人看到他这种弱点，因此有些慌乱，而且皱了皱眉头。

译文2：

潘苔莱·普罗珂菲耶维奇为他们祝福，禁不住老泪纵横，便慌张起来，皱起眉头：这样当众出丑，实在遗憾得很。

译文3：

潘苔莱·普罗柯菲耶维奇为他们祝福时，流下了老泪，他觉得让这么多人看到了他脆弱的一面，有些难为情，甚至有些慌乱，他不满意地皱了皱眉头。

不同的译者可能有着共同的理解，例如，关于生存（生命）意义、社会意义等可能有共同识解与筹划，更有可能译文之间存在意义差别，筹划意义各不相同。这里三个译者进行不同的断句，语序有所不同，体现了各自不同的理解。正所谓"只要人在理解，那么总是会产生不同的理解"。优秀的译者可能与原作者和原文保持不即不离，筹划意义各有新意，但意义的踪迹仍在原作之中。

意义筹划，首先是一种创造性的理解，但有一个限度，即译文与原文的意义契合，富有新意。译者需要考察自己见解的合理性和有效性，整体地把握文学语篇的意义，使译文保持言之有据，行文有美。

三　表达—意义突显

区分"意义"和"言意"，在理论上和实践上都具有重要意义，因为它通向语篇理解的深层，其实也是通向语篇建构的目标。根据

А. Р. Лурия 关于"从思想到言语"的观点，可以假定语篇诞生的途径是：①意欲作文的动机出现，感觉有意思必须传达；②为传达该意思而形成内部言语深层结构；③将深层结构展开形成表层言语结构（语篇）。（Валгин，2003：248）在语篇建构中，不论是一般意思（字面—语义意义），还是深层意思（意蕴—人文意义），都需要有一个表层言语结构的语篇来承载。

翻译的理解与表达两个阶段，本来是不可分割的统一过程，上面我们论述了理解阶段，其实何尝不是有所论及了表达阶段呢，因为我们通常只能从已经完成的再表达中去窥探理解的情况。表达—意义突显，这是在意义筹划基础上合成目的语。为了让读者看清并重视翻译的两个阶段，我们才分别论述，而且确有这个必要。

1."突显"概念的借用

"突显"本是认知语言学中的概念，突显观认为："语言结构中信息的选择与安排是由信息的突出程度决定的。"（陈治安、文旭，2001：F25）突显观用图形—背景分离观点来解释，人们观看某一客体时，总是在未分化的背景中看到图形。认知语言学家 Langacker 则用基体和侧面来描写语言的意义，认为一个词语的基体就是它能在相关的认知域中所包括的范围，这是意义的基础，与基体相对的是侧面，是指基体内被最大突显的某一部分，成为基体内的焦点。认知主体观察同一情景或事件，因其视角不同便产生不同的表述，也就突显了其不同侧面。"语义问题在很大程度上是一个'识解'的问题，也是一个突显的问题。"（王寅，2005：255）我们借用"突显"一词，用意义突显来表征翻译的表达，即表征译者重写文学语篇、表现意义的过程。不但要把所筹划之意准确表达，而且要像原作者那样表达得好。

2. 意义突显当若何？

译者使用译入语表现意义，力图使原作的语言艺术也进入新的语境。作为译文语篇的产出者，译者是在某种不同的社会文化环境中发挥作用，力求再现自己对"说话人意义"的理解，借此获取在目标语语篇读者身上产生所意想的作用（哈蒂姆、梅森，2005：152）。

这个过程延续了原作的生命，是对原作的继承和还原，但用了另一种语言。意义突显与文学性重构几乎是同时发生的，它们本身就是文学翻译不可分割的两面，或者说意义突显中也有文学性重构。贝尔在论述翻译中的"意义"时所用的概念"语义表征"，对我们很有启发。语义表征包含句法、语义和语用信息（如小句结构、主题内容、主述结构、语域特征、示意语力、言语行为等）。一个翻译单位，比如一个小句，其语义表征是对小句进行三向分析（句法、语义和语用分析）的结果，也是我们翻译时对一个新小句进行三向合成的基础（贝尔，2005：78）。哈蒂姆认为：符号的句法、语义、语用关系均应注意，不可因聚焦其一方面而排斥其他方面，注意力的重叠聚焦不可避免；另外，这些关系中的每一组关系（句法、语义和语用的）都具有纵聚合和横组合维度，不可忽视（哈蒂姆、梅森，2005：178）①。译者在意义筹划的同时，也将获得文学语篇中的"语义表征"，这是接着的意义突显不可或缺的。

《文学翻译：意义重构》一书曾尝试以俄译汉为例，初步论述过意义突显六法（赵小兵，2011：195 - 218）：明确—补足意义，添加—衔接意义，融合—精炼意义，优序—强调意义，填充—实现意义，重点—囫囵译意。这些翻译规律（技巧），无疑大量存在于翻译实践之中，有助于获得清顺畅达的译文。但也容易造成误解，使人产生翻译时原文的字法、句法和语序等形式不及意义重要的错觉。非也，在此有必要更进一步阐明。

意义突显包括了对句法、语义、语用等方面的综合考量，它并不简单地等于意义显化，应该重视哈蒂姆的话：译者获取目标语语篇中突出的言外之力的对等以及言外结构的对等，这具有头等的重要性；

---

① 什么是横组合和纵聚合？王东风先生在《连贯与翻译》中做过解释："索绪尔将语言状态下的一切言语体现归结为两种主要关系，即'组合关系'（syntagmatic relations）和'联想关系'（associative relations）。雅各布森则将这两种关系称为'组合'（combination）和'选择'（selection）。莱恩斯在讨论语义学问题时，采用的是'组合关系'和'替代关系'（substitutional）。国内语言学者比较偏爱的用法是'组合'（syntagmatic）与'聚合'（paradigmatic），也称'横聚合'与'纵聚合'。"（王东风，2007：33）

翻译的成功将有赖于目标语语篇的读者能否付出最少的额外处理努力获得第二度的解读；译者必须保证，目标语中的对应词能让目标语语篇的读者恢复所暗指的事，而没有必要费尽心思让在话语中被故意掩饰的东西变得明朗化（哈蒂姆、梅森，2005：122，152，155）。这就是说，既要译文易晓或易解，又要力图保持原作的诗学意图。文学翻译与创作一样，也是一种语言艺术。意义突显在表现所筹划的意义时，须再现作家风格艺术美，并考虑作品的语域（语场、语式、语旨）特点，有时是直接移植作家的语言表现法，有时则须变通适应译入语规范，以求异曲同工之妙。文学翻译重塑艺语和表现意义，也涉及语音的和谐、节奏与修辞效果①。译者追寻作者的语言表达体系，循着那些意义的踪迹，尽量模仿原作中的艺术表达形式，移植辞象、意象、意境等，这是涉及文学翻译的作者风格问题，因此与意义突显密切相关。文学译者的根本任务，就是重建文学原作的语言艺术空间，重塑意义感悟的空间，使译文读者能够通过译文获得与原文读者相同或相近的意义感受和审美情趣（赵小兵，2011：111-138）。现略举一例。

"Донесет... набрешет... Посадят в тюрьму... На фронт не пошлют — значит, к своим не перебегу. Пропал!" — Мишка похолодел, и мысль его, ища выхода, заметалась отчаянно, как мечется сула в какой - нибудь ямке, отрезанная сбывающей полой водой от реки, "Убить его! Задушу сейчас... Иначе нельзя..." И, уже подчиняясь этому мгновенному решению, мысль подыскивала оправдания: "Скажу, что кинулся меня

---

① "声、韵、调"是了解汉语字音的基本概念，弄清楚声、韵、调的概念，是了解古典文学中许多现象的必要条件。作诗的人常常利用两字双声或叠韵作为修辞手段。在汉语的诗律里，比双声、叠韵更重要的，占主导地位的语音因素，还得数四声。平声和仄声的种种组合，一句之内的变化，两句之间的迎合，构成汉语诗律的骨架。双声、叠韵、平仄，这样就产生非常好的音乐效果，使语句在声音上更加谐和，便于诵读。（吕叔湘，2003：11-23）王国维："余谓苟于词之荡漾处用叠韵，促节处用双声，则其铿锵可诵，必有过于前人者。惜世之专讲音律者，尚未悟此也。"（王国维，2014：38）

бить… Я его за глотку… нечаянно, мол… Сгоряча… "

Дрожа, шагнул Мишка к Солдатову, и если бы тот побежал в этот момент, скрестились бы над нами смерть и кровь. Но Солдатов продолжал выкрикивать ругательства, и Мишка потух, лишь ноги хлипко задрожали да пот проступил на спине и под мышками.

"他会报告！……胡说一通。把我送进监狱……不会再送我上前线去啦——这样就不能跑到自己人那边去了。完蛋啦！"米什卡的心凉了，他在寻觅出路，拼命地在翻腾着，就像条退潮时被隔在岸上，回不到河里去的鲈鱼，在一个小水坑里拼命翻腾。"要干掉他！立刻就掐死他……非这样不行……"思想已经随着这个突如其来的决定在寻找辩解的理由："就说，他扑过来打我……我掐住他的喉咙……就说是失手啦……在火头上……"

米什卡浑身哆嗦着，朝索尔达托夫跨了一步，如果索尔达托夫在这时候撒腿一跑，那么他们之间一场殊死的格斗和流血就是不可避免的了。但是索尔达托夫还在继续叫骂，米什卡的火也消了，只是两腿还在瘫软地直哆嗦，脊背上出了一阵冷汗。（金人译）

该例选自《静静的顿河》第六卷第3章，作家描写了一个惊心动魄的瞬间，命悬一线之间，然而笔锋一转，便把这场危机化解了，体现了他对人的生命的尊重和人道精神，译者宜识得出来。肖洛霍夫描写了米什卡身上的"恶"，揭示了他性格中可怕的一面，他为了自身的安危可能不择手段。作家用了一个比喻，把米什卡无计可施的绝望和急欲摆脱困境的心态表现得再准确不过了。"米什卡的心凉了，他在寻觅出路，拼命地在翻腾着，就像条退潮时被隔在岸上，回不到河里去 的鲈鱼，在一个小水坑里 拼命 翻腾。"这个比喻是顿河边的哥萨克人熟悉的，作家善用身边的事物打比方，俄文言简而意明，将这一切描写得合情合理，似可见作家悲天悯人的情怀与无奈。金人准确地传译了这个比喻，运用合理的想象，添加了画线部分进行意义筹划，补充了原文意蕴所有而字面没有的部分，非常形象生动地表现了米什卡内心的斗争和挣扎。读者从译语的语言艺术传达中，定能体会到那种撼人心魄的艺术力量，也能感到作家的悲剧意识。

文学翻译之所以为文学翻译，与译者同作家一样运用语言的技巧和艺术分不开，译者须兼顾各种意义生成关系，以确保译文如原文那样流畅、语篇连贯（无标记连贯和有标记连贯）（王东风，2009：6－11，40）。翻译的最佳近似存在一个"度"（范围），而不是一个绝对的标准（原语形式），根本的原因就在于相关双语有同与异，既有可以比同对译时，也有必须变通转换时。有时为了获得语义上、语用上的酷似而舍去句法上的近似，有时则是在双语对译许可条件下求句法酷似。先看两例：

Видит он и голубей, большеклювых, неуклюжих, но с каждым днём становящихся всё больше и наконец вылетающих из клетки. (В. Сукачев)

他见到的还有那些幼鸽，喙大、笨拙，但却在一天天长大，早晚有一天会从笼子里飞出去的。（张会森，2004：389）

Кстати, я уже упоминал про него, что, оставшись после матери всего лишь по четвертому году, он запомнил ее потом на всю жизнь, ее лицо, ее ласки, "точно как будто она стоит предо мной живая". Такие воспоминания могут запоминаться (и это всем известно) даже и из более раннего возраста, даже с двухлетнего, но лишь выступая всю жизнь как бы светлыми точками из мрака, как бы вырванным уголком из огромной картины, которая вся погасла и исчезла, кроме этого только уголочка. (Достоевский,《Братья Карамазовы》)

再说，我已经提过，他在母亲死时还只四岁，但以后却一辈子记住了她，她的脸庞，她的和蔼的样子，"就像她活生生地站在我面前一般"。大家知道，这样的记忆即使再小些，即使在两岁的时候也有可能记住的，只不过在以后一生中重现时，往往只

好像黑暗中的光斑，又好像一张大画上撕下来的一角那样，除去这一角以外的全幅画面都隐没了，消失了。（臧仲伦 译）

汉译文中长长的"准次品补语"，是几乎不大可能移至被修饰品前面的，如移到"幼鸽""大画"之前，这是办不到的。其实也无须提前，正好与俄文的后置成分对译，岂不省事巧妙？翻译既可能是词汇、句法对译，也可能是词汇、句法转换（变换），但在翻译中必须保留语句的信息结构成分（Черняховская，1976：249，254）。而译者可以灵活地进行断句和重组句，句群或超句体要分清主句和从句，或先主后从，或先从后主，或依序而译，主从间杂，或倒顺兼有，浑然一体。正如郭沫若所言："或先或后，或综或析，在不损及意义的范围以内，为气韵起见可以自由移易。"（罗新璋，1984：331）现举两例做简要分析。

От флигелей в тылу дворца, где расположилась пришедшая с прокуратором в Ершалаим первая когорта двенадцатого молниеносного легиона, заносило дымком в колоннаду через верхнюю площадку сада, и к горьковатому дыму, свидетельствовавшему о том, что кашевары в кентуриях начали готовить обед, примешивался все тот же жирный розовый дух. (М. Булгаков,《Мастер и Маргарита》)

随着总督来耶路撒冷的罗马第十二闪击军团第一大队就扎营在王宫后花园的偏殿内，已开始生火造饭，炊烟由那里越过顶层花园飘至柱廊。甚至微微有点苦涩的炊烟里也夹杂着浓浊的玫瑰气味。（戴骢 译）

俄语的主干句是：От флигелей... заносило дымком... и к горьковатому дыму... примешивался все тот же жирный розовый дух. 这两个主干句分别带有附属成分，而汉译文的排布先将附属部分译出，再译主干部分，从而打破了原文的语序而重组，表达精练准确，意义显豁。

Крысобоя вообще все провожали взглядами, где бы он ни появлялся, из – за его роста, а те, кто видел его впервые, из – за того еще, что лицо кентуриона было изуродовано: нос его некогда был разбит ударом германской палицы. （М. Булгаков, 《Мастер и Маргарита》）

马克这人走到哪里都惹人注目，一则由于他身躯高大得出奇，再则他这人奇丑，当年日耳曼人用木槌砸烂了的鼻梁骨，这张伤残的脸，初次见到的人都会吓一跳。（戴骢 译）

断句涉及语法知识，为了便于理解，需要恢复俄文语法上省略的部分：在 из – за того 之前承前省略了 провожали его。汉译文使用了"一则……再则……"来连接句意，显得精练而有条理。翻译家进行了合理的联想，合理的意义突显，将"惹人注目"（провожали его взглядами，目送）进而化译为"吓一跳"，此属译者主观上把原文的意义空白填充突显，从而实现了跨语言的传译。

译文在句法、语义、语用方面都要尽可能贴近原文，求得一个综合的最佳效果。然而，在句法、语义、语用关系方面，可能还会因译者不同而产生不同的聚焦和侧重，从而存在意义突显的细微差别，从而生成不同的译文方案。意义突显自然包括将连贯关系、人物的言语和各种语体等重构出来，以确保译文语篇与原文语篇的和谐一致，以及译文语篇的文学价值。译者尚需研究相关的双语，以探索译文与原文在语词、小句、句群、语篇等层次上的对应和转换规律，探寻双语中语篇衔接连贯的同与异，以便准确细密地进行意义突显。俄汉互参式意义重构译学研究正可以达此目标，可为意义突显提供（对比）语言学理据。意义突显离不开相关双语的互参研究，也离不开文学性重构，只有这样恐怕才能从根本上解决翻译的语言问题。所以，我们还要继续做进一步的探究。

第二节　翻译中的意义突显与风格艺术美

笔者翻译出版了万比洛夫散文集（短篇小说、特写、政论等）。译者须充分发挥双语能力和创造力，以建构起与原文和谐一致的译本。语言不仅是表意的工具，而且具有创造意义的功能。文学语篇中的意义，与语词、语句、语篇有关，也与译者理解时筹划意义，表达时突显意义有关。语言具有语用和认知潜力，翻译在译者的智力识解和文学性重构中完成。智力识解和文学性重构，在意义突显和风格再现中发挥着重要的作用。文学翻译与其他翻译一样，要经过同样的理解阶段：1）在上下文中选择可能的词义；2）基于这样的词义揭示表层意思；3）根据上下文理解内部意义（意蕴或言外之意）（Валгина，2003：247）。翻译在一定程度上是意义突显的过程，我们在翻译万比洛夫散文时，也采用了意义突显法，并且力图再现作家独特、鲜明的艺术风格，实现文学性重构。

一　翻译中的意义突显六法

意义突显有一些具体的方法：明确—补足意义，添加—衔接意义，融合—精炼意义，优序—突出意义，填充—实现意义，重点—囫囵译意（Focus—wholeness translation）等（赵小兵，2011：199 - 215）。现主要以万比洛夫散文译成中文为例，略述意义突显法的运用。

1. 明确—补足意义

明确—补足意义分为明确—增益和添加—补意两种，都是添加，但前者侧重于明确意义，后者侧重于补足意义。

> Она не ошиблась. Было время обеденных перерывов, когда он появился снова. 《Забегал!》 - подумала Катенька, злорадствуя （《Стечение обстоятельств》）
>
> 她没有错。吃午饭休息的时候，他又出现了。"<u>我看你往哪</u>

儿跑！"卡佳幸灾乐祸地想。

如果把 забегал 直接译为汉语"跑起来""跑进"，既不成句，又不利于刻画出女主人公的心理。将 забегал 译成汉语"我看你往哪儿跑"，乃是明确—增益，为了传达出卡佳自以为是，自我陶醉的心情。

Нужно что - то сделать, чем - то утешить оскорбленную мать. （М. Горький,《Дело Артамоновых》）

应当做点什么来安慰受了委屈的母亲才好。（汝龙 译）

Чтоб убрать Вялова с глаз, Артамонов предлагал ему место церковного сторожа, лесника, - Тихон отрицательно мотал тяжёлой головою：（М. Горький,《Дело Артамоновых》）

为了拔去维亚洛夫这个眼中钉，阿尔塔莫诺夫要调他去做教堂看守人或者守林人。吉洪却不同意地摇着他那沉重的脑袋说：（汝龙 译）

添加—补意，或如赘言一般（如"才好"），或添加原文字面所无而意蕴所有的语汇（如"眼中钉"）以补意。

2. 添加—衔接意义

语言自有其规范，连贯的原文，经过跨语境的翻译之后，如果不添加语词或语句，可能导致译文连贯性缺失。这种时候便要考虑添加—衔接意义。

Он видел только, как дрогнули её брови. Слышал уже за спиной её голос... （《Студент》）

只见她的眉毛颤动了一下。她转身离开，只能望着她的背影听见她的声音了……

俄文简洁，而译文须添加一句"她转身离开"，逻辑上才讲得通。

Все это уже давно было готово в ней и теперь только сгруппировалось около появившегося Анатоля, которому она желала и старалась, как можно больше, нравиться. (Л. Толстой,《Война и мир》)

这一切早已在她心中准备好了，现在只需要在已经出现的阿纳托利面前集中一下就行了，她希望而且也尽可能博得他的欢心。(刘辽逸 译)

一切办法在她心里早已酝酿成熟。现在阿纳托利一来，她的注意力 自然 集中在他身上，她竭力想讨他的喜欢。(草婴 译)

刘辽逸的译文贴近俄文的语言，却表意不清，语意不通。草婴的译文首先进行了意义分解和断句，译文有所添加（现在阿纳托利一来……自然……），但并不增意，而是把语意衔接起来，形成了流畅的译文。

3. 融合—精炼意义

除了明确—补足意义，添加—衔接意义，为了达到最佳的翻译效果，有时需要融合—精炼意义，把文字表达得简练优美。因为"简练是天才的姊妹"，契诃夫把简练作为最重要的美学原则之一。

Случай, пустяк, стечение обстоятельств иногда становятся самыми драматическими моментами в жизни человека（《Стечение обстоятельств》）.

偶然巧合，琐屑小事，有时成为一个人生活中最具有戏剧色彩的时刻。

Случай——偶然、意外、突然，пустяк——"琐屑小事"，而стечение обстоятельств——巧合。俄语的三个词（组）可用汉语的两个词来表达，融合—精炼意义形成高度概括的表述。顺便指出，万比洛夫的语言本身就很精炼，需要进行这种融合—精炼处理的时候不是很多。

4. 优序—突出意义

翻译通常要尽量保持原文的词序或语序，因为语序表示一定的意义结构（包括主题—述题）。但有时则需优序调整语序，以求准确达意和符合译入语规范。

> К луне крадётся тяжёлая чёрная туча. Становится темно. Девушка идёт от станции в гору, туда, где светятся окна посёлка. Шаги сиротливо шуршат по сухой траве. В открытых глазах слеза, и сквозь их пелену растут и заполняют весь взгляд сплошным неясным заревом огни будущего города》（《Конец романа》）.
>
> 　　一片黑压压的乌云悄悄地移近月亮。天黑下来。姑娘从车站朝山里走，山村人家的窗户正亮着灯光。孤身一人的脚步踩在干草上，发出沙沙的声响。<u>大睁着的眼睛里闪着泪花，未来之城的灯火透过泪帘不断长大，连续不断的模糊的辉光，充满了整个视线</u>。

汉语译文尽量按照原来的语序译出，句式结构反映了姑娘内心状态的变化，随着她从火车站走向山里，她的心境也由暗转明。而画线部分的语序变化，属于优序调整和断句，以求顺畅达意。

5. 填充—实现意义

诺曼·英迦登认为，文学文本只能提供一个多层次的结构框架，其中留有许多未定点，只有在读者一面阅读一面将它具体化时，作品的主题意义才逐渐地表现出来（张隆溪，1986：196）。文学作品的翻译，不可避免地常遇到未定点的翻译问题，有时得把意义具体化，在译入语的接受语境中得以理解，即填充—实现意义，多因语言差异而发生。

> Сам Фениксов - мужчина лет тридцати, сухощавый, серьезный, холостой, принадлежащий науке. Аудитория же на

его лекциях принадлежала самой себе (《Настоящий студент》).

　　费尼克索夫本人——三十岁左右的男人，一个清瘦、严肃，心中只有科学的单身汉。讲座课上的学生心中 <u>只有自己，自由散漫，随心所欲</u> 。

Принадлежала самой себе 译成汉语 "……只有自己，自由散漫，随心所欲"，填充了意义空白，使得汉语读者容易懂了。这有点类似文内加注。如果只是译成 "……属于自己"，就不大符合汉语的表达习惯，表意不足。

　　文学翻译是一种文学性重构，翻译首先应是以蕴含对蕴含，而非以直白对蕴含。而以平白对蕴含只是不得已之举。所以，意义突显还有另一种情况，即重构那 "沟通空白的桥梁"（列文森曾指出，蕴含的理念是沟通字面意思和隐含意义之间的 "空白" 的桥梁）。面对 "空白" "隐含" "陌生化" 之类的不确定性，不是去消弭它，而应从语用的角度去看待和处理它，去重构那 "沟通空白的桥梁"，以便让译语读者去解读，去拥抱文学之美。译者应理解到字面意义和隐含意义之间的连贯脉络，并要努力去重构它，这是文学性重构的一个重要方面。（王东风，2009：213 - 233）关于文学性重构，参见后文论述。

　　6. 重点—囫囵译意

　　翻译与阐释密切相关，在西方语境下的阐释学（hermeneutics）一词，来源于希腊神话中的神的信使兼译者赫尔墨斯（Hermes）。赫尔墨斯在神与人之间传递信息，把神谕翻译成人间的话语，他要完成双重任务——翻译和阐释，在西方观念中，翻译和阐释构成一个创造过程的不可分割部分。翻译是具有明确目的的再创造活动，本质上包含了人类理解世界和社会交往的全部秘密。美国哲学家怀特海在《思维方式》一书中指出一个人类思维所共有的特质：重要性（importance）（怀特海，2004）。他认为人们思考问题时是受重要性支配的，尤其是在审美领域。而加达默尔说："我们在翻译时想从原文中突出一种对我们很重要的性质，那么我们只有让这同一原文中的其他性质不显现出来或者完全压制下去才能实现。这种行为恰好就是我们称为解释（Auslegung）的行为。正如所有的解释一样，翻译也是一种突出重点的活动。谁要翻译，谁就必须进行这种重点突出活动。"（加达默尔，1999：492）这就是所谓的"突出重点"，与此同时要整体把握，尽管可能还存在不清晰、被丢弃的地方。译者不可避免与原文之间的隔膜感，所以在突出重点的同时常伴随着"囫囵"译意。

> Одним словом, я страшно рад, что встретил вас. Мне вас не хватало. Видимо, потому мне и мерещились ваши глаза. Мне сейчас даже удивительно – почему это судьба так медлила с нашей встречей... Вот мы идём с вами в первый раз, а мне кажется, что я уже сто лет здесь с вами ходил. Ваше имя... (《Девичья память》)

　　一句话，遇见您我高兴得要命。我就缺少一个您。所以，在我面前总是浮现着您的眼睛。我现在甚至感到惊讶——为什么造化弄人，这么晚才让我们相见。……咱们俩虽是第一次走在一起，可我好像已经与您在这里溜达了一百年。您的芳名是……

抓住重点，囫囵译意，这样的意义突显明显透露出译者的主观色彩，但似乎又是可行的。例如，把 Почему судьба так медлила с нашей встречей 译为"为什么造化弄人，这么晚才让我们相见"。实际上两人已经不是第一次见面了，不是第一次跳舞，小伙子也不是第一次送姑娘回家，可他太健忘了，甚至记不起姑娘的名字。人物悖谬的语言，透出反讽意味，而译者恰好把握了这一点进行意义突显。译者在整体把握的基础上，注意到一个或多个最重要的因素，并加以突显表达。毫无疑问，这似乎有所违反翻译原则，但这是具体语境下自然发生的翻译过程。

　　我们以具体的事例验证了，在翻译过程中不可避免意义突显法：明确—补足意义，添加—衔接意义，融合—精炼意义，优序—突出意义，填充—实现意义，重点—囫囵译意等。既为了传情达意，又为了成就一个"信"字，实际上可能又会偏离了"信"。翻译就这样在矛盾当中运行着，译者能不谨慎吗？但求"过则勿太过，不及则勿过于不及"。尽可能没有错译和漏译，并努力再现原文的句法和字眼，以求风格的毕肖。无疑，文学翻译的意义突显并不等于意义显化。意义突显的同时还是要充分考虑作家风格和诗学意图，否则谈不上意义突显之艺术美。我们再以万比洛夫短篇小说译成中文为例，来探讨一下翻译中的作家风格艺术美问题。

二　翻译中的作家风格艺术美

哈蒂姆、梅森把风格区分为个人言语风格和表征特定语言的习惯表达形式，而个人言语风格即个体语言使用者无意识的语言习惯，与使用语言的个人特有的方式有关，如特别喜欢某些表达法、对某些特定词语的不同发音以及过多地使用某些特定句法结构的倾向等（哈蒂姆、梅森，2005：63）。我们在论述万比洛夫的个人言语风格时，采用作家风格这一概念。我们由译例来分别说明万比洛夫散文的作家风格和艺术美，兼论翻译。

1. 独特的语言：反讽幽默，鲜活别致，简洁明快，抒情性

万比洛夫的短篇小说具有明显的内在意义结构，几乎每个短篇中都有巧合的故事，悖谬的情节和语言。译者须具有作者的一副笔墨，极力揣度他，模仿他，把作家想要表达的思想情趣生动形象地表现出来，把作家独特的语言表现出来。

（1）Приближение следующего вечера застало приятелей за хлопотливыми сборами. Вирусов решил навестить своего дядю, у которого, по его предположению, именно этим вечером должен был начаться приступ малярии. По Штучкину стосковалась его добрая тетя, о существовании которой он до сих пор так постыдно забывал. Между малярийным дядей и тоскующей тетей было общее то, что они одинаково любили модные галстуки и безупречные прически у посещающих их племянников. Собравшись, молодые люди вышли на улицу и разошлись в противоположные стороны. （А. Вампилов,《На скамейке》, 1982）

　　第二天傍晚一到，两位朋友都要赶去赴会。维鲁索夫要去看望自己的大伯，他估计大伯当晚疟疾会发作。什图齐根有他善良的姑姑在挂念，此前，她的存在竟然被他忘记了，真是羞愧难当。怪哉，患疟疾的大伯和挂念侄儿的姑姑有一个共同点，他们同样都喜欢侄儿们去看望他们时打上时髦的领带，梳着讲究的发型。两个年轻人一起出门，上了大街便各奔西东。

万比洛夫的小说写得妙趣横生，具有反讽幽默的特点。轻松自如的反讽和幽默，使他的小说读起来令人愉悦，耐人寻味。作家善于发现生活中可笑可乐的故事，将其描写在作品中。

（2）Он приблизился, и Валериан Эдуардович при лунном свете разглядел высокого мужчину: худого и нескладного, как лошадь Дон Кихота. Запах, сопровождавший этого человека, и запах сырой земли вместе составили аромат винного погребка. （см.《Коммунальная услуга》, там же. ）

　　那人走近了，瓦勒里昂·艾杜阿尔多维奇借着月光看清是一个高大的男人：瘦高个儿，不匀称，活像唐·吉诃德的马。这人身上的酒气和潮湿的地气混在一起，把深坑变成了个酒窖似的。

作家独特的语言，鲜活别致的比喻，寥寥数语即刻画出人物形象。他善于描写外部世界，以建立起多姿多彩的艺术世界，他的反讽与幽默显得生动活泼，轻松自如。

（3）Утром она, смущаясь, сделала праздничную прическу. Жиденький комплимент, прошамканный по этому поводу высыхающим старичком - пациентом, не был ей неприятен.

……Быстро, почти бегом, он двигался по улице, словно хотел убежать от зубной боли. (А. Вампилов,《Стоматологический роман》, 1982)

第二天早晨，她像过节一样梳妆打扮好了，怪不好意思的。干瘦的看病老头儿，说的几句恭维话含混不清，还是很令人愉快。

……他几乎是快步跑过大街，仿佛要跑掉牙痛似的。

读着这些句子，作家写得多么好啊！语言是鲜活的，具有惹人发笑的元素，译文和原文如出一辙才好。万比洛夫的短篇随处可见其独特的语言，读来令人愉快，作家健全的公民意识和人生观，读者也能获益。

（4）Разумеется, он не был счастливым. У этого человека могли быть удачи, но не могло быть счастья. ...Особенно раздражали его студенты. Ему уже девятнадцать лет, а его жизненная перспектива тянулась длинной вереницей бутылок и упиралась во что-то темное и безнадежное. Деньги между тем имели для него цену лишь тогда, когда их у него не было. Последнее время у него не было денег.

...Он взглянул ей в глаза и улыбнулся. Может быть, потому, что в жизни ему приходилось редко улыбаться и невинная улыбка хорошо сохранилась у него с малых лет, у грабителя оказалась детская улыбка. Было это трогательно, как грустная любовь веселого юмориста, и Оленьку такая улыбка не могла не взволновать. Кроме того, она смутно почувствовала, что где-то близко около этого разговора бьется самое важное, самое сокровенное в этом человеке. Они отвели глаза, и оба, каждый по-своему, смутились.

...— Вам нужны часы? — проговорила она сухо. Он

молчал. Через несколько мгновений послышался шелест травы под ее ногами. Шла она или бежала, он не видел. Он сидел на земле, опустив голову и беспомощно, как подраненная ворона крылья, расставив руки. (А. Вампилов, 《Финский нож и персидская сирень》, 1982)

他当然是不幸的。这个人可能获得过成功，但不可能幸福。……尤其大学生们，更有可能惹恼他。他已经十九岁了，生活的前程，仿佛排成了一长串的酒瓶，直至漆黑一片，渺无希望。而且，金钱单在他没有钱的时候才显出价值来。最近他就没有钱。

……他望着她的眼睛，笑了。也许因为他在生活中极少微笑的缘故，天真的微笑打小儿就完好地封存起来了，抢劫者原来有着孩子气的微笑。这样的微笑很动人，犹如快乐的幽默作家的忧伤爱情故事一般，不可能不打动奥列尼卡。此外，她还模糊地感到，这场谈话仿佛触动了这个人身上最重要的最神圣的东西。他们移开目光，各怀心思，都不好意思起来。

……"你是要手表吗？"她冷冷地说。他沉默不语。稍过片刻，便听见她踩着青草离开时发出的沙沙响声。她是走远还是跑远的，他没有看见。他坐在地上，低着头，无助地垂下双臂，像是受伤的乌鸦垂下的翅膀。

在短篇小说《芬兰刀与波斯丁香》中，万比洛夫表现了年轻人受到的畸形教育和异常的成长经历，作家用抒情的语言，满含同情地揭示出人性中闪光的一面。万比洛夫在自己的小说中再现人物的生活形象和精神面貌，满怀同情、美好的愿望和绝对的理解。我们从译文中也可感到作家对主人公的同情和悲伤的口吻。翻译如同竞赛，译者紧跟在作家后面，再现总的情绪气氛，或曰生命气息，与原文契合无间，以获得准确和谐的译文。

（5）Но всё, о чём здесь будет рассказано, произошло в то

время, когда влюбленные ссорятся нехотя и ненадолго. Весна не любит расходиться с радостью. А был май—великолепный и достойный венец лучшего времени года.

Убрав с земли снег, растормошив заснувшую реку, весна освободила людей от теплой одежды, разбросала под ноги зеленые ковры, развешала повсюду зеленые портьеры и занавески, снизила цены на живые цветы и мертвые улыбки, — словом, распорядилась так хорошо, так ловко и так заботливо, что не ценить всего этого невозможно. (А. Вампилов, 《На скамейке》, 1982)

可是，这里将要讲述的故事，发生在两个恋人短暂的无意间的争吵以后。春天充满了欢乐，不喜欢人们分离。而时值五月——一年中最为美好壮丽的时光。

春天扫走了地上的积雪，唤醒了沉睡的河流，叫人们脱下了暖和的棉衣，在脚下铺上厚厚的绿毯，到处挂满翠绿的帘幕，春天使鲜花降价，令死气的微笑贬值——总之，春天安排得多么美，多么惬意，多么周全，让人不能不珍爱这一切。

作家独特的语言犹如警句一般，又抒情又幽默，自然景色的描绘加上抒情的语调，给读者以美感享受。他笔下诞生的自然画面美丽而富有诗意。翻译应特别注意语言的运用，以便达到最佳的艺术效果。

（6）Молодые листья на ветру трещат, металлически блестят на солнце. На окно ползет пышное белогрудое облако, ветер рвёт из него прозрачные, легкие, как бабьи косынки, клочки и несёт их вперёд. В бездонную голубую пропасть.

...День не жаркий, ветер ровный, бодрый, с запахом реки и черемух, без конца идут быстрые плотные тени. Напротив в сквере струится зеленый поток березовой листвы, за ней качается серебряная челка фонтана. Ветер бросает струи воды мимо каменной чаши, далеко на асфальт стелется белый водяной дым, под ним визжат, носятся голоногие девчонки.

...Река слепит солнцем, сияет голубизной. И шумят над головой молодые тополя. Но река— сама собой, ты — сам собой...

...Вечером, когда он снова оказался у реки, он почувствовал себя непонятно. На том берегу была уже темнота. Деревья и крыши торчали сплошным черным частоколом. Над ним, между рваными синими тучами, опоясанными малиновыми лентами, зияли бледно - зеленые просветы, ошеломляюще обыкновенные, виденные на закате тысячу раз, минутные и вечные следы прошедших дней. Внизу в заливе плескались три лодки. Парни без устали махали веслами, слышался счастливый визг. Одна из лодок наткнулась на малиновую дорожку заката, дорожка оборвалась, по всей по ней прошла сверкающая дрожь. И всё это ему неожиданно показалось неотделимым от его тоски. (А. Вампилов, 《Студент》, 1982)

嫩叶在风中弹响，在阳光下闪着金属般的光泽。窗口飘过一大片瑰丽的白胸脯似的白云，风儿把它撕成一块块如女人三角头巾一样的透明、轻盈的云片，携带着它们，进入蔚蓝色的深邃的天空。

……天气并不热，微风拂面，送来河水和稠李的香气，令人神清气爽。眼前闪过绵延不绝的浓密树荫。对面的街心小公园，绿色的白桦树叶随风飘动，犹如流淌着的河流。小公园外面，喷泉摆动着银色的刘海。石碗附近，风抛出一股股水流，向远处的沥青路洒下一重白色的水雾。一群赤脚的小姑娘尖叫着从水雾下跑过。

……河流被太阳照得眩目多姿，闪耀着蓝盈盈的光芒。头上方的白杨嫩枝嬉闹不止，但河流依然故我，你依然故我……

……晚上，他重新来到河边，自己都感到不可理解。河对岸已经黑下来了。树木和屋顶如连成一片的黑栅栏一般森然屹立。在其上方，撕裂的蓝云束着深红色的带子，云彩之间形成一线线淡绿色的光明，这是人们经年累月在落日时分见过千百遍的惊人而普通的瞬间永恒之光。在下面，河湾里游荡着三只小船。不知疲倦的小伙子们划着桨，传来快乐的尖叫声。一只小船划进绯红色的夕阳映照的水道，激起浪花，整个水道顿时波光粼粼。他忽然觉得，所有这一切与他的忧愁密不可分。

作家笔下的自然景观绚丽多姿，画面既欢快美好，又略带忧愁，仿佛就是人生的拟象！译者采用了比喻、拟人等语言手段，把作家简洁、抒情、诗意的语言再现于译文之中，努力传达出作者的乐观精神和艺术趣味。须保持原作的文学性，而文学性就在文学语言的联系与构造之中（朱立元，1999：49）。可以说，文学性具体表现为作家的语言风格与艺术美。

（7）На перроне мы увидели Пашку. Девчонку он держал за руки, будто на афише. У ног их валялись чемоданы. Пашка что-то говорил. Она слушала и вытягивала шею испуганно и беспомощно, как птенец, выпаущий из гнезда. Потом Пашка перестал говорить и взял её за плечи. Мимо бежали, запинаясь за чемоданы.

...Пашка нагнулся, и мы увидели её голову— подснежник на выгоревшей поляне. (А. Вампилов, 《Станция тайшет》, 1982)

月台上我们看见帕什卡。他拉着姑娘的手，仿佛是在海报上。在他们的脚边，放着两个行李箱。帕什卡在说话，她在听，伸着脖子，胆怯无助地，像一个从巢里掉下来的雏鸟。然后帕什卡不说话了，而是扶着她的肩膀。人们绊着行李箱从旁边跑过。

……帕什卡俯下身，我们看见了她的头——烧毁的林中空地上的一朵雪莲花。

作家特别善于描写巧合中、相会中、离别中的人与事。他形象鲜明地描写了帕什卡亲吻姑娘的情景，我们在原文和译文里都能感到语言的明快幽默。

（8）Ночь сомкнулась за нами. Из её темноты на нас глянуло вдруг сто тысяч разлук и сто тысяч встреч. И колёса стучали свою столетнюю песню. Колёса стучали на великой Сибирской магистрали, вынесшей на своём просмолённом горбу новейшую историю. （А. Вампилов,《Станция Тайшет》, 1982）

黑夜在我们身后闭合上了。忽然间，成千上万个离别和成千上万个相会，从黑夜里注视着我们。而滚滚车轮撞击着铁轨，奏响自己的百年长歌。车轮行驶在伟大的西伯利亚主干线上，在它涂油的脊背上书写着崭新的历史。

万比洛夫已是当今公认的经典作家（戏剧家）而载入俄罗斯文学史。年轻的作家关注人的悲欢离合，其短篇创作只是文学创作的开始，这已经被他后来的戏剧创作所证明。而他在早期短篇中就已经表现出了独特的作家天赋。

2. 戏剧性的对话和独白

万比洛夫笔下的对话和独白极其出色，其独特的叙述风格和高超的艺术技巧在早期小说中已初露端倪。从这个意义上讲，他的早期短篇是其戏剧写作的序曲和前奏，是"作家掌握新体裁（戏剧）的最初尝试"（Смирнов, 2002：830）。翻译再现语言形象，必须仔细研究作家的语言风格和人物语言，以确保译文语言生动形象、富有情趣。

（9）——Вы накричали на женщину, — напомнили ему.

— У этой женщины, — возразил К., — вот такой （он

развёл руками) рот! У неё вот такой (он выбросил вперёд одну руку, а другой отметил первую у самого плеча) язык!

— Вы не пришли в горком. Вас там ждали, и вы обещали прийти.

— Почему, — закричал он в ответ, — я должен к ним ходить? Почему — не они ко мне?

— Рядом с «Комсомольским прожектором» вы приклеили стихи собственного сочинения. Они написаны непростительно грубо. Вы считаете себя правым?

— Конечно! Написал и ещё напишу! Судиться могу!

(А. Вампилов, «Кое – что для известности», 1982)

人们提醒他："你呵斥女人了。"

K 反驳说："这个女人，有这么大的（他双手比画着）嘴！这么长的（他抛出一只手臂，另一只手指着那只手臂的肩膀处）舌头！"

"你没有来市委。而那里在等你，你是答应来的。"

他开始喊道："为什么我要到他们那里去——而不是他们到我这里来？"

"在《共青团聚光灯》页面旁边你粘贴了自己的诗。诗写得粗俗不堪，简直不可原谅。你认为自己做得对吗？"

"当然！我是写了，还要写！我还可能打官司！"

我们从作品中看到一个蛮横无理的乡村医士形象，见证了他那无耻不堪的语言和举止。这些语言就是直接从现实生活中提取来的，译文准确再现对话中人物的语言，即可反映人物形象，甚至其个性品质。

（10）Последней страницей альбома оказался вкле'енный в него небольшой листок, исписанный мелким почерком. Когда-то измятый, теперь тщательно выровненный, скленный из двух частей, выцветший, этот листок заинтересовал меня своей интимностью.

《Я не могу больше любить так мучительно и так униженно. Мне трудно видеть тебя и ждать от тебя всякую минуту признания в том, что ты меня не любишь. Прощай. Будь счастлива— у тебя для этого есть всё и нет больше того нищего, при котором неудобно дарить свою любовь кому-нибудь другому. Прощай! В конце мая сходи за город, туда, где мы были год назад и где с тобой были ещю твои сомнения, со мной—мои надежды. Взгляни, как тают белые цветы, вздохни и всё забудь》(А. Вампилов, 《Листок из альбома》, 1982)

　　诗集的最后一页是粘贴在上面的一小张纸，密密麻麻写满了小字。皱巴巴的，又平整过了，是两块纸粘贴在一起的，这一页虽然褪色了，但因为其私密的缘故而让我特别感兴趣。

　　"我再不能这么痛苦、这么卑微地爱了。我很难见到你，我随时等着你说，你不爱我。永别了！祝你幸福——你完全配得到幸福，你再不用理会那个乞丐了，有他在，你是不便于把爱情赠予某个别人的。再见！五月末去一趟郊外吧，一年前我们去过那里，你是满心的疑虑，而我是满心的希望。去看白色的花朵如何憔悴，叹息一声，就忘掉一切吧。"

　　这段书信独白，让人感到其中的戏剧性元素，信中有着心灵的震颤，细腻的感情，诀别的话语甚至带着某种宽宏大度似的。作家借一个年轻浪漫的叙述人之口道，"这一页……因为其私密的缘故而让我特别感兴趣"，原来这是一位今日粗鲁无礼的丈夫昔日追求女友时留下的笔迹，而昔日任性无情的美貌女子，如今变成了沉默听话的妻子。似乎是宽宏大度的一页，却折射出今日家庭粗暴和无情的现状，以及生活的无常。译者须明白作家的诗学意图，才能品味到言外之意，也才能准确刻画人物的语言形象。

　3. 情节悖谬和语言悖谬
　　万比洛夫在短文《欧·亨利》中写道："他的短篇小说——金砂

矿床一般的幽默作品。他小说的动因就是悖谬。悖谬——在对话中，在行动中叙述出来。悖谬——像准确的思维方法一样，像是对正常的、普通的东西的实质作最鲜明、最简练的表达一样。"（Александр Вампилов，1982）这是他对悖谬现象的独特认识，并将其作为一种创作手法。他观察生活，且善于发现日常生活中的悖谬现象。"他在自己的散文中的确继承了欧·亨利的情节悖谬的诗学。但不能认为他是欧·亨利的模仿者，他把欧·亨利的诗学形式用于处理生动的现代素材，来为他富有个性的创作服务。立即引人注目的是：万比洛夫的短篇小说多数可归纳为一个情节步骤，即一个明确的事件公式'似乎是——原来是'。"（Гушанская，1990：67－68）

　　例如：卡佳·伊戈尔金娜感受到的似乎是追求者火一样的目光，原来是他投向邻居商店收银台的（似乎是恋人，却原来是小偷）；年轻人感到迷人的陌生女郎的意外青睐，原来是她以此报复自己的恋人的；健忘的花花公子，原来是有一次已经讨好过所钟爱的姑娘；急不可待、无限绝望的年轻人，原来是一个到商店来吃早餐的顾客；身为演员的未婚夫为了角色的成功而苦恼，在未来的丈母娘面前扮演自己要演的坏蛋角色，却不料妈妈正好喜欢他的这个品质；在冷静的鞋匠的摊位上巧遇，互不相让，争着修鞋，甚至大吵起来的小伙子和姑娘，原来是通过电话发展起恋情要赶去与对方约会的一对恋人；暑天正午鏖战棋局拖延时间的两个人，对一位来到疗养地的女游客背地里恶语诽谤，原来都是在等她，希望讨好她的；一位因专心听课而令老师喜欢的大学生，原来只是喜欢盯着一个固定点看而已。悖谬犹如一个公式，构成万比洛夫短篇中的意义结构。我们还是结合翻译略举一二例予以说明。

　　（11）Верочка встрепенулась и, затая дыхание, осмотрела больной зуб. Зуб этот нужно было удалить, но он занимал такое видное место, что его отсутствие было бы большим пробелом в Колиной улыбке.

　　И без того взволнованная Верочка пришла в смятение.

《Вырвать проще всего, — завертелось у нее в голове, — вот если вылечить и сохранить ему этот зуб, а вырвать... он уйдет и... не вернется》. Этой последней своей мысли она страшно устыдилась, нашла ее отвратительной, но зуб... 《зуб все-таки вылечить》. И она стала лечить. Лечить зубы—это значит причинять боль. Закончив, Верочка дрожащей рукой написала рецепт и слабым голосом попросила зайти завтра.

Коля ушел, но боль не проходила. Прописанные порошки были более психологическим средством, чем медицинским, и через несколько часов Коля вернулся. （А. Вампилов, 《Стоматологический роман》, 1982）

薇罗契卡精神一振，屏住呼吸，仔细地察看那颗痛牙。这颗牙本来应该拔除，可它占据了太显要的位置，少了它，科里亚笑起来就会露出一个洞来。

本来就很激动的薇罗契卡慌了。她飞快地转动脑子："拔掉倒是最简便，但最好是治疗并保住这颗牙，况且拔掉后……他就走了……再不会来了。"最后一个念头把她吓坏了，也让她感到羞愧，甚至觉得很恶劣，但转念一想：牙齿……牙齿终究可以治愈的。于是她开始治疗。治牙——意味着致痛，薇罗契卡治完牙，手打战开了处方，声音微弱地请他明天再来。

科里亚走了，但疼痛并没有过去。所开的粉剂哪是药，只能算是一点心理安慰的药，几个小时后科里亚就回来了。

小说情节悖谬，令人发笑又给人以审美享受，《治齿——意味着致痛》，高度精练地道出了（语言）悖谬的意味。汉字的《治病》和《致痛》谐音成趣，为了爱而致人痛，不难理解其中的悖谬与反讽。万比洛夫喜爱和尊重那些在艰难中执着生活的人，读者从艺术家的描写中也可看到人物的缺点、弱点。这些主题具有全人类的性质，不仅在俄罗斯，而且在中国，都具有启发意义。

（12）Через неделю начинающий поэт Рассветов, прогуливаясь по улице с девушкой, встретил Владимира Павловича, который против обыкновения не свернул в сторону и не отвел глаз, а пошел прямо навстречу Рассветову так, что тот должен был остановиться.

— Вот что, молодой человек, — сказал Владимир Павлович не поздоровавшись. — Не ходите вы, ради бога, по редакциям и не пишите стихов. Чтобы нравиться девушкам, не обязательно писать стихи. Я вам это давно хотел сказать, но не мог. А теперь могу. У вас не то что талант. У вас здравый смысл отсутствует.

— Рехнулся! —сказал посрамленный поэт, глядя вслед уходящему Владимиру Павловичу.

Он был не прав. Владимир Павлович перешел на другую работу и был совершенно здоров. （А. Вампилов,《Сумочка к ребру》, 1982）

一个星期后，刚出道不久的诗人拉斯韦托夫与一位姑娘走在街上，遇见了符拉基米尔·巴甫洛维奇，与往常不同，后者没有拐到一边去，也没有移开目光，而是迎面直接走到拉斯韦托夫跟前，拦住了他。

"是这样的，年轻人，"符拉基米尔·巴甫洛维奇没有问好，开口便说，"看在上帝面上，您不要往各编辑部跑，也不要写诗了。要讨姑娘喜欢，不一定非得写诗。这话我早就想对您说，但是不能说。现在我可以说了。您不仅不具备那种诗才，您连健全的理智都没有。"

"你疯了！"受辱的诗人冲着走远的符拉基米尔·巴甫洛维奇的背影说道。

他说得不对。符拉基米尔·巴甫洛维奇转而干别的工作了，而且健康得很。

　　文学顾问在编辑部工作期间，对于一个初出道的诗人不说出自己的审稿意见，却要在离开编辑部调到另一个部门工作时说出意见。生活中有时的确可能见到这样的具有自身逻辑的怪事。作家不仅善于细致观察和描写悖谬，而且善于发现悖谬的语言形象，写得妙趣横生。例如，"您不仅不具备那种诗才，您连健全的理智都没有。""他早期作品创造的艺术世界是相当假定的（условный），色彩鲜艳而斑斓，故事情节具有尖锐的戏剧冲突，与作家的内心感受几乎是隔绝的。"（Гушанская，1990：71）作家完全像一个局外人看到笑话，又给我们讲这笑话，并不身陷其中，但给我们的感受却是很深的，真实的戏剧性的效果显而易见。

　　文学翻译，无疑并不是逐字（句）翻译，虽然译者的主观阐释不可避免，但只要译者理解了文学文本的意义结构和诗学意图，准确地传达作家风格和艺术美，就可以获得不错的译文。对作家风格艺术的把握与传达，事关翻译的成败。我们在翻译中对于钱锺书语"依义旨以传而能如风格以出，斯之为信也"（罗新璋，1984：23）体会尤深，须在字眼上，在句法上反映出作家风格和艺术特色。

　　综上，我们引用怀特海的"重要性"概念和加达默尔的"突出重点"概念，并以万比洛夫早期散文作品汉译为例，进一步揭示意义突显六法。发现意义突显中有文学性重构，而再现作者风格与艺术美，便是文学性重构的一个重要方面。经由俄汉双语互参式文学性重构之路，意义突显法在语际转换中发挥艺术功能。翻译万比洛夫的散文（首先是短篇小说），就得把握准他的散文如戏剧一般富于变化，在平凡中见出奇崛，故事通常在"似乎是"的状态下进行，直到篇末才突起波澜与转折，让人顿悟似的，颇感意外，但想来又在情理之中。保持文学性和艺术美感，这就要求译者在充分掌握作家风格及其艺术诗学的情况下，把握文本的意义结构，细致入微地从语词、语句、语篇的层次去识解和突显意义，并尽可能地再现作品的语言艺术。译文与原文和谐一致，译文本身和谐一致，译成之文须经反复锤炼和润色，方能达到艺术的境界。翻译难以还原，道安早有"五失本"之论，岂敢妄论译出完全本来的万比洛夫，虽然是不断朝着这个方向努力的，但实际上也只能在原语和译入语之间找到最佳方案。作品的诗学意图，作家风格与艺术美，须臾不可忽视。

第三节　文学翻译：双语互参式审美意义重构

　　文学翻译主要指诗歌、小说、散文、戏剧等的翻译，是指为读者提供审美愉悦和艺术享受的文学作品的翻译。文学翻译与译者之间的关系至为密切，译者的语言水平、文学才能决定了翻译所能达到的境界高度，而译者意向也是影响审美意义重构的重要因素。文学翻译是形象的翻译和审美的翻译（郑海凌，2000），但与此同时，文学翻译与非文学翻译一样都是双语互参式的意义重构，双语互参发挥着语言本身的创造力和诗性功能。

一　文学性重构

　　文学作品的语言，是经过作家提炼和创造性变形后的文学语言，常具陌生化的新面貌而具文学性，发挥着诗性功能或审美功能。雅各布森说，"如果造型艺术是自身具有价值的直观认识材料的造型，如果音乐是自身具有价值的音响材料的造型，而舞蹈艺术是自身具有价值的动作姿势的造型，那么诚如赫列勃尼科夫所言，诗歌就是自身具有价值的'自编织'词汇的装饰。诗歌即是语言体现其审美功能。文学科学的对象不是文学，而是文学性（литературность），也就是使某个作品成为文学作品的东西"（Якобсон，1987：275），文学性就存在于文学作品的语言形式之中，文学科学要成为科学，它就得承认"手法"是唯一的"主人公"，继而主要的问题即是对手法的应用与确证无误的问题。"广义上的诗学，不仅研究诗歌中的诗性功能（在这里，语言的诗性功能高于其他功能），而且研究诗以外的诗性功能（在那里，语言的其他功能高于诗性功能）。"（Якобсон，1975）什克洛夫斯基说："俄罗斯的文学语言按其起源是异种的语言，可是它在人民中是如此广泛使用，以致可以把它和大量民间方言同等看待。文学开始表现出对方言和不纯正语言的迷恋。现在，就连马克西姆·高尔基也从文学语言转到文学‘列斯科夫’方言方面来。这样一来，俗语和文学语言互换了各自的位置。终于出现了创立新的专门诗歌语言的强烈趋势。诗是受阻的、变形的语言（言语）。"（什克洛夫斯基，1989：9）可见俗语和方言也可以入诗，成为文学语言，它符合语言陌生化的艺术程序，以至可以延长读者的审美感受。而巴赫金说：文学的一个基本特点是，语言在这里不仅仅是交际手段和描写表达手段，它还是描写的对象（如人物的语言和各种语体），不仅是构筑形象的手段，而且本身就是构筑成的形象（巴赫金，1998：276，284）。韦勒克则认为，文学语言远非仅仅用来指称或说明，它还有表现情意的一面，强调文字符号本身的意义，强调语词的声音象征……文学（语言）处理的大都是一个虚构的世界、想象的世界（韦勒克、沃伦，2005：9－18）。

　　所以，诗歌、小说、散文、戏剧等文学语篇的翻译，首先就是文学性重构。亦即重塑文学语言，再现文学手法，为读者提供审美愉悦和艺术享受，注重源语语言本身的审美性、抒情性、韵律节奏、语言变异（创造性变形）和语言（言语）形象等。诗歌翻译我们将用专门章节进行探讨，这里只举例证明非诗歌的文学翻译是如何进行文学性重构的。

　　　　Он приблизился, и Валериан Эдуардович при лунном свете разглядел высокого мужчину: худого и нескладного, как лошадь Дон Кихота. Запах, сопровождавший этого человека, и запах сырой земли вместе составили аромат винного погребка. (А. Вампилов, 《Коммунальная услуга》)

　　　　那人走近了，瓦勒里昂·艾杜阿尔多维奇借着月光看清是一个高大的男人：瘦高个儿，不匀称，活像唐·吉诃德的马。这人身上的酒气和潮湿的地气混在一起，把深坑变成了个酒窖似的。

　　作家独特的语言，鲜活别致的比喻，寥寥数语即刻画出人物形象及其习性。翻译应特别注意语言的运用，把作品所表现的文学性和精神情趣生动形象地传达出来，使译文也成为具有审美趣味的文学语篇。

Помнится, я часто останавливался, выходил из машины и смотрел вокруг себя на леса, на золотую ломаную дорогу в озере — след солнца в тихой голубой воде. Слушал резкий металлический крик птицы. Дышал ветром, пахнувшим водой, свежей листвой и пылью. (Шавкута)

（1）记得，我常常停下，走出车来，看四周的森林，看湖中折线式弯曲的金色的反光——映在静静蓝水中的太阳踪迹。听鸟尖尖的金属般的鸣叫。呼吸一下带着水气、新鲜树叶和尘土气息的清风。

（2）记得，我不时把车停下，走出驾驶室，环顾四周的森林，观赏碧蓝平静的湖面上层层涟漪泛起道道金黄色的阳光，清脆急促的鸟鸣声不绝于耳，饱含湿度、鲜嫩树叶和细小水珠的微风迎面吹来，使人心旷神怡。

（3）……环顾四周，一片片森林，湖面泛起层层金色的涟漪，太阳照在平静的蓝色水面上，漾起粼粼波光，倾听着鸟儿清脆嘹亮的歌声，微风徐来，饱含水分、鲜嫩树叶和泥土芬芳的气息，使人心旷神怡。

本例前两种译文是取自程荣辂《俄汉、汉俄翻译理论与技巧》一书中的译例，译文 3 为笔者所译。明显可感译文 2 和译文 3 优于译文 1，使用文学语言，重文学性，令人感到文学趣味（文学气息），传义灵动而符合文学语篇的要求。

Мы бежали от заката. По синим холмам он гнался за нами, в кровь рассекая свои розовые колени. Он ловил нас в свои малиновые сети. Он бросил нам вдогонку своих рыжих собак. От его яростной нежности мы бежали в темную летнюю ночь.

（Александр Вампилов，《Станция Тайшет》）

　　我们逃避夕阳。夕阳在青色的山丘上追赶我们，她一路跌破膝盖，渗出殷红的血来。她要把我们捉进深红色的网里。她放出自己的棕色狗追赶我们。我们逃避她激烈的柔情，遁入黑暗的夏夜。

　　俄语通过代词回指，拟人化文学描写，又有强烈的意象，很有感染力。本段的翻译，关键就在于代词还原和拟人修辞法的再现。首先第一个 он 被还原译成夕阳，这是为了表意明确起见。第一个和第二个 свои 在翻译中就省略了，因为汉语表意是明确的。有趣的是，原文的代名词 Он 译成了她，并且多次重现，构成一种温柔热烈的意象美，这种拟人化手法，符合原作的爱情主题。代词翻译，不仅是语法、语义问题，还可能涉及文学审美问题。

　　这便为文学译者提出了很高的要求。译者的文学鉴赏力、审美能力和双语能力在文学翻译中起着重要的作用。我们采用《静静的顿河》中译文的译例，来进一步探究翻译中的文学性重构。译文 1 为金人的译文，译文 2 为力冈的译文。

　　　　Не лазоревым алым цветом（лазоревым цветком называют на Дону степной тюльпан），а собачьей бесилой，дурнопьяном придорожным цветет поздняя бабья любовь.

　　译文 1：女人的晚来的爱情并不是紫红色的花朵，而是疯狂的像道旁的迷人的野花。

　　译文 2：女人晚熟的爱情不像鲜红的郁金香，而是像如火如荼的盘根草。

　　两位翻译家都在原句的基础上进行了再创造，运用诗一般的语言再现了原句的美感和诗意。译文 1 前半句没有译出括号里的郁金香，但前后组句对称，而有韵味。译文 2 中的"郁金香"与"盘根草"对仗工整，犹如格言一般，词义具体化而出新意。两个译文与原文合观，相映成趣，彼此互补，意美也。

　　Тлеющий хворост обволакивал сидевших медовым запахом прижженной листвы.... Из – под пепла золотым павлиньим глазком высматривал не залитый с вечера огонь.

　　译文1：树枝的余烬冒出烤焦树叶的蜜一般的香气，笼罩着坐在火边的人们。……金色的孔雀眼睛似的火星儿，从黄昏就燃起的篝火灰烬中，朝外窥视着。

　　译文2：阴燃的树枝向坐着的几个人周围散发着烧焦的枝叶那种蜜一般的气息。……黄昏时没有浇灭的余火，灰烬中一闪一闪的，就像孔雀那金色的眼睛。

　　肖洛霍夫通过这一隐喻，把阿克西妮亚与格利高里第一次幽会前篝火旁的气氛渲染得真切感人，意味深长。两位翻译家对这一情景进行了生动的再现。译文1简练准确，运用"火星儿""窥视着"来形容氛围，富有感染力。译文2忠实地传达了隐喻，采用"余火"一词，译得巧妙。

　　Солнце насквозь пронизывало седой каракуль туч, опускало на далекие серебряные　обдонские горы, степь, займище и хутор веер дымчатых преломленных лучей.

　　译文1：太阳透过灰白色的云片，把烟雾朦胧的、扇形的折射光线洒在远方顿河沿岸的银色山峰上、草原上，洒在河边草场和村庄上。

　　译文2：太阳透过灰羊羔皮一般的云片，把扇形的朦胧的折光投射在原野，草场、村庄和顿河两岸远方的银色山峰上。

　　Каракуль卡拉库尔羔皮，译文1没有再现这一形象，译文2将这一形象译出来了，绘出一片祥云气象。译文2改变了原文的次序，改变了原文中人们视线的顺序，将银色的山峰置于句尾，译文读起来音调和谐，朗朗上口。原文是先看见远山，再到原野，草场和村庄，由远及近，译文1与原文语序近似，而译文2则正好相反，人们的视线变为由近及远。可见，意义发生了细微的变化，但总体而言，仍不破坏原文中的那种祥云、阳光普照大地山峦的景象，堪称佳译。从美感体验来说，译文2略胜一筹，译出了新意。

Оглянулась на Гришку: так же помахивая хворостинкой, будто отгоняя оводов, медленно взбирался он по спуску. Аксинья ласкала мутным от прихлынувших слез взором его сильные ноги, уверенно попиравшие землю... Аксинья целовала глазами этот крохотный, когда - то ей принадлежавший кусочек любимого тела; слезы падали на улыбавшиеся побледневшие губы.

译文1：她回头看了看，葛利什卡在慢慢地爬上斜坡，仍然舞弄着树枝，好像是在驱赶牛虻。阿克西妮亚的眼泪夺眶而出，她用泪水模糊的目光亲热地看着他那强健有力的、坚定地踏着土地的双腿。……阿克西妮亚用眼睛亲吻着这一小块曾经是她 <u>占有</u> 的可爱的身体；眼泪落到微笑着的苍白的嘴唇上。

译文2：她回头看了看格里什卡：他还是摇着树条子，好像是在赶牛虻，慢慢地朝坡上爬去。阿克西妮亚的眼里涌出了泪水，她用模糊的泪眼亲切地看着他那强壮的、走起来矫健有力的双腿。……阿克西妮亚用眼睛亲着曾经 <u>属于</u> 她的可爱的身子的这一小块，眼泪落到微笑着的煞白的嘴唇上。

幸福的伤心的泪，发自内心的感动，作家运用通感手法，淋漓尽致地表现了这一幕感动。"Аксинья ласкала мутным от прихлынувших слез взором его сильные ноги" "Аксинья целовала глазами..."，都是通感表现手法，用眼亲吻视线中的情人，语言别致新颖。从译文的行文看出，两位翻译家都力图再现了原文的这一别致的语言特点和艺术手法。

在童庆炳看来，"气息""氛围""情调""韵律"和"色泽"就是文学性在作品中的具体的有力的表现，对于文学性来说，气息是情感的灵魂，情调是情感的基调美，氛围是情感的气氛美，韵律是情感的音乐美，色泽是情感的绘画美，这一个"灵魂"四种美几乎囊括了文学性的全部［童庆炳，2009（3）］。文学性重构，就是通过文学语言的运用，文学手法的再现，而把原文的气息、情调、氛围、韵律和色泽所表现的情感之美体现出来。文学性重构，即作品的情感诗意的传达，亦即在于语言的诗性功能和审美意义的重构。

二 在译者意向中的审美意义重构

文学译者同任何译者一样，拥有自己的交际意向，但根本任务应是在另一个语言环境中努力恢复原作品的面目，确保文学、文化的沟通交流，确保译语读者的审美接受。哲学家加达默尔在论及翻译时说，译者的任务绝不仅仅是把原文所说的照搬过来，而是把自身置入原文的意向中，这样才能把原文中所说的意思保存在译者的意向中（加达默尔，2004：69）。哈蒂姆在20世纪90年代初就提到了译者的意向（动机）问题："在探讨意向及其他方面的问题时，我们已将着眼点置放在源语语篇的作者身上。译者的意向给翻译过程增添了另一个方面。……译者的活动始终是当时社会活动的一种功能，同时又对当时的社会生活产生了影响。"（哈蒂姆、梅森，2005：17－18）美国语用学家塞尔将意向性同语言活动联系起来，指出意向性是主体的心理状态借以指向或涉及自身之外的客体和事态的那种特征（塞尔，2006：65）。翻译正是在译者的意向中实现意义的。译者意向在原作，为了达致"和谐"关系（郑海凌，2005）、"最佳近似度"（辜正坤，2004）、"极似律"（黄忠廉，2010；2015），而外国翻译理论中则是意义（功能）等值（эквивалентность）或对等（адекватность）（科米萨罗夫，2006：169；Алимов，2013：56；杨仕章，2006：167）。而译者不自觉的自我理解或积极的偏见，则成为文学翻译中意义变异和新意衍生的重要因素（赵小兵，2011：127－138）。译者意向在读者，为了确保译作"易晓"（《法句经序》中语）或"易解"（鲁迅语），以利于译作的接受与传播。在译者意向中的意义重构，实际上是依靠译者知识能力、思想情感、聪明才智、文学修养、诗学品位，与作者和读者互动，与历史文本互动，并考虑译入语规范重写文学译本的过程。译者的意向和个性，可能改变意义的方向与维度，译者成了意义重构与创新的一个因素。笔者曾以金人和力冈翻译的《静静的顿河》为例，通过对比阐释过这个问题（赵小兵，2011：262 – 299），在此随后仅略举数例予以说明。译者的文笔与译者意向和个性结合在一起，而形成独特的译文。

Затравевший двор выложен росным серебром. Выпустил на проулок скотину. Дарья в исподнице пробежала доить коров. На икры белых босых ее ног молозивом брызгала роса, по траве через баз лег дымчатый примятый след.

译文 1：长满了青草的院子到处闪着银色的朝露。他把牲口放到街上去。达丽亚只穿着一件衬衣跑去挤牛奶。她的两条白皙的光腿肚上溅满了像新鲜乳汁似的露水珠，院子里的草地上留下了一串烟色的脚印。

译文 2：满院子的青草都蒙上了银色的朝露，他把牲口放到小胡同里去。妲丽亚穿了衬裙跑去挤牛奶。露水溅在她那白嫩的光腿肚上，很像新鲜的奶汁。院子里草地上留下一行烟黄色的脚印。

Дымчатый 烟灰色的，烟色的。Исподнице（俗），衬裙，女人的内衣。Белый 一译为"白皙的"，一译为"白嫩的"。"白嫩"为皮肤白而娇美，妩媚，暗示了少妇的年轻美貌，而"白皙"则侧重于皮肤的白净（书面语）而美好。各有侧重，均略偏离原文的 белый，这是译者意向的影响。肖洛霍夫在《静静的顿河》中描写的妲丽亚，她的聪明和妖艳，仿佛全浓缩在这一看似平常的细节中了。力冈选用"白嫩"一词来对译 белый，与原文稍有变异，以显神韵。作者将露水珠比拟为"新鲜的乳汁"，使人联想到这位哥萨克少妇的美丽和温柔，画面具有柔和的美感。作者用 Дымчатый след 来形容人走过布满朝露的草地的瞬间，可谓独到的观察，诗一般的语言，具有美感。两位翻译家均忠实地再现了作家的这一敏锐发现，再现原作中的这一精彩细节，形象生动，富有动感，这成为两位译者共同的意向内容。

　　Аксинья с подмостей ловко зачерпнула на коромысле ведро воды и, зажимая промеж колен надутую ветром юбку, глянула на Григория.

　　译文 1：阿克西妮亚扁担不离肩，站在跳板上麻利地汲了一桶水，然后把被风吹起的裙子夹在两膝中间，瞟了葛利高里一眼。

　　译文 2：阿克西妮亚站在跳板上，灵活地将扁担一摆，汲了一桶水，把被风吹得鼓起来的裙子夹在两膝中间，看了格里高力一眼。

　　Глянула 一译为"瞟"，一译为"看"，似乎译者的主观心理或态度（对阿克西妮亚的态度）已露端倪。译文 1 着意将原文中的"...ведро воды и ..."中的 и 译为"然后"，将 глянула 译为"瞟"，于是少妇阿克西妮亚在年轻英俊的葛利高里面前，有点儿卖弄风情，似有挑逗的意味。而实际上这个形象的魅力，正来自她的真情和自然流露 ["阿克西妮亚的爱情不是淫荡。她的爱超过了不正当关系，这是一种深刻的感情"（阿格诺索夫，2001：446）]。译文 2 对格里高力和阿克西妮亚之间一步步发展的爱情具有认同感，在译文 1 的基础上，有意识地不突出 и，并将 глянула 译为普通的字眼"看"，做了淡化处理，为避免卖弄风情之嫌。整个人物形象在译者的意向中鲜活地呈现出来。зачерпнула на коромысле ведро воды 被分别译为"扁担不离肩，麻利地汲了一桶水""灵活地将扁担一摆，汲了一桶水"，均为精彩译笔，人物鲜活生动，魅力十足。

　　Аксинья чему – то смеялась и отрицательно качала головой.

Рослый вороной конь качнулся, подняв на стремени седока. Степан выехал из ворот торопким шагом, сидел в седле, как врытый, а Аксинья шла рядом, держась за стремя и <u>снизу вверх, любовно и жадно, по – собачьи заглядывала ему в глаза.</u>

Так миновали они соседний курень и скрылись за поворотом.

Григорий провожал их долгим, неморгающим взглядом.

译文1：

阿克西妮亚不知为什么在笑，还在不以为然地摇晃脑袋。骑手踏镫上马，高大的铁青马微微晃了一下。司捷潘骑在马鞍子上，就像长上了似的，他策马急步走出大门，阿克西妮亚抓着马镫，和他并排走着，恋恋不舍地像只驯顺的狗，仰起脑袋看着他的眼睛。

两口子就这样走过邻居的宅院，在大路转弯的地方消逝了。

葛利高里不眨眼地目送了他们半天。

译文2：

阿克西妮亚不知为什么笑着，并且不以为然地摇了摇头。司捷潘一踏上马镫，高大的乌骓马就晃动起来。乌骓马迈着急促的步子出了大门，司捷潘坐在鞍上，好像栽在上面似的，阿克西妮亚抓住马镫，跟他一起走着，并且朝上仰着头，恋恋不舍、难分难解、像小狗对主人那样望着他的眼睛。

他们就这样从邻居的房子前面走了过去，一拐弯，就不见了。

格里高力用眨也不眨的眼睛送了他们很久。

作家描写了司捷潘夫妻离别时的动人场面。丈夫因为有了妻子的依恋而倍显神气自信，风度翩翩而令人羡慕。难怪葛利高里久久地目送他们从视线中消失，他几乎是迷失在眼前的画面中，陶醉了。两位翻译家把这一场景再现得精彩生动。снизу вверх, любовно и жадно, по – собачьи заглядывала ему в глаза. 这一句是作家写得最生动，最感人的一个画面。译文 1 译为："恋恋不舍地像只驯顺的狗，仰起脑袋看着他的眼睛。"译者模仿目睹者（葛利高里）的评价态度说"像只驯顺的狗"，传达了目睹者的妒嫉心理。而译文 2 则是："并且朝上仰着头，恋恋不舍、难分难解、像小狗对主人那样望着他的眼睛。"同样颇为生动，且具有感染力，突出了目睹者的羡慕心情和陶醉情绪。可见不同译者的不同意向，形成了不同的译文。读者从这两个不同的译文方案也获得了不同的审美享受。

再举两例看审美意义重构与译者个性相结合的情况。

Аксинья ходила, не кутая лица платком, траурно чернели глубокие ямы под глазами; припухшие, слегка вывернутые, жадные губы ее беспокойно и вызывающе смеялись.

译文 1：阿克西妮亚也不再用头巾裹着脸了，眼睛下面的深窝像丧服一样的黑；两片微微向外翻的鼓胀、贪婪的嘴唇露出不安的和挑衅的笑容。

译文 2：阿克西妮亚走路的时候，不用头巾裹着脸，眼睛下面两个深坑阴沉沉地发着乌色，她那微微有点肿，有点向外翻的、妖媚的嘴唇不安地和不示弱地笑着。

我们看出两位翻译家在选词上不同的倾向，译文 1 丝毫不减弱负面评价色彩，жадные 译为"贪婪的"，вызывающе 译为"挑衅的"。译文 2 则尽量减弱负面评价色彩，жадные 译为"妖媚的"，вызывающе 译为"不示弱的"。同一个人物，在译者的不同个性影响下，呈现出不同的风姿。译者的爱憎、情感、人道精神和对笔下人物的态度，有意无意地流露于笔端，并反映在译文之中。

Через высокий плетень Григорий махнул птицей. С разбегу сзади хлобыстнул занятого Степана. Тот качнулся и, обернувшись, пошел на Гришку медведем.

译文 1：葛利高里像鸟一样飞过高高的篱笆。跑着就从后面照司捷潘打去。司捷潘踉跄了一下，转过身来，<u>像只大熊似</u>的朝葛利高里扑过来。

　　译文 2：格里高力像鸟一样一飞而过高高的篱笆，他跑着从背后朝 <u>正在踢人的</u> 司捷潘打去。司捷潘摇晃了一下，转过身子，<u>像只狗熊似</u> 的朝格里高力冲来。

司捷潘是阿克西妮亚的丈夫，小青年葛利高里是阿克西妮亚的情人，译文 1 明显地把更多的同情倾注在司捷潘身上，用词显得要"客气"一点，而译文 2 的同情似乎不在司捷潘，而在阿克西妮亚和格里高力。занятый Степан 可理解为"忙着打老婆的司捷潘"，可译文 1 译为"司捷潘"，有意漏译了 занятого，而译文 2 译为"正在踢人的司捷潘"。翻译依据何在？可能在于译者的评价态度和情感倾向。另外，медведь 在译文 1 中被译为"大熊"，在译文 2 中变成了"狗熊"，依中国人的心理，"狗熊"带贬意，而俄罗斯人心目中的 медведь 通常不带贬意。译文 1 译为"大熊"，突出了其体格的健壮和庞大，略显笨拙的动作，并不带贬意，另外译文 1 中的"踉跄"二字，似乎带有译者对笔下人物的同情。译文 2 将"踉跄"改为"摇晃"，译者的个性也渗透在译文之中了。

　　应该指出，译者的个性会产生独特的个性化的译文，这也是造成翻译作品偏离原作的一个因素。译者纵然能妙笔生花，但仍应尽量避免自己的个性对于译品的负面影响。

　　审美意义重构离不开对于人物语言的模拟再现，我们举两例来略作分析。

　　- Левий Матвей, - - охотно объяснил арестант, - он был сборщиком податей, и я с ним встретился впервые на дороге в Виффагии, там, где углом выходит фиговый сад, и разговорился с ним. (М. Булгаков,《Мастер и Маргарита》)

　　"这人是利未·马太，"囚徒很愿意地招供说，"他本是一名税吏，我是在去伯法其路上，就在无花果园的拐角上，同他萍水

相逢，并且攀谈起来的。"（戴骢 译）

Я с ним встретился впервые 译成"同他萍水相逢"，и разговорился с ним 译成"并且攀谈起来"，这是为了适应文学语篇的氛围而讲究艺语美文，为了把作品中人物（耶稣）不俗的言谈表现出来。

　　- Наговоры, - глухо, как из воды, буркнул Григорий и прямо в синеватую переносицу поглядел отцу.

　　- Ты помалкивай.

　　- Мало что люди гутарют...

　　- Цыц, сукин сын!

"都是胡扯！"格里高力嘟囔说，声音十分低沉，好像是从水底发出来的；并且对直地看了看父亲发青的鼻梁。

"你给我住嘴！"

"别人还会说什么好话……"

"住嘴，狗崽子！"（力冈 译）

　　在力冈的笔下，格里高力的神态形象很鲜明。他先嘟囔着顶嘴，然后"对直地看了看父亲"。嘟囔顶嘴后又观察父亲的反应，这符合格里高力这个人物的性格。格里高力具有天生的反抗精神和敢作敢为的英雄气质，但毕竟面对的是父亲，故说话还是有些顾虑。父亲也是这般的性格，所以接下来他显得咄咄逼人，不容分说。译文中的"你给我住嘴！""住嘴，狗崽子！"突出了语气的愤怒和严令的口吻。格里高力的回答也译得很妙，"别人还会说什么好话……"翻译家准确把握了人物的语言，对于成功塑造人物起着重要的作用。

　　文学翻译就要用生动形象的语言，营造艺术氛围，予人以美感和诗意的感受。文学作品中有各种修辞表现手法，作家独特的语言艺术值得每一位译者倾力予以再现。从意义的角度讲，仍可称作意义突显的笔法，不能完全排除译者的意向和个性对译文的影响，这是翻译求信或求似时特别值得研究的。但仍需考察译者先入之见的正当性，恰如哲学解释学所谓"解释者无须丢弃他内心已有的前见解而直接接触本文，但要明确地考察他内心所有的前见解的正当性，即考察其根源和有效性"（加达默尔，1999：344）。严谨的译者应有"克己功夫"，也应有相当的学识水准和语言艺术，才足以堪当译任。译者要努力做作者的挚友，缔结"文学因缘"，而非"冰雪因缘"。"坏翻译会发生一种消灭原作的功效。"（钱锺书语）译者既要像学者那样严谨求真，又要像作家那样能妙笔生花。好翻译尽可能传译原文里的各种意义，包括形式之意义，促使或诱使人们去接近原作，发挥"媒"或"诱"的作用，把所受到的感动和动人处与作者的心曲都一一传达。最后强调一点，文学翻译要译出人物的语言形象，真实地反映出人物的社会状况与角色关系。这也是翻译注重修辞的表现，不然就是不像，作家经常通过人物的语言来塑造形象，不同身份，用词造句都有差异，在译文中要能准确反映出来。

三 双语互参式意义重构

双语互参式意义重构，为了获得最佳的翻译方案，就是用另一种语言最佳近似地[1]再现原语篇不同层次的单位（语词、语句、超句体、语篇）及意义，但这是双语互参式意义重构，而非单语（原语或译入语）的复制。双语互参作为意义重构的具体方式，适宜于各种形式的翻译，自然也适宜于文学语篇的翻译。下面我们从语词到语篇分别举例以观双语互参式意义重构现象。

---

[1] 拉特舍夫在自己的著作中更喜欢采用"最佳化"（оптимальность）一词，而非术语"等值"。他写道："……评价翻译的质量更合适的术语是'最佳化'。"他把原文本和译文本的等值定义为"最佳的翻译方案""最佳的翻译解答"。在他的理解中，"最佳的"意味着"可能中之最好"。最大等值的译文应该考虑许多"相互矛盾的条件"，因此"最佳翻译方案"乃是一种折中，更准确地说，就是最佳折中方案。拉特舍夫主张，为了取得最佳翻译方案，要通过"最大准确地再现原文本的内容"并通过"对被译文本的被再现内容和语言形式根据信息接受的新条件——译文本接受者的另一语言系统和语言规范、另一惯用法和另一冗余信息量——进行调适处理"。（Герасимова，2010：50－51）

1. 语词层

大学俄语《东方》第六册（1998 年版）第 7 页有一个句子：

> С незапамятных времен люди проходили в <u>школе</u> жизни два главных предмета: учились работать и учились думать.

试译为"从远古时代以来，人们在生活的（磨炼）历练中要学会两样本领：学会工作和学会思考问题"。（译文 1）

或译为"……人们在人生的课堂上，要学会两门主要功课：学会工作和学会思考问题"。（译文 2）

我们都熟悉 школа 这个词，是个多义词，其基本义是学校，转义有锻炼、经历、阅历、磨炼等义。译文 1 侧重传译了转义，汉语语词本领与磨炼、历练语义照应，而译文 2 则保留了隐喻，且略转了一下译为课堂（学堂），将汉语语词功课与课堂语义照应，两种译文都是连贯的。磨炼和课堂均译自 школа，本领和功课均译自 предмет，意义重构既考虑了俄语语词的含义，又考虑了汉语句义的贯通一致，汉译显得自然流畅，和谐不隔，这样避免了单从俄文出发可能造成的语义不畅。

究竟是保留隐喻好，还是译出转义更好呢？我们都知道高尔基的《Мои университеты》这个作品，我国出版的多个译本几乎都译成了《我的大学》，而没有译成我的人生磨难或人生历练等。在书中 университет 一词是隐喻的，例如：

> Обширный подвал, в нём жили и умирали бездомные собаки. Очень памятен мне этот подвал, один из моих университетов. （М. Горький，《Мои университеты》）

偌大一个大地窖，无家可归的野狗就住在这里，死在这里。这个大地窖我终生难忘，这是我所上的几所大学中的第一所大学。（陆凤 译）

陆凤将俄文的隐喻移植到了汉译文里。可见，如不妨碍译文理解，保留隐喻法应是优先选择，这样更有意味。保留隐喻法，即传译字面，并让读者通过字面而达至意蕴的理解。

Над землёй идут облака. Белые драгоценные над желтоголовой роженицей — землёй. （А. Вампилов, 《Гимн хорошей погоде》）

大地上空彩云飘浮。朵朵白色的祥云，驾临黄头发产妇——大地的上空。

彩云飘浮、朵朵祥云、驾临大地上空，黄头发产妇等语词及其意象，构成一组整体画面，最佳近似地表现了晴好的天气和满地金黄成熟的麦穗，这是利用画面感极强的汉语词汇，生动形象地传译了俄语名词的指称及单复数义。

За Алятами, Артухой, за Индоном — тайга и Саяны. Перед тёмной могучей пастью тайги здесь дерзко желтеют поля. Полосатые — скошенные, в копнах, сверкающие стернёй — убранные, живые лоснящиеся — ждущие свой черёд. （А. Вампилов, 《День – день, день – день...》）

在阿里亚蒂、阿尔杜哈、英东河外就是原始森林和萨扬娜区。面对原始森林的黑暗巨口，这里的田野怒放着金黄。一带一带，割倒的——堆成了垛；一茬一茬，耀眼的——收割一地；鲜活的、亮晃晃的——列队恭候自己的归期。

汉语数量词重叠，既蕴含复数义"多"，又具有修辞上的效果，在文学翻译中常用。汉语的多个"的"字结构，几乎对译俄语形容词或形动词（俄语承前省略了名词поля，汉译同样承前省略了名词田野），但俄汉语组句又有差异，尤其是述谓部分的结构。试想，如果没有俄汉双语视野，仅仅执着于单语复制，是很难译好的。然而，如果不顾俄语语词的实在意义而信笔由缰，则会出现意义偏差。既要译得准确，又要译得好，就得深入理解语词的概念、指称、数量、修辞、语用等义，并根据译入语规范给予最佳近似的表达。

2. 语句（语序）层

语句（超句体）（语序）层的意义重构建立在语词意义重构基础上，但却是意义整体的重构。语句的翻译，参看前文"语篇中的语句之意与翻译"。

Настенька, подхватив свою сумку, некоторое время шла по перрону за поездом, глядя снизу вверх на окно, в котором виднелась Евгения Станиславовна, а потом остановилась и, уже не оборачиваясь на поезд, краем платка обмахивала уголки глаз. (Антон Уткин,《Настенька》)

娜斯佳托着自己的包，沿月台跟着列车走了好一阵，仰望车窗，看着窗口叶甫根尼娅·斯达尼斯拉沃夫娜的身影远去。然后她停下来，背对着列车，用头巾边缘拭去眼角的泪痕。

俄语中作为补充修饰品的从句（в котором...），可用汉语的后置结构"末品补语"去传译，但为了疏通语句而添加"看着"二字，使得译文语句显得疏朗自如，生动传神，而添加的字眼"远去"和"泪痕"，则具点睛之效果。汉语后置补叙结构如（准）次品补语和（准）末品补语等，有时甚至连原文的信息结构也能传译到位，汉语句式参与俄译汉的意义重构，发挥着正面干扰作用。

В одном месте лес с городом соединял запущенный сад, который когда-то окружал чью-то дачу и был огорожён. Теперь забора не было, сад зарос, но остался садом, потому что там попадались акации, черемуха, сирень и кусты непривитых яблонь. (А. Вампилов,《Финский нож и персидская сирень》)

森林与城市之间有一处荒芜的花园，花园曾经有围栏，里面是一家别墅。现在篱笆没有了，杂草丛生，但仍是个花园，随处可见刺槐、稠李、丁香和未嫁接的苹果小树丛。

汉语带"有"或"是"字的存在句，颇能再现俄语的倒装语序，当然俄语不一定是个存在句，如本例。而汉语运用后置补语结构，上承下接，颇得自然之趣，如"……但仍是个花园，随处可见……"，省略了俄文中的 потому что там 没有译出，传意到位而组句灵活紧凑。

语序的翻译问题，须分清主次，不论是语序趋同顺译，还是语序趋异变译，都要考虑俄汉双语的规范和条件，以便寻求最佳近似的可能性表达。俄汉语序有同亦有异，译者须理出逻辑线索，眉目清楚，层次分明，前后呼应。长难句需要断句而译，或递序，或逆序，或提纲法，或重组法（蔡毅，2006：198—204）。

Он был в дорогом сером костюме, в заграничных, в цвет костюма, туфлях. Серый берет он лихо заломил на ухо, под мышкой нес трость с черным набалдашником в виде головы пуделя. По виду — лет сорока с лишним.

他穿一身考究的灰西装，鞋子是舶来品，与西装同色。贝蕾帽也是灰色的，潇洒地歪戴在头上，碰着一只耳朵，腋下夹着一根手杖，黑色的手杖柄呈鬃毛狗的狗头状。看上去，他约莫四十岁开外。（戴骢 译）

总体而言，依序译来，断句几乎与原文一致，略有变化而已，汉译仿佛浑然天成，不落雕琢之痕。

Сняв с себя одежду, Иван поручил ее какому - то приятному бородачу, курящему самокрутку возле рваной белой толстовки и расшнурованных стоптанных ботинок. Помахав руками，чтобы остыть，Иван ласточкой кинулся в воду．

　　伊凡走到一个蓄着大胡子的人旁边，那人慈眉善目，正在吸自卷纸烟，身旁放着一件破旧的托尔斯泰式白布短衫和一双解开鞋带的旧皮鞋。伊凡脱下衣服，托付给大胡子看管，抡了几下胳膊让身体凉下来，然后像燕子似的一头扎进了莫斯科河。（戴骢 译）

Иван поручил ее какому－то приятному бородачу...Иван ласточкой кинулся в воду 是俄文主干部分。附属部分除了对伊凡的动作情态进行描写（Сняв с себя одежду，...Помахав руками，чтобы остыть），还描写了一位和善的大胡子（приятный бородач），他吸着自卷纸烟（курящий самокрутку），其身旁有……（возле рваной белой толстовки и расшнурованных стоптанных ботинок）。找到了超句的主干和附属部分，再厘清人物之间的关系和意义层次。伊凡是走着的，而大胡子是坐在莫斯科河边的，故有"伊凡走到一个蓄着大胡子的人旁边……伊凡脱下衣服，托付给大胡子看管……然后像燕子似的一头扎进了莫斯科河。"这条主线，整个译文顺畅自然，附属部分依次间杂于主句中译出，显得丰腴完整，而又层次分明。

　　Старинный двухэтажный дом кремового цвета помещался на бульварном кольце в глубине чахлого сада，отделенного от тротуара кольца резною чугунною решеткой．

　　花园环路旁有一排雕花铁栅栏，把环路的人行道同一座渐见凋零的花园隔开，花园深处有一幢古色古香的奶黄色两层楼房。（戴骢 译）

俄语主句是逗号前面的句子 Старинный...чахлого сада，紧接着一个形动词短语，交代了花园的位置。主句可试译为：一幢古色古香的奶黄色两层楼房，位于林荫环路旁，处在一座渐见凋零的花园深处。或者倒置过来译为：林荫道环路旁，在一座渐见凋零的花园深处，有一幢古色古香的奶黄色两层楼房。附属句部分可译为："花园被一排雕花铁栅栏与林荫环路的人行道隔开"，或者"花园与林荫环路的人行道之间隔着一排雕花铁栅栏"。可以想象，自然这一排雕花铁栅栏就在林荫环路旁边。戴骢的译文简练之至，顺畅自然，丝毫不见雕琢的痕迹，然对照原文，我们发现汉译语序几乎是倒置了过来，并经重组整合了的。

> Сердце Александра Вампилова не выдержало всего в нескольких метрах от берега, к которому он плыл, после того как, натолкнувшись на скрытый под байкальской водой топляк, перевернулась лодка... (Валентин Распутин, 《Вампилов А. В. Дом окнами в поле》, 1982)

> 亚历山大·万比洛夫终未能幸免于难，小船撞上了贝加尔湖水里覆浮的木材，船翻了，他挣扎着游向岸边，仅有几米之远啊，心脏却停止了跳动……

语序调整重组句，而至于汉译表意清楚，逻辑层次分明，达到了"文从字顺"的效果。

因为俄语词形变化的优点，语序可以随意调动而表意，不仅在句内，而且在句际间，都可以自由安排词序、句序，汉语在这方面似有所不及。但汉语也自有特点，既可以变序而译，也可以顺序而译，一切依原语和译入语所能提供的条件。只要译者能理出头绪，把意义层次、逻辑关系梳理清楚，顺畅自然地表达，即可获得最佳近似于原文的译文，但可能不是也不必是最大近似于原文的。

3. 语篇层（衔接连贯）

什维策尔说："语篇作为一个整体，确保其连贯性有许多联系手段：……翻译时需要把原文的连贯性转换过来。之所以要转换，是因为不同的语言在表达这些关系时所运用的语言手段并不相同，以及不同的语言对语篇有不同的建构方式。"（吴克礼，2006：310；Комиссаров，2002：82）参看前文语篇中的语篇之意与翻译。

Он бросил поводья и, сам не зная для чего, подошел к зарубленному им австрийскому солдату. Тот лежал там же, у игривой тесьмы решетчатой ограды, вытянув грязную коричневую ладонь, как за подаянием. Григорий глянул ему в лицо. Оно показалось ему маленьким, чуть ли не детским, несмотря на вислые усы и измученный – страданием ли, прежним ли безрадостным житьем, – покривленный суровый рот. (М. Шолохов,《Тихий Дон》)

他扔了马缰绳，自己也不知道为什么，走到那个被他砍死的奥地利士兵跟前。奥地利兵就躺在那道制作精巧的铁栅栏围墙旁边，一只棕色的脏手巴掌伸了出去，像在向人乞讨似的。葛利高里看了看他的脸。他觉得这张脸很小，虽然留着下垂的小胡子，还有那受尽折磨的（不知是由于疼痛，还是由于过去不幸的生活）歪扭、严峻的嘴，然而看起来几乎是一张小孩子的脸庞。（金人 译）

格里高力扔下马缰，自己也莫名其妙地走到被他砍死的那个奥地利士兵跟前。那个士兵就躺在挺讲究的铁栅栏脚下，伸着一只褐色的脏手，好像是在讨东西。格里高力看了看他的脸。他觉得这张脸很嫩，差不多是一张小孩子的脸，虽然留着小胡子，虽然他的嘴撇着，冷冷的，显得很痛苦（不知是因为疼痛，还是因为以前的日子过得不愉快）。（力冈 译）

金人和力冈翻译得都很成功，但俄汉语篇衔接连贯存在差异。俄语依靠代词照应达致语篇连贯，而汉译多处进行了代词还原，考虑俄汉语差异，改变了语篇衔接的方式，也达到了语义连贯的效果。

Бульдозерист прыгнул в кузов, мы поехали дальше. Мы собрали всех, бригадир был впереди. Он ломал сухую лесину, она тихо стонала и вдруг с треском выстелилась на снегу. Бригадир отвел бульдозер в сторону, выключил мотор, стало тихо, вывороченный пень осьмино'гом чернел на снегу, ошеломляюще пахло землей, закат бледными губами коснулся оцепеневших стволов, мы закурили. (А. Вампилов,《Дорога》)

　　推土机手一跃身上了车厢，我们继续前行。我们接齐了大伙儿，队长还在前头。他要折断一根 枯树 ，树 无声地呻吟着，突然咔嚓一声，倒在雪地上。队长把推土机开到一边，关闭发动机，周围顿时安静下来，连根拔起的 树桩 活像黑章鱼一般趴在雪地上，散发出浓郁的土壤气息，晚霞用苍白的唇触吻发呆的 树干 ，我们点起了香烟。

　　汉译中"树"由俄语代词还原而来，起着语义连贯的作用。俄文的 лесина（枯树），она（它，即树），пень（树桩），ствол（树干）虽形态各异，但意义一脉相连。汉译采用指称复现法即重复、同义、上下义衔接构成连贯语篇，重构起内在意义关联，又运用比喻、拟人法，恰当地传译了修辞色彩，从而使译文具有生动鲜活的表现力。

　　Молчание на балконе некоторое время нарушала только песня воды в фонтане. Пилат видел, как вздувалась над трубочкой водяная тарелка, как отламывались ее края, как падали струйками. (М. Булгаков,《Мастер и Маргарита》)

　　有好一会儿工夫，凉台上鸦雀无声，只有如歌般的喷泉声打破了这宁静。彼拉多观看着泉如何从水管口涌出，聚成盘状，又如何破裂，变成一条条水线落入池中。(戴骢 译)

　　Молчание 被艺术化表达为"鸦雀无声"，又为了句意衔接，用"这宁静"来复指"鸦雀无声"，从而完成俄语第一个句子的翻译。更为精彩的是译者对俄语的三个 как……从句的解读与意义重构，细致体味了三个 как 从句之间的句意关系，生动形象，富有层次感，娓娓道来，和谐而不隔。

　　可见，译文的连贯来自原文的连贯，但可能有所不同，必须按照译入语的规范重构起新的语篇连贯。译者考虑译文语篇的衔接连贯，以及译文与原文的和谐一致，意义不背原文，这是翻译的必然要求。翻译在语词、语句（超句体）、语序、语篇等层次，俯拾即是双语互参式意义重构现象。双语互参作为意义重构的具体方式，自然也适宜于文学语篇的翻译。翻译必须在双语之间求解，而得到最佳接近原文的答案。不同语言各有其语法特点，可以互参比照而相得益彰，正面影响而彼此受益。总之，"原文本和译文本之间的语义关系并不同质，具有语言制约性"（Комиссаров，1980：7），并且是相关双语的语言制约性，相关双语都将参与意义重构，而原语和译入语所起作用分为主次，意义的根源在原语，而译入语以其规范化的书写而参与表意，其作用自然是辅助性的。

　　双语互参作为意义重构的具体方式，既表现在翻译过程中，也表现在译文本的构成中，广泛存在于语词层、语句（语序）层、语篇层之中，形成双语互参式意义重构的特点。对译和转换，源于相关双语的同与异，取决于相关双语所能提供的条件。例如，汉语的存在句、是字句、（准）次品补语、（准）末品补语等后置结构，恰当运用于俄汉翻译，既简便易行，又可增色译文。俄语原来的句式既有所保留，又消失不见了某些特征。译文语篇的衔接连贯与原文语篇的衔接连贯并不完全一致，译者重构新的语篇，译文语篇应该是衔接连贯的，且与原文语篇和谐不隔，对译和转换都是双语互参的结果。

第四节　俄语诗歌汉译之审美意义重构探析

　　译诗为了保持原诗对读者的形象—情感作用，曲尽其妙地力求传达作品的形式，首先是再现原本的内容和形式（如格律—句法）特点，应触及所谓的"语篇之言外"（затекст）（Алимов，2013：45）。文学翻译是形象的翻译和审美的翻译（郑海凌，2000）。译诗除了要传达基本的字词句义外，应重视意象、意境及诗语节律的体现。所谓节律，即对仗（节拍）、平仄（抑扬）、韵脚等形式（邢福义，2011：98）。"好诗一定有美的意境，但美的意境没有美的语言形式表现，也算不上好诗。"（王力，2009：228）译成之诗，通常要符合好诗的标准，兼具意境美和节律美。我们选取普希金的三首诗，就意象、意境等艺术至境再造及双语互参式意义重构问题进行探讨。

一　意象再造存含蓄诗意

译者应当确保原文的意象和诗意的准确传达，但鉴于双语差异，不可避免地会发生翻译变异。汉语名词没有性语法范畴，俄语诗中的意象几乎无法进行词汇性别对应，极易造成意象意味的流失。如何传译俄语名词性的范畴诗歌意象（丛），以营造独特的艺术境界，这是个值得探讨的问题。以下面这首普希金（Александр Сергеевич Пушкин）的诗为例：

Соловей и роза
夜莺和玫瑰

В безмолвии садов, весной, во мгле ночей,
在花园的寂静，在夜的暗影，
Поёт над розою восточный соловей
东方夜莺在玫瑰上方歌唱，
Но роза милая не чувствует, не внемлет
但可爱的玫瑰没有感觉，没在倾听，
И под влюблённый гимн колеблется и дремлет.
它在爱的歌声中瞌睡，摇晃。
Не так ли ты поёшь для хладной красоты?
你对那冷漠的美人也这样歌唱？
Опомнись, о поэт, к чему стремишься ты?
哦诗人，你在追求什么，想一想？
Она не слушает, не чувствует поэта;
她没在倾听，她感觉不到诗人；
Глядишь, она цветёт; взываешь – нет ответа.
你看见她开放，你的呼唤却无回响。

（普希金著，刘文飞译，2014：221－222）

　　夜莺和玫瑰在俄语中分别是阳性和阴性名词，构成一对诗歌意象，象征着情爱关系中的男女双方。夜莺乃诗人自况，玫瑰喻况美人，夜莺的歌唱犹如诗人献给美人的诗句。我们之所以会有这样的理解，就在于俄文诗能借助名词性的语法范畴，显示出夜莺和诗人的同指关系，以及玫瑰和美人的同指关系。顺便说一下，克雷洛夫（Иван Андреевич Крылов）在寓言中就曾自比夜莺，也用夜莺比喻受难的作家。普希金诗中的夜莺与克雷洛夫寓言中的夜莺具有互文性，可能产生相关联想。诗歌诗旨明确，意象丰美，诗意盎然，达到了一种审美艺术境界。

　　普希金这首诗仿佛就是歌咏东方古国的爱情。东方花园的夜莺歌唱，莫非就是俄国诗人在模拟东方诗国的吟唱？我们太熟悉诗经中的名篇《关雎》了："关关之雎，在河之洲，窈窕淑女，君子好逑"。普希金莫非在模仿中国先民的思维方式？这可是中国读书人熟悉的起"兴"，或称"引喻连类"。"'兴'字在殷商时期的甲骨文中即已多次出现，其字义与祭祀相连，包含了宗教祭祀仪式中贡献祭品、兴舞、作乐及诵诗、兴象等诸多内容，以后又演变为上古先民的一种独特的思想及情感表达方式，即我们通常所谓的意象思维"（聂石樵，2009：6）。原来，普希金笔下的性别意象与《诗经》中的起兴法暗合不隔。所以，即使汉语没有词汇的性语法范畴，仍然可以理解外国诗人的意象思维，即通过联想由浅入深，而意味深长，诗人借此感怀抒情言志以尽意也。我们不难感到诗人对于无动于衷的美人的向往，以及些许的惆怅与失落。或许正是因为俄汉互文的缘故，译者刘文飞直接进行了意象传译，似乎不假思索便轻易地让汉语读者理解了，并获得阅读的美感享受。

　　再看普希金的另一首诗《致航船》和笔者的译文：

Кораблю	**致航船**
Морей красавец окрилённый!	大海上有翼的美男！
Тебя зову – плыви, плыви,	我呼唤你，航行吧，
И сохрани залог бесценный	请护佑那祈祷、希望

Мольбам, надеждам и любви.　　　　和爱情的无价抵押。

Ты, ветер, утренним дыханьем,　　　风啊，你用晨之气息，

Счастливый парус напрягай,　　　　鼓满幸福的帆吧，

Волны незапным колыханьем　　　　别要骤然掀起波浪，

Её груди не утомляй.　　　　　　　让她起伏的乳峰受伤。

　　　（普希金，2014：176）　　　　　　　　（笔者译）

　　Корабль 是阳性名词，在诗正文中也有同指名词 красавец，并由
"有翼的"（окрилённый）来修饰，突出其俊美意象。诗人用"你"
称呼航船和风（ветер），风也是阳性名词，还有帆（парус）也是阳
性名词，且用"幸福的"（Счастливый）来修饰帆，而唯独波浪
（Волна）是阴性名词，且用 Её груди 来突出其女性、母性意象。连缀
起来构成富有诗意的意象丛：一只身姿轻盈如美男的航船，在晨风吹
拂下，扬起幸福的帆，大海上时而会突起风浪，他便勇敢地穿行在起
伏如乳峰似的海面上。这既是对航船（美男）的呼唤和咏赞，又似乎
更是对拥有博大胸怀的女性的赞美，因为波浪（她）宽容忍耐、温柔
热烈，任航船（美男）驰骋，能振作其精神，奋发其作为；而幸福的
风帆仿佛就是航船的翅膀。整首诗洋溢着一种豪迈、无畏而又温柔热
烈的意象美，与此同时，我们从诗人对风的责备或规劝中，仿佛感受
到诗人的诙谐幽默和对于海面上起伏波浪（如美人乳峰）的怜惜情
怀，也反衬出航船的英姿。

　　汉语由于没有性的语法范畴，航船、帆、风、波浪的性别意象很
难准确再造，一组意象丛的诗意多少会发生偏差。所以，客观地讲，
汉译文的读者能否像俄语读者那样领略到完整画面所带来的审美震撼
力，这与双语差异有关。我们有无好的办法复原原诗里的意象丛呢？
这是个值得深入研究的问题。童丹对于诗歌翻译中的意象转换进行了
类型分析：有"象"似"意"达、"象"异"意"似、"象"似
"意"异、"象"异"意"异四种情况（童丹，2011：103 – 124）。
我们这里分析的译例，是不是颇有"象"似"意"达的效果？其他
三种情况如何，则需视具体情况而论，毕竟双语之间存在词汇性别范

畴的差异。尽管有时保留意象和改变意象都将导致诗意或主题发生偏差，但译诗仍不失为好诗者，时而有之。例如，莱蒙托夫（Михаил Юрьевич Лермонтов）对海涅（Heinrich Heine）抒情诗《一棵松树孤零零》（*На севере диком стоит одиноко*）的意译（Валгина，2003：126）及刘文飞所译的《致航船》（普希金，2014：176）又是别有一番诗意，而译诗中的性别意象就发生了变化。

二　意境再造兼顾诗语形美

我们再以普希金的爱情诗《致凯恩》（"К Керн"）为例，探讨一下意境再造问题。意境是属于主观范畴的"意"与属于客观范畴的"境"二者结合的一种艺术境界。它是形神、情理、情景的统一，虚实有无的协调，既生于意外，又蕴于象内。意境具有韵味无穷的审美特征，"韵味"包括情、理、意、韵、趣、味等多种元素，所谓的"文外之重旨""余味曲包""景与意相兼始好""情景交融""虚实相生"（童庆柄，2005：185）或"韵外之致""味外之旨"（陶东风，2004：195）或"趣者、生气与灵机也"（钱锺书，2007：1811）等语，大抵就是对意境审美特征的概括。我们把意境视为诗歌中除基本词句义之外的审美内涵，它是由若干形象（意象）构成的具有审美特征的形象系列（画面），它与诗语的形式美密切相关。诗歌翻译的审美意义重构，应特别重视意境（意象丛）再造而兼顾诗语形美。

К Керн	致凯恩
	（1）
Я помню чудное мгновенье：	我记得那美妙的一瞬：
Передо мной явилась ты,	在我的眼前出现了你，
Как мимолетное виденье,	有如昙花一现的幻影，
Как гений чистой красоты.	有如纯洁之美的天仙。
	（2）
В томленьях грусти безнадежной,	在那无望的忧愁的折磨中，
В тревогах шумной суеты,	在那喧闹的浮华生活的困扰中，

Звучал мне долго голос нежный	我的耳边长久地响着你温柔的声音，
И снились милые черты.	我还在睡梦中见到你可爱的倩影。

（3）

Шли годы. Бурь порыв мятежный	许多年过去了。暴风骤雨般的激变
Рассеял прежние мечты,	驱散了往日的梦想，
И я забыл твой голос нежный,	于是我忘却了你温柔的声音，
Твои небесные черты.	还有你天仙似的倩影。

（4）

В глуши, во мраке заточенья	在穷乡僻壤，在幽禁的阴暗生活中，
Тянулись тихо дни мои	我的日子就那样静静地消逝，
Без божества, без вдохновенья,	没有倾心的人，没有诗的灵感，
Без слёз, без жизни, без любви.	没有眼泪，没有生命，也没有爱情。

（5）

Душе настало пробужденье:	如今心灵开始苏醒：
И вот опять явилась ты,	这时在我的面前又重新出现了你，
Как мимолетное виденье,	有如昙花一现的幻影，
Как гений чистой красоты.	有如纯洁之美的天仙。

（6）

И сердце бьётся в упоенье,	我的心在狂喜中跳跃，
И для него воскресли вновь	心中的一切又重新苏醒，
И божество, и вдохновенье,	有了倾心的人，有了诗的灵感，
И жизнь, и слёзы, и любовь.	有了生命，有了眼泪，也有了爱情。

（普希金著，戈宝权译，2004：100－102）

诗歌翻译以辞害意，会造成严重的意义损失。比较可行的办法是，汉译文多用双音节词，尽量形成两字一停顿的节奏，并且尽可能地符合汉语诗语的节拍、平仄和韵脚，以便形成比较整齐的诗行。上面的汉译文是戈宝权的译诗，多用双音节词以增强节奏顿荡感，译诗很大程度上由形式而保留了意境，有韵律的和谐美，有回环之美，整首诗的情绪由抑转扬，感情充沛，译诗自成一格。这首译诗在我国已广为传颂，仅此一点即证明了译诗的成功，虽然在诗语节律上尚有不足。"诗之所以美，主要决定于意境的美，即内容的美。""世界上的确有一些诗具备了很好的内容而形式上尚有欠缺的；但我们不能反过来说一种诗虽然内容不好然而具备了很美的形式。"（王力，2009：224－225）

刘湛秋说："我们没发现普希金有作曲和唱歌的才能，但他诗中充满了旋律，所以当大作曲家格林卡（Михаил Иванович Глинка）听了普希金朗诵'我记得那美妙的一瞬'的当场，就能谱成曲子。也许，这些诗行本身就带有旋律吧。"（普希金，2000：8）整齐的美、抑扬的美、回环的美，可能就是语言和音乐相通的地方。这首爱情诗韵律和谐，每行四音步抑扬格，贯穿全诗，每四行诗为一诗节，每两诗节构成一部分，全诗共3部分6个诗节。每个诗节都是交叉的阴阳韵脚，隔行押韵，单行为阴韵，双行为阳韵。因此，读起来抑扬顿挫，很有节奏感。（-）ты'为阳韵，是贯穿全诗的一个韵脚，突显了 ты 的意义。位于阳韵位置的 ты、красоты、суеты、черты、мечты、черты、мои、любви、ты、красоты、вновь、любовь 形成意义串。这一韵脚仿佛是一条贯穿全诗的意义主线，使人产生相关的联想，兼具音韵美、意义美和形象美。诗行中 ты（你）所处的相应位置（时候），就是 суеты（忙碌）、мечты（梦想）、чистой красоты（纯洁美丽）、небесные черты（仙姿）、любви（爱情），"你"成了美好、爱情、梦想的化身。而没有"你"的时候，一切都失却了，没有崇拜的对象，没有灵感，没有眼泪，没有生命，没有爱情，而只有忧愁和苦恼。似乎从诗行形式上即反映出来，例如，单行的 нье、ной、ный、нья、нье 等韵脚音节的重叠，强化了悲和忧的程度，仿佛是一串低沉的叹息符。单行的悲叹与双行的转喜，反复交错咏唱，诗旨鲜明，感情真挚。

在6个诗节中，最后一部分的第一诗节与整首诗的开首呼应，几乎是整个诗节的重复，但丝毫没有让人觉得重复、累赘、单调，而第二部分的第二诗节与整首诗的最后一个诗节形成相反对照，更加突显了"你"（ты）和爱的意义。爱情不仅是美好的，而且具有震撼人心、催人奋发的力量。"用全然相同的语言与句式，表达全然不同的情感层次，堪为诗人普希金表情达意的一个重要手段。"（王立业，2010：45）整首诗阳韵贯穿全篇，阴阳韵的交叉以及反复的咏唱，形成回环之美。诗人仿佛把和谐的音乐旋律植入了诗行之间，从而达到了形神统一、情理统一的艺术意境。诗歌有了意境，有了深情与魂魄，便进入一种境界，恰如王国维所谓："词以境界为最上。有境界则自成高格，自有佳句。""境非独谓景物也，感情也是人心中之境界。故能写真景物，真感情者，谓之有境界，否则谓之无境界。"（王国维，2014：78）

汉译文完整地传译了俄文诗的意思，采用了非严格的自由诗统一韵脚形式，基本上对应着俄文的阳韵 ты，красоты，суеты，черты，мечты，черты，мои，любви，ты，красоты，вновь，любовь。俄文诗是单行双行有规律地转换韵脚，由于俄汉语言差异，原诗转悲为喜和反复咏唱的诗行形式在汉语里难以保留。另外，原诗的节奏感很强，四音步抑扬格整齐的节奏，在汉译自由诗行中也难以保留，一定程度上造成了节奏美的损失。在诗歌翻译中形式和内容之间的矛盾突出，就本诗而言，理想的翻译应该每行诗汉语 8 个字（音节），一个字对应着俄文一个音节，并且按照汉语的平仄式进行排列，可那样恐怕是绝对办不到的。

三　意义重构采用双语互参法

纳博科夫（Vladimir Vladimirovich Nabokov）认为，唯有字面的传译即直译，才能传达诗歌的神韵。他对"翻译"的独到见解是：尽可能在另一种语言的联想接受力和句法功能所允许的范围内传译原文确切的语境意义。唯有这样才是真正的翻译……（哈蒂姆、梅森，2005：20）。纳博科夫的直译观可以理解成是由形式而达意境，为文造情，情由境生，境由心发，把作家的艺术手法都一一传达，韵味情趣意理宛在，而让读者自己去感悟、领会与诠释。语义不背原文，意象意境俱在，则译诗可自成一格。这样也给诗歌翻译提出了更高的要求，译诗终究是一种带着镣铐跳舞的再创作，即充分参用译入语的条件（词法、句法、格律），按照原本已定的命题、词句、意境、节律等进行意义重构。译诗不仅是音节和谐的问题，而且是形式与意义的关系问题，原诗的词句义、意境及节律美均应尽可能传译，以形写神、以形传神地重构原诗意蕴。而这种审美意义的重构，却是双语互参的，而非原语复制。该诗的多个汉译方案表明，为了诗意的准确和诗行的节律，不得不求助于译入语（汉语）的语言手段（词汇、语法、诗体），尽可能符合节拍、平仄、押韵等方面的要求，以形成诗行整齐的美、抑扬的美以及回环的美。有时，在不损害原意的原则下，可以对语序作适当的变换，有时，可能会抛弃个别词义的准确以求原文形象的准确重构，练句以造成诗的语言及节律美（格沃兹节夫，1982：165；王力，2010：143），例如，下文中笔者试译的"犹记得那美妙的一瞬""经眼忽见你的倩影""纯美升华的精灵""岁月如流，激变风云""伴无女神，思无灵感""有泪有运"等。译诗省略了作者"我"，以求简洁雅致。这样，译文似更显出诗意来，诗行变得和谐整齐，而具音韵节奏之美，而原诗的意境和节奏美仍在。可见译诗有必要在双语互参路径下进行审美意义重构，译诗若能"辞旨如本""'质'而能'雅'"，且不失"藻蔚"，文体不隔，诗章可臻佳译（钱锺书，1984：29 – 30）。

雅各布森（Роман Осипович Якобсон）说："在诗歌中，词语对等（вербальные уравнения）已经成为文本的建构原则。句法和词形范畴、词根、词缀、音素及其组成部分（区别特征）——简言之，语言符码的任何组成——都根据相同或对比的原则而被对峙、并置，进入共边的关系之中，同时携带着自己独立的意义。人们感到音素的共性也具有语义关系。双关语，或用更博学、也许更准确的术语说，即形似词错综格，控制着诗歌艺术，不管其规则是绝对的还是有限的，诗歌在定义上都是不可译的。只有创造性的换置（транспозиция）才是可能的。"（Якобсон，2007：39；雅各布森，2005：145）"在诗歌翻译中，语法范畴具有高度的语义价值。"（Якобсон，2007：41）换置，就意味着变异、转换等，双语互参可以使我们看清翻译中的得失。承认翻译变异，承认有得有失，并找到得与失的原因，便可以使意义重构在双语和双文化基础上朝着明确的目标进行。除了语言制约外，又因为译者的不同，译诗不可能等同于原诗，但存在可译度。双语互参法，的确可用于诗歌翻译的可译度探索。

　　我们仍然以普希金的《致凯恩》为例，分析一下顾蕴璞的汉译和笔者的汉译。

（1）

我记得那美妙的一瞬：	犹记得那美妙的一瞬，
眼前出现了你的倩影，	经眼忽见你的倩影，
宛若转眼即逝的幻景，	宛如转眼即逝的幻景，
宛若纯美升华的精灵。	宛如纯美升华的精灵。

（2）

当我被绝望的忧伤缠住身，	也曾被忧伤绝望缠身，
纷扰的生活不让我得安宁，	生活纷扰而不得安宁。
耳畔常响起你温柔的声音，	耳畔常响起你的柔声，
梦中总浮现你亲切的倩影。	梦中总浮现你的倩影。

（3）

岁月流逝。激变的风暴	岁月如流，激变风云
驱散了往日向往的美梦，	驱逐了几多往昔美梦。
我便淡忘你温柔的声音，	忘却了你那温柔声音，
淡忘你那天仙般的倩影。	忘却了你那仙姿绰影。

（4）

身处幽禁，在静僻的乡间，	身处幽禁，荒僻乡间，
我一天一天苦挨着人生，	一天一天苦挨着人生。
没有"女神"，没有灵感，	伴无女神，思无灵感，
没有眼泪，活力和爱情。	无泪无运、无有爱情。

（5）

心灵逢上复苏的时分，	心有灵兮逢复苏觉醒，
眼前又出现你的倩影，	经眼重又见你的倩影。

　　　宛若转眼即逝的幻景，　　　　宛如转眼即逝的幻景，
　　　宛若纯美升华的精灵。　　　　宛如纯美升华的精灵。

（6）

　　　我的心跳得如醉似狂，　　　　心儿呀跳得如醉似狂，
　　　为着它一切重又复生：　　　　一切为着它重又复生。
　　　有了"女神"，有了灵感，　　　伴有女神，思有灵感，
　　　有了活力，眼泪和爱情。　　　有泪有运，亦有爱情。

（普希金著，顾蕴璞译，2012：58－59）（笔者译）

　　很明显，相对于戈宝权的译诗，顾蕴璞译诗的节律感增强了，音步和韵脚更加整齐，而诗歌的意境犹在。单行的韵脚字为：瞬、景、身、音、暴、音、间、感、分、景、狂、感，双行的韵脚字为：影、灵、宁、影、梦、影、生、情、影、灵、生、情，我们仿佛感觉译者试图在模仿作者的整齐的节拍和诗行，即抑扬格和韵脚，以使汉译诗的节律与原诗契合。单行的韵脚音给人一种心情极度失衡感，可谓五味杂陈，而双行的韵脚音则给人另一番富有爱与生命欢乐的景象。单从这一点，即可见译诗之高明，顾蕴璞的成功翻译给我们以很大的启发。而且，每个诗段中的意境未变，凡是有"你"的时候（段落）和地方（韵脚占位），便如置身于幻景，便是与倩影和精灵为伴，复苏的时分，有了女神，有了灵感，有了活力，眼泪和爱情。"女神"译得具体而巧妙。凡是没有"你"的时候，便是苦挨着人生，没有女神，没有灵感，没有活力、眼泪和爱情。

　　笔者的汉译显然借鉴了戈译的基本诗意和韵脚，也借鉴了顾译的诗行，单行双行押韵遵循诗的情绪气氛，诗行整齐，每行为9个字或8个字（没有更多的字），每行四个节拍（音节）停顿，基本上两字一节拍，这与俄文诗的四音步节奏完全吻合，但却参用了汉诗格律。笔者在顾译基础上更注意了音韵和节奏，从而突显了节律美。译诗读起来音韵和谐，朗朗上口。之所以没有多用八字句，而主要采用九字句，是为了表意上的顺畅自然，毕竟不是自创诗作，须以原诗为准。我们力求不减弱普希金原诗特殊的意境美，保持普希金诗的韵脚词的

联想效果，以充分再现原诗的形式与意义之间的内在关联。

我们以普希金三首诗为例，对诗歌汉译进行了探讨。译诗的意象、意境及节律美，均关乎意义重构，节拍、平仄、韵脚等诗体语言形式与审美意义密切相关，译诗应重视以形写神，形神兼备，重视词句义、意境美（意象丛）及审美意义重构，而这种意义重构是双语互参的。广而言之，翻译即是借助译入语，对源语文本意义、艺术至境（意象、意境、典型）及审美意义进行重构。所谓双语互参，就是译者对译出语和译入语进行双语互比而达到确切翻译的方法，这意味着翻译并非源语的复制，而是双语互构共生的结果。译文虽力求保持原文的意义系统不变，但是必然融入了译入语的表意元素，可能会发生翻译变异，而译者始终都要权衡双语的同与异，努力求同化异，以达到译文与原文的和谐一致。

第五节　双语互参在俄语诗歌汉译中的作用

一　双语互参而生译

翻译是一种双语交际活动，"双语是翻译的基础"（Алимов，2013：12）。翻译即双语互参式意义重构，译出语和译入语是相互影响而形成译文本的。双语互参，即双语互比互动互构共生之谓也。双语互参而生译，犹若方梦之所谓"二语交际，化生翻译"，也如陈东成所谓翻译本质："阴阳交感，万物以生。"（陈东成，2016：23）双语互参式意义重构，既表现在译者翻译过程中，也表现在译文本的构成中，"互参"具有共同参与、相互作用、互融互构之意，"互参式"乃是带有、含有双语互参之意。在译文本的意义重构中，译出语和译入语所发挥的作用有主次之别，译出语为主，译入语为次，都参与了译文本的意义重构。双语（双文化）互参式意义重构，我们在绪论中曾以词汇的译音和译意为例作了个引论，参见前面的论述和笔者论文《双语互参在俄语诗歌汉译中的作用》（赵小兵，2018：104 – 110）。

二　诗歌翻译之双语互参式审美意义重构

诗之所以美，主要决定于意境的美，即内容的美，而诗语形式美始终应服务于诗的意境（王力，2009：218 - 226）。诗语之所以能是美的，因为它有整齐的美、抑扬的美和回环的美。在格律诗中，对仗就是整齐的美，平仄就是抑扬的美，韵脚就是回环的美。"诗是精致而美妙的文学样式，带有很强的抗译性。"（郑海凌，2005：275）译成之诗，应以语言形式美体现诗的内容美。而内容美主要是诗的意象、意境以及诗意美。意象是一个审美范畴，乃表意之象，可理解为象征，某种抽象的观念和哲理往往借助于意象来表达。意象是艺术家们对"言不尽意"的运用和对言外之意的追求，文学艺术追求的是那种最能体现作家、艺术家审美理想的达到艺术至境的高级意象（蒋凡，1985：95）。而意境则是在意象之外的又一审美理想范畴。"意境是文学形象的高级形态之一，是指抒情型作品中呈现的那种情景交融、虚实相生的形象系统及其诱发和开拓的审美想象的空间。它是我国古典文论独创的一个审美范畴，也是我国民族抒情文学审美理想的集中体现。"（童庆炳，2005：185）基本的词句义、意象、意境构成诗作的意义踪迹，译者正是循着这些踪迹进行意义重构的。意象、意境提供了审美想象的空间，从而使意义的表达能得理趣、事趣、意趣和情趣。清代史震林有言，"诗文之道有四：理、事、情、景而已。理有理趣，事有事趣，情有情趣，景有景趣；趣者，生气与灵动也。"（钱锺书，2007：1811）。

纳博科夫认为，文学作品（散文和诗歌）只能进行本义直译，因为只有对文本的本义直译才是真正意义上的翻译。翻译可能且常见逐词的结构的翻译，但唯有准确再现了语境才是本义直译，这时才传达了原文语篇中最细微的差别和语调。（Айкина Т. Ю. 2011：135 - 139）他对"翻译"这一术语的独到见解是：尽可能在另一种语言的联想接受力和句法功能所允许的范围内传译原文确切的语境意义。（哈蒂姆、梅森，2005：20）。纳博科夫是著名的俄英语作家和普希金研究家，他的本义直译观可以理解成是由语言形式而达意境，把作家的艺术手法都——传达。词句语义不背原文，意象意境俱在，译诗自成一格，继而更讲究诗语节律，便是对诗歌翻译提出了更高的要求。译诗终究是一种带着镣铐跳舞的再创作，为了诗意的准确和诗行的节律，通过译入语（汉语）的语言手段（词汇、语法、诗体）而使译诗符合节拍、平仄、押韵等方面的要求，从而形成诗行整齐的美，抑扬的美以及回环的美。在不损害原意的原则下，可以对语序作适当的变换，或放弃个别词义的准确以求原文形象的准确重构，锻字练句以造成诗的语言及节律美。（格沃兹节夫，1982：165；王力，2010：143）译诗有必要在双语互参途径下进行审美意义重构，译诗若能"辞旨如本"，"'质'而能'雅'"，而不失"藻蔚"，文体不隔，可臻佳译（钱锺书，1984：29－30）。

雅各布森说："在诗歌中，词语的对仗（вербальные уравнения）是作诗的一个原则。句法和词形范畴，词根、词缀、音素及其组成部分（区别特征）——简言之，语言符号的所有组成部分——都根据相似或对比的原则而相对、并置并相互接近，产生联想，同时携带着自己自动承载各自的意义。……发音相似可给人以意义相关的感觉。"（Якобсон，2007：41；雅各布森，2008：13）诗歌翻译的审美重构在双语双文化互参思路下目标明确地进行，虽然诗歌就定义而言是不可译的，但存在可译度，双语互参法即可用于诗歌翻译的可译度探索。

三　诗歌翻译中的双语互参现象

诗歌翻译意义重构应重视意象、意境及节律美的体现，除了基本的词句义之外，主要还在于意象、意境及诗语节律美的重构。我们以俄语诗歌汉译为例，来尝试进行双语互参探译。

1. 意象再造注意语法性范畴

俄语诗常借助名词的性范畴来构筑诗歌意象，以传达含蓄诗意和营造独特的艺术境界。按理译者应确保原始意象诗意的准确传达，但汉语译诗因为没有名词的性语法范畴，难以完全重构俄语诗中的意象，几乎无法进行词汇性别对应，极易造成意象意味的流失，诗的意境和主题都可能发生变化。

Соловей и роза
夜莺和玫瑰

В безмолвии садов, весной, во мгле ночей,
在花园的寂静，在夜的暗影，

Поёт над розою восточный соловей
东方夜莺在玫瑰上方歌唱，

Но роза милая не чувствует, не внемлет
但可爱的玫瑰没有感觉，没在倾听，

И под влюблённый гимн колеблется и дремлет.
它在爱的歌声中瞌睡，摇晃。

Не так ли ты поёшь для хладной красоты?
你对那冷漠的美人也这样歌唱？

Опомнись, о поэт, к чему стремишься ты?
哦诗人，你在追求什么，想一想？

Она не слушает, не чувствует поэта;
她没在倾听，她感觉不到诗人；

Глядишь, она цветёт; взываешь－нет ответа.
你看见她开放，你的呼唤却无回响。

（普希金著，刘文飞译，2014：221－222）

　　《Соловей и роза》，这是普希金的优秀诗作。夜莺和玫瑰在俄语中分别是阳性和阴性名词，构成一对诗歌意象，象征着情爱关系中的男女双方。夜莺乃是诗人自况，而玫瑰喻况美人，夜莺的歌唱好比诗人献给美人的诗句。我们之所以会有这样的理解，就在于俄语诗能借助名词性范畴，从语法上显示出夜莺和诗人的同指关系，从语法上显示出玫瑰和美人的同指关系。顺便说一下，克雷洛夫在寓言中就曾自比夜莺，也用夜莺比喻受难的优秀作家。普希金诗中的夜莺与克雷洛夫寓言中的夜莺可能产生互文性联想。诗歌意象丰美，诗意盎然，而诗旨明确，从而达到了一种完美的艺术境界。

　　普希金这首诗仿佛就是在歌咏东方古国的爱情。东方花园的夜莺歌唱，莫非是俄国诗人在模拟东方诗国的吟唱？莫非普希金在用俄语重新书写诗经中的名篇《关雎》："关关之雎，在河之洲，窈窕淑女，君子好逑"？其实，普希金笔下的性别意象与《诗经》中的起兴暗合不隔（聂石樵，2009：6）。我们不难从汉译中感到诗人对于无动于衷的美人的向往，以及些许的惆怅与失落。或许是因为俄汉互文的缘故，这首诗直接进行意象传译便能轻易地被中国读者理解，莫非刘文飞在翻译此诗时联想过诗经中的名篇，进行过俄汉双语互参？这种意象再造的效果，难道仅仅是偶然的巧合吗？须知汉语并不像俄语那样具有词的性别形态特征，在俄语诗歌汉译过程中，还可能遇到更加复杂的情形。

Окно

Недавно темною порою,	不久前的一个夜晚，
Когда пустынная луна	当一轮凄凉的月亮
Текла туманною стезею,	投下朦胧的光柱，
Я видел − − дева у окна	我看到窗边有位姑娘
Одна задумчиво сидела,	她若有沉思地孤身坐着
Дышала в тайном страхе грудь,	胸中怀着隐秘的恐惧，
Она с волнением глядела	她激动不安地望着
На темный под холмами путь.	山后那条黑暗的道路。
Я здесь! − − шепнули торопливо.	"我在这儿"焦急地低语。
И дева трепетной рукой	姑娘伸出颤抖的手臂
Окно открыла боязливо...	窗户羞怯地开启
Луна покрылась темнотой.	月亮躲进暗影里。
"Счастливец! − молвил я с тоскою:	"幸运儿！"我在郁闷，
Тебя веселье ждет одно.	"等待你的尽是欢愉。
Когда ж вечернею порою	可是在哪一个夜晚，
И мне откроется окно?"	窗儿也会为我开启？"

（普希金著，刘文飞译，2014：63）

　　普希金的诗《Окно》，无疑是借助俄语名词的性范畴来构筑意象的优秀诗作。诗行中的 луна，окно 都是特别的意象，луна（阴性）仿佛是姑娘的另一个自我，显得清冷而寂寥（пустынная），又仿佛是她的女伴，能直窥她的心思。而 окно（中性）从性范畴上看是一个客观存在，但它是一个特别的意象，在本诗中与激动不安（волнение）和欢乐（веселье）相关，окно 与 око（眸子）、зрение（视野）、сердце（心门）都是中性词，一脉相连而构成意象联想，所构成的画面所表达的情感具有典型性和共通性，如同某种普适性的东西似的。окно 是显在的，而 око，зрение，сердце，волнение，веселье 则是隐秘相关的。文中的作者"我"和令作者"我"艳羡至郁闷的那个不确定他者"我"（焦急地低语"我在这儿"的人），其性别特征均由动词形态显示出来，从而构成一种自然的角色关系。少年诗人（1816 年）借助俄语性范畴而构筑的意象丛画面，将外在情景与内心隐秘沟通起来，月夜清辉下，少女孤身坐在窗边，望着山后幽径恐惧不安地等着情郎，而"幸运儿"就在窗下了，诗人通过这扇窗所窥见的隐秘和所表达的含蓄诗意，这是多么具有语言艺术感染力，多么令人浮想联翩啊！这些几乎完全由词性和词形标记所表达的言意，是否能被汉语读者理解欣赏到呢？这是所有的译者在意义重构时应予考虑的审美意义重构问题。汉语没有语法性范畴，刘文飞之诗译，已属上乘之作，但要完全再现俄文诗的艺术特色，也难矣！诗歌是可译的，也是不可译的，恐怕要充分利用译入语的条件进行创译。俄文诗通过性范畴所构筑的意象美诗意，是否可以依靠汉语文字的奥妙和诗歌结构而得到补偿式的意象再造呢，这是个值得深入探讨的问题。译者进行意象诗意的重构，俄汉双语互参，仔细比对而措辞，分辨语法的同异，权衡诗意的得失，并考虑读者的接受，正期以达到意象再造的最佳效果。

　　我们来看看莱蒙托夫译自海涅德文诗的一首俄文诗《在荒凉的北国有一棵青松》：

На севере диком стоит одиноко	在荒凉的北国有一棵青松，
На голой вершине сосна,	孤寂地兀立在光裸的峰顶，

дремлет, качаясь, и снегом сыпучим 它披着袈裟般的松软白雪，
Одета, как ризой, она. 摇摇晃晃渐渐地进入梦境。
И снится ей все, что в пустыне далекой, 它总是梦见：在辽远的荒原，
В том крае, где солнца восход, 在那太阳升起的地方，
Одна и грустна на утесе горючем 有一棵美丽的棕榈树，
Прекрасная пальма растет. 在愁苦的崖上独自忧伤。

（莱蒙托夫作，顾蕴璞译，2012：151）

在莱蒙托夫笔下，抑扬抑格特有韵味，显得沉郁有力，气氛苍凉。"莱蒙托夫对海涅抒情诗《一棵松树孤零零》的意译，把原诗恋人别离的主题点化成人际隔膜的主题，译作便成了创作，具有莱蒙托夫自己的风格。"（顾蕴璞，1995：118）"在德语中松树（语法属阳性）和棕榈（语法属阴性）之间的区别在莱蒙托夫诗（俄语）中已失去性别的象征意义，主题才出现了这样的转移。"（顾蕴璞，2012：152）语言学家谢尔巴认为，阳性形式建立了一个男子对远方的遥不可及的女子的爱之形象，而莱蒙托夫却用自己的"松树"（сосна）取消了这一形象意义，把强烈的男子之爱转变成美好心灵的不确定的梦想，他取消了这个形象所具有的恋慕喻义，使形象变得贫弱了，而Н. С. Валгина 则认为这种更换可以做另一种解读：内容上取消了"恋慕"，但该形象并未因此变得贫弱，而是更丰富了，产生了孤独状态的形象—象征（Валгина，2003：126）。俄文诗中的青松（сосна）和棕榈树（пальма）同为阴性，构成特有的两个意象，表现了一种姊妹般孤独思念的意境。再从汉语译诗看，青松和棕榈树没有了性别的标志，诗的意境又发生了变化，可以是恋人间的，也可以是友情间的，还可以是普通人际间的关系。意义重构因双语语法在性范畴上的差异而没法完全还原，可能引起诗意的流失，抑或意境的拓展，有时也许是译者始料不及的。翻译变成了创作，不仅是译者为之，而且是双语互参所致。

2. 意境再造兼顾诗语节律美

我们以普希金的爱情诗《致凯恩》为例，来探讨一下意境再造问

题。意境可被视为诗歌中除基本词句义之外的审美内涵，它是由若干形象（意象）构成的具有审美特征的形象系列（画面），它与诗语形式美密切相关。诗歌翻译的审美意义重构，尤其应重视意境（意象丛）再造并兼顾诗语节律美。译诗能够如何准确地再现原作的诗体，即原诗的音韵节律？俄罗斯在这个问题上尚有争议。大量文学译作明显可见对诗体准确翻译传统的放弃，但是在俄罗斯诗歌中准确翻译的传统仍然很强大，最近两个世纪以来，它压倒优势地呈增长趋势，若望而却步偏离这种趋势将得不偿失（Вершинина，2013：451）。

К Керн　　　　　　　　　致凯恩

（1）

Я помню чудное мгновенье:	犹记得那美妙的一瞬，
Передо мной явилась ты ,	经眼忽见你的倩影，
Как мимолетное виденье,	宛如转眼即逝的幻景，
Как гений чистой красоты.	宛如纯美升华的精灵。

（2）

В томленьях грусти безнадежной,	也曾被忧伤绝望缠身，
В тревогах шумной суеты,	生活纷扰而不得安宁。
Звучал мне долго голос нежный	耳畔常响起你的柔声，
И снились милые черты.	梦中总浮现你的倩影。

（3）

Шли годы. Бурь порыв мятежный	岁月如流，激变风云
Рассеял прежние мечты,	驱逐了几多往昔美梦。
И я забыл твой голос нежный,	忘却了你那温柔声音，
Твои небесные черты.	忘却了你那仙姿绰影。

（4）

В глуши, во мраке заточенья	身处幽禁，荒僻乡间，
Тянулись тихо дни мои	一天天苦挨着人生。
Без божества, без вдохновенья,	伴无女神，思无灵感，
Без слёз, без жизни, без любви.	无泪无运、无有爱情。

（5）

Душе настало пробужденье:	心有灵兮逢复苏觉醒，
И вот опять явилась ты,	经眼重又见你的倩影。
Как мимолетное виденье,	宛如转眼即逝的幻景，
Как гений чистой красоты.	宛如纯美升华的精灵。

（6）

И сердце бьётся в упоенье,	心口呀跳得如醉似狂，
И для него воскресли вновь	一切为着它重又复生。
И божество, и вдохновенье,	伴有女神，思有灵感，
И жизнь, и слёзы, и любовь.	有泪有运、亦有爱情。

（普希金著，笔者译）

　　普希金这首诗很有名，韵律和谐整齐，具备整齐的美，抑扬的美，回环的美，语言和音乐可能在这方面是相通的。整首诗阳韵几乎一韵到底，阴阳韵的交叉以及反复的咏唱，形成回环之美。单行的悲叹与双行的转喜，反复交错咏唱，感情真挚，诗旨鲜明。诗人仿佛把和谐的音乐旋律植入了诗行之间，从而达到了形神统一、情理统一的艺术意境。诗歌有了意境，有了深情与魂魄，便进入一种境界，恰如王国维所谓："词以境界为最上。有境界则自成高格，自有佳句。""境非独谓景物也，感情亦是人心中之境界。故能写真景物，真感情者，谓之有境界，否则谓之无境界。"（王国维，2014：78）笔者试译，参用了汉诗格律，借鉴了戈译的基本诗意和韵脚（戈宝权译，2004：100－102），也借鉴了顾译的诗行（顾蕴璞译，2012：58－59），单行双行押韵遵循诗的情绪气氛，力求诗行整齐，在诗语节律上更加贴近原诗。每行为九个字或八个字（没有更多的字），每行四个节拍（音节）停顿，基本上两字一节拍，这与俄文诗的四音步节奏完全吻合。笔者在顾译基础上更注意了音韵和节奏，从而突显了节律美。译诗音韵和谐，朗朗上口。之所以没有多用八字句，而主要采用九字句，是为了表意上的顺畅自然，毕竟不是自创诗作，须以原诗为准。我们力求不减弱普希金原诗特殊的意境美，保持普希金诗的韵脚词（音）ты（-ты）的联想效果，以充分再现原诗的形式与意义之间的内在关联，而且造语求雅。例如，笔者试译中的"犹记得那美妙的一瞬""经眼忽见你的倩影""岁月如流，激变风云""伴无女神，思无灵感""有泪有运"等。译诗省略了作者"我"，以求简洁雅致。这样，译文似更显出诗意美来了，诗行变得和谐整齐，而具音韵节奏之美，而原诗的意境美仍在。这是俄语诗体重构借助汉语节律进行翻译调适的结果。俄汉双语毕竟在语法上和诗体上都存在差异，要准确再现俄语诗体，不得不考虑诗行的节奏、韵脚、格律等审美形式。汉语诗歌五象美，这是汉诗媒介之妙蒂所在（辜正坤，2013：7）汉语本身的象美存在形式，看来确实可以为诗歌翻译提供助力，而参与诗体重构。

双语互参，双语互比互动互构共生之谓也。译出语和译入语是相互影响而形成译文本的，译出语的意义重构是主要的，但译入语亦在一定程度上参与了译文本的意义重构。诗歌翻译即双语互参式审美意义重构，译诗的文本意义（词句义）、意境美（意象丛）及节律美，均关乎意义重构。节拍、平仄、韵脚等诗体形式与意义密切相关，译诗应重视意境及审美意义重构，以形写神。这是双语互参式的，汉诗词格律的参用，对于汉译的审美意义重构具有一定的作用。译文本虽力求来自原文本的意义系统不变，但由于双语差异必然融入了译入语的表意元素，从而发生翻译变异。例如，俄语诗借助名词的性范畴来构成意象（丛），以营造独特的艺术意境，而汉语因无名词的性语法范畴，译诗的意象、意境和主题都可能发生变化。有时翻译因之而变成了创作，这不仅是译者为之，而且是双语互参互构共生所致。除了译者的创新和意象意境再造，俄汉双语参与译文本的意义重构，发挥了语言自身的创造力与诗学功能。

末　章

一　翻译定义的演进与翻译观念的更新

1. 翻译定义撷英、翻译观念爬梳

唐贾公彦注疏《周礼·秋官》有言："译即易，谓换易言语使相解也。"译即翻译，定义灵活而宽泛，至今仍具有理论意义，但如何换易言语，何谓被解者，却说得笼统而模糊，远未达到有益于翻译实践的明确程度。

符号具有意义，阐释语言符号可以有三种方法，符号可以翻译成同一种语言中的其他符号，翻译成另一种语言，或翻译成另一种非语言的符号系统。这三种翻译可以分别标识为：语内翻译、语际翻译、符际翻译（Jakobson，1967；Якобсон，1978）。这是雅各布森的见解，翻译三分仿佛就是对"换易言语"的注脚，我们通常所谓的翻译，即语际翻译。

俄罗斯费奥多罗夫在《翻译理论概要》（1953）和后来的修改版《翻译总论基础》中把翻译定义为"用一种语言把另一种语言业已表达的东西准确而完全地表达出来"，并指出翻译与改写或缩写的区别在于准确完全（Фёдоров，2002：15）。该定义中的"东西"，是指原文的语言形式与内容的统一体。"准确完全"，谈何容易！这几乎是个悖论。有时连一个最简单的句子，也难以译得准确完全。

我们以雅各布森举过的一个例子予以说明：为了准确地把 I hired a worker 这个英语句子译成俄语，就需要补充信息，这个动作是否完成，这个工人是男的还是女的（"работник"或"работница"）。因为译者必须选择完成体或未完成体动词（"нанял"或

"нанимал"），必须选择阳性名词或阴性名词。另外，译者不论选择哪种俄语语法形式，这个句子的俄译都不是回答这个工人直至当时是否被雇用（复合完成时和简单完成时），工人是否确指某一个（a或the）的问题。因为英语和俄语的语法结构所要求的信息是不同的，所以我们面对截然不同的两套选择系统。因此，把同一个孤立的句子从英语翻译成俄语或从俄语翻译成英语的一连串翻译，有可能引起原有含义的完全歪曲（Якобсон，1978：21）。费奥多罗夫所谓的"准确完全"，似乎显然是不适当的提法，不可能达到。但翻译有必要采用等效的语言手段来传译原文（连倾向于文艺学派的现实主义翻译理论家卡什金都承认这一点），费氏所谓用另一种语言的手段来再现原文内容与形式的统一体，是为了实现对等翻译的基本目标（Алимов，2013：21 – 22）。因此，从理论上讲，"准确完全"的提法可以理解，但不科学，科米萨罗夫就颇有微词①。"形式与意义的统一体"这种提法也显得抽象，译者所要传译的"东西"是什么并不太明确。

在俄罗斯翻译学中，存在好几个语言学层面的翻译定义是基于费奥多罗夫的如下定义的：翻译是用另一种语言的手段对书面语和口语语篇的传译，另一种语言的手段应理解为词汇、语法和语体（Алимов，2013：28）。该定义认为所传译的对象是语篇，且似乎预设了语篇翻译后将发生词汇、语法甚至语体的变化，便是切中了翻译的要害。

巴尔胡达罗夫认为，翻译是把一种语言的言语作品在保持内容即

---

① 当代翻译学把翻译视为跨语言交际的工具，要求原文和译文语篇等同的"不可译论"并不为人所接受，因为它是基于虚假前提的，并未考虑任何交际都将发生信息损失。但费氏试图驳倒不可译论，而去证明原则上是可以在翻译中传达一切的，不能传达的东西，或者可用其他手段弥补，或者对于传译作为统一整体的原本是不重要的。费奥多罗夫将可译性问题与翻译对等问题联系起来，虽同意术语"对等"优于术语"准确"（一直说的是文学翻译），但他建议把"对等"这个外语词更换成俄语词"足值"（полноценность，相当于"等效"）："翻译足值意味着详尽无遗准确地传译原本的含义内容，意味着与原本在功能—修辞上的足值对应。"当然，"可译性"概念在费奥多罗夫那里并不具有绝对的性质，科米萨罗夫指出费奥多罗夫关于可译性相对性质的思考虽不失其意义，但与翻译足值定义中的"详尽无遗准确"的要求并不相符，并指出翻译总论问题在费奥多罗夫那里没有得到足够充分的阐明，但肯定了费奥多罗夫的研究与翻译实践的关系。（Комиссаров，2002：34 – 35）

意义不变的情况下改变为另一种语言的言语作品的过程（Бархударов，1975：11）。科米萨罗夫说，唯一可能指责《语言与翻译》（1975）作者的是他对术语"内容不变"的不当使用，没有认真分析其他翻译研究者的著作（Комиссаров，2002：14）。言语作品即语篇，译者理解语篇又重构语篇，并且保持内容即意义不变，翻译的定义更进了一步。但巴氏本人也坦言，保持内容层面不变只是相对意义上说的，在跨语言转换中不可避免损失，完全传译原文语篇所表达的意义，只是译者所追求的理想。他对卡特福德如下见解可能是了解的：翻译时甲语单位的意义不能复原，而是被乙语单位的意义所代替（Комиссаров，2002：14）。

翻译并非语言系统的迻译，而是言语作品（语篇）的意义重构或意思结构的重组（перестройка смысловой структуры），即在保留内容层面而更换表达层面（从一种语言到另一种语言）时，发生多样化的言语结构重组（перестройки речевой структуры），翻译的不是句子，而是意思整体。俄罗斯切尔尼雅霍夫斯卡娅的《翻译与意思结构》一书中就有了这样的译学观念（Черняховская，1976：240）。

众所周知，美国的奈达提出过"翻译即译意"的思想，他基于动态等值（这预设了词汇和语法的调适处理，翻译仿佛是作者用另一种语言的写作）假设的翻译定义广为人知："Translating consists in reproducing in the receptor language the closest natural equivalent of the source-language message, first in terms of meaning and secondly in terms of style."（转自李田心，2015：43；Nida，1982：87－89）该定义正确强调了用译入语从语义到文体（风格）再现原语的信息，奈达的动态等值对于语言学译论进一步发展具有重要意义，他认为用译入语建立起与原文语篇"最接近最自然的等值物或等值语篇（наиболее близкого естественного эквивалента）"（the closest natural equivlent）乃是翻译的任务（Комиссаров，1999：53－54）。显然，形式等值的翻译不可能是自然的，而最大近似（наибольшая близость）首先是因为要考虑受众的反应相同，而反应相同只有在动态等值下才有可能。"'动态（等值）翻译'的概念实际上是矛盾的：翻译的最大近似最自然的要求与必须引起受众一定形式的行为并不一致。"（Комиссаров，1980：57）所以，用译入语建立起与原文语篇最接近最自然的等值语篇以达到动态等值的目标，有时恐怕只是翻译家和理论家的美好愿望而已①。

什维策尔（1988）在列举卡特福德、奈达、威尔斯、卡德等人的一系列翻译定义后，提出了自己的定义（Швейцер，2012：75）："翻译是一个不可逆的两阶段跨语言跨文化交际过程，是在对原语文本进行有针对性的（翻译）分析基础上建立起在另一个语言文化环境中替代原始文本的第二文本。翻译也是一个旨在传达原始文本交际效果的过程，该目标因两种语言、两种文化、两个交际情景之间的差别而有所变形。"这个庞大的定义反映了翻译过程的多维性、多因素特征，反映了它有别于其他语际交际形式的复杂矛盾特征（首先是它的基本悖论：可以称之为译者的"双重忠实"——旨在忠于原作和忠于受众及其文化规范）。科米萨罗夫对此评曰：该定义没有把翻译现象的本体特性和成功翻译的条件分开，不是每个翻译行为都诞生成功的译作（Комиссаров，2002：78）。什维策尔也像他所批评的其他作者一样，未能避免把规范要求（"有针对性的文本分析""旨在传达交际效果"）纳入翻译定义中。

拉特舍夫认为：翻译是一种语言中介，其社会使命在于使经中介的双语交际在完整性、有效性和自然性上尽可能接近普通的单语交际（Латышев，1988：9-10）。该定义似体现了译者隐身和翻译的理想要求。科米萨罗夫评曰："拉特舍夫把翻译视为符合特殊社会要求的

---

①   奈达在《翻译的科学探索》（1964）继而在《翻译理论与实践》（1969）书中详细阐述了翻译理论观念。动态等值原则有一项补充要求：对译作进行重要的调适处理（атапдация），科米萨罗夫认为，这夸大了民族文化差异，低估了一个人掌握异域文化元素、理解异域风俗并在异域生活的能力。但在稍后的著作中（1976），奈达在专门论及翻译中文化差异的作用时，放弃了此前著作中的极端做法。奈达在强调受众必须完全相符地（адекватно）理解原本民族文化特征相关形象、联想和象征时，已经不要求译本在移置入新文化环境时造成译本远离原本的调适处理了，现在着重借助引文和备注来解释文化特有事物（реалия）。以此使受众达到对译文本的正确理解，但讲的已不是如动态等值原则所要求的确保引起相同的反应了。（Комиссаров，1999：54-56）

活动的社会语言学方法，为了确保双语交际最大接近普通的单语言语交际，这是非常有价值的。这样可以很有说服力地揭示翻译的主要任务、可能性和局限性。"（Комиссаров，2002：121）拉特舍夫主张翻译时总是要达到对等交际效果和与原文本语义结构近似，显然是把理想当作现实了，实际完成的翻译与这样的理想相去甚远。拉特舍夫把翻译概念和等值翻译概念等同起来不够有说服力。无疑许多翻译因为这样那样的原因，不能完全满足拉特舍夫提出的等值要求，可以认为这些翻译并不等值，是不好的翻译，但毕竟是翻译。而不同程度达到与原文本最佳近似的翻译类，则是拉特舍夫目下的好翻译（等值翻译）。科米萨罗夫说：等值概念在拉特舍夫那里具有评价性质，无法用于区分一般所谓的"翻译"类和不同程度最佳近似于原文本的"翻译"类（Комиссаров，2002：121）。

加尔博夫斯基（2004）认为：翻译的社会功能是在使用不同语言体系的人们之间具有交际中介作用。这一功能是双语人凭借其个人诠释能力反映现实的心理—生理活动实现的。诠释者对不同符号系统进行转换，为交际双方等值地（尽可能完全，但总是部分地）传达原作的含义系统。

俄罗斯阿利莫夫2013年出版的《翻译理论》一书对翻译有如下表述：从一种语言到另一种语言的翻译，必须考虑相同的逻辑—语义因素的作用，以传译语篇的含义内容，与此同时符合译入语规范保留原语篇的修辞、表现力等特点（Алимов，2013：29）。虽仍不能避免规约式的表述，但强调了语篇整体观念和相同的逻辑—语义因素的作用，这无疑是正确的。

以上翻译定义，粗略反映了俄罗斯语言学翻译研究的演进情况，并有所涉及英国卡特福德、美国奈达的翻译定义。这些定义反映了翻译的多维的多因素特征，并不同程度反映了等值标准，甚至是理想标准，其中不乏矛盾处。我们在对翻译定义的探究中，明白了对于翻译现象应该进行科学客观的描写性研究，而避免规约式的研究路数。

2. 翻译新定义、新观念

"双语是翻译的基础。"（Алимов，2013：12）科米萨罗夫早就指出："翻译的普通语言学分析表明，翻译应视为一种特殊的言语交往形式，其中发生两种语言系统的相关作用（соотнесённое функционирование）。（翻译）语言学的任务就是描写该作用过程中语言之间、语言单元之间产生的各种关系，以及描写该作用过程的语言学前提、特色和条件。"（Комиссаров，1980：6）把翻译视为一种特殊的跨语言交际形式，揭示出在构成翻译的内部语言学机制的两个语言系统的相关作用中，语义方面起主导作用，正是不同语言语篇的意思相等作为其交际等效的基础（Комиссаров，1980：51）。因此，翻译研究的任务之一即是描写原语和译入语单位之间的各种关系，以揭示双语相关作用对意义重构的影响，亦即揭示翻译过程中双语互参互动的规律。

科米萨罗夫曾言：译文语篇和原文语篇的内容近似是如此必要，足以诱惑人说（或多或少说错话）"要在翻译中保全原文内容"，这样会导致把翻译归结为一种语言形式被另一种语言形式的简单替代（Комиссаров，1980：6）。什维策尔指出，在翻译过程中原讯息的功能内容，亦即由被译话语（высказывание）的交际目标和功能特性所决定的意思方面应该不变（Комиссаров，2002：70）。什维策尔根据雅各布森分类的功能特性，按照体裁和主旨把话语（语篇）中起主要作用的主导功能突显出来，并建议凸显出原文语篇中的所指意义、修辞意义和语用意义，以及探讨各种翻译模型在多大程度上适用于传译以上每种意义的问题，在此基础上做深入的翻译过程分析。相应地，什维策尔分别研究了翻译的语义、语体（修辞）和语用问题。拉特舍夫从功能（内容）和情景角度对翻译等值问题进行过仔细研究，建议区分功能等值和功能内容等值以适应不同类型文本的翻译（Комиссаров，2002：112 - 113）。科米萨罗夫提出层次等值理论：传达原文功能—情景内容的翻译等值和传达语言单位语义的翻译等值（Алимов，2013：224 - 229；Комиссаров，1990：51 - 93）。应该看到，由于双语之间的差异，所谓的翻译等值是相对意义的，并非绝对的等值。中外译学界对此早有共识，翻译变异的观念早已为译学界所理解和接受。

　　双语互参，就是要考察翻译过程中相关双语在语词层、语句（语序）层、语篇层的异同，揭示翻译中相关双语互参式意义重构规律。这既是探索合理翻译的途径和思路，以确立正确的辩证的翻译观，也是为了避免等值、忠实等概念的绝对化。双语互参考察不仅限于语法范畴，而且涉及语用、（功能）语体范畴。双语互参，成为一种有力的工具方法论。意义重构问题是非常复杂的问题，所谓"意义"，可以广义地理解，意义科学本身处在不断发展中，单就翻译学意义理论的发展而言，本研究可谓遥接着国外众多名家的译学研究，例如，俄罗斯的费奥多罗夫、巴尔胡达罗夫、拉特舍夫、什维策尔、科米萨罗夫，英国的卡特福德、贝尔、哈蒂姆，美国的奈达等，他们的翻译研究对于语言学译论的发展具有重要意义，在借鉴他们的研究方法和研究成果基础上，通过具体相关双语互参式意义重构思路来探寻翻译理据，可为翻译实践提供理论指导和语言解释力。总体而言，双语互参式意义重构是对译意思想、翻译等值理论、翻译忠实观的进一步理论发展。可以认为翻译即双语互参式意义重构活动，好翻译即是用另一种语言的言语作品（语篇）最佳近似地替代一种语言的言语作品。

二　主要观点及创新点

（一）主要观点

　　本书是以独特的研究视角对翻译学的实证性基础理论研究，俄汉双语互参探究翻译过程中的意义重构，找寻俄汉对译转换的一些规律，不仅对翻译的意义理论有所开拓，而且对翻译实践具有重要的指导意义。研究对象具体，内容全面，几乎涉及了语言各个层面的翻译现象。主要观点概括如下。

1. 翻译即双语互参式意义重构活动

　　翻译即双语互参式意义重构，译出语和译入语是相互影响而形成译文本的，好翻译即是经双语互参用另一种语言的言语作品（语篇）最佳近似地替代一种语言的言语作品。双语互参，即双语互比、互动、互构共生之谓也。"双语互参而生译"，既表现在翻译过程中，也表现在译文本的构成中，"互参"具有共同参与、相互作用、互融互构之意，"互参式"乃是带有、含有双语互参之意。在译文本的意义重构中，译出语和译入语所发挥的作用有主次之别，译出语为主，译入语为次，都参与了译文本的意义重构。翻译中俯拾即是双语互参式意义重构现象，广泛存在于语词、语句、语序、语篇等层面，既有对译，又有转换，源于相关双语的同与异。

2. 意义筹划与突显——文学翻译的重要特征

以文学翻译为例，将哲学解释学和认知语言学的概念运用于翻译研究，从译者角度揭示出文学翻译的重要特征——意义筹划与突显。从肖洛霍夫的《静静的顿河》和布尔加科夫的《大师与玛格丽特》汉译本选取译例，对文学翻译中的意义筹划与突显进行了实证研究。

3. 意义突显与文学性重构（作者风格艺术美再现）共在并存

以万比洛夫散文的汉译为例，验证了翻译过程中的意义突显六法：明确—补足意义，添加—衔接意义，融合—精炼意义，优序—突出意义，填充—实现意义，重点—囫囵译意等。发现意义突显中有文学性重构，而再现作者风格与艺术美，便是文学性重构的一个重要方面。经由俄汉双语互参式文学性重构之路，意义突显法在语际转换中发挥审美功能。

4. 文学翻译：双语互参式审美意义重构

双语互参作为意义重构的具体方式，自然也适宜于文学语篇的翻译。诗歌、小说、散文、戏剧等文学语篇的翻译，首先就是文学性重构。文学性重构，是作品的情感诗意的传达，即在于语言的诗性功能和审美意义重构，也是在译者意向中的审美意义重构。翻译中存在语言制约性，相关双语都将参与意义重构，原语和译入语所起作用分为主次。

5. 双语互参在俄语诗歌汉译中的创造作用

双语互参而生译，俄语诗歌汉译之审美意义重构，离不开双语互参。我们以普希金诗歌作品的汉译为例，探讨了意象再造存含蓄诗意，意境再造兼顾诗语形美，以及双语互参在俄语诗歌汉译中的语言创造力与诗学功能。

6. 一种比较系统深入的翻译意义观的初创

翻译中实现的意义是与语词、语句（小句和超句）、语序（词序）、语篇等层面有关的语义意义，以及在跨语境中实现的意义。双语互参式"意义"构成翻译中的"意义"的一个新维度；从译者的翻译行为角度，揭示出翻译中的"意义"又一个维度——译者对意义的筹划与突显；作家风格艺术美、诗律节奏美与意象意境美，构成翻译中的审美意义维度。

（二）创新点

双语互参式意义重构的译学研究，乃是跨学科的翻译意义问题研究，创新处在于：

（1）研究角度（双语互参、译者）准确、具体、新颖、别致，借此而发现了翻译中的意义重构诸多规律，在翻译的意义理论方面有所突破。

（2）研究方法上有创新，将跨学科译学研究与翻译实证研究结合起来，将语言学（语法理论）、语篇理论、意义理论、哲学解释学等多学科成果运用于俄汉双语互参式意义重构问题研究和文学翻译研究，以名家名译和笔者的翻译实践予以佐证，而使课题研究有了一个比较坚实的实践基础，从而在翻译的意义理论领域有所开拓，有所突破。我国一些著名的近现代作家的作品，也进入了我们的视野范围，从中采撷了不少鲜活的语料，以印证翻译语言艺术。本题研究理论联系实践，具有很强的翻译实践指导意义。

（3）立论公允、中庸，避免使用异化、归化之类极端的概念，而把双语互参作为翻译意义重构的具体方式，而进行有创新意义的翻译现象研究，基本建构起了一个比较完整的研究体系，并运用大量实例就一些具体问题作了详细的探讨。一种比较系统深入的理论联系实践的新的翻译意义观的建立，可能推动翻译理论的发展与翻译观念的更新。

三　论余剩语

细心的审读者一定发现了，笔者在使用术语上有些犹疑不定，"意义"与"言意"既有区别，又有联系，但本书命名和各章节命名时一概使用了"意义"一词。这是为了统一起见，由于"意义"这一术语已广泛应用于翻译领域，而不便改它为"言意"。然而我们应该明白，"意义"和"言意"是分别对应于语言和言语的，语篇、话语是言语作品，语篇及其单位的内容方面均可称为"言意""意思"或"含义"。又因为它们是与语篇上下文和情景语境相联系的，严格地说，"语篇中的意义"应该叫作"语篇中的言意"。但名之为"意义"也未尝不可，因为不同层次言语单位是依赖于语言单位的意义而建构的，语言单位犹如建筑材料一样，乃是构筑语篇的基本意义单元。因此，我们在正文中主要使用"意义""意义重构"等概念，而未使用"言意""言意重构"等概念。

我们努力进行深入细致的研究，虽然俄汉互参比较并不全面，但在语词、语句、语序和语篇诸多层面都进行过详细的探讨，希冀在翻译的意义理论方面有所突破。阅读参引了语言学（语法学）、翻译学、语义学、哲学解释学等著作，为了顺利地开展本研究，把零散杂多的语料连缀起来，以形成具有说服力的有序数据，从而建立起翻译研究的结构框架。我们着眼于"意义"，把翻译中的"意义"研究贯穿始终，形成一个有机的整体。双语互参被视为翻译中意义重构的具体方式，文学翻译被视为双语互参式审美意义重构，而意义筹划与突显作为（文学）翻译中的重要特征进行论述。有了"意义"这个核心，便可以把多个视角的翻译中的"意义"研究紧密结合起来，从而构成了一个密不可分的研究框架。

为了使本研究更具说服力，翻译理论源于实践又高于实践，笔者翻译出版了一部译著《巧合、悖谬、反讽：万比洛夫早期散文集萃》，从中选取了大量语料，从而使本研究有了一个比较坚实的实践基础。另外，从许多翻译名家（如汝龙、刘辽逸、草婴、金人、力冈、陆凤、戴骢、奉真、臧仲伦、余振、В. А. Панасюк、Т. Федоренко 等）的译著中采摘译例。译例遍及众俄罗斯作家如卡拉姆津、普希金、莱蒙托夫、奥斯特洛夫斯基、屠格涅夫、陀思妥耶夫斯基、托尔斯泰、高尔基、肖洛霍夫、布尔加科夫、万比洛夫等的作品。我国一些著名的近现代作家，如曹雪芹、老舍、沈从文、鲁迅、丁玲、张爱玲、郭沫若等的作品，也进入了我们的视野，从中采撷了不少鲜活的语料，以印证翻译语言艺术。

我们建构起了一个比较完整的俄汉双语互参式译学问题研究体系，但有些方面可能只是初步的探讨：在撰写个别章节时，为了贯通一致，论述前后呼应，浑然一体，在主标题下面有时没有设置下一级小标题，因为担心把思路和例句隔断了，担心论述变得支离破碎。但也因此而带来一个结果，整个小节虽是一个整体，如果读者没有耐心，可能会影响阅读效果。在语词、语句、语序、语篇等层面的俄汉语互参式译学研究尚有不足。例如，关于俄汉语动词的互参与翻译问题探讨，仅只涉及动词的体，其他诸如态、时、式等范畴尚未涉及。在语句层面尚有俄汉语无主句翻译问题没有探讨。语篇类型学方面还有待对更多语体的语篇进行互参式意义重构研究。需要不断补充，需要更全面更细致的工作，来探讨这个已经开启的广阔译学领域。

参考文献

Айкина Т. Ю. К вопросу о переводческом буквализме В. В. Набокова // Молодой ученый. – 2011. – №7. Т. 1.

Алимов В. В. 《Теория перевода》: Пособие для лингвистов – переводчиков, М. : Книжный дом 《ЛИБРОКОМ》, 2013.

Бархударов Л. С. Язык и перевод, Вопросы общей и частной теории перевода ［М］. М. : Международные отношения, 1975.

Белоусов К. И. Синергетика текста: От структуры к форме. Изд. 2 – е. М. : Книжный дом 《ЛИБРОКОМ》, 2013.

Бондарко А. В. Теория значения в сестеме функциональной грамматики: На материале русского языка. М. : Языки славянской культуры, 2012.

Валгина Н. С. Учебное пособие 《Теория текста》. М. : Логос, 2003.

Вампилов А. Дом окнами в поле: Пьесы, Очерки и статьи, Фельетоны, Рассказы и сцены. Иркутск: Восточно – Сибирское книжное издательство, 1982.

Вершинина Н. Л. ［и др. ］ Введение в Литературоведение: Учебник для бакалавров/ под. общ. ред. Л. М. Крупчанова. – 3 – е изд. перераб. и доп. – М. : Издательство Юрайт, 2013.

Виноградов В. В. Русский язык. Учебное пособие. – 2 – е изд. – М. : Высшая школа, 1972.

Виноградов В. В. О художественной прозе ［М］. М. – Л. ,

1930.

Герасимова Н. И. Курс лекций по дисциплине 《Теория перевода》 для бакалавров, Ростовский государственный экономический университет 《РИНХ》, Ростов – на – Дону, 2010.

Горелов В. И. Теоретическая грамматика китайского языка. М., 1989.

Гушанская Е. 《Александр Вампилов: Очерк творчества》 Л.: Сов. Писатель. Ленингр. Отд – ние, 1990.

Ерофеева Т. И. Социолект в стратификационном – исполнении [А]. // Русский язык сегодня [С]. Сб. Статей. Под ред. Крысина Л. П. РАН. Ин – т рус. яз. им. В. В. Виноградова – М. 《Азбуковник》, 2000.

Комиссаров В. Н. 《Лингвистическое переводоведение в России》, Издаетльство 《ЭТС》 Москва, 2002.

Комиссаров В. Н. Современное переводоведение. Учебное пособие Словарное издательство ЭТС, 2004.

Комиссаров В. Н. 《Общая теория перевода. Проблемы переводоведения в освещении зарубежных учёных》, Учебное пособие. – М.: ЧеРо, 1999.

Комиссаров В. Н. Перевод и языковое посредничество // ТП. М., 1984. Вып. 21.

Комиссаров В. Н. Смысловая стратификация текста как переводческая проблема, // Текст и перевод, Под ред. А. Д. Швейцера, М., Издательство 《Наука》, 1988, с. 7 – 23.

Комиссаров В. Н. 《Лингвистика перевода》, М.: Междунар. Отношения, 1980.

Комиссаров В. Н. 《Теория перевода (Лингвистические аспекты)》: Учеб. для ин – тов и фак. иностра. яз. – М. Высш. шк., 1990.

Комиссаров В. Н. "Вопросы теории перевода в трудах

А. Д. Швейцера" в 《Лингвистическое переводоведение в России》, Издаетльство 《ЭТС》 Москва, 2002, с. 82

Кожина М. Н. Стилистика русского языка ［М］, Москва, 1993.

Крысин Л. П. Русское слово своё и чужое: ислледование по современному языку и социолингвистике ［М］. – М.: азыки сиаванской кулыуры, 2004.

Лао Шэ. Избранное. Сборник. Пер. с кит. – М.: прогресс, 1981.

Падучева Е. В. Высказывание и его соотнесенность с действительностью ［М］. М., Наука, 1985.

Смирнов С. Р.. 《Сцены и монологи》, 《Александр Вампилов. Драматургическое наследие》, Иркутск: 2002.

Фёдоров А В. Основы общей теории перевода. Москва: 2002.

Черняховская Л. А., Перевод и смысловая структура. М., 《Междунар. Отношения》, 1976.

Швейцер А. Д. Теория перевода: Статус, проблемы, аспекты. Отв. ред. В. Н. Ярцева. Изд. 3-е. – М.: Книжный дом 《ЛИБРОКОМ》, 2012. с. 75

Якобсон Р. О лингвистических аспектах перевода. Вопросы теории перевода в зарубежной лингвистике. – М. 1978.

Якобсон Р О. О лингвистических аспектах перевода ［J］. Лингвистические аспекты теории перевода (Хрестоматия). Издательство "Ереван", 2007.

Якобсон Р. Новейшая русская поэзия. Набросок первый: Подступы к Хлебникову // Якобсон Р. Работы по поэтике. М.: Прогресс, 1987. С. 272 – 316.

Якобсон Р. ЛИНГВИСТИКА И ПОЭТИКА // Структурализм: "за" и "против". М., 1975.

Martine Sekali, Anne Trevise. Mapping parameters of Meaning ［C］.

Cambridge Scholars Publishing, 2012.

Nida. Eugene. A. The Theory and Practice of Translation［M］. Leiden: E. J. Brill, 1982.

Sebastian Löbner. Understanding Semantics（Second Edition）［M］. Routledge, 2013.

阿格诺索夫：《20 世纪俄罗斯文学》，凌建侯等译，中国人民大学出版社 2001 年版。

巴赫金：《文本、对话与人文》，白春仁、晓河等译，河北教育出版社 1998 年版。

邦达尔科：《功能语法体系中的意义理论》，杜桂枝译，北京大学出版社 2012 年版。

蔡毅：《俄译汉教程》（上），外语教学与研究出版社 2006 年版。

曹明伦：《翻译之道：理论与实践》，河北大学出版社 2008 年版；上海外语教育出版社 2012 年版。

曹志平：《理解与科学解释——解释学视野中的科学解释研究》，社会科学文献出版社 2005 年版。

陈东成：《大易翻译学》，中国社会科学出版社 2016 年版。

陈永国（主编）：《翻译与后现代性》，中国人民大学出版社 2005 年版。

陈国华、戴曼纯（主编）：《引言》，《当代语言学探索》，外语教学与研究出版社 2003 年版。

陈国亭：《俄汉语对比句法学》，上海外语教育出版社 2014 年版。

陈洁：《俄汉超句统一体对比与翻译》，上海外语教育出版社 2007 年版。

陈治安、文旭：《认知语言学入门》，外语教学与研究出版社 2001 年版。

程荣辂：《俄汉、汉俄翻译理论与技巧》，电子出版社 2003 年版。

都颖：《英汉语言多维对比与翻译》，中国时代经济出版社 2014 年版。

高名凯：《汉语语法论》，商务印书馆 1986 年版。

高名凯:《高名凯文集》(叶文曦 编选),北京大学出版社 2010年版。

高秉江:《胡塞尔与西方主体主义哲学》,武汉大学出版社 2000年版。

格沃兹节夫:《俄语修辞学概论》,李尚谦、赵陵生译,商务印书馆 1982 年版。

辜正坤:《中西诗比较鉴赏与翻译理论》,清华大学出版社 2004年版。

顾祖钊:《文学原理新释》,人民文学出版社 2000 年版。

郭沫若:《理想的翻译之我见》,载罗新章编《翻译论集》,商务印书馆 1984 年版。

郭锡良:《汉语第三人称代词的起源和发展》,载《汉语史论集》,商务印书馆 1997 年版。

郭锡良:《关于系词"是"产生时代和来源论争的几点认识》,载《汉语史论集》,商务印书馆 1997 年版。

郭建中:《当代美国翻译理论》,湖北教育出版社 2000 年版。

郭聿楷:《符号关系与词义》,载《中国俄语教学》1996 年第4 期。

黑龙江大学辞书研究所编纂:《大俄汉词典》,商务印书馆 2006年版。

胡谷明(主编):《汉俄翻译教程》,上海外语教育出版社 2010年版。

胡附、文炼:《现代汉语语法探索》,商务印书馆 1990 年版。

哈蒂姆、梅森:《话语与译者》,王文斌译,外语教学与研究出版社 2005 年版。

韩子满:《文学翻译中的杂合研究》,上海译文出版社 2005 年版。

韩江红:《严复话语系统与近代中国文化转型研究》,上海译文出版社 2006 年版。

华劭:《关于语句意思的组成模块》,载《外语学刊》1998 年第4 期。

怀特海：《思维方式》，刘放桐译，商务印书馆 2004 年版。

黄章恺：《现代汉语常用句式》，北京教育出版社 1987 年版。

黄忠廉：《变译理论》，中国对外翻译出版公司 2002 年版。

黄忠廉：《释"对译"》，载《上海翻译》2013 年第 2 期。

黄忠廉、白文昌（主编）：《俄汉双向全译实践教程》，黑龙江大学出版社 2010 年版（2015 年重印）。

黄汉生（主编）：《现代汉语》，书目文献出版社 1982 年版。

加达默尔：《真理与方法》（上、下），洪汉鼎译，上海译文出版社 1999 年版。

加达默尔：《哲学解释学》，夏镇平、宋建平译，上海译文出版社 2004 年版。

贾正传：《融合与超越：走向翻译辩证系统论》，上海译文出版社 2008 年版。

蒋严：《论语用推理的逻辑属性——形式语用学初探》，载吴炳章和徐盛桓主编《认知语用学研究》，上海外语教育出版社 2011 年版。

蒋凡：《叶燮和原诗》，上海古籍出版社 1985 年版。

金元浦：《文学解释学（文学的审美阐释与意义生成）》，东北师范大学出版社 1998 年版。

科米萨罗夫：《当代翻译学》，汪嘉斐译，外语教学与研究出版社 2006 年版。

莱蒙托夫：《莱蒙托夫作品精粹》，顾蕴璞选编，河北教育出版社 1995 年版。

莱蒙托夫：《莱蒙托夫诗选》，余振、顾蕴璞译，人民文学出版社 1997 年版。

莱蒙托夫：《莱蒙托夫诗选》（珍藏版），顾蕴璞编译，时代文艺出版社 2012 年版。

劳伦斯·韦努蒂：《译者的隐身——一部翻译史》，上海外语教育出版社 2004 年版。

利奇：《语义学》，李瑞华、杨自俭等译，上海外语教育出版社 2005 年版。

李田心:《奈达翻译定义及其合理性》,载《渭南师范学院学报》2015 年第 8 期。

李红儒:《认知链条上词的意义与指称对象》,载《外语学刊》1999 年第 1 期。

李运兴:《语篇翻译引论》,中国对外翻译出版公司 2001 年版。

李宇明:《所谓的"名物化"现象新解》,载《语法研究录》,商务印书馆 2002 年版。

李宇明:《存现结构中的主宾互易现象研究》,载《语法研究录》,商务印书馆 2002 年版。

林语堂:《论翻译》,载罗新璋主编《翻译论集》,商务印书馆 1984 年版。

刘湛秋(编):《普希金诗歌精选》,北岳文艺出版社 2000 年版。

刘月华、潘文娱、故韡:《实用现代汉语语法》,外语教学与研究出版社 1984 年版。

刘重德:《事实胜雄辩——也谈我国传统译论的成就和译学建设的现状》,载《外语与外语教学》2000 年第 7 期。

刘宓庆:《中西翻译思想比较研究》,中国对外翻译出版公司 2005 年版。

刘宓庆:《翻译与语言哲学》,中国对外翻译出版公司 2001 年版。

刘宓庆:《新编汉英对比与翻译》,中国对外翻译出版公司 2005 年版。

刘敬国、何刚强(主编):《翻译通论》,外语教学与研究出版社 2014 年版。

罗新璋(编):《翻译论集》,商务印书馆 1984 年版。

罗杰·贝尔:《翻译与翻译过程:理论与实践》,秦红武译,外语教学与研究出版社 2005 年版。

罗曼·雅各布森:《翻译的语言方面》,载陈永国主编《翻译与后现代性》,中国人民大学出版社 2005 年版。

罗曼·雅各布森:《论翻译的语言学问题》,江帆译,载谢天振主编《当代外国翻译理论》,南开大学出版社 2008(2015)年版。

吕叔湘：《中国文法要略》，商务印书馆 1982 年版。

吕叔湘：《现代汉语八百词》，商务印书馆 1981 年版。

吕叔湘：《近代汉语指代词》，学林出版社 1985 年版。

吕叔湘：《语文常谈》，生活·读书·新知三联书店 2003 年版。

吕叔湘：《从主语、宾语的分别谈国语句子的分析》，载《汉语语法论文集》，商务印书馆 1984 年版。

吕叔湘：《被字句、把字句动词带宾语》，载《汉语语法论文集》（增订本），商务印书馆 1984 年版。

马祖毅：《中国翻译简史》，中国对外翻译出版公司 1998 年版。

蒙娜·贝克：《潘文国序》，载《翻译与冲突》，赵文静主译，北京大学出版社 2011 年版。

莫爱屏：《话语与翻译》，武汉大学出版社 2015 年版。

倪波、顾柏林：《俄语语义学》，上海外语教育出版社 1995 年版。

聂石樵（主编）：《诗经新注》，颉三桂、李山注释，齐鲁书社 2009 年版。

牛保义：《英汉语篇含意衔接琐议》，载《认知、语用、功能——英汉宏观对比研究》（英汉对比与翻译研究之三），上海外语教育出版社 2009 年版。

普希金：《外国经典诗歌珍藏丛书——普希金诗选》（珍藏版），顾蕴璞编选，时代文艺出版社 2012 年版。

普希金：《普希金诗歌精选》，刘湛秋编，北岳文艺出版社 2000 年版。

普希金：《普希金诗选》，戈宝权译，吉林文史出版社 2004 年版。

普希金：《普希金诗选》，刘文飞注译，中国宇航出版社 2014 年版。

钱锺书：《翻译术开宗明义》，载罗新璋编《翻译论集》，商务印书馆 1984 年版。

钱锺书：《管锥编》（第三册），生活·读书·新知三联书店 2007 年版。

钱锺书：《林纾的翻译》，载《钱钟书选集散文卷》，南海出版公司 2001 年版。

钱锺书：《译事三难》，载罗新璋编《翻译论集》，商务印书馆 1984 年版。

秦洪武、王克非：《英汉比较与翻译》，外语教学与研究出版社 2010 年版。

全国外语院系《语法与修辞》编写组：《语法与修辞》，广西人民出版社 1985 年版（第五次印刷）。

任光宣、张建华、余一中：《История русской литературы》，北京大学出版社 2003 年版。

塞尔：《心灵、语言和社会》，李步楼译，上海译文出版社 2006 年版。

什克洛夫斯基：《艺术作为程序》，载胡经之、张首映主编《西方二十世纪文论选》，中国社会科学出版社 1989 年版。

杉村：《汉语的被动概念》，载邢福义主编《汉语被动表述问题研究新拓展》，华中师范大学出版社 2006 年版。

沙土诺夫斯基：《句子语义与非指称词：意义·交际域·语用》，薛恩奎译，北京大学出版社 2011 年版。

石安石：《汉语语法论重版序》，载高名凯著《汉语语法论》，商务印书馆 1986 年版。

史锡尧：《史锡尧自选集》，世纪出版集团 2007 年版。

史铁强：《语篇衔接的俄汉对比》，载张会森编《俄汉语对比研究》，上海外语教育出版社 2004 年版。

史铁强：《试论语篇衔接与连贯的关系》，载《中国俄语教学》 2010 年第 3 期。

史铁强、安利：《语篇语言学概论》，外语教学与研究出版社 2012 年版。

沈苏儒：《继承、融合、创新、发展——我国现代翻译理论建设刍议》，载《外国语》1991 年第 5 期。

束定芳：《现代语义学的特点与发展趋势》，载《外语与外语教学》2000 年第 7 期。

孙致礼：《关于我国理论建设的几点思考》，载《中国翻译》1997 年第 2 期。

谭载喜：《新编奈达论翻译》，中国对外翻译出版公司 1999 年版。

谭载喜：《中西译论的相似性》，载《中国翻译》1999 年第 6 期。

谭载喜：《中西论的相异性》，载《中国翻译》2000 年第 1 期。

谭载喜：《中西翻译传统的社会文化烙印》，载《中国翻译》2000 年第 2 期。

陶东风：《文学理论基本问题》，北京大学出版社 2004 年版。

童丹：《意象转换视域下的中国古典诗词俄译研究》，人民出版社 2011 年版。

童庆柄：《文学理论教程》（修订二版），高等教育出版社 2005 年版。

童庆炳：《谈谈文学性》，载《语文建设》2009 年第 3 期。

王福祥、吴君（编）：《俄罗斯诗歌掇英》，外语教学与研究出版社 1999 年版。

王力：《汉语史稿》，中华书局 2004 年版。

王力：《中国现代语法》，商务印书馆 1985 年版。

王力：《王力文集第一卷·中国语法理论》，山东教育出版社 1985 年第一版。

王力：《王力文集第二卷·中国现代语法》，山东教育出版社 1985 年第一版。

王力：《王力文集第三卷·汉语语法纲要》，山东教育出版社 1985 年第一版。

王力：《略论语言形式美》，载邢福义主编《大学语文》，中国人民大学出版社 2009 年版。

王力：《诗词格律》，中华书局 2010 年版。

王立业：《生命与爱情的激情交汇——普希金爱情诗〈致凯恩〉赏析》，载《俄语学习》2010 年第 6 期。

王东风：《连贯与翻译》，上海外语教育出版社 2009 年版。

王东风、章于炎：《英汉语序的比较与翻译》，载《外语教学与研究》1993 年第 4 期。

王文博：《预设的认知研究》，载吴炳章和徐盛桓主编《认知语用学研究》，上海外语教育出版社 2011 年版。

王树槐：《翻译教学论》，上海外语教育出版社 2013 年版。

王国维：《人间词话》，中国言实出版社 2014 年版。

王寅：《认知语言学探索》，重庆出版社 2005 年版。

王寅：《认知语言学的翻译观》，载《中国翻译》2005 年第 5 期。

王宏印：《中国传统译论经典诠释——从道安到傅雷》，湖北教育出版社 2003 年版。

王中忱（编）：《丁玲作品新编》，人民文学出版社 2010 年版。

汪正龙：《文学意义研究》，南京大学出版社 2002 年版。

韦勒克、沃伦：《文学理论》，刘象愚、邢培明等译，江苏教育出版社 2005 年版。

温金海：《认知语篇衔接与连贯的跨域整合》，载《外语学刊》2013 年第 4 期。

吴贻翼等：《现代俄语语篇语言学》，商务印书馆 2003 年版。

吴炳章、许盛桓：《认知语用学研究》，上海外语教育出版社 2011 年版。

吴克礼（主编）：《俄苏翻译理论流派述评》，上海外语教育出版社 2006 年版。

吴志杰：《中国传统译论专题研究》，上海译文出版社 2009 年版。

吴南松：《“第三类语言”面面观》，上海译文出版社 2008 年版。

信德麟等：《俄语语法》，外语教学与研究出版社 2001 年版。

邢福义：《承赐型“被”字句》，载邢福义主编《汉语被动表述问题研究新拓展》2006 年版。

邢福义：《现代汉语》（修订版），高等教育出版社 2011 年版。

夏志清：《中国现代小说史》，复旦大学出版社 2005 年版。

熊学亮、王志军：《被动句的认知解读一二》，载陈国华、戴曼纯主编《当代语言学探索》，外语教学与研究出版社 2003 年版。

许渊冲：《文学与翻译》，北京大学出版社 2003 年版。

许渊冲：《翻译的艺术》，五洲传播出版社 2006 年版。

许渊冲：《翻译中的几对矛盾》，载罗新璋主编《翻译论集》，商务印书馆 1984 年版。

许钧：《翻译论》，湖北教育出版社 2003 年版。

许余龙：《对比语言学》，上海教育出版社 2005 年版。

许凤才：《俄汉语复合句对比研究》，外语教学与研究出版社 2013 年版。

杨自俭：《中国传统译论的现代转化问题》，载《四川外语学院学报》2004 年第 1 期。

杨自俭、王菊泉（总主编）：《英汉对比与翻译》（之一——七），上海外语教育出版社 2010 年版和其他年版。

杨成虎：《中国诗歌典籍英译散论》，国防工业出版社 2012 年版。

杨仕章（编著）：《语言翻译学》，上海外语教育出版社 2006 年版。

余振、顾蕴璞（译）：《莱蒙托夫诗选》，人民文学出版社 1997 年版。

张家骅：《俄汉语动词完成体语法意义的对比》，载张会森主编《俄汉语对比研究》（上），上海外语教育出版社 2004 年版。

张柏然、姜秋霞：《对建立中国翻译学的一些思考》，载《中国翻译》1997 年第 2 期。

张柏然、张思洁：《翻译学的建设：传统的定位于选择》，载张柏然、许钧主编《面向 21 世纪的译学研究》，商务印书馆 2002 年版。

张柏然：《翻译本体论的断想》，载张柏然、许钧主编《译学论集》，译林出版社 1997 年版。

张思洁：《中国传统译论范畴及其体系》，上海译文出版社 2006 年版。

张卫国：《存现句及语义解释》，中国人民大学《汉语论集》编委会编《汉语论集》，人民日报出版社 2000 年版。

张会森：《俄汉语对比研究》（上、下），上海外语教育出版社 2004 年版。

张会森:《当代俄语语法学》,商务印书馆 2010 年版。

张会森:《俄语表义语法》,外语教学与研究出版社 2010 年版。

张会森:《修辞学通论》,上海外语教育出版社 2002 年版。

张德禄:《语篇分析理论的发展与应用》,外语教学与研究出版社 2012 年版(2015 年重印)。

张敬:《语篇连贯与翻译》,载《中国科技翻译》2010 年第 2 期。

张隆溪:《二十世纪西方文论述评》,生活·读书·新知三联书店 1986 年版。

赵爱国:《20 世纪俄罗斯语言学遗产:理论、方法及流派》,北京大学出版社 2012 年版。

赵小兵:《文学翻译:意义重构》,人民出版社 2011 年版。

赵小兵(译):《巧合、悖谬、反讽:万比洛夫早期散文集萃》,河北大学出版社 2014 年版。

赵小兵:《双语互参在俄语诗歌汉译中的作用》,载《中国翻译》2018 年第 1 期。

赵彦春:《关联理论对翻译的解释力》,载何自然、冉永平主编《语用与认知:关联理论研究》,外语教学与研究出版社 2001 年版。

赵元任:《论翻译中信、达、雅的信的幅度》,载罗新璋主编《翻译论集》,商务印书馆 1984 年版。

郑海凌:《文学翻译学》,文心出版社 2000 年版。

郑海凌:《译理浅说》,文心出版社 2005 年版。

周振甫:《文章例话》,中国青年出版社 1983 年版。

周允、王承时(编):《汉译俄教程》,外语教学与研究出版社 1987 年版。

周建安:《论语用推理机制的认知心理理据》,载吴炳章、许盛桓主编《认知语用学研究》,上海外语教育出版社 2011 年版。

朱长河、朱永生:《认知语篇学》,载《外语学刊》2011 年第 2 期。

朱光潜:《论翻译》,载罗新璋主编《翻译论集》,商务印书馆 1984 年版。

朱立元：《当代西方文艺理论》，华东师范大学出版社 1999 年版。

朱湘军：《从客体到主体——西方翻译研究的哲学之路》，复旦大学，博士学位论文，2006 年。